민주주의와 철학

사회와 철학 편집위원회

위원장/ 권용혁(울산대)
위　원/ 구승회(동국대), 김석수(경북대), 김양현(전남대), 선우현(청주교대), 윤선구(서울대), 이기용(연세대),
　　　　정호근(서울대), 최진석(서강대), 한승완(국제문제조사연구소), 허라금(이화여대), 홍윤기(동국대)
간　사/ 김원식(국제문제조사연구소)

사회와 철학 **8** Social Philosophy 8

Democracy and Philosophy
민주주의와 철학

지은이/ 사회와 철학 연구회
펴낸이/ 강동권
펴낸곳/ (주)이학사

1판 1쇄 발행/ 2004년 10월 30일

등록 1996년 2월 2일(등록번호 제03-948호)
주소/ 서울시 종로구 안국동 17-1 우110-240
전화/ 720-4572 · 팩스/720-4573

값/ 15,000원

ⓒ 사회와 철학 연구회, 2004. Printed in Seoul, Korea.
ISBN 89-87350-76-2 03100

사회와 철학 **8**

민주주의와 철학

사회와 철학 연구회

이학사

차례

고대 아테네 민주주의 제도의 이상과 현실에 대하여 · 7	**나종석**
인간중심철학의 민주주의론, 그 의미와 한계 · 59	**김원식**
'연줄망'에서 '연결망'으로 · 97	**한승완**
기업의 사적 이익과 공적 책임의 대립과 통일 · 123	**선우현**
철학자 황장엽과의 대담 · 153	**김원식**
정보화 시대의 지식과 정보 · 177	**권용혁**
구체적 보편성과 지방, 그리고 창조학으로서의 인문학 · 207	**김석수**
윤리적 다원주의와 도덕적 보편주의 · 235	**박구용**
과학적 언어와 일상적 언어의 정치적 의미 · 283	**김선욱**

고대 아테네 민주주의 제도의 이상과 현실에 대하여

나종석

서론

고대 그리스 문화가 현재 서구 사회의 중요한 원천의 하나를 이루고 있다는 점을 부인할 사람은 별로 없을 것이다. 정치, 예술, 철학 등의 각 분야에서 고대 그리스가 이룩한 업적들은 여전히 많은 사람들에게 그 매력을 상실하고 있지 않다. 그럼에도 불구하고 고대 그리스 사회, 특히 고대 그리스의 민주주의적 정치 질서의 본 모습에 대한 평가는 상이하다. 이상적인 민주주의를 실현하고 어떤 가치보다도 도덕을 중시하며 인간 이성의 힘을 신뢰했다고 전해지는 고대 그리스 문화에 대한 이야기는 당대의 삶에 대한 객관적인 서술과는 거리가 멀고 그 사회가 지녔던 여러 문제점들에 대해 눈을 감은 채 이를 이상화시키는 것에 의해 산출된 단지 '신화'에 지나지 않는 것일까 하는 의문이 여전히 제기되고 있다.[1] 아테네인들이 민주주의에 부여했던 가치, 특히 인

---

1) 로베르 플라실리에르, 『고대 그리스의 일상생활』, pp. 410 이하 참조.

간성의 실현의 고유한 지평으로서의 정치적 삶에 대한 그들의 확신은 현대의 자본주의 사회에 대해 회의적이고 비판적인 태도를 취하는 사람들에게는 되돌아가야 할 하나의 정치적 고향과도 같은 향수를 불러일으키는 곳이다. 동시에 많은 사람들은 아테네 민주주의란 지나친 평등에의 이상에 사로잡혀 균형을 상실하고, 당파적 논쟁과 대립을 야기해 결국에는 인간의 자유를 부정하는 최악의 폭정에로 이르는 필연적인 과정을 준비하는 것으로 생각한다. 사실 아테네 민주주의에 대한 이런 비판은 새로운 것은 아니다. 이런 비판자들로 대표적인 사람들은 바로 아테네 폴리스가 스파르타와의 전쟁 속에서 퇴락해가는 시기에 살았던 위대한 철학자들, 예컨대 플라톤과 아리스토텔레스이다.

이 글에서 의도하는 것은 우선 아테네 민주제도의 기본 이념과 원칙들을 그 구체적인 제도와의 연관 속에서 살펴보는 것이다. 이런 기본 의도를 보다 분명히 하기 위해 이 글은 세 부분으로 구성되어 있다. 첫 번째 단락에서 필자는 고대 그리스인들, 특히 아테네인들이 민주주의를 어떻게 이해하고 있었는가 하는 점을 살펴본다. 이는 민주주의적인 이상과 원칙들에 대한 그들의 이해를 보다 상세하게 설명하는 부분이다. 그래서 여기에서는 아테네 민주주의의 구체적인 제도적 모습들을 다루지는 않는다. 이것은 두 번째 단락의 주제이다. 여기에서 인민들의 민주적인 권한을 보장하기 위한 여러 정치적, 법적 제도들을 아테네의 민주주의 역사의 문맥에서 살펴보게 될 것이다. 마지막 단락에서 문제가 되는 것은 아테네에서 실현된 고대의 민주주의가 가지는 몇 가지 문제점들이다. 이 작업은 근대의 자유주의적인 전통 속에서 진행된 정치에 대한 새로운 이해를 대비하기 위한 예비적 성격이기도 하다. 이런 대비에서 비로소 고대 아테네의 민주주의적 이상과 제도들이 지니는 현실적인 의미와 문제점들이 제대로 드러날 수 있을 것이기 때문이다.

1. 아테네 민주제도의 기본 이념과 원칙들

민주주의라는 말은 원래 고대 아테네에서 유래한 것이다. 기원전 5세기 중엽 무렵에 여러 그리스의 도시국가들에서 정치 질서의 커다란 변화가 발생하였는데, 이 변화를 주도한 것은 소수에 의한 지배가 아니라 다수에 의한 지배가 더 좋다는 생각이었다. 다수에 의한 지배라는 생각은 아테네와 여타의 수많은 도시국가들의 정치 생활을 변화시켰다. 간단하게 말하자면 오랜 옛날부터 소수의 귀족이나 과두 지배자들, 왕이나 참주 등과 같은 사람들에게만 통치의 특권을 부여하였던 정치 질서로부터 도시국가에서 시민이라고 불려지던 꽤 많은 수의 자유로운 남자 성인이 통치에 직접 참여하고 통치에 대한 주권적인 권한을 행사하는 체제로의 변화가 발생하였던 것이다. 이런 변화 속에서 발생한 일련의 새로운 정치 생활과 행위를 나타내는 표현으로 데모크라티아demokratia라는 말이 사용되었다. 이 말의 어원적인 의미는 주지하다시피 인민을 뜻하는 demos와 힘이나 지배를 의미하는 kratia의 합성어로 '인민에 의한 지배'를 뜻한다.[2] 이런 새로운 정치적 신념과 이를 실현할 제도적인 장치들에 대한 모색들이 가장 활발하게 발생하였던 것은 고대 그리스의 아테네였다.[3] 도시국가 아테네에서 민주주의 이상과 제도가 전면적으로 발전하였던 시기는 클레이스테네스의 민주제의 개혁이 시작되었던 기원전 508년에서부터 페리클레스가 시민권에 대한 그의 법안을 민회에서 통과시켰던 기원전 451년을 거치

---

[2] 데모스의 개념이 지니는 의미의 모호성이 지적되어야 한다. 우선 데모스는 전체로서의 시민 집단을 의미하였다. 다른 한편으로 데모스는 보통 사람, 다수 그리고 빈자를 의미하기도 하였다.(모제스 핀레이,『고대 세계의 정치』, p. 12 참조)

[3] 기원전 6세기 중엽 그리스 본토와 해외에는 약 1500여 개의 그리스 도시들이 세워졌던 것으로 추정된다.(페리 앤더슨,『고대에서 봉건제로의 이행』, p. 28 참조)

는 대략 기원전 400년 한 세기 동안이었다.

그렇다면 고대 아테네인들은 이 데모크라티아를 어떤 성질을 지니는 것으로 이해하였고 이를 구체적인 현실에 실현시키기 위해 어떤 제도적 장치들을 구상하였던 것인가? 이 단락에서는 우선 고대 아테네인들이 이해하였던 민주주의의 이상과 연관된 원칙들을 중심적으로 살펴보고자 한다. 고대 그리스 도시국가 중에서 아테네의 민주주의를 중심으로 살펴보는 데에는 여러 이유가 있다. 그중에서 우선 지적되어야 할 사항은 우리가 아테네의 민주주의에 대해서 비교적 상세히 알고 있다는 점이다. 다른 도시국가에 대한 정치적·사법적 제도들에 대한 자료는 아주 단편적이어서 전체적인 내용을 알기게 충분하지 않기 때문이다.

우리가 아테네 민주주의에 주목하는 또 다른 이유는 분명 아테네의 민주주의에서 고대 그리스인들이 민주주의에 대해서 지녔던 이상과 원칙들을 아마도 순수한 형태로 만나볼 수 있기 때문일 것이다. 아테네 민주주의에 초점을 맞추어 그리스인들이 형성했던 민주주의 제도의 구체적인 모습과 민주주의를 정당화시키는 정치 이론을 연구하는 작업에도 많은 어려움이 존재하는 것은 분명하다. 우선 고대 그리스에서 민주주의가 만발했던 페리클레스 시기와 현재 우리가 살고 있는 시기 사이에 가로놓여 있는 2,400년 이상의 엄청난 시간적인 간격이 언급될 수 있을 것이다. 그러나 더 중요하게 지적되어야 할 사항은 아마도 고대 그리스의 민주주의를 옹호하는 글이나 저서들이 거의 남아 있지 않고, 우리가 현재 참고할 수 있는 것들은 민주주의에 대체로 비판적인 태도를 지녔던 사상가들이 남겨놓은 민주주의에 대한 기록들뿐이라는 사실이다.[4]

---

4) A. H. M Jones는 다음과 같이 적고 있다. "그리스의 위대한 민주주의 속에서 만들어진 풍부한 글들 가운데 민주주의 정치 이론에 대해 기술한 것이 남아 있지 않다는 것은 기이하다. 우리가 그 글을 알고 있는 아테네의 모든 정치철학자와 정치 논술가들

고대 그리스의 민주주의에 대한 이상과 그 원칙들에 대한 가장 유명한 주장은 투키디데스Thucydides(BC 460~399)의 『펠로폰네소스 전쟁사』에 재구성되어 있는 페리클레스Pericles의 연설과 아리스토텔레스의 『정치학』에 나오는 민주주의에 대한 설명에서 찾아볼 수 있다. 페리클레스는 스파르타와의 전쟁에서 죽은 아테네 시민들을 애도하는 연설에서 아테네의 정치적 장점과 중요성을 다음과 같이 강조한다.

우리의 통치 체제는 우리 이웃의 법률들에 향해져 있지 않으며, 우리가 다른 어느 이웃을 모방한 것이 아니라, 오히려 우리의 제도가 다른 이웃에게 모델이 되고 있다. 우리의 헌정은 권력이 소수의 수중이 아닌 다수의 손에 있기 때문에 민주주의라고 불린다. 개인적 용무에서 모든 사람은 법 앞에서 평등하며, 한 사람을 공적 책임을 갖는 지위로 등용하고자 할 때는 그가 어느 특정 계급의 구성원인가를 따지지 않고 그가 소유한 실질적 능력에 따라 결정을 내린다. 〔……〕 그리고 우리의 정치 생활이 자유롭고 개방적이듯 일상생활에서도 또한 상호 간의 불신이 없이 살아간다. 우리는 이웃이 자기 방식대로 삶을 즐긴다고 해서 이웃에 대해 간섭하지 않으며, 그들에게 실질적인 해를 끼치지도 않고 사람의 기분을 상하게 할 악의를 보이지도 않는다. 우리는 사생활에서 강제받지 않고 있는 것처럼, 공공 업무에서는 오로지 법에 대한 존경심에서 법을 위반하지 않도록 조심한다. 〔……〕 우리는 절제된 규율로 예술을 사랑하며, 느슨해진 태만이 없이 정신을 사랑한다. 재산은 우리가 사치스런 말을 하는 데 도움을 주는 것이 아니라 올바른 행

은, 정도가 다양하지만 과두 지배에 공감했다."(로버트 달, 『민주주의와 그 비판자들』, p. 40 주석 1에서 재인용)

위를 하는 데 도움을 주고, 빈곤을 인정하는 것이 어느 누구에게도 창피스러운 일이 아니다. 자신의 노동을 통해서 이런 빈곤에서 벗어나지 못하는 것이 더 수치스러운 일로 간주된다. 그런 동일한 정도의 정확성을 갖고 우리는 가정의 일과 공공 업무에 몰두한다. 그리고 우리들 각 개인은 자신의 일에 관심을 집중하는 경우에도 정치적 삶에서 건전한 판단을 보여준다. 우리는 정치에 아무런 관심도 갖지 않는 사람을 자기 일에만 몰두하는 사람이라고 말하지 않는다. 우리는 그를 아테네에서 아무런 쓸모가 없는 사람이라고 말한다. 우리 아테네인만이 직접 정책에 대한 결정을 내리거나 정책을 올바르게 철저하게 숙고한다. 왜냐하면 우리가 생각하기에는 토론이 행위에 해를 끼치는 것이 아니라, 미리 토의를 하여 정확한 판단을 내리기도 전에 저돌적으로 행하는 것이 해롭기 때문이다.[5]

위에 인용된 페리클레스의 연설 내용에서 고대 아테네 시민들이 그들 자신의 민주주의 제도에 대해 어떤 생각을 하고 있는가에 대해 우리는 여러 중요한 논점들을 이해할 수 있다. 우선 페리클레스는 아테네의 민주정의 고유성을 강조한다. 그것은 다른 곳에서 나온 것이 아니라 아테네인들의 창안이다. 그런 창조성으로 인해 아테네 민주정은 다른 국가의 모델로 되고 있다. 다음으로 그가 강조하는 사실은 민주주의의 특징을 모든 아테네의 시민들이 아테네 정치 공동체의 운영에 참여할 수 있다는 점에서 구한다는 점이다. 즉 민주주의는 권력이 소수에게 있는 것이 아니라 전체 인민의 손에 있는 것이다. 그리고 그리스 시민들은 개인의 사생활을 즐기면서 타인의 사생활을 존중하는 관용적인 태도를 지닌다고 그는 강조한다. 여기에서 우리는 그리스 아테

---

5) Thukydides, *Der Peloponnesische Krieg*, pp. 162 이하.

네인들이 생각하는 자유에 대한 관념이 축약적으로 표현되어 있음을 본다. 이 자유가 구체적으로 무엇을 의미하는가? 이에 대한 대답을 우리는 위에서 언급된 페리클레스의 연설과 더불어 고대 민주주의의 주장, 도덕적 규범 그리고 이상과 목표를 가장 명료하게 보여주는 아리스토텔레스의 그리스 민주주의 핵심적인 특징들에 대한 분석에서 찾아볼 수 있다. 아리스토텔레스는 고대 그리스의 민주주의의 원칙을 자유와 평등에서 구하면서 다음과 같이 말한다.

> 민주적 국가의 기초는 자유이다. 사람들의 공통된 견해에 의하면 이는 오직 민주적인 국가에서만 향유될 수 있을 뿐이다. 이것을 그들은 모든 민주주의의 위대한 목표라고 단언한다. 자유의 한 원칙은 모든 사람이 지배하고 다시 지배받는 것이며, 그리고 실제로 민주적 정의란 비례적인 평등이 아니라 수적 평등의 적용이다. 이로부터 다수가 최상이어야만 한다는 점과 다수가 승인하는 것은 무엇이든 최종적인 것이며 정의로운 것이어야만 한다는 점이 결과로서 나온다. 〔……〕 또 다른 자유의 원칙은 사람은 자기 좋은 대로 살 수 있어야 한다는 것이다. 그들〔모든 민주주의자들: 옮긴이 주〕은 말하기를 이것이 자유로운 사람이 지니는 특권인데, 왜냐하면 다른 한편으로 어떤 사람이 자기 뜻대로 살지 못하는 것은 노예 상태의 표시이기 때문이다. 이것이 민주주의의 두 번째 특징이고, 여기서부터, 가능하다면 사람들은 어느 누구에게도 지배받지 않아야 하고, 이것이 불가능하다면, 지배하면서 동시에 이번에는 지배되어야 한다는 주장이 나타난다. 그러므로 그것은 평등에 기초를 둔 자유에 기여한다.[6]

---

6) 아리스토텔레스, *Politica*(이하 『정치학』), 1317a 이하.

위 인용문에서 아리스토텔레스는 지배와 피지배의 동일성을 민주주의에서의 자유의 한 원칙으로 규정하면서, 이런 자유와 수적인 평등 관념이 밀접하게 연관되어 있음을 강조한다. 즉 아리스토텔레스에 의하면 민주주의는 민주주의적인 정의 관념에 기초하는데, 이때의 민주적 정의는 궁극적으로 수적인 평등을 의미하는 것이다. 즉 수적인 평등이 존재하지 않는 한, 다수의 지배라는 관념은 공허한 것이다. 어떻게 보면 이런 평등이야말로 자유를 가능하게 하는 조건이라고도 볼 수 있다. 이런 점에서 페리클레스 역시 자신의 연설에서 법 앞에서의 모든 시민들의 평등을 강조한 후에 공직에 어떤 계급적인 차이를 허용하지 않고 다만 능력에 따라서 결정을 한다고 말한다. 그리고 그는 시민들은 정치 생활에의 참여에서 신분이나 재산상의 차이에 의거한 어떤 차이나 차별도 받지 않는다는 점이 아테네 민주주의의 특성이라고 강조한다.

페리클레스는 연설에서 민주주의의 기본 이념으로서의 시민들의 자유와 평등을 설명한 후에 이런 민주주의 근본 원칙들에서 구체적으로 어떤 특성들이 도출되는가를 자세하게 설명하지는 않기에 우리는 다시 아리스토텔레스의 설명에서 도움을 받아야만 한다. 아리스토텔레스는 민주주의의 기초인 자유의 두 원칙을 설명한 후에 이로부터 어떻게 민주주의의 특성들로 간주되어야 하는 다양한 점들이 도출되는가를 아주 예리하고 상세하게 설명한다. 그는 다음과 같이 적고 있다.

> 그러한 것이 우리가 출발한 우리의 기초이고 원칙이었기에, 다음과 같은 민주주의 특징들이 도출된다. 즉 공직자는 모든 사람들에 의해, 모든 사람들 속에서 선출한다. 그리고 전체는 각자를 지배하고, 각자는 모든 사람을 지배해야 한다. 경험이나 기술을 필요로 하는 공직을 제외하고 모든 공직은 추첨에 의해 임명한다. 공직에 대한 재산상의 자격 요건이 있어서는 안 되거나, 자격 요건

은 가능한 한 최저 수준이어야 한다. 전쟁과 관련된 직책을 제외하고는 동일 인물은 동일 공직을 두 번 연임할 수 없지만, 흔하지 않은 혹은 아주 드문 경우에 한에서만 연임할 수 있다. 모든 공직 또는 가능한 한 많은 공직의 임기는 짧아야 한다. 모든 시민 혹은 모든 시민들로부터 선출된 재판관들은 법정에서 모든 문제 또는 개인들 간의 계약, 헌정상의 문제, 감사 등과 같은 대부분의 그리고 가장 중요한 최고의 문제에 대해 판결을 내린다. 민회는 모든 면에서 또는 적어도 가장 중요한 문제에 대해 최고의 권위를 갖지만, 집정관들은 어떤 문제에 대해서도 최종적 권한을 가질 수 없거나 혹은 가능한 적은 수의 문제에만 결정권이 있다. 〔……〕 민주주의의 이어지는 특성은 공무에 대한 수당이다. 즉 의회, 법정, 집정관들, 모든 사람은 그것이 가능할 경우에는 수당을 받고, 모든 사람에게 수당이 지급될 수 없는 경우에는 법정과 정해진 민회, 평의회와 집정관에게, 혹은 적어도 공동으로 식사를 해야만 하는 집정관, 법정, 평의회, 정해진 민회에게는 수당이 지불된다. 그리고 과두정은 좋은 가문, 부 그리고 교육에 의해 특징 지워지는 반면에, 낮은 가문, 빈곤, 보잘것없는 직업이 민주정의 특색인 것처럼 보인다. 어떤 공직도 종신 임기를 누리지 못하지만, 그러한 직책이 헌법에서의 오랜 변화 이후에도 잔존하여 남아 있다면, 그 권한은 박탈되어야 하고 그 관직은 정선된 선거에 의해서가 아니라 추첨에 의해 선출되어야 한다. 이런 것들이 민주주의의 공통된 특징들이다.[7]

다시 페리클레스의 연설로 돌아가자. 부와 신분에서의 차이를 부정하고 모든 시민들의 정치적 평등의 이상을 강조하면서, 페리클레스는

---

7) 같은 책, 1317b 이하.

법의 준수와 시민의 자유 사이의 내적인 연관을 강조한다. 법에 대한 존중의 태도는 그리스 도시국가에서의 정치적 삶을 이해하는 데 아주 중요하다. 고대 아테네인들에게 있어 자유는 법의 준수라는 의미를 함축하고 있었다. 왜냐하면 법은 심사숙고의 비판적인 검토 과정을 통한 시민들의 자유로운 토의를 거쳐서 결정된 결과물이기 때문이다. 정치적 공동체에 영향을 주는 결정과 법률은 바로 자유롭고 평등한 시민들의 숙고를 통해서 이루어진 것이기에 정당성을 부여받는 것이다. 그러므로 조지 세이빈이 묘사하고 있는 것처럼, 아테네 시민들은 "어떤 불합리한 자의에도 복종하지 않을 만큼 자유로웠지만 그 대신, 그들은 법을 철저히 준수하였다."[8] 다시 말해 "아테네인들은 자기들이 그 아무것에도 속박받지 않는다고 결코 생각하지 않았지만, 그러나 그들은 그 속박이 어떤 사람의 자의적 의지에 대한 복종인가 아니면 준수되어 마땅한 규칙을 지닌 자기 규제적 속박, 즉 법률적 속박인가 하는 점에 관해서는 놀랄 만큼 선명하게 구분을 지었다. 모든 그리스 정치사상가들은 한 가지 점에서는 의견이 일치했었다. 그것은 폭군정은 모든 정부 가운데서 가장 나쁜 정부라는 것이었다. 왜냐하면 폭군정은 불법적인 힘의 행사를 의미하기 때문이었다. 폭군정은 아무리 그 목적과 결과가 좋았다 하더라도, 자치 정부 self-government를 파괴하는 것이기 때문에 악하기는 마찬가지인 것이다."[9] 법과 자유의 내적인 연관성을 설명하면서 페리클레스는 사적인 생활과 공적인 생활의 조화로운 이상을 잘 설명한다. 그리스 아테네 민주주의에서 시민들은 오로지 자신들의 이익을 추구하여 개인적인 생활에 탐닉할 정도로 이기적이지 않으며, 동시에 아테네 민주주의는 개인의 사생활을 전적으로 부정하여

---

[8] 조지 세이빈, 『정치사상사 1』, p. 46.
[9] 같은 책, p. 70.

사회를 전일적으로 만드는 것을 목표로 삼지 않는다.

민주주의 기본 원칙과 이와 연관된 여러 근본 규정들을 설명한 후에 페리클레스는 계속하여 소위 vita activa로 알려져 있는 정치적 활동의 적극적인 의의를 강조한다. 그에 의하면 공공 생활에 참여하지 않고 오로지 개인의 사적인 관심사에만 몰두해 있는 사람은 아테네 시민들에게 아무런 쓸모도 없는 사람으로 여겨지게 된다.[10] 이 정치적 삶의 고유성과 중요성을 지적한 후에 페리클레스는 정치적 결정 과정에 이르는 방법으로서의 시민들의 공개적인 토의 내지 토론을 강조한다. 시민의 평등한 주권적 지위는 민회에서의 동등한 발언권, 즉 이세고리아 isegoria의 보장을 통해 확보된다. 달리 말해 시민들은 민회나 각종 회의에서 동등한 발언권에 의거하여 자유로운 토론을 통해서 정치적 사안들에 대한 최종적인 결정을 내린다. 자유롭고 평등한 시민들이 자유로운 토론을 매개로 하여 정치적 결정을 한다는 생각은 요즘도 그 매력을 상실하고 있지 않다. 일례로 이 생각은 '심의 민주주의 deliberative democracy'라고 불리는 민주주의에 대한 새로운 유력한 이론의 원천이다. 그런 점에서 존 엘스터 Jon Elster가 심의 민주주의의 탄생지를 아테네의 민주주의에서 구하면서 바로 위에서 언급한 페리클레스의 연설을 인용하는 것은 이상한 일이 아니다.[11]

자유롭고 평등한 시민들이 토론을 통해서 집단적 구속력을 지니는 결정, 즉 정치적 결정을 한다는 페리클레스의 신념은 아테네의 민주주의가 일반 대중의 정치적 능력에 대한 신뢰 속에 작동하고 있음을 잘

---

10) 영어와 독일어에서 바보나 천치를 뜻하는 idiot는 원래 사적인 사람을 의미하는 그리스어 idiotes에서 유래한 것이다. 그런데 이 사적인 인간을 의미하는 그리스어는 예술이나 학문을 하지 않는 평범한 사람이나 폴리스 전체의 공공의 관심사에는 흥미가 없이 자기 자신의 일에만 골몰하는 사람을 지칭하는 용어였다.

11) Jon Elster, "Introduction", in: *Deliberative Democracy*, p. 1 참조.

보여준다. 이 사항은 아테네 민주주의의 특징뿐만 아니라, 민주주의의 전제와 연관해서 깊이 있게 고찰할 필요가 있는 것이기도 하다. 정치 공동체 속에서의 시민으로서의 삶이 바로 가장 좋은 것이고 자신의 본성을 가장 잘 구현할 수 있는 방식이라는 아테네 시민들의 정치적 공동체에의 참여와 헌신의 정신은 바로 정치 공동체가 대중들의 정치적 참여 속에서 가장 잘 작동할 수 있으며, 더 나아가 이런 시민의 참여 속에서 비로소 정치 질서는 그 정당성을 획득할 수 있다는 믿음을 전제하는 것이다. 그리고 이 믿음은 궁극적으로 일반 대중이 스스로를 통치할 수 있는 정치적 결정 능력을 지니고 있다는 가정과 연관되어 있다. 주지하다시피 플라톤과 같은 많은 사람들은 민주주의를 비판하면서 바로 일반 대중들의 합리적인 정치적 결정 가능성을 회의하는 데에서 출발한다.

민주주의 정당화를 대중들의 통치 능력의 긍정 속에서 시도하려는 작업의 대표적인 사례를 우리는 프로타고라스Protagoras에서 찾아볼 수 있다. 페리클레스의 친구이자 대표적인 소피스트인 프로타고라스는 모든 자유 시민들의 정치적 참여의 전제조건이어야 할 일종의 민주주의적 인간관을 설파한다. 그에 의하면 모든 자유로운 시민들이 전문적인 재능과 능력에서 상이하고 다양함에도 불구하고, 대다수의 시민들은 정치적인 문제에 관해서는 이성적으로 숙고할 능력과 통찰력을 지니고 있다. 이런 입장은 플라톤의 대화편인 『프로타고라스』에 잘 나타나 있다. 대화의 첫 부분에서 프로타고라스는 그의 새로운 문하생인 히포크라테스Hippokrates에게 자신이 가르치고자 하는 것은 "자신의 집안일을 가장 잘 관리할 수 있는 가사 일에서의 지혜와 국가의 일을 이끌 뿐만 아니라 이에 대해서 말하는 데에서 가장 숙달할 수 있는 국가의 일에서의 지혜"(318e) 라고 말한다. 이에 대해 소크라테스가 당신이 가르치고자 하는 것이 국가를 위해 사람들을 덕이 있는 사람으로 만드는 "정치의 기술"인지 묻자 그는 그렇다고 대답한다. 이것이 바로 프로타고라스의 국가의 신화에 대한 이야기의 도입부이다. 프로타고라스의 긍정적인 답을 들은 소크라테스는 자신은 이런 기술이 가르쳐질 수 있다고 보지 않는다고 말한다.[12] 그러면서 이에 대한 논변으로 그는 우선 다음 두 가지를 지적한다. 첫째로 현명한 아테네 사람들은 민회에서 건물이나 배를 짓는 문제에 관해서는 전문적인 지식을 소유한 사람들의 조언을 중히 여기는 데 반해, 정치적 질문에 관해서는 전문가의 조언을 구하지 않고 모든 시민들이 이런 문제들에 대해 스스로 결정할 수 있는 능력을 지닌 것처럼 행동하는 것으로 보인다. 즉 건물이나 배를 건축할 때 비전문가의 조언을 비난하는 것과는 달리 정치적 문제에 대해서는 이런 기준을 적용하지 않고 모든 사람들이 저마다 정치적 견해를 표현하는 것을 허용한다. 그런데 이런 것은 결국 모든 사람들이 정치적 문제에 대한 어떤 탁월한 기술을 인정하는 것이 아닌 것으로 되기에, 이로부터 정치적 지혜가 가르쳐질 수 없다는 것이 도출된다. 또 다른 하나는 첫 번째 논변에서처럼 공동체 일반에 해당되는 것이 아니라, 개인에 해당하는 것이다. 소크라테스는 아테네에서 가장 훌륭한 사람들조차도 그들 자신이 소유한 덕을 다른 사람들에게 전해주지 못한다고 말하면서 그 대표적인 예로 페리클레스를 거론한다.

  소크라테스가 덕은 가르쳐질 수 없다는 입장을 옹호하기 위해 첫 번째로 내세운 질문은 민주주의가 가정하고 있는 중요한 전제의 정당성에 관한 물음이다. 정치적 의사를 형성하는 과정에 모든 시민들이 평등하게 참여하여야 한다는 것을 민주주의는 내세우는데, 과연 이런 민

---

12) 물론 대화편의 후반부에서는 소크라테스와 프로타고라스의 입장이 정반대로 바뀐다. 즉 프로타고라스는 앞부분에서와는 달리 후반부에서 덕이 가르쳐질 수 없다는 입장을 취하는 데 반해, 소크라테스는 자신이 앞에서 논박하고자 했던 입장인 덕의 교육 가능성을 지지한다.

주적 정치과정이 바람직한 것인가 하는 물음을 소크라테스는 묻고 있는 것이다. 즉 이 물음은 소크라테스와 플라톤이 활동했던 시기의 아테네에서처럼 집단적으로 구속력이 있는 결정을 하는 데 있어서 민회에서 모든 시민들이 자유로운 토론을 통해서 그들의 최고의 주권적 권력을 행사하는 방식이 과연 현명하고 지혜로운 사람에 의해서 이루어지는 결정에 비해서 긍정적이고 바람직한 결과를 가져올 수 있는가 하는 물음이기도 한 것이다.

소크라테스의 질문에 대하여 프로타고라스는 국가 탄생의 신화를 통해서 대답한다. 프로타고라스가 예로 든 국가의 탄생에 관한 신화(320c8~322d5)는 세 부분으로 이루어져 있다. 첫 부분에서 설명되는 것은 동물들의 발생과 이들이 지니게 된 능력에 관한 것이다. 이 신화에 의하면 한때 신들만이 존재했었다. 유한한 생명체들이 탄생할 시간이 되었을 때 신들은 에피메테우스Epimetheus와 프로메테우스Prometheus에게 유한한 생명체들에게 적절한 능력을 갖추게끔 하는 과제를 부여한다. 에피메테우스는 이 일을 스스로 하고 프로메테우스는 추후에 이 일에 대해 검토하는 일을 맡을 것을 청한다. 그리하여 에피메테우스는 어떤 동물들에겐 속도는 느리지만 힘을 지니도록 하고, 힘이 약한 동물들은 빠른 속도의 능력을 구비하도록 했다. 이렇게 하여 그는 어떤 한 종이 완전히 파괴되어 사라지지 않도록 각 동물들에게 생존에 필요한 독특하고 적절한 능력을 부여했다. 그러나 에피메테우스는 부주의하게도 인간을 제외한 모든 동물들에게 유용한 수단들을 다 부여한 나머지 인간들에게 부여할 수단을 갖지 못하게 되었다. 아놀드 겔렌Arnold Gehlen의 표현을 빌자면 인간은 결핍존재Mangelwesen의 상태에 있었던 셈이다. 인간만이 아무런 장비를 갖추고 있지 못한 것을 본 프로메테우스는 신들에게서 불과 함께 기술을 훔쳐 인간에게 부여했다. 이 인간의 탄생과 관련된 부분이 신화의 두 번째 부분을 이룬다. 인간은 프로메테우스의 도움으로 생존의 수단을 지니게 되었다. 이들 인간은 처음에는 서로 떨어져 살았고 아무런 도시 공동체를 형성하지도 않았다. 그 결과 인간은 사나운 짐승들의 먹이로 전락하게 되었는데, 이는 그들의 기술이 그들이 먹고사는 데는 충분한 수단이 되었으나 동물들과의 전쟁에는 도움이 되지 못하였기 때문이다. 이리하여 인간들이 서로 모여 공동체를 형성하였으나, 정치적 기술의 결핍으로 인해 서로에게 해가 되었고 다시 흩어지게 되고 사나운 동물들의 먹이 감으로 전락하게 되었다. 이런 인간의 위기 상황과 신화의 마지막 부분이 연결되어 있다. 인간이 완전히 사라질 것을 두려워 한 제우스는 헤르메스Hermes를 보내 인간에게 "부끄러움aidōs과 정의dikē"를 주었다. 그리고 제우스는 이 선물을 전문적인 기술이 일부 인간들에게만 선사되었던 것과는 달리 모든 사람들에게 주어지게 하였다. 제우스는 이 두 가지 덕을 획득할 수 없는 사람은 누구든지 도시 공동체의 역병과 같은 존재로 사형에 처해지도록 법률로 정하도록 하였다.

위에서 설명한 국가의 신화에 대한 이야기에 이어서 프로타고라스는 모든 자유로운 시민은 전문적인 재능에 있어서는 개인적인 다양성을 보여줌에도 불구하고, 공공의 영역에 대해서는 공동의 결정을 할 수 있을 정도로 이성적으로 숙고하고 행동할 수 있는 능력을 소유하고 있다고 말한다.

그러므로 이런 방식으로, 소크라테스여, 그리고 이런 이유로 인해서 모든 다른 사람들과 아테네인들은 건축가나 혹은 다른 기술자들의 덕에 관하여 언급할 때 단지 소수의 사람들에게 충고를 허용한다고 믿는다. 〔……〕 그러나 그들이 모든 것이 정의와 절제와 관련되는 시민적 덕에 대한 충고에 이르렀을 때, 그들은 모든 사람들의 의견을 듣는다. 왜냐하면 그들은 모든 사람들이 이러한 종류의 덕에 대한 몫을 지니고 있다고 생각하기 때문이다. 그렇지 않을 경우에는 어떤 국가도 존립할 수 없을 것이다.[13]

2. 아테네 민주정의 기본적인 제도에 대한 설명

앞 단락에서 살펴본 고대 아테네인들의 민주정의 이상이 아주 매혹적이라 할지라도 이를 그리스 정치 생활의 실제로 바라볼 필요는 없다. 하지만 그리스인들은 자신들이 생각한 민주주의의 원칙과 이상을 자신의 구체적인 삶의 영역에 실현하려고 노력하였고, 이런 과정에서 여러 가지 독창적인 제도적 장치들을 고안해내었다. 이하에서는 우선 고대 그리스 민주정의 기본 제도들을 그 역사적인 전개 과정을 통해서 살펴보고자 한다.

---

13) 플라톤, 『프로타고라스』, 322d6~323a4. 정치적인 문제에 관해서 일반 시민들이 내릴 수 있는 건전한 상식과 판단력에 대한 믿음은 프로타고라스의 덕은 가르쳐질 수 있다는 생각과 밀접하게 연관되어 있다. 비록 프로타고라스는 대체로 온건하고 보수적 성향의 사람이었음에도 불구하고, 그 당시 아테네에서 이 주장은 상당히 급진적인 의미를 함축하고 있었는데, 그 이유는 많은 아테네인들에게 덕이란 출생 신분과 지위에 따라 소유하게 되는 일종의 특권이라고 받아들여졌기 때문이다.(로버트 애링턴, 『서양 윤리학사』, p. 51 참조) 소크라테스 및 플라톤과 프로타고라스의 논쟁에서 과연 프로타고라스가 민주주의의 정당성의 근거를 합리적으로 제시하고 있는지는 여전히 논쟁의 여지가 있다. 왜냐하면 비록 프로타고라스가 일반 대중들의 정치적 결정 능력에 대한 믿음을 지니고 있다는 것을 인정한다고 하더라도, 그의 이런 믿음과 그의 도덕적·지적 상대주의가 상충될 수 있기 때문이다. 소크라테스와 플라톤이 정의로움과 정의롭게 여겨지는 것의 구별을 전제하지 않는 수사학적 활동과 소피스트들의 상대주의적 견해를 비판하고자 한 이유도 여기에 있는 것이다. 이러한 정의에 대한 에피스테메와 독사doxa 사이의 구별이 없는 한, 자유롭고 평등한 시민들의 토론에 의거한 정치적 결정을 선호하는 아테네 민주주의는 연설을 통해 대중들을 조작하여 갖가지 부패와 좋지 못한 결과를 초래할 가능성을 내포하고 있다는 것이 소크라테스 및 플라톤의 고유한 생각이었다.

아리스토텔레스의 기록에 의하면 아테네는 그가 아테네 헌정에 대한 역사를 기록할 때까지 총 11번의 헌정 변화를 겪었다.[14] 이온Ion과 그 동료들이 사람들을 공동체로 묶어 네 개의 부족으로 나눈 것을 출발로 해서 테세우스Theseus[15]의 헌정의 개혁과 드라콘의 개혁을 거쳐 가난한 사람과 부유한 사람들의 내전의 소용돌이 속에서 등장한 솔론의 개혁은 세 번째 헌정의 변화에 속한다. 솔론의 개혁은 그리스 아테네에서 민주정에로의 변화에 이르는 중대한 출발이었다. 그후 참주인 페이시스트라토스의 변화를 거쳐 클레이스테네스의 다섯 번째의 헌정 개혁이 단행되었다.[16]

이미 지적된 바와 같이 아테네뿐만 아니라 다른 도시국가의 중대한 정치적 발전 과정에 대한 정확한 증거가 많이 남아 있지 않기 때문에 어떻게 그리고 언제 아테네가 민주정을 발전시켰는가 하는 것을 확인하는 작업은 대단히 어려운 일이다. 토머스 마틴은 기원전 7세기 후반

---

14) 아리스토텔레스가 전하고 있는 아테네의 헌정사를 간략하게 말하면 다음과 같다. 즉 이온의 헌법, 테세우스의 헌법, 드라콘의 헌법, 솔론의 헌법, 페이시스트라토스의 참주정, 클레이스테네스의 민주적 헌법, 페르시아 전쟁 기간에 발생한 귀족회의 Areopagus가 국가를 지배한 체제, 에피알테스Ephialtes가 귀족회의 체제를 무너뜨리고 세운 체제, 기원전 411년 펠로폰네소스 전쟁기에 발생한 400인 과두제적 정치 질서, 채 1년이 안 되어 다시 회복된 민주정, 펠로폰네소스 전쟁에서의 아테네의 최종적인 패배와 함께 스파르타의 후원하에 발생한 기원전 404년의 그 유명한 30인 참주정 그리고 약 8개월 후의 기원전 403년의 민주정의 회복 등이 바로 아테네에서 발생한 열한 번의 헌정 질서의 변화이다.(아리스토텔레스, *Athēnaiōn Politeia*(이하 『아테네 헌법』), chapter 41 참조)
15) 아리스토텔레스는 이온에 의해서 형성된 아테네 폴리스의 헌정 질서의 최초의 개혁적인 변화를 가져온 인물로 테세우스를 지적한다. 그러나 아테네의 전설에 의하면 테세우스는 아티카의 정착민들을 정치적으로 단결시켜 아테네 폴리스를 창건한 사람으로 알려져 있다. 또 테세우스는 크레타 섬에 살고 있었던 괴물 미노타우로스를 패배시킨 영웅으로 알려져 있다.(토머스 마틴, 『고대 그리스의 역사』, p. 133 참조)
16) 아리스토텔레스, 『아테네 헌법』, chapter 41 참조.

에 아테네가 남자 시민들에 의해서 이루어지는 제한된 형태의 민주 정부를 확립했다고 생각한다.[17] 윌리엄 포레스트W. Forrest에 따르면 기원전 750년과 450년 사이 전체 그리스에서 "개별적인 인간의 자율에 대한 관념, 즉 한 정치적 사회의 모든 구성원들은 자유롭고 평등하며 또 누구나 자신이 속한 사회의 구조와 활동들을 결정하는 데 동등한 발언권을 가진다는 관념"이 점진적으로 발전하였고 아테네 민주정은 이런 관념을 가장 완벽하게 실제 속에 적용하려는 노력의 산물이다.[18] 아리스토텔레스에 의하면 드라콘의 법이 제정되기 이전에는[19] 행정관들magistrates은 재산과 출생에 의해 선출되었다. 아테네에서의 민주주의는 솔론의 개혁에 의해 본격적으로 시작되었다.

기원전 594년경에 솔론은 아테네 도시국가 내에서 부자와 빈자 사이의 정치적 긴장이 폭발 직전에 이른 상황에서 이 위기를 극복할 방안으로 일련의 개혁을 단행하였다.[20] 그는 그의 입법의 목적을 부자와 빈자 간의 균형과 공평을 달성하는 데 두었다. 그는 '부채 탕감seisachtheia' 조치를 통해 채무로 인해 노예가 되는 것을 금지했다. 이 조치는 솔론의 중도 노선을 잘 보여주는 예이다. 왜냐하면 그는 부채 탕감 조치를 통해 기존의 재산에서의 우월적 지위를 유지하려는 기득권 세력의 요구와 대지주들의 땅을 재분배해야 한다는 가난한 사람들의 요구를 절충시켰기 때문이다. 그리고 솔론은 부자와 가난한 일반 시민들 사이의 권력의 균형을 형성하기 위해 주민을 재산에 따라 4계급으로 분류하였다. 첫 번째 계급은 펜타코시오메딤노이Pentakosiomedimnoi로 자신의 토지에서의 연간 곡물 소득이 500메딤노이medimnoi 이상이거나

---

17) 마틴, 같은 책, p. 134 참조.
18) 윌리엄 포레스트, 『그리스 민주정의 탄생과 발전』, pp. 57 이하.
19) 드라콘의 법은 기원전 621년경에 제정된 것으로 추정된다.(마틴, 같은 책, p. 119 참조)
20) 아리스토텔레스, 『아테네 헌법』, chapter 4 참조.

그에 상응하는 소득을 올릴 수 있는 시민으로 구성되었다. 두 번째 계급은 히페이스hippeis로 불리는 기사 계급으로 300에서 500메딤노이의 소득을 올리는 시민이 속하는 계급이다. 이 계급은 말을 보유하고 기병 근무를 위한 무장을 스스로 갖출 수 있었다. 세 번째 계급은 보병으로서의 무장을 스스로 갖출 수 있는 제우키타이zeugitai 계급으로 이 계급에 속하는 시민은 연간 소득이 200에서 300의 메딤노이인 시민들로 구성되었고, 마지막 계급은 연간 소득이 200이하의 메딤노이인 시민들로 이루어진 계급이었다. 이 계급은 테테스thetes로 토지를 소유하지 못한 사람들이었다. 행정관직이나 국가 감옥의 감독을 책임지는 11인 위원회 같은 국가의 주요한 공직들은 최상위 계급에 속하는 시민들만이 향유할 수 있었고, 최하위 계급에 속하는 시민들은 어떤 공직도 맡을 수 없었으나 그들은 다만 민회와 재판에 참여할 수 있는 권리는 인정받았다. 솔론의 개혁 조치에서 언급되어야 할 사항 중의 하나는 사법적 제도의 개혁이다.[21] 그는 범죄가 발생했을 때 아테네 남자 시민이면 누구나 그 범죄의 피해자를 대신하여 그 행위를 고발할 수 있게 하였을 뿐만 아니라, 행정관이 부당한 판결을 내렸다고 생각하는 사람은 누구나 민회에 이를 고소할 권한을 부여받게 하였다.[22]

솔론의 개혁은 아테네 민주정의 진전 과정에서 중요한 한 국면을 이루고 있다. 그러나 솔론의 개혁이 아테네에 민주정을 가져왔다고 해석하는 것은 무리이다. 그리고 그의 개혁은 부자와 빈자 사이의 정치적 긴장을 미봉적으로 해결하는 데 그쳤다고 볼 수 있다. 부자와 빈자 사이의 이익의 균형을 꾀하려는 솔론의 개혁은 양자 모두를 만족시킬 수 없었다. 솔론의 개혁 이후에 아테네에서의 정치적 갈등과 긴장은 줄어

---

21) 같은 책, chapter 7 이하 참조.
22) 마틴, 같은 책, p. 139 참조.

들지 않고 오히려 증가하였다. 그가 은퇴한 지 채 몇 년이 되지 않아 시민들은 분열되었고 그 분열은 행정관을 선출할 수 없을 정도로 심했다.[23] 이런 갈등이 참주정의 등장을 유리하게 하였다. 대표적인 참주는 페이시스트라토스Peisistratos였다. 참주가 등장은 고대 아테네 사회의 전반적인 변화와 궤를 같이 한다. 기원전 8세기에서 6세기에 걸쳐 진행된 해외 식민 도시 건설은 화폐경제의 확대와 그리스의 총인구수 및 통상의 급격한 증대를 반영하는 것이다. 이런 교역의 확대로 인해 전통적인 귀족 출신이 아닌 신흥 부유층이 발생했고, 인구 증가 및 화폐경제의 활발한 발달로 인해 초래된 도시국가의 변화는 농촌의 가난한 계급의 사회적 불만을 야기시켰다. 즉 "농촌 지역의 아래로부터의 불만과 위로부터의 신흥 부유층의 재력의 결합은 도시의 귀족 지배의 비좁은 테두리를 깨뜨리고 나왔다." 이런 정치적 긴장의 소용돌이 속에서 바로 참주정이 등장하였던 것이다.[24] 페이시스트라토스는 아테네 도시국가의 정치적 긴장을 통해서 새로운 부유층과 가난한 사람들의 지원을 등에 업고 권력을 장악하려고 시도하였다. 그는 두 번에 걸친 추방을 겪은 후에 마침내 기원전 546년에 권력을 장악하는 데 성공하였고, 기원전 527년에 죽을 때까지 권력을 유지하였다. 그가 한 일은 아테네 도시국가 틀의 형성에서뿐만 아니라 농민의 경제적 자립의 형성이라는 측면에서 볼 때도 중요한 것이었다. 즉 그는 도로 개량 공사나 거대한 제우스 신전의 건립 등과 같은 건설 사업을 통해 도시의 직인과 노동자들에게 일자리를 마련해주고 피레우스Piraeus 항을 거점으로 해상 교통의 발전을 도모하기도 하였다. 이외에도 그는 공공 대부를 통해 아테네 농민에게 직접적인 재정 지원을 하는 조치를 단행하

---

23) 아리스토텔레스, 『아테네 헌법』, chapter 13 참조.
24) 앤더슨, 같은 책, pp. 29 이하 참조.

였는데, 이는 "고전적 폴리스의 성립 전야에 그들의 자율성과 안정을 최종적으로 다져놓았다"고 평가된다.[25] 그가 기원전 528년에 죽은 후 아들 히피아스Hippias가 참주의 지위를 이어받았으나 그는 권력투쟁의 소용돌이 속에서 헤어 나오지 못했다. 마침내 히피아스의 정적인 알크마이온 가문의 사람들이 스파르타와 접촉하여 그를 권력에서 축출하였다. 이로 인해 발생한 권력의 공백 기간 동안에 가장 대표적인 정치가는 알크마이온 가의 클레이스테네스와 그의 가장 강력한 정적인 이사고라스Isagoras였다. 이사고라스는 기원전 508년에 아르콘이 되어 스파르타와 손을 잡고 클레이스테네스의 개혁을 저지하려고 하였으나, 클레이스테네스와 아테네 시민들은 이를 극복하였다. 이렇게 권력을 확고히 장악한 클레이스테네스는 아테네의 민주적 제도의 개혁에 앞장섰다.[26]

클레이스테네스가 아테네에 민주주의를 확고하게 정착시키기 위해 실시한 개혁 중에서 가장 중요한 것을 열거하자면, 우선 이전의 행정구역을 폐지하고 새로운 행정단위를 설정한 것과 기존의 400인 평의회를 500인 평의회로 만든 것 그리고 도편추방제Ostracism의 도입 등이다. 이 기존의 400인 평의회는 솔론이 아레오파고스회의에 대한 견제를 목적으로 만든 것으로 각 부족에서 백 명씩 선출하여 구성하였던 것이다.[27]

---

25) 같은 책, p. 31 참조. 마틴, 같은 책, p. 140 참조.
26) 아테네에서 민주주의가 다른 도시국가에 비해서 확대되고 유지될 수 있었던 요인들 중에서 군사적 요인 역시 중요하였던 것으로 알려져 있다. 아테네에서 중장보병으로서 스스로를 중무장할 경제적인 수단이 없었던 시민들 중의 최하층을 이루었던 계층인 '테테스thetes' 역시 해군으로서 복무할 수 있었다. 그리고 아테네 함대에 승선한 수병을 구성한 이들 테테스 계층은 국가로부터 수당을 받았다. 이런 군사적 역할에서 차지하는 하위 계층의 중요성은 바로 그들의 정치적 지위를 상승시키는 데 기여하였고, 이는 다시 아테네 민주주의를 꽃피우게 하는 결과를 가져왔다.(앤더슨, 같은 책, p. 40 참조)

클레이스테네스는 솔론의 개혁 이후에 지속되어온 혈연에 기반을 둔 4부족을 인위적인 행정단위의 10부족으로 변화시켰다. 이 새로운 부족들의 이름은 아테네의 영웅들의 이름을 따라 부여되었다. 그 결과 재산이나 귀족적 특권에 기반을 둔 명문 세도 가문들의 정치적 영향력이 발휘될 터전이 상실되었고 민중들의 정치적 참여의 폭이 확대될 수 있는 기반이 조성되었다. 그러므로 아리스토텔레스에 의하면 이런 행정구역의 인위적인 설정이 의도한 것은 그 이전의 부족에 속한 사람들을 서로 혼합시키고 이렇게 해서 시민의 정치적 참여의 몫이 더 확대되는 것을 확실하게 보장하는 것이었다.[28] 이런 행정구역의 새로운 설정으로 오늘날의 구ward나 교구parish 혹은 읍면township에 해당된다고 볼 수 있는 지역 행정단위인 데메스demes가 존재하게 되었는데, 이 수에 대해서는 확실한 정보가 존재하지 않는다.[29]

고대 아테네 민주정의 발전에서 결정적인 의미를 지니는 것으로 평가되는 클레이스테네스가 행한 행정구역의 변화 조치에 대해서 좀 더 자세히 살펴보면 다음과 같다. 종래의 혈연에 기반을 둔 4부족은 인위적인 행정단위인 10부족으로 그 성격이 바뀌게 되었고, 각 부족phylē은 다음과 같은 방식으로 이루어졌다. 아테네를 도시 지역, 내륙 지역 그리고 해안 지역으로 인위적으로 나누고, 이 세 지역을 또 각각 10개로 나눈 뒤에 이렇게 해서 형성된 30개 지역을 '트리티스trittys'라 불렀다. 트리티스는 원래 3분의 1이라는 뜻으로 부족의 3분의 1을 의미

---

27) 포레스트, 같은 책, p. 207 참조.
28) 아리스토텔레스, 『아테네 헌법』, chapter 21, 22 참조.
29) 데메스의 정확한 수에 대해서는 분명하게 알려져 있지 않으나, 헤로도토스에 의하면 그 수는 100개였던 것으로 여겨진다. 그 수는 인구수의 증가에 비례하여 증가되었던 것으로 보이고, B. C 3세기에는 그 수가 대략 176개였다.(같은 책, Chapter 21, 주석 1 참조)

한다. 이 30개의 지역 중 세 개를 추첨에 의해 골라 각각의 부족을 만들었기 때문에 각 부족은 아테네의 해안, 내륙 그리고 도시 지역에 일정한 몫을 갖게 되었다. 즉 도시 부근의 10개 트리티스에서 하나, 해안 지역의 10개 중에서 하나 그리고 내륙 지역의 10개 중에서 하나를 추첨에 의해 선택하여 10개의 부족이 형성되었다. 이렇게 각 부족은 세 개의 '트리티스'(1부족의 1/3)를 지니게 되었고, '트리티스'는 여기에 속하는 가장 큰 부락dēmes의 이름을 따라 불리게 된다. 10개 부족 및 그 하부 조직으로 재편된 아테네의 행정 체계는 이후의 아테네 군 편제를 포함하여 모든 분야의 공공 생활의 기반이 된다.

지금까지 클레이스테네스가 행한 중요한 민주개혁의 내용을 간단하게 살펴보았다. 이 개혁의 의의에 대해서 조지 세이빈은 다음과 같이 말한다. 클레이스테네스의 개혁은 "아테네의 전성기와 그 이후를 일관하여 아테네 헌법의 골격을 이루었다. 펠로폰네소스 전쟁 말기에 잠깐 동안 과두 정부적 반동이 있었으나 기원전 403년에 다시 원래의 제도로 환원되었다."30) 또 클레이스테네스의 개혁에 대해 모제스 핀레이는 다음과 같이 평가한다. "클레이스테네스가 데메스와 부족에 기초한 인위적인 조직(이후 장들에서 살펴보게 되듯이, 아테네인들의 풍부한 상상력을 보여주는 정치적 발명 중의 하나)을 창출하였고, 그의 조직이 데모스에 의해 수용되었으며, 아테네 민주정의 종식 이후에도 로마가 지배하던 시점까지 몇 세기 동안 존속해온 사실을 아무도 합리적으로 부인할 수 없다."31)

클레이스테네스 이후에 페리클레스는 아테네 민주정을 그 절정에 이르게 하였다. 그는 클레이스테네스의 조카인 어머니와 저명한 지도

---

30) 세이빈, 같은 책, p. 52 주석 1 참조.
31) 핀레이, 같은 책, p. 61.

자인 아버지를 둔 가문에서 태어났다. 그가 행한 민주적 개혁 조치들로는 배심원, 500인 평의회 의원, 기타 추첨에 의해 임명된 공직자 등에게 국가 수입으로 공무 수당을 제공하는 법안을 통과시킨 것이었다. 공무 수행에 지급되는 수당으로 인해 이제 가난한 시민들에게도 공공의 정치적 활동에 더욱 적극적으로 참여할 기회와 계기가 주어졌다. 공직에 대한 수당 지급은 이런 점에서 아테네 민주정의 확대와 유지를 위해 요구된 것이기도 하다.[32] 이런 개혁 조치 이외에도 페리클레스는

---

32) 아테네의 가난한 시민들의 정치 참여를 수월하게 하기 위해 취한 조치인 정무 수당과 다른 재정적 혜택들에 관해 플라톤과 아리스토텔레스와 같은 민주정에 호의적이지 않은 사상가들은 페리클레스가 아테네 정부와 사회를 부패로 이끄는 첫 번째 조치를 취했다고 생각하였다. 플라톤의 페리클레스에 대한 비판에 대해서는 『고르기아스』 515e 참조. 페리클레스가 배심원들에 대한 정무 수당 지급제를 도입한 것에 관해서 아리스토텔레스 역시 이 제도로 인해 배심원 제도는 질이 저하되었고 유리한 판결을 가져오기 위해 배심원에게 뇌물을 주는 관행이 발생했다고 비판한다.(아리스토텔레스, 『아테네 헌법』, chapter 27) 그러나 민주정에 호의적이지 않았던 투키디데스는 페리클레스가 행사한 영향력의 근거를 그가 보여준 정치적 판단의 신중함과 깊은 통찰력 그리고 개인의 성품의 청렴함에서 구하고 있다. 그는 대중들의 변덕에 휩싸여 그들에 의해 이끌리지도 않았고, 또 권력을 유지하기 위해 대중들의 환심을 사는 행위를 하지도 않았다. 그는 대중들이 잘못 판단할 경우에 그들에게 경고하고 그들을 설득하여 올바른 정치적 판단을 내리도록 하였던 것이다.(Thukydides, 같은 책, p. 181 참조) 플라톤 역시 페리클레스의 지도력을 부인하지는 않았던 것으로 보인다. 그는 『파이드로스』에서 페리클레스를 모든 웅변가들 중에서 가장 최고의 완전성의 단계에 이른 사람으로 묘사한다.(269e 참조) 행정관, 협의회 및 법정에서의 공무에 대한 국가의 수당이 실제로 아테네 시민들을 타락시켰는지에 대해서는 의견이 분분하다. 윌리엄 포레스트는 이 제도가 어떤 아테네인이건 가난 때문에 공적 생활에서의 역할로부터 배제되어서는 안 된다는 그들의 민주주의적 이상을 실현하기 위해 고안된 것임을 강조한다. 그리고 비록 일부 가난한 시민들이나 일부 게으르고 무책임한 사람들에 의해 이 제도가 악용될 수도 있었을 것이라는 점을 인정한다고 하더라도, 아테네인들이 그렇게 쉽게 이 제도에 혹했을 것이라고 단정 지을 수 없다고 한다. 왜냐하면 그 수당이 많은 액수가 아니었고, 배심원 복무에 대한 수당은 겨우 최저 생활 임금 정도였기 때문이다.(포레스트, 같은 책, pp. 43 이하 참조)

기원전 451년에 부모가 모두 아테네 시민인 자녀만이 시민권을 획득할 수 있다는 법률을 제안, 통과시켰다. 비록 아테네 여성들이 정치에 대한 직접적인 참여의 권리를 획득하지는 못했으나, 이제 아테네 시민권을 획득하는 데 여성들의 시민권은 남성의 그것 못지않게 중요한 것으로 인정받기에 이른 것이다. 이렇게 그는 아테네의 정체성을 굳건히 했을 뿐만 아니라, 아테네 여성의 권한을 새롭게 인정하였다.[33]

지금까지 솔론에서 페리클레스에 이르는 과정을 민주정의 지속적인 발전 과정이라는 관점에서 살펴보았다. 이제 아테네 민주주의에서 핵심적 기능을 담당했던 대표적인 제도들을 살펴보기로 한다. 이 제도들은 아리스토텔레스가 활동하던 시대의 정치제도에 관한 것으로 클레이스테네스와 페리클레스의 시기를 거쳐 그 기본적인 틀이 확정된 것이다. 아테네 민주주의의 핵심적인 통치 기구는 500인 평의회 boulē와 시민들로 구성된 배심원으로 운영되는 법원이었다. 아리스토텔레스가 그의 저서 『정치학』에서 엄격한 의미에서의 시민을 정의하면서 시민의 가장 고유한 특징을 "재판 운영과 공직을 공유하는 것"에서 구하는 것은 바로 아테네 민주정의 경험을 반영하고 있다고 보아야 한다.[34] 즉 고대 그리스 아테네의 민주정하에서 살아가는 시민들은 정치적 영역에서 공동체에 중요한 영향을 미치는 사안들에게 최종적인 의사 결정권을 행사할 권한과 동시에 재판 업무에 참여하는 것을 그들의 권한의 본질적인 영역에 해당되는 것으로 여겼다. 500인 평의회와 배심원 외에도 중요한 것으로 민회, 10명의 행정관(집정관)과 장군들 그리고 11인 위원회 등이 있었다.

우선 민회에 대해서 알아보자. 모든 남자 시민은 일종의 총회, 즉 민

---

33) 마틴, 같은 책, pp. 186 이하 참조.
34) 아리스토텔레스, 『정치학』, 1275a22 이하.

회를 구성하였고, 아테네의 남자 시민들은 20세가 되면 이 총회에 참가할 자격을 부여받았다.[35] 민회는 그리스어로 ekklēsia, 민회에 참석한 의원들은 ekklēsiastai 혹은 ekklēsiazontes라 한다. 이는 아테네의 최고 의결 기구이다. 뒤에서 살펴보는 바와 같이 500인 평의회는 커다란 권력을 행사하였으나, 이 권력 행사 역시 민회에 의하여 지지되어야만 했다. 평의회를 통한 안건은 민회에서 대체로 거수투표kheirotonia에 의한 다수결을 통해 의결되는데, 이를 프세퓌스마psēphysma(다수표에 의해 통과된 법안, 곧 법령)라 한다. 외교 문제, 재정, 선전 포고와 군사 작전 등 나라의 중대사와 관련된 문제를 의결하며, 장군들의 선발, 심지어는 나라의 안위와 관련된 범죄에 대한 재판까지 하게 되는 기구이다.

민회 다음으로 다루어야 하는 기구는 500인 평의회이다. 이는 클레이스테네스의 행정구역의 개혁으로 정착된 10개 부족에서 선출된다. 이들 각 부족에서 30세 이상인 남자 시민 대표 50여 명씩을 매년 추첨에 의해 선출하는데, 한 부족에 속하는 각 부락은 그 규모에 따라 적게는

---

[35] 아리스토텔레스에 의하면 아테네인 부모에게서 태어난 아이들은 18세가 되어야 시민 명부에 등록될 수 있다. 이 시민 명부에 등록되는 과정을 그는 다음과 같이 묘사한다. "등록 시에는 같은 데메에 속한 사람들이 선서를 한 후 투표를 했다. 첫째로 이들의 연령이 법이 정한 연령에 도달했는가 하는 것이었다(그렇지 않은 경우에는 다시 아이들로 되돌아가게 하였다). 둘째로 입후보자가 자유인 신분이며 법이 요구하는 그런 부모 밑에서 태어난 사람인지를 투표했다. 그 후에 그들이 그가 자유인이 아니라고 결정을 하면, 그는 법원에 항소할 수 있었으며, 그가 속한 데메는 원고로서 행동할 5인을 지명하였다. 만약에 법원이 그가 시민 명부에 등록될 어떤 권리를 지니고 있지 않다고 결정을 하면, 그는 국가에 의해 노예로 팔려갔다. 그러나 그가 이 소송에서 승리하면, 그는 더 이상의 문제 없이 데메의 일원으로 등록되었다." 그리고 이렇게 시민 명부에 등록된 후 그는 2년간의 군사 훈련 등을 거쳐 20세에 정식으로 시민으로서 정치적인 공동체에 참여하여 자신의 권리를 행사할 수 있게 된다.(아리스토텔레스, 『아테네 헌법』, chapter 42 참조)

3명 많게는 22명을 선출하게 된다. 그러나 같은 사람이 두 번 이상 평의회 의원으로 선출될 수는 없었다. 이렇게 해서 도합 500명의 평의회 의원들이 뽑히게 되는데, 이들은 1년을 10으로 나눈 각 분기 동안 한 부족의 의원들 50명이 평의회의 운명(실무)위원회prytaneis를 구성한다. 당시에는 음력을 공식 달력으로 썼기 때문에, 추첨에 의해 먼저 평의회 운영을 맡게 되는 4부족은 36일씩, 나중의 6부족은 35일씩 맡게 된다.[36] 이 기간prytaneia 동안 이들은 톨로스tholos(둥근 지붕의 원형 건물, 일명 Skias라고도 하는데, 이는 그 지붕이 양산 모양이라 하여 붙인 이름임. Rotunda—원형의 큰 홀)에 머물며, 국가의 비용으로 식사도 하고, 평의회와 민회의 업무 및 외교 업무 등을 주관하게 된다. 그리고 그들 가운데서 매일 한 사람의 대표를 추첨에 의해 선발하게 되는데, 이 사람은 자기가 선택한 한 '트리티스' 출신의 의원들의 도움을 받으며 '톨로스'에서 24시간 당직을 서고, 그날 열리게 되는 평의회나 민회의 의장epistatēs이 되는가 하면, 국세와 국고 및 국가 문서의 보관 업무에도 책임을 지게 된다. 평의회 의원으로서 의장이 되는 것은 일생에 한 번뿐이다. 그런데 평의회는 그 자체에 어떤 의안 결정권을 갖고 있는 것이 아니라, 민회의 투표에 붙일 의제 또는 의안들을 협의하고 민회의 소집권을 갖는 기구이다. 한 부족이 평의회 운영을 맡는 그 기간(35~36일) 동안 네 차례의 정규적인 주요 민회kyria ekklēsia가 소집된다. 물론 특별한 안건이 있을 경우에는 특별 민회가 소집된다. 평의회의 권한이 궁극적으로 민회의 호의에 의존하고 있기는 했으나 평의회는 자체적으로 재판권을 행사하여 시민들을 투옥하기도 하고 법법자들을 일반 법원에 기소할 수도 있었으며, 함대와 병기창을 자신의 직접적인 통제하에 두었을 뿐만 아니라, 국가 재정, 공공재산의 관리 및 과

---

36) 같은 책, chapter 43 참조.

세에 관한 통제권한을 지니는 등 커다란 권한을 행사하는 기구였다.

10명의 장군들은 다음과 같이 선출되었다. 기원전 501/500년에 아테네에서는 새로운 행정단위인 10개 부족에서 각기 1명씩 장군stratēgos을 해마다 선출케 했다. 이들은 각기 자기 부족의 중장비 보병단과 기병대를 지휘하는 장군들이었으며, 모두 대등한 지위를 누렸다. 따라서 전략 협의는 함께하고, 결정은 다수에 의해서 했던 것 같다. 이때만 해도 집정관들(행정관들archontes) 중의 한 사람이었던 '폴레마르코스polemarchos(전쟁을 지휘하는 총사령관)'가 적어도 명목상은 주도권을 행사한 편이었으나, 487/486 이후에, 이들 장군들은, 집정관들을 비롯한 나머지 관직들이 대개 추첨에 의해서 결정되었던 데 반해, 적어도 그 나름의 전문적인 능력이 인정되어 선거에 의해 선출되었으므로, 정치적인 영향력도 행사하게 된다.[37] 기원전 480년 살라미스 해전에서 페르시아의 대함대를 격파한 테미스토클레스도 '스트라테고스'로 선출된 사람이었고, 페리클레스 또한 기원전 443년부터 429년에 전염병으로 사망할 때까지 무려 15번이나 연달아 '스트라테고스'로 선출되었다.[38]

10명의 집정관들 혹은 아르콘테스archontes는 수석 아르콘archon, 바실레우스basileus(왕) 그리고 폴레마르코스 그리고 6명의 테모스테테스themosthetes라고 불리는 재판과 관련된 관리 그리고 한 명의 서기로 이루어졌다.[39] 서기를 둔 이유는 우선 10개 부족의 동등한 권한을

---

37) 아리스토텔레스에 의하면 장군, 기병대장 그리고 그 외의 군사 직은 민회에서 시민들이 결정하는 방식에 따라서 선출된다. 다른 곳에서는 군사 직에 관련된 모든 공직은 공개투표에 의해서 선출된다고 말한다.(같은 책, chapter 44, 61 참조)
38) 클로드 모세, 『고대 그리스의 시민』, p. 72 참조.
39) 아르콘테스라고 불리는 10인의 집정관은 archon의 복수형이다. 이들 사이에는 일종의 서열이 있었는데 최고의 서열이 아르콘이었기에 이를 수석 아르콘이라고 할 수 있고, 두 번째의 서열은 왕의 의미를 지니는 basileus였고, 그 다음이 폴레마르코스라는 군사와 연관된 아르콘이었다. 아리스토텔레스의 설명에 의하면 왕

부여하기 위함이었다. 이들은 모두 각 부족에서 한 명씩 선출되었다. 수석 아르콘은 디오니시아 제전과 타르겔리아 제전에 출연할 어른 남자와 아이들을 위한 부족별로 뽑힌 무창단 지휘자들을 총괄한다. 그리고 이 수석 아르콘은 델로스 제전을 위한 무창 지휘자들을 임명하고 또 젊은이들을 수송하는 30개 노를 가진 함선의 장을 임명한다. 공적 재판과 사적인 재판도 이 수석 아르콘이 접수하여 예심을 한 뒤 재판소로 넘긴다.[40] 바실레우스는 시민이 공개투표를 통해 선출한 감독관들과 함께 제식을 주관한다. 신성모독과 관련된 고소 사건을 접수하는 일을 맡으며, 모든 살인 재판의 접수를 관장한다.[41] 폴레마르코스는 사냥의 신인 아르테미스와 전쟁의 신 아레스에게 제사를 지내고 전쟁에서 죽은 사람들을 위하여 장례를 주관한다. 법에 관련된 6명의 아르콘은 어느 날에 재판이 열릴 것인지를 예고할 권한을 지닌다.[42]

11인 위원회hoi hendeka는 해마다 아테네의 10개 부족에서 각 1명씩 추첨에 의해서 선발된 10명에다가 서기grammateus 1명이 추가되어 구성된 위원회이다. 이 위원회는 감옥의 관리와 사형 집행, 현행범으로 체포되어 범죄 사실을 자인한 절도범이나 유괴범 또는 노상강도에 대한 사형 집행, 이들이 범죄 사실을 부인할 경우의 재판 등과 관련된 업무를 관장했다. 이들을 보좌하는 사람은 헬라스어로 히페레테스

---

basilieus, 폴레마르코스 그리고 아르콘이 가장 권위 있고 오래된 관직이었다. 그중 가장 오래된 것은 왕이고, 두 번째로 생긴 것이 폴레마르코스였으며, 마지막으로 생긴 것이 아르콘이었다. 그리고 이 아르콘에 많은 권한이 부가되어 가장 중요한 관직이 되었다. 그리고 폴레마르코스가 형성된 이유는 몇몇 왕이 전쟁에 유약한 것으로 입증되었기 때문이다. 아르콘보다도 훨씬 뒤에 재판과 관련된 관직인 테모스테테스가 생겨났다.(아리스토텔레스, 『아테네 헌법』, chapter 3 참조)
40) 같은 책, Chapter 56 참조.
41) 같은 책, Chapter 57 참조.
42) 같은 책, Chapter 58 참조.

hypēretēs라 불린다.[43]

고대 그리스 민주주의에서 사법제도는 시민들의 참여가 전적으로 보장되는 것으로 아테네 민주정의 핵심적인 제도의 하나이다. 아테네의 재판제도는 시민들로 구성된 배심원에 의한 재판제도였다. 즉 아테네의 배심원은 행정단위인 10개 부족에서 600명씩 추첨에 의해 선발된 6,000명의 배심원단 명부에서 지명되었다. 이 배심원이 될 자격은 30세 이상의 남성 아테네 시민으로 제한되었다. 배심원은 주로 200(201)명 또는 500(501)명으로 구성되었다. 오늘날의 민사소송과 유사한 개인 간의 소송 사건의 경우에 200(201)명의 배심원으로 구성된 법원이 일반적이었고, 오늘날의 형사소송과 유사한 공소graphē(또는 dēmosia dikē)의 경우에는 배심원은 500(501)명으로 구성되었다. 그리고 재판에 참여한 사람은 각기 3오볼로스obolos의 일당[44]을 받은 것으로 알려져 있다. 이 액수는 건강한 사람의 하루 품삯에 미치지 못하는 금액인 것으로 전해진다.[45]

법원은 집정관(행정관)들을 통제할 수 있는 수단을 지니고 있었는데, 그 방법은 주로 다음 세 가지였다. 첫째로 법원은 어떤 후보자가 공직에 임용되기 전에 그를 심사할 권한을 갖고 있어, 그가 그 공직에 부적절한 후보자라고 여겨지는 경우 그를 결격으로 판결할 수 있었다. 둘째로 공직자는 그 임기가 끝나는 무렵에 그가 행했던 모든 조치들에 대한 보고서를 법원에 작성, 제출해야 했다. 마지막으로 법원은 모든 행정관들이 임기가 끝난 후에 그들의 공금 운용 내역에 대해 심사 및 특별회계 감사를 할 수 있었다.

그리고 법원은 집정관(행정관)들에 대한 통제 수단들 이외에도 법

---

43) 같은 책, chapter 52 참조.
44) 같은 책, chapter 62 참조.
45) 포레스토, 같은 책, pp. 44 이하 참조.

자체에 대해서도 통제권을 행사하였는데, 이렇게 하여 법원의 지위는 사실상 민회와 동등한 것으로 되었다. 즉 법원은 행정관들과 법률에 대한 통제권을 행사할 수 있는 위치에 있었기 때문에, 평의회나 민회가 내린 어떤 결정에 대해서도 그것이 법률에 위배된다고 기소하여 폐기시킬 수 있었다. 이렇게 평의회의 활동에 대한 법률적 판단의 책임과 권한을 인민 전체에 부여하는 민주적 개혁 조치에 대해 기본적으로 민주정에 대해 회의적이고 비판적인 아리스토텔레스조차 현명한 변화라고 긍정적인 평가를 내리고 있다. 조그만 한 단체는 큰 단체에 비해 돈이나 영향력 등에 의해서 더 부패하기 쉽고, 그래서 전체 인민을 부패시키는 것이 상대적으로 어렵다는 것이 아리스토텔레스가 법원의 민주적 개혁 조치에 대해 긍정적인 평가를 내리는 이유였다.[46] 나아가 시민들 역시 각종의 법률에 대해 법원에 제소할 수 있었고, 제소된 법률의 시행이나 집행은 법원이 판결을 내릴 때까지 보류되어야만 했다. 이런 측면에서 "아테네인들은 배심원을 그 취지상 인민 전체와 동격으로 간주했음이 분명하다"는 주장이 설득력이 있게 다가오는 것이다.[47]

3. 아테네 민주주의 한계에 대한 고찰

아테네 민주주의는 실제로 여러 한계들을 지니고 있었다. 여기에서 필자는 아테네 민주주의의 제도적 한계를 네 가지 관점에서 다루고자 한다. 우선 지적되어야 할 사항은 아테네 민주주의가 지니는 제도적 제한성과 편협성이다. 즉 아테네 민주주의의 절정기에도 데모스는 아

---

46) 아리스토텔레스, 『아테네 헌법』, Chapter 41 참조.
47) 세이빈, 같은 책, p. 59.

테네 성인 인구의 일부분밖에 포함하지 않았다. 시민권은 극도로 제한된 상태에 있었다. 20세 이상의 아테네 자유 시민인 성인 남성만이 시민권을 향유하였다. 그러므로 고대 그리스의 도시국가의 본래적인 모습을 이해할 때 이들 시민들의 삶의 방식만을 고찰하는 것은 일면적이다. 실제 고대 그리스 사회도 남자 성인만으로 이루어진 사회는 물론 아니었다. 이 고대 그리스 사회에서 정치적 활동의 권한을 부여받지 못한 구성원들은 주로 노예와 여성 그리고 외국인 거류민들이었다.

도시국가의 구성원은 세 가지 주요한 사회 계급으로 이루어져 있었다. 이들 계급의 구분 기준은 정치적, 법적 지위에 따른 것이다. 사회 구조의 맨 밑바닥을 형성하는 계급은 노예였다. 그리스에서 전체 인구에 대한 노예의 비율을 정확하게 확인할 만한 통계 자료는 존재하지 않는다. 그러므로 아테네 사회의 노예의 수가 얼마였는지를 정확하게 추정할 수는 없다. 아테네 민주주의 전성기로 간주되던 페리클레스 시기의 아테네의 경우 노예와 자유 시민의 비율은 적어도 3:2로 추정되며 노예 인구는 대략 8~10만을 헤아린다.[48] 이 노예제도는 고대 그리스 도시국가의 경제 제도의 특색을 이룬다. 그리스 정치사상에서 노예제도에 대한 비판이 없지는 않았으나 이 제도의 정당성은 거의 모든 정치 이론가들에게 인정되었다.[49] 예컨대 아리스토텔레스는 이상적인 정치 질서에서도 노예제도가 필요함을 역설한다. 그에 의하면 이상적인 국가에서 시민들은 정치적 활동을 위해 여가를 필요로 하며, 시민

---

[48] 앤더슨, 같은 책, p. 20 참조. 노예의 비율에 대한 주장은 학자에 따라 다양하다. 앤드류스A. Andrewes는 기원전 5세기의 아테네 노예 노동력 숫자가 대략 8만 내지 10만에 이른 것으로 추정하고 있으며, 모제스 핀레이는 기원전 5~4세기의 아테네의 노예와 자유 시민의 비율이 3대 1 혹은 4대 1 정도였을 것이라고 주장한다.(앤더슨, 같은 책, p. 20, 각주 7번 참조 바람)
[49] 세이빈, 같은 책, p. 50 참조.

에게 어울리지 않는 천한 직업으로 직인이나 농업 그리고 상업적 활동을 열거하면서 이런 직업을 시민들이 가져서는 안 된다고 주장한다. 당연히 이런 활동은 노예나 야만인이 해야 하는 일인 것이다.[50] 페리 앤더슨Perry Anderson은 그의 유명한 저서 『고대에서 봉건제로의 이행』에서 고대 그리스의 문명이 찬연하게 꽃피어난 위대한 고전기인 기원전 5세기와 4세기의 그리스는 "여타의 노동조직 가운데 유독 노예제가 대대적이고도 일반적인 때였다"고 지적한다.[51]

노예 이외에 도시국가의 두 번째 주요 계급은 외국인 이주민 혹은 메틱스metics라고 불리는 도시국가 시민과 외국인 사이에서 태어난 사람들로 구성된 집단이다. 이들은 노예와 마찬가지로 도시국가의 시

---

50) 아리스토텔레스, 『정치학』, 1328b~1329a 참조. 주지하다시피 아리스토텔레스는 어떤 사람들은 본성적으로 자유인인 데 반해, 본성적으로 노예인 사람이 존재하며 이들에게는 노예 상태가 올바르며 유익하다고 주장하였다.(같은 책, 1254b 이하 참조) 플라톤은 『국가』 제3권에서 장차 나라의 수호자들을 육성하는 교육을 설명하면서 그들이 죽음을 두려워하지 않는 용기 있는 사람으로 육성되어야 한다고 주장한다. 그리고 그는 이들 자유인들은 죽음보다는 노예의 신세를 더 두려워해야 한다고 강조한다.(386a 이하 참조) 플라톤의 이 주장과 연관해서 한나 아렌트는 플라톤이 노예의 본성적인 노예성을 증명했다고 생각한 것으로 해석한다. 그리고 고대 그리스인들은 솔론 시대 이후로 생명에 대한 사랑과 비겁함을 노예 본성과 동일시했다고 주장한다. 그래서 그리스인들에게 있어서는 정치적 영역에 관계하고자 하는 자는 누구나 우선 자신의 생명을 버릴 준비가 되어 있어야만 하였고, "생명에 대한 지나친 사랑은 자유에는 방해가 되며 이것은 동시에 노예성의 확실한 표시"로 간주되었다.(『인간의 조건』, p. 88 및 주석 30 참조) 아렌트와는 달리 조지 세이빈은 플라톤이 『국가』에서는 노예제도에 대해 언급을 거의 하지 않는다는 점을 지적하면서, 이를 기초로 하여 플라톤이 노예제도를 폐기하려고 했다는 콘스탄틴 리터Constantin Ritter의 주장을 비판한다. 그러면서 그는 플라톤이 노예제도를 별로 중요하지 않은 것으로 간주했다고 보는 편이 더 타당할 것이라는 입장을 옹호한다. 『국가』에서와는 달리 후기 작품인 『노모이』에서 플라톤은 농업을 노예의 전문적 직능으로 규정하고, 이들에게서 모든 정치적 기능을 박탈한다.(세이빈, 같은 책, pp. 125, p. 156 참조)
51) 앤더슨, 같은 책, p. 20.

민권을 전혀 지닐 수 없었다. 아주 드물기는 하지만 아테네인이 아닌 사람들에게 아테네 시민이 될 수 있는 길이 전적으로 배제되어 있지는 않았다. 고대의 자료에 의하면 아테네에 탁월한 공헌을 한 사람들에게 아테네 시민권을 부여하는 법이 존재하였다. 그러나 이렇게 아테네 시민이 된 사람들은 고위직이나 성직자의 일을 맡을 수 없도록 금지되었다. 아테네인이 아니면서도 아테네 시민이 된 사람이 아테네 시민으로서의 전 권리를 향유하는 것은 그 자식 대에 이르러 그 자식이 아테네의 시민 여성과 결혼을 하는 경우에나 가능했다.[52]

마지막으로 도시국가의 시민들로 이루어진 계급이 있었다. 이들은 도시국가의 구성원으로서 정치 생활에 참여할 자격을 지닌 사람들이었다. 그리스 시민들에게 시민권이란 본질적으로 정치적 공동체의 활동에 대한 참여를 의미하는 것이었다. 이들의 정치적 활동의 중요한 내용이 무엇이었는지를 우리는 이미 앞에서 살펴보았다. 그래서 여기에서는 고대 아테네 민주주의 시대의 여성의 지위와 역할에 대해서 간단하게 살펴보자. 이미 언급한 대로 아테네 여성 시민들에게는 정치적 권한이 부여되지 않았다. 페리클레스는 아버지와 어머니가 모두 아테네 시민인 자녀만이 시민이 될 수 있는 자격이 있다는 법률을 제정하였다. 이 조치로 인해 여성 시민들은 비록 시민권을 행사하는 행위에 참여할 수는 없었으나 시민권을 획득하는 데 있어서 여성의 시민권은 남성의 시민권과 동등한 중요성을 인정받게 되었다. 아테네 여성 시민들은 정치적 결정을 하는 행사에 참여할 수 없었을 뿐만 아니라, 법정에 직접 출두할 수도 없었다. 다만 아테네 여성들은 남자 보호자를 내

---

[52] 모세, 같은 책, pp. 50 이하 참조. 개인적으로 시민권을 획득하는 경우 이외에도 집단적으로 시민권을 획득하는 방법이 있었으나 그것은 정말로 아주 드문 경우였다고 한다.(같은 책, p. 51 참조)

세워 법정에서 발언을 대신해야 했다. 그럼에도 여성 시민들은 자기 재산을 통제할 수 있었고 그들의 신체와 재산에 대하여 법의 보호를 받을 수 있었다. 즉 아테네 여성들은 재산을 매매하거나 증여하려 할 때는 남자들에 비해 더 많은 제약을 받았으나, 유산상속과 지참금을 통해서 재산을 소유할 수 있었다.[53]

고대 그리스 사회에서 많은 거주민들, 여성과 노예의 시민권은 거의 전적으로 혹은 전적으로 배제되었다는 배타성과 제한성으로 인해 고대 그리스의 민주정이 정말로 민주정이었는가 하는 의문이 제기된다. 그러나 이런 물음은 그리스 민주정의 독창성과 위대성을 인정하는 데 인색한 것이다. 이에 대해서는 모제스 핀레이의 입장이 적절하게 여겨진다. 그는 고대 그리스 사회의 특성으로 노예의 존재, 그리스인들이 시민권을 획득하는 데 있어서 심각한 제약이 존재했다는 사실 그리고 정치적 활동에서 여성의 직접적인 참여가 배제되고 있었다는 점들을 열거하면서, 이런 특성들에 입각하여 고대 그리스 사회의 어느 시기에 대해서도 민주정이나 권리 혹은 자유 따위를 언급하는 것은 오류라는 문제 제기가 빈번하게 있어왔다고 주장한다. 그리고 그는 이에 대하여 다음과 같이 답한다. "이런 관점이 역사적 탐구의 성격을, 역사가 자신의 가치 체계에 따라 긍정적 또는 부정적으로 보는 게임으로 전락시킨다는 면에서 호도하는 것으로 보인다. 도덕적 비난은, 그것이 아무리 근거 있는 것이라 하더라도, 역사적·사회적 분석에 대한 대안이 될 수는 없다. '소수에 의한 통치' 또는 '다수에 의한 통치' 사이의 선택은 의미 있는 것이며, 파벌들이 자신들의 것으로 주장하는 자유와 권리는, 그 '다수'가 전 인구의 극소수에 그침에도 불구하고 투쟁하여 획득

---

53) 마틴, 같은 책, pp. 188, 217 참조. 아테네 여성들의 생활에 대한 보다 상세한 정보를 위해서는 같은 책, pp. 217 이하 참조 바람.

할 만한 가치가 있다."54)

두 번째로 지적되어야 할 문제점은 아테네 민주주의는 당파적 논쟁과 대립들을 다룰 수 있는 어떤 제도적 장치들을 갖추는 데 성공하지 못했다는 사실이다. 앞에서 지적했듯이 페리클레스의 정치적 연설에 나타난 아테네 민주주의의 이상은 분명 개인의 사적인 생활과 공적인 생활 사이의 조화였다. 그러나 이런 이상은 구체적인 현실과는 상당한 괴리가 있는 것이었다. 그러므로 "민주적 도시국가의 그리스인들은 근대 민주주의 국가들의 경우보다 사적 이익에 관심이 좀 더 적었고 공공선에 더욱 적극적으로 헌신하였다고 추정한다면 그것은 잘못일 것이다"라고 로버트 달은 지적한다.55) 당파적 논쟁과 대립은 고대 도시국가를 쇠퇴시키는 중요한 요인이었다. 아테네 정치에서 파벌들 사이의 내적 투쟁의 강도는 상상할 수 없을 정도로 강했다. 이런 과정에서 패각 추방ostracism이나 사형을 통해 정치적 적대자들을 물리적으로 제거하려는 시도들이 빈번히 발생하였다. 모제스 핀레이에 의하면 고대 도시국가들 중에서 지속적인 정치투쟁이 도시국가의 안정을 치명적으로 흔들지 못하도록 조정할 만큼 충분히 안정된 국가들이 거의 존재하지 않았다. 대부분의 도시국가들에서는 첨예한 정치투쟁과 심지어는 내전으로까지 치달을 정도의 긴장이 초래되었다. 즉 과두정과 민주정 간에, 과두제적 파벌과 다른 과두제적 파벌들 사이에 유혈 사태를 동반한 변동들이 빈번히 일어났다.56) 도시국가 내부의 정치적 불안정과 극도의 긴장을 풀 수 있는 방법 중의 하나, 아니 가장 좋은 방법은 바로 제국주의적인 외부 팽창이었다.

---

54) 핀레이, 같은 책, p. 21. 번역문을 약간 수정하였음.
55) 달, 같은 책, p. 57.
56) 핀레이, 같은 책, p. 140 참조.

많은 고대의 사상가들이 고대 도시국가의 내적인 분열과 파당적인 경쟁이 도시국가의 파멸의 원인이라고 보는 것은 그리 잘못된 것은 아니다. 펠로폰네소스 전쟁 기간에 여러 그리스 도시국가들이 얼마나 심각하게 내적으로 분열되어 있었는지를, 그런 내적인 분파적 갈등이 얼마나 인간성을 타락시키는지를 투키디데스는 다음과 같이 묘사한다. "분별없는 만용이 충성스런 용기처럼 간주되었고 비겁한 자는 심사숙고한다고 둘러댔으며, 중용은 사나이답지 않은 약자의 도피처였고, 모든 것을 안다는 자는 기실 아무것도 할 수 없는 자였다. 광포한 힘이 사내다움으로 여겨졌다 [⋯⋯] 폭력 예찬자가 언제나 신임을 받았고 [⋯⋯] 파당적 결속이 동포적 결속보다 더 강하였으며 [⋯⋯] 신의의 맹세는 신의 법을 지키기 위해서가 아니라 범죄의 공모를 위해서였다."[57]

플라톤 역시 그의 대표적인 저서인 『국가』에서 다음과 같이 말한다. "아무리 작은 도시국가도 그것은 사실상 두 개로 나뉘어져 있다. 하나는 빈민의 국가이고 하나는 부자의 국가이다."[58] 이 말은 그가 아테네의 정치과정에서 목도한 현실을 반영하는 것이다. 이렇게 플라톤은 부자와 빈자 사이의 경제적 이해관계를 둘러싼 분쟁을 아테네 도시국가의 혼란과 몰락의 근본 원인으로 이해한다. 조지 세이빈이 지적하는 바와 같이, 경제적 이해관계를 둘러싼 부자들과 가난한 사람들 사이의 분쟁은 솔론 때부터 아테네 국내 정치의 가장 중요한 쟁점 사항이었다. 달리 말하자면 아테네 국내 정치에서 전반적인 쟁점이 되었던 것은 단순히 정치적인 문제가 아니라 그 배후에는 경제적인 이해관계가 중요한 요인으로 작용하고 있었다. 그러므로 토지로 부를 누리는 전통적인 명문 귀족 가문들은 대체로 귀족정을 지지하였던 데 반해, 민주

---

57) Thukydides, 같은 책, 제3권 82, pp. 232 이하.
58) 플라톤, 『국가』, 422e.

정을 지지하는 사람들은 해외 교역에 이해를 두고 아테네의 세력을 바다에서 떨치려는 입장을 견지하였다.[59]

아리스토텔레스는 여러 가지 정체들을 구분하는 과정에서 참주정, 과두정 그리고 민주정을 각각 군주정, 귀족정 그리고 혼합정(헌법적 정부)의 타락한 형태로 규정하면서 다음과 같이 말한다. "왜냐하면 참주정은 단지 군주의 이익만을 의도하는 일종의 군주정이고, 과두정은 부자들의 이익을 의도하고, 민주정은 가난한 사람들의 이익을 의도하는 것이기 때문이다."[60]

고대 아테네의 민주주의 정치가들 및 사상가들과 함께 플라톤과 아리스토텔레스와 같은 고대의 위대한 정치사상가들조차 권력의 남용(그것이 인민에 의한 것이든 아니면 어떤 한 사람이나 소수의 집단들에 의한 것이든지 간에)을 제어하고 상이한 파벌들 간의 투쟁과 갈등을 합리적으로 조정하고 해결할 정치적 장치들에 대한 명백한 사고들을 발전시키지는 못하였다. 이런 점에서 볼 때 자유주의 정치사상이 이해 갈등을 단순히 부정적으로만 파악하지 않고, 그것의 긍정적인 측면을 강조하면서 동시에 이해 갈등의 합리적 조정에 대한 방법을 고안하려고 시도했다는 점은 정치사상사적으로 아주 중요한 의미를 지닌다. 조지 세이빈은 자유주의 정치사상이 "두 가지 근본적인 사회적 또는 도덕적 이념을 정교화시킴으로써 발전하였다"고 말한다. "즉 정치란 분명히 적대적인 이익들 사이의 비강제적인 조절에 이르는 기술이라는 것과, 그리고 민주적인 절차만이 그와 같은 조정에 이르는 효과적인 방법이라는 생각이 그것이다."[61]

---

[59] 세이빈, 같은 책, p. 77.
[60] 아리스토텔레스, 『정치학』, 1279b.
[61] 세이빈, 같은 책, p. 1084.

서양의 정치사상에서 이해의 갈등의 긍정적인 측면을 강조한 최초의 사상가는 아마도 마키아벨리일 것이다. 이해 갈등의 긍정성에 대한 마키아벨리의 강조는 고전적인 정치철학의 전통에서 벗어나 근대의 자유주의적인 정치 이론에 이르는 과정을 개척하는 중요한 출발점으로 이해될 수 있을 것이다.[62] 이해의 갈등에 대한 적극적인 의미 부여는 홉스, 해링턴, 로크 등과 같은 사상가들에게 받아들여지고, 제임스 메디슨(1751~1836)에 이르러 고대의 공화정의 전통에 대한 비판과 연결된다. 그는 고대의 공화국의 전통과 고대 시민들의 덕성을 강조하면서도 이러한 정신이 근대에 이르러 사라지는 현상에 대해 안타까워한 몽테스키외와는 다르게, 고대 민주주의적 전통에 대해 매우 비판적이다. 메디슨이 보기에 고대 공화국의 전통은 이익의 갈등과 이와 연관된 파벌의 문제에 대해 어떤 합리적인 해결 방안을 제공하지 못하고 있다. 다시 말해 "순수한 민주주의, 즉 직접 정부를 구성하고 운영하는 소수 시민으로 구성된 사회는 파벌의 악영향에 대한 해결책을 제시할 수 없다"고 결론을 내린다. 그리고 이러한 순수한 민주주의는 항상 "소란과 분쟁의 연속"이었고, 개인의 안전과 재산권의 보호와도 거리가 멀었을 뿐만 아니라, 그 정체의 생명 역시 짧았다. 그에 의하면 민중(혹은 인민)의 의지에 기초하는 정부의 옹호자들은 파벌의 폐단을 통제하는 데 도움을 줄 적절한 해결책들에 많은 관심을 부여해야만 한다. 왜냐하면 "공공 의회에서 나타난 불안전성, 부정의, 혼란은 세계 곳곳에서 민중 정부를 소멸시키는 치명적 질병이었"기 때문이다. 매디슨은 파벌의 원인이 "인간의 본성에 심어져 있"다고 생각한다. 그가 보기에 파벌의 문제를 해결하는 가장 합리적인 방법은 파벌의 원인으로

---

[62] 퀜틴 스키너 외, 『마키아벨리의 이해』, pp. 215 이하 참조.

서의 인간의 본성을 제거하는 데 있는 것이 아니라, 오로지 파벌의 영향을 조정하는 데 있는 것이다. 간략하게 말해 매디슨이 제시한 파벌의 영향을 조정하는 방법은 "대표 제도가 행해지는 정부"와 동일시되는 "공화국"이다.[63]

물론 그리스 정치사상에 현대의 권력분립 이론과 같은 정교화된 국가의 조직 이론이 부재하였다고 할지라도, 그 사상적 단초마저 부재했다고 생각하는 것은 지나치다. 법률에 입각한 통치에 대한 강조와 흔히 혼합정의 원리라고 불리는 정치사상은 권력의 부패와 이로 인한 정치적 공동체의 몰락의 가능성을 제어하려는 노력에서 나온 소산물이다. 특히 혼합정의 원리는 플라톤의 후기 정치 이론에서 정교한 형태로 등장하는데, 이는 몽테스키외에 의해서 비로소 전면적으로 발전되는 권력분립 이론의 사상적 선구이다. 그런 점에서 조지 세이빈은 다음과 같이 말한다. "실제로 그〔플라톤: 옮긴이 주〕는 하나의 원리를 발견해냈으며 그것은 이후의 정치 이론에 계승되어 수세기에 걸쳐 조직 문제를 다루는 사상가들 중 다수의 지지를 얻는 데 성공하였다. 그것은 혼합 국가의 원리인데, 이 이론은 세력균형에 의해서, 혹은 다양한 경향을 서로 상쇄시키는 방법을 통하여 서로 다른 경향들의 다양한 원리들을 결합시킴으로써 조화를 달성시키도록 고안된 것이다. 그리하여 안정은 서로 상반되는 정치적 긴장에 대한 하나의 중화이다. 이 원리는 여러 세기 뒤에 몽테스키외가 영국의 헌정이 구현하고 있는 정치적 지혜의 핵심으로 재발견하게 된 저 유명한 권력분립의 원조이다."[64]

---

63) 제임스 매디슨, 『페더랄리스트 페이퍼』, pp. 61 이하.
64) 세이빈, 같은 책, p. 151. 아리스토텔레스 역시 근대의 권력분립 이론과 유사한 이론을 제시하고 있다. 그는 『정치학』에서 모든 정치 질서에 속하는 세 가지 요소들, 즉 공공 관심사와 그것의 적절한 조직과 연관된 사항을 심의하는 요소, 관리의 요소 그리고 사법적 요소들을 거론한다.(1297b 이하 참조) 그러나 플라톤이나 아리스토

플라톤의 법률에 의한 통치에 대한 입장이 항상 일관된 것은 아니었다. 그는 『국가』에서 철인정치를 이상적인 정치 질서에의 최고 정점으로 간주한다. 이 과정에서 그는 철인정치란 법의 통치를 벗어나 있는 것으로 생각한다.[65] 그러나 그는 후기로 갈수록 법치의 필요성을 긍정적으로 평가하게 된다. 이런 관점의 변화를 가져오게 된 동기 중의 하나는 그가 나이가 들어감에 따라 좀 더 현실적인 안목을 갖추게 되었다는 점이다. 그의 최후의 저작으로 간주되는 『노모이』에서 플라톤은 최선의 인간 역시 권력의 남용에 대한 유혹에서 자유로울 수 없을 것이라는 비관적인 혹은 현실적인 생각을 피력한다. "어떤 유일한 자연적인 본성도, 모든 인간사에 대한 무제한적인 전권을 행사하고 그러는 속에서 횡포와 불의에 빠지게 되는 것을 막을 수 없다."[66] 인간의 본성으로 간주되는 권력의 지나침에로 흘러가는 경향에 대한 통찰로 인해 플라톤은 이제 개인에 의한 통치보다는 법에 의한 통치를 인정한다.[67] 최선의 정치 질서에서 철인왕에게 성문법의 필요를 인정하지 않았던 그는 다음과 같이 주장한다. "법률이 노예가 되고 무력한 국가에서 바로 그 멸망이 임박해 있음을 나는 본다."[68]

플라톤이 후기로 갈수록 법치의 필요성을 인정하면서, 이제 현실 정치에서 일반 대중의 역할에 대한 긍정을 강조한다. 플라톤은 『정치가』에서 왕과 참주를 예리하게 구별해야 함을 강조한다. 이 구별에 의하

텔레스 사상은 근대적인 입법, 행정 그리고 사법의 권력분립 이론과는 거리가 있다.
65) 플라톤, 『국가』, 425.
66) 플라톤, 『노모이』, 713c.
67) 같은 책, 714a와 875a 참조.
68) 같은 책, 715d. 또 플라톤은 다음과 같이 말한다. "인간이 완전해지면 가장 훌륭한 동물이 되지만 그러나 법률과 정의에서 이탈하면 모든 동물들 중에서 가장 나쁜 동물이 된다."(같은 책, 874e) 아리스토텔레스, 『정치학』, 1253a31ff 참조.

면 참주는 사람들을 강제를 통해 통치하는 데 반해, 진정한 통치 기술을 지닌 왕은 자발적으로 이들을 통치한다. 왕과 참주의 구별을 통해 플라톤은 이제 『국가』에서와는 달리 통치자가 백성들의 동의를 필요로 하고 있음을 긍정한다. 적어도 현실적인 정치 질서에서는 일반 대중의 동의와 참여의 요소가 결코 배제될 수 없다는 사실을 인정하기에 이르렀다는 점을 우리는 플라톤이 『노모이』에서 차선의 방법으로 군주정과 민주정의 장점을 혼합시키는 일종의 혼합 정부 이론을 발전시키고 있다는 점에서도 인식할 수 있다. 즉 그는 페르시아로 대표되는 군주정과 아테네로 대표되는 민주정의 혼합을 인간세계에 실현 가능한 최선의 것으로 간주한다. 『메넥세노스에』서 플라톤은 이 혼합정에 대해 간략하지만 핵심적인 정식화를 시도하는데, 그곳에서 그는 이 혼합정을 "인민들의 승낙과 함께하는 최선의 사람들의 지배"로 규정한다.[69]

민주정과 군주정의 장점을 혼합하려는 플라톤의 시도에 대해 레오 스트라우스는 다음과 같이 언급한다. "군주정은 지혜로운 사람 또는 주군master의 절대적 지배를 나타내며, 민주정은 자유를 표현한다. 올바른 혼합은 첫째 지혜와 자유의 혼합이며, 둘째 지혜와 동의의 혼합이며, 셋째 현명한 법(지혜로운 입법가 한 명이 만들고, 우수한 도시 구성원들이 집행하는)에 의한 통치와 보통 사람들에 의한 통치의 혼합이다."[70]

셋째로 아테네 민주주의는 다른 민족이나 국가들에 대해 지나치게 배타적이었고, 우월적인 의식을 지니고 있었다는 점이다. 이러한 그리스인들의 다른 문화권에 대한 독선적 태도는 그들 이외의 모든 사람들과 문명을 야만인 내지 야만으로 간주하는 데에서 아주 극명하게 드러난다. 야만인 혹은 이방인hoi barbaroi/the barbarians/die Barbaren이

---

69) 플라톤, 『메넥세노스』, 238d1~2.
70) 레오 스트라우스·조셉 크랍시 엮음, 『서양정치철학사1』, p. 136.

란 용어는 원래 그리스인이 아닌 사람들을 지칭하는 것이었다. 즉 원래 헬라스인들이 알아들 수 없는 말을 하는 사람들을 가리키는 단어였다. 그들이 이해할 수 없는 이방인들의 말이 그들에게는 모두 '바르바르'라는 소리로 들린다는 이유에서 이방인들을 바르바로이로 부르기 시작했다고 한다. 이 표현은 페르시아 전쟁을 거치면서 부정적인 의미를 지니게 되었는데, 이 야만인이란 이제 그리스인과는 다르게 교양이 없으며 비인간적인 사람들을 표현하는 것으로 되었다. 타 문화권에 사는 사람들에 대해 지니는 그리스인들의 우월 의식을 우리는 헤로도토스의 역사 서술에서도 찾아볼 수 있다. 그는 고대 그리스 역사에서 유명한 전쟁인 페르시아 전쟁을 서술한 그의 책 『역사』에서 전제군주에게 복종하여 살아가는 이방인에 비해 그들 자신은 자유인이라는 점에서 우월하다는 점을 강조한다.[71] 이러한 그리스의 이방인 국가들에 대한 우월 의식을 우리는 아리스토텔레스의 『정치학』에서도 발견할 수 있다. 그는 야만인과 노예를 본질적으로 동일한 것으로 간주하면서, 그리스인들이 야만인들을 지배하는 것은 당연하다고 강조한다.[72] 또 『정치학』 제3권에서 그는 이들 야만인들은 성격에서 헬라스인들에 비해 더 노예적이기에 전제정 상태에서 살아가면서도 이에 대한 어떠한 굴욕도 느끼지 않는다고 말한다. 즉 간단하게 말해 그리스인들 이외의 다른 이방인들은 그들에게 야만인이나 다름없는 존재였고, 이 야만인은 바로 본성적으로 노예인 사람들에 지나지 않았다.[73] 플라톤의 이방인에 대한 태도는 양면적이었다. 그는 대화편 『정치가』에서는 이방인과 헬라스인 사이의 구별을 어떤 진정한 의미를 지니지 않는 구별로

---

71) 모세, 같은 책, p. 104 참조.
72) 아리스토텔레스, 『정치학』, 1252b9 참조.
73) 같은 책, 1285a17 이하 참조.

간주한다.74) 그러나 플라톤은 『국가』에서는 소크라테스의 입을 통해 헬라스인들은 서로 "자연적으로 친구"이지만, 비헬라스인들은 "자연적으로 적"이라고 규정한다.75)

로버트 달이 적절하게 지적하고 있듯이 고대 그리스인들이 보여준 자신의 민주주의에서의 외부적인 배타성은 이방인들에게만 국한되어 있지 않았다. "그리스인들 사이에는 민주주의가 존재하지 않았다"고 말할 정도로 민주주의는 동일한 폴리스의 자유로운 시민들 사이에만 존재하는 것이었다.76)

아테네인들이 같은 동족인 그리스인들에게 지녔던 배타성을 우리는 아테네 제국주의의 어두운 측면을 가장 극적으로 보여주는 대표적 사례인 멜로스 사건에서 볼 수 있다. 이 사건은 기원전 416년에 발생한 것으로 당시 펠로폰네소스 전쟁의 당사자인 아테네와 스파르타라는 두 강대국으로부터 중립을 지키고자 노력한 조그마한 도시국가를 아테네가 얼마나 잔인하게 대했는가를 보여준다. 아테네는 사신을 보내 멜로스 사람들에게 싸우다 죽든지 항복하든지 둘 중 하나를 선택하라고 말했다. 멜로스인들이 자신들은 잘못한 것이 없다고 응수하자, 아

---

74) 플라톤, 『정치가』, 262c10~d6 참조.
75) 플라톤, 『국가』, 470c6 이하 참조. 물론 아테네인들에게서도 그리스인과 이방인들 사이의 구별을 부정하는 진보적인 사상이 존재했음이 지적되어야만 한다. 안티폰, 리코프론Lykophron, 알키다마스Alkidamas 그리고 히피아스 등과 같은 소피스트들이 대표적인 사람들이다.
76) 달, 같은 책, pp. 59 이하. 로버트 달은 이런 그리스 민주주의의 대내외적 배제성은 자유나 평등과 같은 권리가 보편적 요구라는 사실을 깨닫지 못했다는, 그리스 민주주의의 또 다른 한계와 관련이 있다고 본다. 그리고 그는 민주주의의 대내외적인 배타성과 보편적 권리 의식의 부재가 그리스 민주주의를 본질적으로 소규모 체제에 제한시키는 원인으로 작용했고, 근대의 민주주의 이론과 실제가 극복해야 한 것은 바로 이런 세 가지 고대 그리스 민주주의의 고유한 한계였다고 주장한다.(같은 책, pp. 57 이하 참조)

테네 사신은 그들에게 정의란 동등한 힘을 지니는 사람들 사이에나 존재할 뿐이고 강자는 자신의 힘으로 할 수 있는 일을 하고, 약자는 이에 따르는 것이 세상의 이치라고 말한다. 이런 과정에서 아테네에게 굴복하기를 거절하는 멜로스인들을 결국 아테네는 무력으로 침략하여 이 섬의 모든 성인 남자를 죽이고 여자와 아이를 노예로 팔았다.[77] 그리고 이런 대내외적 배제성은 그리스 민주주의 자체의 이론과 실제에 고유한 한계를 드러내준다.

마지막으로 지적되어야 하는 문제는 바로 아테네 민주주의의 성공이 제국에로의 팽창 과정과 밀접하게 연결되어 있다는 점이다. 우리가 고대 아테네의 역사를 이해할 때, 아테네의 정치적 안정의 필연적 조건으로서 성공적인 정복 국가가 요구되었다는 역사적 사실을 간과해서는 안 된다. 이미 언급되었듯이 정복 국가로서의 제국의 팽창의 요구는 고대 그리스 도시국가의 내적인 불안정성과 밀접하게 연결되어 있었던 것이다. 모제스 핀레이는 해외의 식민지 개척을 통한 아테네인들의 해외 정착이야말로 "내전을 막는 최선의 안정 장치이고 정치적 평온과 안정에 이르는 열쇠였다"고 말한다.[78] 아테네의 가난한 시민들의 정치적 참여로 인해 아테네 민주주의를 그 절정에 이르게 한 시기에 이들 가장 가난한 계층에 속하는 시민들은 국가가 부여하는 수당을 받으며 주로 수병으로 활동하였다. 이렇게 하여 그들은 정치적 활동에 참여할 수 있게 되었고, 이는 또한 시민들 사이의 긴장의 요소를 줄여 시민들의 화합에도 긍정적인 기여를 하였다. 그런데 이런 시민들의 화합에 요구되는 막대한 경제적인 비용은 바로 아테네의 해외 팽창으로 충당되었던 것이다.[79]

77) Thukydides, 같은 책, pp. 267 이하.
78) 핀레이, 같은 책, p. 145.
79) 앤더슨, 같은 책, p. 41 참조.

다시 말해 페르시아와의 전쟁에서 탁월한 지도력과 용맹함을 발휘함으로써 페르시아의 위협으로부터 그리스 여러 도시국가들을 지켜낼 수 있었던 아테네는 이 전쟁의 승리를 계기로 여러 도시국가들로 이루어진 델로스 동맹의 맹주로 추대된다. 이 동맹에 가입한 도시국가들은 대부분 페르시아의 공격에 가장 많이 노출된 그리스 북부, 에게 해의 섬들, 아나톨리아의 서부 해안 등에 위치한 국가들이었고, 이들 동맹국들은 델로스 동맹에서 결코 탈퇴하지 않겠다는 엄숙한 맹세를 했다. 아테네가 주도하는 동맹의 해상 작전에 사용되는 재정 지원을 위해 델로스 동맹국들은 매년 굉장한 양의 재산을 공출해야 했다. 아테네는 각 동맹국들이 납부해야 할 공여금의 수준을 도시국가들의 규모나 재정적 상황에 따라 다르게 책정하였다. 이렇게 동맹국들은 공여금을 납부하여 이를 에게 해의 델로스 섬에 있는 아폴로 신전에 보관하고[80] 이를 관리하는 역할은 아테네가 담당하게 되었다. 아테네는 동맹국들이 납부한 공여금으로 동맹의 전함 대부분을 건조하고 또 선원을 충원할 수 있었다. 아리스토텔레스의 주장에 따르면 이렇게 납부된 동맹국들의 공금으로 아테네는 무려 2만 명 이상을 부양할 수 있었다. 예를 들어 1,600명의 궁수, 1,200명의 기병, 500명의 부두 수비대, 50명의 도시 수비대, 2,500명의 중무장 보병, 추첨으로 뽑힌 2,000명의 해군 등을 위한 경비는 모두 동맹국들로부터 얻은 공금으로 충당되었다.[81]
　델로스 동맹에 참여한 힘이 약한 동맹국들에 대해 아테네는 대단히 오만하고 주인같이 행세하였다. 자신들의 전함을 소유하지 못한 대부분의 동맹국들은 아테네가 주도해서 내린 동맹의 결정 사항에 불만이

---

80) 이렇게 하여 아테네와 다른 도시국가들로 형성된 동맹이 델로스 동맹이라고 불리게 되었다고 한다.(마틴, 같은 책, p. 177 참조)
81) 아리스토텔레스,『아테네 헌법』, chapter 24 참조.

있는 경우에도 마지못해 따라야만 했다. 이에 반발하는 동맹국들을 아테네는 매우 거칠게 대했음은 물론이다. 마틴에 따르면 아테네가 동맹국을 매우 호되게 다룬 사례로 에게 해 북부의 타소스 섬에 있는 도시국가의 경우를 들 수 있다. 타소스는 기원전 465년에 섬 가까운 본토의 금광 소유권을 둘러싸고 아테네와의 갈등 끝에 델로스 동맹에서 탈퇴했다. 이에 대해 아테네는 연합군을 이끌고 가서 타소스가 항복할 때까지 그 섬을 포위하였다. 델로스 동맹은 동맹을 탈퇴한 타소스에 대한 징벌로 그 국가의 방어벽을 허물고 해군을 포기하게 했으며, 막대한 조공과 벌금을 내도록 강요하였다고 한다.[82]

우리는 민주주의의 전성기라고 일컬어지는 페리클레스 시대와 펠로폰네소스 전쟁 시기에 권력에 대한 지나친 욕구와 권력 지상주의적 태도들이 특정한 몇몇 소피스트들과 같은 당대의 지성인에게만 국한된 현상이 아니라, 당시의 아테네인들에게 널리 퍼져 있었던 신념이었음을 여러 자료들을 통해 알 수 있다. 플라톤의 대화편『고르기아스』에 나오는 칼리클레스[83]의 주장이나『국가』제1권에 나타나는 트라시마코스의 주장 그리고 투키디데스의『펠로폰네소스 전쟁사』에 생생하게 기록되어 있는 멜로스 섬에 파견된 아테네 사신들의 연설 등은 아테네인들의 권력에 대한 일반적인 생각을 이해할 수 있는 좋은 자료들이다. 강자가 지배하는 것은 정당한 것이고 자연적인 것이라는 주장을 노골적이고 후안무치한 방식으로 표현하고 있는 칼리클레스와 이에 동조하는 사람들을 플라톤은 "어느 한 사람이 폭력으로 관철하는 것이

---

82) 마틴, 같은 책, p. 178 참조.
83) 칼리클레스가 실존 인물이었는가 아니면 플라톤에 의해서 가공된 인물인가에 대해서는 학자들 사이에 아직도 합의된 의견이 존재하지 않는다. 왜냐하면 그에 대한 정보는 오로지 플라톤의 대화편『고르기아스』에서 나오는 것 말고는 존재하지 않기 때문이다.(조지 커퍼드,『소피스트 운동』, p. 89 참조)

야말로 가장 정의로운 것"이라고 주장하는 사람들이라고 생각하였다. 플라톤은 더 많이 갖고자 하는 욕구pleonexia가 정치적 영역에서뿐만 아니라 다양한 영역에서 해로운 결과를 가져오는 오류라고 간주한다.[84] 『크리티아스』에서 플라톤은 플레오넥시아를 전설적인 섬인 아틀란티스의 몰락의 원인으로 설명한다.(121b)[85] 어떤 한 요소의 강화로 인한 균형의 파괴로 이해되는 플레오넥시아는 육체에서는 질병의 원인이자 국가에서는 부정의의 원인이다.[86]

결론

어느 시대든 그 시대의 고유한 빛과 향기를 지니는 동시에 자신의 고유한 한계와 문제점들을 지니고 있다고 말하는 것은 어쩌면 상투적인 표현일지도 모른다. 아테네의 민주주의적 제도에 대해서 아테네인들이 지녔던 생각과 현실은 분명히 달랐을 것이고, 또한 그들이 이해했던 민주주의가 최상의 것이라고 보장할, 더 이상 반박할 수 없는 어떠한 합당한 주장도 없다. 그들의 민주적 정치 질서에 대한 의미 부여, 실제로는 20세 이상의 남성 시민들로 국한되어 있었을지라도 이론적으로 모든 평등하고 자유로운 시민들의 정치적 공동체에의 참여가 지니는 적극적인 의미 그리고 이런 정치적 자율의 이상을 구체적으로 실

---

84) 플라톤,『국가』, 349b~c, 563e 이하; 『노모이』, 906c3; 『고르기아스』, 483c~d, 508a7; 『향연』, 188a~b참조.
85) 플라톤,『크리티아스』, 121b 참조.
86) 플라톤,『티마이오스』, 82a 참조. 아리스토텔레스 역시 제국주의적인 정복 전쟁이나 침략이 정치 공동체에 가져올 커다란 해악을 말하면서 정복 전쟁을 비판한다.(『정치학』, 1333b 참조)

현시키고자 취했던 여러 가지 정치적, 경제적, 법적 제도들의 창안들이 현재의 상황 속에 그대로 적용될 수 있다고 생각하는 것은 낭만적일 것이다. 실제로 민주주의 사상과 제도가 고대 그리스에서 만발했던 이래 현재에 이르기까지 장기간 동안 민주주의의 이론과 실제에 관련하여 수많은 변화와 발전이 있어왔다. 그럼에도 불구하고 고대 그리스에서 발생했던 민주주의의 이상과 실제는 여전히 많은 사람들에게 지적 자극과 정치적 상상력의 원천으로 작용하고 있다. 그러므로 그들의 정치적 자유에 대한 강조, 정치적 공동체에의 참여가 바로 그들의 삶의 본질적인 구성 요소로서 간주되어야만 하고, 소위 적극적인 삶vita activa이야말로 사멸해가는 존재로서의 유한한 인간에게 일종의 불멸성을 부여하고 그러는 한에서 동물도 신도 아닌 중간자로서의 인간의 고유한 차원을 드러내 보이는 것이라는 그들의 믿음과 이를 구체화시키는 데에서 그들이 보여주였던 용기, 통찰 그리고 창조적인 자세는 인류가 지속하는 한 영원히 많은 사람들의 영혼을 사로잡을 만한 위대성을 지니고 있다는 사실을 부인하기는 어려울 것이다.

참고 문헌

로버트 달, 『민주주의와 그 비판자들』, 조기제 옮김, 문학과지성사, 1999.
토머스 마틴, 『고대 그리스의 역사』, 이종인 옮김, 가림기획, 2003.
제임스 매디슨, 『페더랄리스트 페이퍼』, 김동영 옮김, 한울아카데미, 1995.
클로드 모세, 『고대 그리스의 시민』, 김덕희 옮김, 동문선, 2002.
조지 세이빈, 『정치사상사 1, 2』, 성유보·차남희 옮김, 한길사, 1998.
퀜틴 스키너 외, 『마키아벨리의 이해』, 강정인 편역, 문학과지성사, 1993.
레오 스트라우스·조셉 크랍시 엮음, 『서양정치철학사 1』, 김영수 외 옮김, 인간사랑, 1992.

한나 아렌트, 『인간의 조건』, 이진우·태정호 옮김, 한길사, 1996.
로버트 애링턴, 『서양 윤리학사』, 김성호 옮김, 서광사, 2003.
페리 앤더슨, 『고대에서 봉건제로의 이행』, 유재건·한정숙 옮김, 창작과비평사, 1990.
조지 커퍼드, 『소피스트 운동』, 김남두 옮김, 아케넷, 2003.
윌리엄 포레스트, 『그리스 민주정의 탄생과 발전』, 김봉철 옮김, 한울 아카데미, 2001.
로베르 플라실리에르, 『고대 그리스의 일상생활』, 심현정 옮김, 도서출판 우물이 있는 집, 2004.
모제스 핀레이, 『고대 세계의 정치』, 최생열 옮김, 동문선, 2003.
Aristoteles, Politica, in *The Works of Aristotle*, translated into english under the editorship of W. D. Ross, Volume X, Oxford, 1966.〔아리스토텔레스, 『정치학』〕
Aristoteles, *Athēnaiōn Politeia*, in The Works of Aristotle, translated into english under the editorship of W. D. Ross, Volume X, Oxford, 1966.〔아리스토텔레스, 『아테네 헌법』〕
Jon Elster, Introduction, in: *Deliberative Democracy*, edited by Jon Elster, Cambridge, 1996.
Platon, *Werke in acht Bänden griechisch* und deutsch, Darmstadt, 1977.
Thukydides, *Der Peloponnesische Krieg*, übersetzt und herausgegeben von Helmuth Vrestska, Stuttgart, 1996.

요약문

주제 분류 : 고대 철학, 정치철학, 민주주의론
주요어 : 고대 그리스 민주주의, 데모스, 아테네 제국주의, 토의, 파벌, 혼합정
내용 요약 : 이 글의 기본 의도는 고대 그리스 민주제도의 기본 이념이 무엇인가를 고찰하고 그 이념을 구체화시키기 위해 아테네인들이 구상해냈던 일련의 제도들의 특성을 서술하면서 고대 그리스 민주주의 특색을 살펴보는 것이다. 이러는 과

정에서 고대 그리스 민주주의가 어떤 내적인 문제점을 지니고 있는가를 현재적인 관점에서 재구성하려고 시도하였다.

본문에서 필자는 고대 그리스 민주정의 한계를 네 가지 측면에서 고찰해보았다. 첫째로 고대 그리스 민주주의는 여성과 노예 그리고 대다수의 해외 거류민들에게서 정치적 시민권을 박탈함으로써 지나치게 편협하고 제한적인 성격을 보여주고 있다는 점이다. 둘째로 아테네 민주주의는 당파적 논쟁과 대립을 다룰 수 있는 제도적 장치들을 갖추는 데 성공하지 못했다는 사실이다. 세 번째로 지적되어야 할 점은 아테네 민주주의는 다른 국가들에 대해 지나치게 배타적이었고 우월적인 자세를 취했다는 점이다. 마지막으로 아테네 민주주의의 성공은 제국에로의 팽창과 밀접하게 연관되어 있다는 것이다.

이런 모든 문제점에도 불구하고 아테네 민주주의의 경험은 인류의 소중한 자산으로 남아 있다는 것이 필자의 생각이다. 아테네인들의 민주적 정치 질서에 대한 의미 부여, 실제로는 20세 이상의 남성 시민들로 국한되어 있었을지라도 이론적으로 모든 평등하고 자유로운 시민들의 정치적 공동체에의 참여가 지니는 적극적인 의미 그리고 이런 정치적 자율의 이상을 구체적으로 실현시키고자 취했던 여러 가지 정치적, 경제적, 법적 제도들의 창안들이 현재의 상황 속에 그대로 적용될 수 있다고 생각하는 것은 낭만적일 것이다. 그럼에도 불구하고 고대 그리스에서 발생했던 민주주의의 이상과 실제는 여전히 많은 사람들에게 지적 자극과 정치적 상상력의 원천으로 작용하고 있다. 그러므로 그들의 정치적 자유에 대한 강조, 정치적 공동체에의 참여가 바로 그들의 삶의 본질적인 구성 요소로서 간주되어야만 하고, 소위 적극적인 삶vita activa이야말로 바로 사멸해가는 존재로서의 유한한 인간에게 일종의 불멸성을 부여하고 그러는 한에서 동물도 신도 아닌 중간자로서의 인간의 고유한 차원을 드러내 보이는 것이라는 그들의 믿음과 이를 구체화시키는 데에서 그들이 보여주었던 용기, 통찰 그리고 창조적인 자세는 인류가 지속하는 한 영원히 많은 사람들의 영혼을 사로잡을 것이다.

인간중심철학의 민주주의론, 그 의미와 한계[1]

김원식

1. 들어가는 말

이 글은 인간중심철학이 제시하는 민주주의론의 요지를 살펴보고, 그에 대한 비판적 검토를 수행하는 것을 목적으로 한다. 인간중심철학의 민주주의론이 이 글이 다루고자 하는 직접적인 주제이기는 하지만 먼저 왜 황장엽의 인간중심철학이 오늘 우리의 논의 대상이 되어야 하는가에 대한 필자의 의견을 간략히 밝히고자 한다.

필자는 이미 다른 지면에서 밝힌 바와 같이 황장엽의 인간중심철학은 다음과 같은 세 가지 이유와 측면에서 우리의 논의 대상이 될 수 있다고 생각한다.[2] 첫째, 역사적인 차원에서 인간중심철학에 대한 평가 작업의 필요성이 있다. 분단 이후 북한에서 진행된 서구 사상의 수용

---

[1] 이 논문은 통일정책연구소 편, 『주체사상과 인간중심철학』(예문서원, 2003)에 게재된 「인간중심철학의 민주주의론」의 내용을 중심으로 서론과 결론 부분만을 보완하여 사회와 철학연구회 2004년 하계 심포지움의 발표문으로 발표한 글이다.
[2] 이에 대해서는 통일정책연구소 편, 『주체사상과 인간중심철학』의 서문 참조.

과 극복이라는 문제에 접근하기 위해서 우리는 황장엽의 인간중심철학을 검토할 필요가 있다. 둘째, 실천철학으로서 인간중심철학이 제기하고 있는 주장의 의미를 검토할 필요가 있다. 왜냐하면 인간중심철학은 사회주의 체제 몰락 이후에 기존의 사회주의 체제가 가지는 문제점과 한계들을 반성하는 동시에 현존하는 자유민주주의가 봉착하고 있는 여러 가지 문제들에 대한 비판적인 관점들을 제시하고 있기 때문이다.[3] 셋째, 인간중심철학이 나름의 고유한 체계와 풍부한 내용을 제시하고 있다는 점에서 이론적인 논의와 검토의 대상이 되어야 한다. 고유하고 일관된 개념과 원리에 기초해서 제시되는 세계관, 사회역사관, 인생관이라는 체계가 가지는 정합성과 정당성에 대한 논의가 필요하다.

이 글은 이러한 세 측면 중 주로 두 번째 측면에 관한 논의를 진행하고 있다고 볼 수 있다. 인간중심철학은 '인간 운명 개척의 길을 밝힌다'는 철학의 사명에 대한 규정에서 볼 수 있는 바와 같이 명확한 실천적인 지향성을 표방하고 있다.[4] 인간중심철학이 가지는 이러한 실천성과 정치성이 집약적으로 표현되고 있는 부분이 바로 인간중심철학의 민주주의론이라고 할 수 있다. 따라서 인간중심철학의 민주주의론을 비판적으로 검토하는 작업은 인간중심철학이 실천철학으로서 우리에게 어떤 점에서 유의미하며, 또 그 한계는 무엇인지를 가늠하기 위

---

3) 또한 우리는 인간중심철학에 대한 검토를 통해 향후 북한의 개혁 개방과 민주화 과정에서 북한의 주체사상이 이론적으로 변화해나갈 과정을 전망해볼 수도 있을 것이다. 이훈은 「북한철학의 흐름」의 말미에서 주체사상의 제1원리인 수령이 제거된 이후 주체사상의 변화 방향에 대한 의문을 던지면서, "포스트모더니즘으로 나갈 수는 없으므로, 개인의 주체성과 집단의 주체성을 매개하는 방법을 찾아야 할 것"이라는 예측을 제시한 바 있다. 남행 이후 황장엽이 제시하고 있는 개인주의와 집단주의의 매개와 통일을 위한 시도는 이러한 예측이 정확하고 적실한 것이었음을 보여주고 있다.
4) 인간중심철학이 규정하는 철학의 사명에 대해서는 황장엽, 『맑스주의와 인간중심철학 III』, pp. 43~44 참조.

한 핵심적인 작업이라고 할 수 있을 것이다.[5]

인간중심철학이 제시하고 있는 민주주의론은 다음과 같은 점에서 그 고유성을 갖는다고 할 수 있다. 먼저 이론적인 차원에 볼 때, 인간중심철학은 민주주의를 철학적으로 정초하고 있다는 점을 들 수 있다. 인간중심철학은 민주주의의 인간학적이고 세계관적인 기초를 설정하고자 한다. 이는 인간중심철학의 민주주의론이 고유한 인간관과 사회역사관, 세계관에 기초하고 있다는 사실을 의미한다. 둘째, 인간중심철학은 민주주의를 단순히 정치적 생활의 영역에 국한시키지 않고, 사회적 삶의 영역 전반과 관련된 포괄적 이념으로서 설정하고 있다. 인간중심철학은 민주주의가 인간의 자주적 지위와 창조적 역할을 높이고자 하는 사회 발전의 일반적 요구를 반영하고 있는 것으로 파악함으로써 정치, 경제, 문화 등 사회생활 전반에서 민주주의 원리가 관철될 것을 요구하고 있다.

아래에서는 인간중심철학이 제시하는 민주주의론의 내용과 의미를 살펴보고, 그에 대한 비판적 검토를 수행하기 위해서 다음과 같은 논의의 순서를 따르고자 한다. 먼저 우리는 인간중심철학이 제시하는 민주주의론의 이론적이고 철학적인 전제들을 파악하기 위해 인간중심철학의 '인간관'과 '사회역사관'을 살펴볼 것이다(2절). 다음으로 인간중심철학이 제시하는 민주주의론의 내용과 그것이 설정하고 있는 민주주의 발전의 전망에 대해서 살펴볼 것이다(3절). 마지막으로 인간중심철학이 제시하는 민주주의론이 가지는 의미와 비판적 검토 사항들을 제시할 것이다(4절).

---

[5] 이에 대해서는 한승완, 「인간중심철학의 민주주의론에 대한 비판적 평가」, pp. 270~271 참조.

2. 인간중심철학의 인간관과 사회역사관

인간중심철학에서 제시하는 민주주의론을 검토하기 위해서는 먼저 인간중심철학이 제시하는 인간관과 사회역사관에 대한 이해가 요구된다. 왜냐하면 인간중심철학이 제시하고 있는 고유한 인간관과 사회역사관이 그것의 민주주의론이 성립하기 위한 개념적이고 이론적인 토대를 형성하고 있기 때문이다. 그렇지만 민주주의론에 대한 검토가 이 글의 중심 목적이기 때문에, 여기서 진행되는 인간관과 사회역사관에 대한 고찰은 민주주의론을 이해하기 위해서 필수적으로 요구되는 부분으로만 제한될 것이다.

1) 인간중심철학의 인간관

인간중심철학은 물질 존재를 크게 무생명 물질, 생명 물질, 사회적 존재로 구별하고 있다.[6] 여기서 사회적 존재는 인간을 의미하며, 인간은 가장 발전된 물질적 존재로서 규정된다. 인간중심철학에 따르면 발전된 물질일수록 운동에서 더 큰 주동성과 능동성을 발휘하며, 그런 한에서 가장 발전된 존재인 인간은 세계와의 관계에서 주인으로서의 지위를 차지하게 된다.

인간중심철학에서 인간이 사회적 존재라는 사실은 인간의 본질적 속성을 이해하기 위한 일반적 기초가 되고 있다. 인간중심철학에서 말하는 인간의 본질적 속성들은 사회적 존재로서 인간이 가지는 속성이라고 보아야만 한다. "생물학적 속성인 본능이 인간의 기본 속성으로 되는 것이 아니라 사회적 속성이 기본 속성으로 되고 있다."[7]

---

[6] 이에 대해서는 황장엽, 『맑스주의와 인간중심철학 III』, pp. 62~64 참조.
[7] 같은 책, p. 84.

인간중심철학은 자주성, 창조성, 사회적 협조성, 의식성이라는 네 가지 속성을 사회적 존재인 인간의 본질적 속성으로서 제시하고 있다. 그러면 먼저 이러한 속성들이 무엇을 의미하는지 그리고 그 속성들 사이의 관계는 어떤 것인지 살펴보도록 하자. 생명체로서의 인간은 자신의 요구를 가지고 있으며 또한 그것을 실현하기 위한 힘을 가지고 있다.[8] 이 두 측면을 각각 자주성과 창조성이라는 개념이 표현하고 있다. 인간은 무엇에도 예속되지 않고 자주적으로 살고자 하는 요구를 가지고 있으며, 그러한 요구를 실현하기 위한 창조적 힘을 가지고 있다. 집단적 존재로서의 인간과 세계 사이의 관계를 해명하는 데 있어서는 이 두 측면이 가장 중요하다. 인간이 세계 속에서 가지는 지위와 역할을 판단하는 데 있어서는 인간이 자주적인 요구를 얼마나 창조적으로 실현하고 있는가 하는 것이 관건이 되기 때문이다.

한편 사회적 존재로서의 인간이 자주적인 요구와 창조적인 힘을 실현하기 위해서는 집단 내에서 사회적으로 협조하는 것이 반드시 요구된다. 이런 점에서 사회적 협조성 역시 인간의 본질적 속성이라고 할 수 있다. 인간은 생명의 공통성에 기초해서 사회적 협조성을 가지며 동시에 개인의 이익을 실현하기 위해서도 사회적 협조에 의거해야만 한다.

의식성은 자주성, 창조성, 사회적 협조성이라는 인간의 기본 속성들이 동물들의 경우와 같이 단지 본능을 통해서가 아니라 의식을 통해서만 구현된다는 사실과 관련되어 있다. 인간의 행위는 동물의 경우와는 달리 본능이 아니라 사회적 의식에 의거하여 이루어진다. 그런 점에서

---

[8] 인간중심철학에서는 요구와 힘, 즉 자기를 보존하고 더욱 발전시키려는 요구와 그러한 요구를 실현하려는 생활력을 생명의 근본 특징으로 보고 있다.(이에 대해서는 황장엽, 『맑스주의와 인간중심철학 I』, p. 61 참조) 자주성과 창조성은 이러한 생명의 두 특징이 의식을 가진 사회적 존재에 의해 구현된 것이다. 인간중심철학의 생명론에 대한 상세한 논의는 이신철, 「인간중심철학의 생명론」 참조.

의식성 역시 인간의 본질적 속성이라고 할 수 있다. 자주성, 창조성, 사회적 협조성이 의식성을 통해서만 가능하다는 점에서 의식성은 본질적 속성들 중에서도 특이한 지위를 가지고 있다.[9] 그러나 순수한 의식 그 자체는 무의미하다. 왜냐하면 생명의 요구나 힘과 결부되지 않고는 의식이 그것의 지휘 기능을 수행할 수 없기 때문이다.

앞서 언급한 바와 같이 이러한 인간의 근본 속성들을 해명하는 데 있어서 전제가 되는 것은 인간이 사회적 존재라는 사실이다. 인간은 결코 고립된 존재로서 살아갈 수 없다. 사회적 존재로서의 인간은 언제나 개인으로서 존재하는 동시에 집단의 성원으로서 존재한다. 이런 점에서 개인과 집단 사이의 대립과 통일은 인간의 네 가지 본질적 속성을 해명하기 위한 필수적 전제 조건이라고 할 수 있다. 인간이 개인적인 존재인 동시에 집단적인 존재로서 존재한다는 것은 인간존재의 근본 형식이기도 하다. 이는 인간중심철학의 인간 이해가 개인주의를 근간으로 하는 서구의 근대적 인본주의 사상과 원칙적으로 구별된다는 사실을 보여준다. 고립된 개인들 사이의 계약을 통해서 합리적 사회질서를 해명하고자 하는 사회계약론자들의 자유주의적 인간 이해와 인간중심철학이 제시하는 인간 이해는 본질적 차이를 갖는다.

인간의 근본 속성인 자주성自主性 역시 자유주의자들이 제시하는 자유自由의 개념과는 구별되어야 한다. 예속을 거부하고 자주적으로 살고자 하는 인간의 요구는 자기 개인의 욕구나 이익만을 추구하고자 하는 사적私的인 요구와는 구별되어야 한다. 자주적으로 살고자 하는 요구는 개인적 존재이자 집단적 존재인 인간이 가지는 요구이기 때문에 단지 사적이기만 한 것이 아니다. "자주적으로 살려는 요구는 사회적 집단의 공동의 요구와 이익을 존중하는 테두리 안에서 개인의 생활적

---

[9] 의식의 지위에 대해서는 황장엽, 『맑스주의와 인간중심철학 III』, pp. 98~99 참조.

요구를 자유롭게 충족시키려는 것이다. 그런 만큼 자기 개인의 이익만을 실현하려는 이기주의적인 삶의 요구와는 다르다. 또 자기의 욕망을 아무 제한 없이 자유롭게 충족시킬 것을 요구하는 자유지상주의적 삶의 요구와도 다르다."[10]

자주적인 요구는 집단의 성원으로서 인간이 제기하는 철저히 민주적으로 살고자 하는 삶의 요구라고 보아야 한다. "자주적으로 살려는 요구를 좀 더 뚜렷하고 발전된 형태로 표현한다면, 세계의 주인, 자기 운명의 주인으로서 살려는 요구, 국가와 사회의 공동의 주인으로서 살려는 요구, 한마디로 철저한 민주주의적 요구라고 말할 수 있다."[11] 이런 점에서 보면, 인간중심철학이 제시하는 민주주의론은 세계와 사회에서 차지하는 자주적 지위와 창조적 역할을 높이고자 하는 인간의 본성적 요구의 필연적인 귀결이라고 할 수 있다.

창조성은 인간이 자신의 요구를 실현할 수 있는 능력과 힘을 가지고 있음을 나타낸다. "인간은 자연을 개조하여 자연에 존재하지 않는 어떤 것을 새로이 만들어내는 창조적 능력을 가지고 있다. 이런 의미에서 인간에게는 창조성이 있다고 말해진다. 인간의 창조성이란 곧 객관세계를 인간의 요구에 맞게 개조할 수 있는 능력이다."[12] 이러한 창조성은 자주적인 삶의 요구를 실현하기 위한 방편으로 철저히 삶의 요구에 봉사하는 것이어야만 한다. 그리고 이러한 창조적 힘의 실현은 항상 사회적 협조를 통해서만 가능하다. "인간이 지니고 있는 정신적 힘과 물질 기술적 힘, 사회적 협력의 힘은 선천적으로 타고난 것이 아니다. 그것은 사회생활의 과정에서 형성되고 발전되어온 것이다."[13]

---

10) 같은 책, p. 91.
11) 같은 책, p. 89.
12) 같은 책, p. 94.
13) 같은 책, p. 96.

사회적 협조성은 인간중심철학의 인간관이 자유주의자들의 인간 이해와 구별된다는 사실을 두드러지게 보여주고 있다. 사회적 협조성에는 개인들이 운명을 같이 하는 존재로서 무조건적으로 협조하고자 하는 측면과 개인들 각각이 자신의 이해관계를 실현하기 위해 협조하고자 하는 두 측면이 동시에 존재한다. 물론 근본적으로 볼 때 이러한 두 측면은 인간이 개인적인 존재인 동시에 집단적인 존재라는 사실과 관련된다. "사회적 협조성은 인간이 개인적 존재인 동시에 집단적 존재라는 인간의 사회적 존재의 기본 특성에 기초하고 있는 인간의 본성이다."[14]

자유주의자들이 생각해온 사회적 협조성은 개인의 자유 실현이라는 한 측면만을 강조하는 것이라고 할 수 있을 것이다. 그러나 개인의 이해관계에 기초한 협조는 인간중심철학에서 제시하는 사회적 협조성이 가지는 단지 한 측면일 뿐이다. 인간중심철학에서는 개인의 이익을 추구하기 위한 사회적 협조를 넘어서서 운명을 함께하는 집단적 존재로서 인간이 가지게 되는 사회적 협조성 역시 강조하고 있기 때문이다.

이는 인간관계의 기초를 정의와 사랑이라는 두 원칙하에서 파악하고자 하는 인간중심철학의 고유한 견해에서도 잘 나타나고 있다. "정의의 원리(평등의 원리)에 따라 사람들의 자주성을 옹호하는 원칙과 사랑의 원리에 따라 사회적 집단을 하나의 사랑하는 집단으로 통일시키는 원칙은 인간관계에서 구현되어야 할 기본 원칙이다."[15] 정의와 사랑이라는 두 원리는 근본적으로 구별되는 원리라고 할 수 있다.[16] 정의

---

14) 같은 책, p. 111.
15) 황장엽, 『인간중심철학의 몇 가지 문제』, p. 156.
16) 도덕의 두 원칙이 가지는 독자성을 호네트는 동등한 대우와 배려의 관계를 통해 설명한 바 있다. 그는 배려가 일방적이고 무조건적 성격을 가지는 반면에 동등한 대우는 상호 인정의 성격을 갖는다는 사실을 지적하고, 배려care의 원칙은 동등한 대우equal treatment라는 원칙에 대해 발생론적으로 앞설 뿐만 아니라, 그것과 배타적인 관계를 가지고 있다고 주장한다.(A. Honneth, "The other of justice: Habermas

의 원칙이 개인들에게 균등한 기회와 경쟁의 공정성을 보장한다면, 사랑의 원리는 배려와 집단적 유대성의 측면을 보장해준다. 인간중심철학은 정의의 원리와 그에 기초한 경쟁이 가지는 의의와 동시에 그 한계를 지적하고, 사랑의 원리를 통해서 이를 보완하고자 한다.

2) 인간중심철학의 사회역사관

인간중심철학의 사회역사관은 사회 역사적 운동에 대한 해명을 그 목표로 하고 있다. 자연의 운동과 사회적 운동은 모두가 물질의 운동이지만, 자연적 존재와 사회적 존재가 질적인 차이를 가지는 만큼 그 운동 형태들 역시 질적인 차이를 가질 수밖에 없다. 질적으로 상이한 존재는 상이한 속성을 가지며, 따라서 속성의 발현인 운동 형태 역시 차별성을 가질 수밖에 없는 것이다.[17] 그리고 이는 사회적 운동의 법칙을 자연적 운동의 법칙으로 환원시키는 것이 불가능하다는 사실을 함축한다. 사회적 존재가 자연적 존재와 질적인 차이를 가지는 한에서 그 운동 형태와 운동 법칙 역시 자연의 운동과는 구별되는 고유성을 갖는다고 보아야만 할 것이기 때문이다.

그렇다면 자연적 운동과 사회적 운동의 본질적 차이는 무엇인가? "자연의 운동과 구별되는 사회적 운동의 본질적 특징은 인간이 진행하는 목적의식적인 운동이라는 데 있다."[18] 이 세계에 존재하는 유일한 사회적 존재는 인간이며, 의식을 갖는다는 것은 인간존재의 본질적 특징이다.[19] 따라서 유일한 사회적 존재인 인간의 본질적 속성인 의식을

---

and the ethical challenge of postmodernism", p. 318)
17) 인간중심철학이 제시하는 존재, 속성, 운동의 범주에 대한 해명은 황장엽, 『맑스주의와 인간중심철학 III』, pp. 58~59.
18) 황장엽, 『맑스주의와 인간중심철학 II』, p. 103.
19) 현재 상태에서 인간을 우주 속에 존재하는 이성적이고 사회적인 유일한 존재라고

매개로 진행되는 사회적 존재의 운동은 언제나 목적의식적인 운동일 수밖에 없는 것이다. 인간중심철학에서는 요구와 힘을 생명 일반의 근본적 특징으로 규정하며, 생명을 가지고 있는 사회적 존재인 인간도 고유한 형태의 자주적 요구와 창조적 힘을 갖는다고 주장한다. 그렇기 때문에 이러한 인간이 일으키는 사회적 운동은 자주적 요구와 창조적 힘을 발양시키기 위한 목적의식적 운동으로 이해되어야만 한다.

물론 이러한 주장이 모든 사회적 운동의 진행이나 결과가 그 주체인 인간의 목적이나 의지에 의해 주관적으로 결정될 수 있다는 사실을 의미할 수는 없다. 그 이유는 첫째로 인간의 의지나 목적은 언제나 주어진 물질적 조건에 의해서 제약될 수밖에 없기 때문이다. 주어진 객관적인 조건을 무시하거나 그것을 정확히 고려하지 않는 주관적 의지나 목적은 결코 실현될 수 없을 것이다. 둘째로 인간의 목적이나 의지가 언제나 단일한 것은 아니기 때문이다. 사회적 운동을 일으키는 인간은 경우에 따라 분열된 계급이나 계층으로 대립할 수 있으며, 이 경우에 일어나는 사회적 운동은 두 세력이 진행하는 상이한 목적의식적 운동 사이의 충돌을 거치면서 진행될 수밖에 없을 것이다.

그러나 이러한 사실을 인정한다고 해서 사회적 운동이 목적의식적 운동이라는 사실 자체가 반박되는 것은 아니다. 먼저 객관적 조건에 의해서 사회적 운동이 제약된다고 하더라도, 객관적 조건은 어디까지나 조건일 수밖에 없기 때문이다. 인간의 운동이 주어진 조건에 의해서 제약된다고 해서, 조건 자체가 운동의 주체가 될 수 있는 것은 아니다. 주어진 조건은 운동의 주체인 인간이 신중히 고려해야 할 대상일 뿐 결코 그 자체가 운동의 주체는 아니기 때문이다. 이 점에서 인간중

보는 것이 합당하다고 할 수 있는 이유들에 대한 설명은 황장엽, 『맑스주의와 인간중심철학 III』, pp. 12~14 참조.

심철학의 사회역사관은 맑스주의의 사회역사관과 근본적인 차별성을 갖는다. 맑스주의의 사회 역사관은 사회적 운동이 물질적 조건에 제약된다는 사실만을 강조함으로써, 경제결정론의 경우에서 볼 수 있는 바와 같이 결국 사회적 조건 자체를 운동의 주체로 보게 되었다.[20]

다음으로 사회적 운동의 주체인 인간이 다양한 세력으로 분열되어 그들의 목적의식 자체가 상이하다고 해서 사회적 운동이 목적의식적인 운동이라는 사실 자체가 부정되는 것은 아니다. 이러한 지적은 단지 목적의식적인 사회적 운동이 다양한 대립과 통일을 통해서 진행된다는 사실을 보여줄 뿐이기 때문이다. 나아가서 사회적 집단 내부에서 대립하는 두 세력이 전혀 공통의 요구를 가지지 않는다고만 보는 관점에도 오류가 있다. 사회적 존재인 인간은 언제나 대립성과 더불어 통일성을 갖는다. 그렇기 때문에 사회 내부의 적대적인 세력이 대립하고 있다고 하더라도 양자는 언제나 그러한 대립과 더불어 집단 전체의 발전에 대한 공통의 요구를 가질 수밖에 없을 것이다.[21]

이런 점에서 사회적 운동은 유일한 사회적 존재인 인간이 목적의식적으로 진행하는 운동이라고 규정할 수 있다. 이와 더불어 중요한 것은 사회적 존재라는 것이 단지 살아 있는 인간만을 포함하는 것은 아니라는 점이다. 인간중심철학에서 사회적 존재를 정의할 때는 살아 있는 인간과 더불어 사회적 재부와 사회적 관계가 모두 고려되고 있다. "사회적 운동의 주체인 인간은 사회적 재부를 지니고 사회적 관계에 의하여 결합된 인간이다. 그것은 곧 사회적 존재이며 또 사회 그 자체를 의미한다."[22] 인간은 자연과의 상호 작용 속에서 물질적 재부와 정

---

20) 이에 대해서는 황장엽, 『맑스주의와 인간중심철학 II』, pp. 53~54 참조.
21) 이에 대해서는 같은 책, pp. 67~68 참조.
22) 같은 책, p. 105.

신적 재부를 창조하며, 또 이러한 활동은 언제나 인간과 인간 사이의 사회적 관계를 매개로 진행될 수밖에 없다. 물론 사회적 재부나 사회적 관계는 그 자체로만은 결코 사회적 운동의 주체로 될 수 없을 것이다. 그러나 동시에 사회적 운동을 일으키는 주체인 인간이 언제나 사회적 재부를 소유하고 사회적 관계를 맺는 인간이라는 점 역시 부정할 수 없는 사실이다.[23]

결국 인간중심철학에서 사회적 운동은 목적의식적 운동으로 규정되며, 이러한 운동을 일으키는 주체는 사회적 재부를 가지고 사회적 관계로 결합된 인간, 즉 사회적 존재로 규정될 수 있다. 그리고 사회적 존재가 존재인 한에서 그 존재는 구성 요소와 결합 구조라는 범주를 통해서 분석될 수 있을 것이다. 인간중심철학에 따르면 모든 존재는 고유한 구성 요소와 결합 구조를 가지고 있으며, 그런 한에서 사회적 존재 역시 구성 요소와 결합 구조의 측면에서 고찰될 수 있다. 이러한 고찰은 또한 사회적 존재의 발전에 대한 논의와도 밀접한 관련을 갖는다. 인간중심철학에서 물질의 발전은 구성 요소의 다양화와 결합 구조의 합리화라는 두 측면에서 이해되고 있기 때문이다. 존재를 구성하는 요소들이 다양화되고 그 결합 구조가 합리화되는 과정이 바로 물질의 발전을 의미한다는 것이다.

사회를 구성하는 가장 중요한 요소는 물론 인간이며, 이와 더불어 물질적이고 정신적인 재부도 사회를 구성하는 요소에 속한다. 그리고 이러한 구성 요소들을 결합하는 구조가 바로 사회적 관계라고 할 수 있다. "물질적 실체는 인간과 사회적 재부이며, 사회적 관계는 물질적 실체가 아니라 물질적 실체들을 결합시키는 관계이다. 그러므로 인간

---

[23] 사회적 존재에 사회적 재부와 사회적 관계를 포함시키는 입장에 대한 반발에 대해서는 김정일, 「주체철학은 독창적인 혁명철학이다」, pp. 198~199를 참조하라.

과 사회적 재부를 사회의 구성 요소로 보고 사회적 관계를 그것들의 결합 구조라고 볼 수 있는 것이다."[24] 그렇기 때문에 사회의 발전에 대해서도 다음과 같은 원칙적인 관점이 제시되고 있다. "사회의 구성 요소가 다양하고 그 수준이 높으며 결합 구조가 보다 합리적일 때, 그 사회는 구성 요소가 단순하고 그 수준이 높지 못하며 결합 구조가 불합리한 사회보다 발전된 사회라고 볼 수 있다."[25] 해당 사회가 가지는 구성 요소, 즉 인간과 사회적 재부의 다양화와 발전의 수준이라는 측면과 결합 구조, 즉 사회적 관계의 합리화라는 측면을 고려하여 우리는 각 사회의 전체적인 발전 수준을 평가할 수 있는 것이다.

이러한 사회관에 기초해서 인간중심철학은 3대 개조사업과 그에 상응하는 사회생활의 3대 영역에 대한 구별을 제시한다. 사회의 구성 요소인 인간과 사회적 재부의 발전과 관련된 인간개조사업과 자연개조사업, 그리고 사회의 결합 구조인 사회적 관계의 발전과 관련된 사회관계개조사업이 그것이다. 그리고 이러한 각 개조사업에 상응하는 문화, 경제, 정치라는 3대 생활 영역이 제시된다. 인간중심철학에 따르면, 인간의 활동과 발전은 자연과의 관계에서 자연개조사업의 형태로, 인간과 인간의 관계에서 사회개조사업의 형태로, 인간 자체와 관련해서는 인간개조사업의 형태로 이루어진다. 그리고 이 세 가지 개조사업과 연관하여 경제, 정치, 문화생활이라는 개념이 제시된다. 여기서 3대 개조사업은 인간 활동의 대상과 관련된 구별이며, 3대 생활은 3대 개조사업의 성과를 바탕으로 누리게 되는 사회적 생활의 영역에 대한 구별이라고 말할 수 있을 것이다.

인간중심철학에서는 3대 개조사업이 서로 밀접하게 연관되어 있고

---

24) 황장엽, 『맑스주의와 인간중심철학 II』, p. 127.
25) 같은 책, p. 125.

서로를 제약한다는 점과 더불어 결코 어느 한 사업이 다른 사업으로부터 파생된 것이 아니라는 사실을 강조하고 있다. 3대 개조사업의 관계에서 우선 중요한 것은 각 사업들이 언제나 다른 사업을 전제로 할 때만 가능하다는 점이다. 자연개조사업의 기초가 없이는 인간개조도 사회개조도 불가능하다. 그러나 인간개조나 사회개조사업의 발전을 전제하지 않고 자연개조사업의 발전을 생각하는 것 역시 불가능하다. 이와 더불어 인간중심철학이 강조하는 것은 "자연개조사업, 인간개조사업, 사회관계개조사업은 인간 생활을 위하여 처음부터 필요한 각각의 독자성을 가진 창조적 사업"[26]이라는 점이다. 3대 개조사업이 각각 독자성을 가지는 이유는 한 사업의 발전이 다른 사업의 발전을 필연적으로 함축하는 것도 아니며, 특정한 한 사업이 다른 사업에 대해 절대적인 우선성을 가질 수도 없기 때문이다.

3대 개조사업에 대한 이러한 구상은 이미 맑스주의의 역사유물론에 대한 비판을 함축하고 있다. 왜냐하면 3대 개조사업의 구도는 생산 활동만을 사회 존속을 위한 물질적 토대로 보는 맑스주의의 역사유물론과 양립할 수 없기 때문이다. "생활 수단을 생산하는 자연개조사업으로부터 다른 모든 인간 활동이 파생된 것처럼 보는 맑스주의적 견해는 잘못된 것이다."[27] 인간중심철학은 이러한 인식에 기초해서 3대 개조사업과 사회생활 3대 부문의 균형 발전을 모색하게 된다.

이상의 고찰을 요약해보면 다음과 같다. 인간중심철학에서 사회적 운동은 사회적 재부와 사회적 관계를 가진 인간의 목적의식적 운동이다. 그리고 이러한 인간의 운동은 인간개조, 자연개조, 사회개조의 3대 영역에서 이루어지며, 그에 상응하는 사회생활의 3대 영역, 즉 문화,

---

26) 같은 책, p. 131.
27) 위와 같음.

경제, 정치의 영역이 존재한다.

　인간중심철학의 사회역사관에서는 사회적 존재와 사회적 운동에 대한 이러한 이해에 기초해서 지금까지 인류 역사의 발전 단계를 원시공동체 사회, 고대 노예제 사회, 봉건 사회, 민주주의 사회, 인간중심의 사회로 구별하고 있다. 이중 경제적 생활 방식의 차이를 기초로 제시된 원시공동체, 노예제, 봉건제의 구분은 이미 일반적으로 통용되고 있으므로 특별한 해명이 요구되지 않지만, 각별한 주목이 요구되는 부분은 민주주의 사회와 인간중심의 사회라는 발전 단계에 대한 규정이다.

　인간중심철학의 사회역사관에서는 반봉건 민주주의 혁명 이후 인간중심 사회에 이르기까지의 전 시기를 민주주의 사회의 단계로 규정하고 있다. 이는 자본주의에서 사회주의로의 이행이라는 맑스주의적 역사 발전 단계론의 폐기를 함축하는 구별이다. "맑스주의자들은 사회주의사회가 자본주의사회보다 발전된 사회이기 때문에 자본주의 시대 다음에 오는 시대는 사회주의 시대라고 주장한다. 그러나 우리는 사회주의사회는 자본주의사회보다 발전된 사회인 것이 아니라 반대로 퇴보된 사회이기 때문에 자본주의 시대가 사회주의 시대로 넘어간다는 것은 있을 수 없다고 본다."[28]

　인간중심철학에서는 반봉건 민주주의 혁명 이후에 인류 역사에서 민주주의 시대가 출발한다고 보고 있다. 그렇기 때문에 인류의 역사는 단지 민주주의의 철저한 실현을 향해서 진행할 뿐 더 이상 민주주의 이외의 다른 지도 사상을 필요로 하지 않는다. 물론 그렇다고 해서 인간중심철학에서 현재의 자유민주주의 혹은 자본주의가 완전한 사회체제라고 주장하는 것은 결코 아니다. 인간중심철학의 관점에서 볼 때 오늘날의 자유민주주의는 그것이 개인 중심의 민주주의에 기초하고

---

28) 같은 책, p. 9.

있고, 세계적인 차원에서의 민주화와 3대 개조사업의 균형 발전을 진행시키지 못하고 있다는 점에서 그 원리적 한계를 갖는다.

그렇기 때문에 인간중심철학에서는 인간을 개인적 존재이자 집단적 존재로 보는 새로운 인간 이해에 기초하여, 포괄적 민주주의의 이념을 제안하고 있다. 이는 세계시장의 확대, 국제 관계의 민주화, 3대 생활의 균형적 발전이라는 자본주주의의 역사적 사명에 대한 규정에서 구체화되고 있다. "민주주의적 원리를 정치 분야에서뿐 아니라 경제와 문화 분야에서도 원만히 구현하여 민주주의에 기초한 정치·경제·문화의 균형적 발전을 보장하는 것이 필요하며 국내 생활에서뿐 아니라 국제 관계와 국제사회 전반에서 민주주의적 원리가 보편적으로 구현되도록 하는 것이 중요하다."[29]

인간중심철학에 따르면, 민주주의의 이러한 과제가 실현되는 순간 인류는 인간중심의 시대에 진입하게 된다. 물론 인간중심의 시대가 민주주의의 폐기를 의미하는 것은 결코 아니다. 민주주의적 삶의 원리는 인간중심의 시대에도 유지되지만, 단지 사회의 민주화라는 것 자체가 이미 실현된 것이기 때문에 그 시대의 중심 과제가 될 수 없을 것이라고 보는 것이다. 인간중심 시대의 인간은 사회 내부의 특권을 철폐하는 문제보다는 오히려 우주와의 대결 속에서 인간중심의 우주를 건설하는 사업을 그 시대의 중심 과제로 삼게 될 것이다. 인간중심의 사회에 대한 규정에서 특히 우리가 주목해야 할 것은 그 사회가 모든 것이 완성된 유토피아적 상태를 의미하지 않는다는 사실이다.[30] 인간중심철학은 끝없는 발전을 강조하며, 그런 한에서 통일된 인류가 개척해나

---

29) 같은 책, p. 21.
30) 이에 대해서는 선우현, 『위기시대의 사회철학』의 「8. 끝없는 발전의 도정으로서 유토피아」를 참조하라.

가는 인간중심의 시대 역시 우주에서 차지하는 인간의 자주적 지위와 창조적 역할을 발전시켜나가는 부단한 과정이 되어야만 한다.

인간중심철학의 사회역사관이 제시하는 이러한 역사 발전 단계론에서 민주주의 시대는 각별한 의미를 갖는다. 우선 중요한 것은 민주주의 시대가 그 이전의 시대와 질적으로 구별되는 시대라는 점이다. 민주주의 시대가 질적인 차별성을 가지는 이유는 인간이 가지는 세계의 주인으로서의 지위와 역할이라는 문제가 최초로 자각적인 원리로서 구현되는 시대가 바로 민주주의 시대이기 때문이다. 민주주의의 기본 이념인 '주권재민主權在民'의 이념은 모든 인간이 주인으로서의 지위와 역할을 갖는다는 인본주의 이념을 구현한 결과에 다름 아니기 때문이다. "인간중심의 사회역사관의 원리에 비추어 본다면 인민이 국가주권의 주인의 지위를 차지하고 주인으로서의 창조적 역할을 하도록 할 것을 요구하는 민주주의 사상은 사회 발전의 일반적 법칙에 부합될 뿐 아니라 인류 발전의 매우 높은 목표를 제시한 사상이라고 볼 수 있다."[31] 뿐만 아니라 민주주의 시대는 바로 우리가 살고 개척해나가는 시대이기도 하다. 그렇기 때문에 민주주의의 개선 완성은 바로 우리 시대의 시대정신이자 실천적 과제를 상징하고 있다.

인간중심철학에 따르면, 사회의 역사적 발전은 인간의 자주적 지위와 창조적 역할의 발전을 의미하며, 그러한 발전은 원시공동체 사회, 고대 노예제 사회, 봉건 사회의 단계를 거쳐 오늘날 민주주의 사회의 단계를 맞이하고 있다. 그러나 아직도 민주주의의 원리는 세계적인 차원에서 구현되지 못하고 있으며, 사회생활의 전체 영역에서 구현되고 있지도 못하다. 그렇기 때문에 인간중심철학에 따르면 민주주의론의 심화와 발전이야말로 우리 시대의 핵심적인 실천적 과제라고 할 수 있

---

31) 황장엽, 『세계민주화와 인류의 마지막 전쟁』, p. 24.

을 것이다.

3. 인간중심철학의 민주주의론

　반봉건 민주주의 혁명으로 민주주의 시대가 시작된 후 오늘날 세계는 민주주의의 엄청난 확대 과정을 경험하고 있다. 1975년까지만 하더라도 지구상에서 민주주의를 실현하고 있었던 나라는 불과 30개국에 지나지 않았다. 그러나 그후 전 세계적인 규모로 확산되어온 민주화의 물결로 1997년을 기준으로 민주주의 국가는 117개국으로 늘어나게 되었고, 이는 전 세계 국가 중 61%를 차지한다고 한다.[32]
　이와 같이 오늘날 세계화의 흐름과 더불어 민주주의는 인류가 지향하는 보편적인 이념으로 자리 잡아가고 있다.
　근대 민주주의는 서구의 부르주아들에 의해 주도된 시민혁명을 통해 인류 역사에서 최초로 실현되었다. 서구의 부르주아계급들은 봉건 지배계급들의 특권에 반대하여 개인의 인권과 자유를 강조하는 민주주의 제도를 실현하고자 했다. 이러한 상황에서 근대 민주주의가 한편으로 부르주아들의 경제적 이익을 대변한 것은 자연스러운 결과라고 할 수 있다. 부르주아들이 요구한 자유는 결국 자유로운 상업 활동의 자유를 보장하라는 요구에서부터 출발한 것이다. 그럼에도 불구하고 그들이 제창한 이념 자체는 보편적인 핵심을 간직하고 있었다. 개인의 자유와 평등에 대한 옹호, 불합리하고 부당한 봉건적 특권에 대한 반대는 근대 민주주의의 이념이 제기하고 있는 보편적인 이상이라고 보아야만 한다.

---

32) 임혁백, 『세계화시대의 민주주의』, p. 25.

근대 민주주의는 자유주의적 신조를 바탕으로 성립되었다. 자유주의는 일반적으로 국가권력에 대한 특정한 태도, 즉 개인의 자유에 대한 불필요한 외적 개입을 최대한 억제하고자 하는 태도를 의미한다.[33] 봉건적인 억압에 반대하면서 자유주의자들은 국가에 의한 억압을 배제하는 것을 일차적인 목적으로 삼았다. 이러한 그들의 태도는 국가의 권력을 최소한으로 제한하고자 하는 태도로 나타난다. 예를 들어 근대 자유주의의 대표자 중의 한 사람이라고 할 수 있는 아담 스미스는 국가의 업무를 국가의 안보에 관한 문제, 개인의 권리에 대한 부당한 침해를 방지하는 문제, 개인들이 담당할 수 없는 공공 업무에 관한 문제로 제한하고자 했다.

이렇게 역사적으로 자유주의와 결합한 민주주의는 개인의 자유와 기회의 평등을 중심적인 이념적 가치로 삼고 있다. 그리고 이러한 근대 민주주의의 원리는 경제적인 차원에서는 자본주의 시장경제로, 정치적인 차원에서는 다당제 의회 민주주의로 구현되었다.[34] 물론 민주주의 제도의 이러한 정착 과정이 처음부터 순탄하게만 이루어진 것은 아니다. 현재 이미 일반화되어 있는 정치적 기본권들을 만인이 보편적으로 누릴 수 있게 된 것은 지난한 역사적 투쟁의 결과라고 보아야 할 것이다.[35]

---

33) 이탈리아의 정치학자 보비오N. Bobbio에 따르면, "자유주의는 국가에 대한 어떤 독특한 태도를 일컫는 개념으로서, 국가의 권력과 기능은 제한적이라고 보는 신조이다. 따라서 자유주의는 절대국가나 오늘날 이야기되고 있는 사회국가와는 상반되는 것이다."(노르베르트 보비오, 『자유주의와 민주주의』, p. 11)
34) 황장엽, 『맑스주의와 인간중심철학 II』, pp. 379~400.
35) 여성의 선거권이 공인되는 과정은 이를 상징적으로 보여주고 있다. 제1차 세계대전 이전에만 해도 핀란드, 노르웨이, 오스트레일리아, 뉴질랜드 4개국에서만 여성에게 투표권이 주어졌으며, 스위스에서는 1974년에 비로소 여성들이 투표권을 획득했다고 한다.(앤서니 기든스, 『질주하는 세계』, p. 138 참조)

그렇지만 자유민주주의는 그 발전의 도상에서 내적인 문제점들을 드러내게 되고, 이를 통해 사회주의 체제가 역사의 무대에 등장하게 만들었으며 지난 세기에 우리가 경험한 자본주의와 사회주의 체제 사이의 경쟁을 유발하게 된다. 초기 자본주의사회는 실질적 불평등을 심화시킴으로써 사회적인 통합 자체를 어렵게 만들었다. 초기 자본주의 사회에서 노동자는 기본적인 삶의 조건조차 확보하지 못한 채 비참한 상태에 처해 있었다. 이러한 사회적 불평등을 해소하고자 하는 동기에서 사회주의 사상이 출현하였으며, 맑스는 생산수단에 대한 사적인 소유를 철폐하고, 계급적인 생산관계 자체를 혁명적으로 전복함으로써 사회주의 이상 사회를 건설할 것을 제안하게 된다.

그렇지만 사회주의사회가 실제로 구현되는 과정에서 맑스주의는 계급독재로 전화하고 오히려 자본주의사회에서 이룩된 민주주의 제도 자체를 부정하는 역설적 결과에 빠지게 된다. 여기서 우리가 주목해야 하는 근본적인 문제는 계급의 철폐를 주장하는 사회주의의 이념과 계급독재가 그 원리상 양립할 수 없다는 사실이다. "계급투쟁과 계급독재를 기본 방법으로 인정하는 계급주의는 계급의 철폐를 주장하고 무계급 사회 건설을 요구하는 사회주의 이념과 근본적으로 배치된다."[36]

계급적 특권의 철폐를 주장한다는 점에서 맑스주의는 정당하지만, 계급독재가 새로운 계급의 존재를 만들어낸다는 점에서 계급주의는 그 원천적 한계를 갖는다.[37]

---

36) 황장엽, 『개인의 생명보다 귀중한 민족의 생명』, p. 168.
37) 물론 현실 사회주의가 계급독재로 전락하게 된 사정은 사회주의 혁명이 발생한 국가들이 가지는 경제적, 문화적 후진성과도 관련이 있다. "봉건사상이 많이 남아 있는 러시아의 노동자, 농민들은 민주주의적 권리를 요구한 것이 아니라 소위 노농 독재 정권을 자기들의 정권으로 믿고 무조건 받들었다. 그러다 보니 민주주의가 발전할 수 없었으며, 이것을 기회로 하여 공산 독재자들은 저들의 영구 집권을 위하여 노동계급의 이익을 옹호한다는 간판 밑에 노동자, 농민, 지식인들의 민주주의적 권

물론 그렇다고 해서 이러한 역사가 일부에서 주장하고 있는 것처럼 자유민주주의 체제가 완전무결하다는 사실을 증명하는 것은 결코 아니다. 자본주의와 사회주의의 체제 대결에서 자유민주주의 체제가 승리한 것은 부정할 수 없는 사실이지만, 동시에 자유민주주의 체제가 그 나름대로 내적인 한계들을 드러내고 있는 것도 사실이다.

오늘날 자유민주주의 체제는 자유경쟁이라는 원리가 가지고 있는 효율성에 기초해서 물질적인 차원에서 역사상 그 유래가 없는 풍요로움을 누리고 있다. 그렇지만 이에 반해서 정치적이고 문화적인 차원에서 자유민주주의가 빈곤한 상태에 처해 있고 그 내부의 경제적 특권의 문제가 해결되지 않고 있는 것도 분명하다. 자유민주주의 사회에서 개인들은 단지 자기 자신의 이익 추구에만 몰두할 뿐 사회 전체의 이익을 생각하지 않고 있으며, 자유경쟁에서 낙오한 다수는 사회의 주변부로 몰려나고 있다.[38]

인간중심철학에서는 자유주의와 결합된 근대 민주주의를 '개인 중심의 민주주의'로 규정하고 있다. 개인 중심의 민주주의는 개인의 자

리를 말살하고 관료주의를 조장하여 마침내 봉건적 독재의 한 면을 되살리는 것과 같은 비정상적인 사태를 빚어내게 하였던 것이다."(황장엽, 『인간중심철학의 몇 가지 문제』, p. 73)
[38] 현대의 자유민주주의가 가지는 다양한 문제점들은 여러 각도에서 제기될 수 있을 것이다. 노르베르트 보비오는 다음과 같은 여섯 가지 문제들을 현재 민주주의가 가지는 한계들로 지적하고 있다. 1. 자유민주주의가 추구하던 자유로운 개인은 사라지고 그들은 다양한 이해관계를 가진 집단 속으로 흡수되어버린다. 2. 이 다양한 이해 집단들 사이에서 양립할 수 없는 욕구들이 분출하고 있으며, 정치는 이 욕구들을 조정하지 못하고 있다. 현존하는 정당들은 공공선을 추구하지 못하고 이러한 이해집단들의 대변인으로 전락하고 있다. 3. 진정한 참여 민주주의는 실현되지 못하고 엘리트들에 의한 지배가 등장하고 있다. 4. 정치적 절차의 민주화는 실질적인 사회의 민주화로 확대되지 못하고 있다. 5. 보이지 않는 미시적 권력에 의한 지배가 강화되고 있다. 6. 시민들은 이기적 개인으로 전락하고 교육은 공동체적 의식을 발전시키지 못하고 있다.(보비오, 같은 책, pp. 114~132 참조)

유와 평등이라는 원칙을 기초로 성립한다. 자유의 이념은 인간이 자신의 행위를 자유롭게 결단한다는 사실을 의미하며, 평등은 이러한 자유로운 행위의 기회가 누구에게나 동등하게 주어진다는 사실을 표현한다. 이러한 자유와 평등의 원리가 정치 생활과 경제생활에 구현됨으로써 개인 중심의 민주주의는 성립할 수 있었다.

그러나 인간중심철학에 따르면 자유와 평등의 원리는 자유경쟁의 원리를 함축하고 있기 때문에, 그것을 무제한 인정하는 경우 필연적으로 경쟁을 통한 독점과 불평등이라는 결과를 낳게 된다. "자유경쟁을 무제한하게 진행하도록 내버려두면 승리자가 패배자를 타도하고 예속시키는 결과를 초래하게 된다. 일부 사람들은 자유경쟁을 이상화하면서 자유경쟁의 결과 기업들이 무더기로 파산되고 실업자가 거리에 방황하여도 그것은 자유경쟁의 결과이기 때문에 피할 수 없는 일이며 실업자가 나오는 것은 영원히 막을 수 없다고까지 주장한다. 이것은 동물 세계를 지배하고 있는 생존경쟁의 원리를 인간세계에서도 정당화하자는 것이다."[39]

이는 동시에 자유민주주의의 전제가 되고 있는 서양 근대의 개인 중심적 인본주의 사상이 가지고 있는 한계이기도 하다. "개인주의에 기초한 인본주의는 인간존재의 개인적인 측면만을 반영한 사상으로서 인간의 사회적 본성과 인류 공동의 이익의 면을 충분히 고려하지 못하고 있다. 개인주의적인 인본주의 사상은 자본주의 발전에 크게 이바지하였으나 자유경쟁을 지나치게 조장시켜 점차 그 제한성이 드러나게 되었다."[40]

앞서 살펴본 바와 같이 인간중심철학에서는 인간 자체를 개인적인

---

39) 황장엽, 『개인의 생명보다 귀중한 민족의 생명』, p. 202.
40) 황장엽, 『인간중심철학의 몇 가지 문제』, p. 41.

존재인 동시에 집단적인 존재로서 규정하고 있다. 개인은 결코 집단을 떠나서는 존재할 수 없기 때문에, 집단과 독립된 고립된 개인이란 성립할 수 없다. 마찬가지로 집단 역시 개인들을 전제로 해서만 존재하는 것이다. 개인들을 떠나서는 집단 역시 존재할 수 없다. 인간중심철학은 인간에 대한 이러한 이해에 기초하여 개인 중심의 민주주의와 집단 중심의 민주주의를 통일시켜 종합적 민주주의를 실현할 것을 요구하고 있다. "인간의 사회적 본성은 인간이 개인적 존재인 동시에 사회적으로 결합되어 사회적으로만 살 수 있는 사회적 존재라는 인간존재의 두 면과 관련되어 있다. 인간이 개인적 존재라는 데로부터 개인의 자유와 평등을 요구하는 특성이 나오게 되며 인간이 사회적 존재라는 데로부터 사회공동의 이익과 발전을 옹호하는 특성이 나오게 된다."[41]

인간 자체가 이미 개인적 존재인 동시에 집단적 존재라는 사실은 절대적인 개인주의적 민주주의와 절대적인 집단주의적 민주주의라는 이념이 원초적으로 불가능하다는 사실을 함축한다. 그렇기 때문에 개인 중심의 민주주의와 집단 중심의 민주주의는 개인과 집단 중에서 무엇을 중심에 둘 것인가를 기준으로 구별될 수 있을 뿐이다. 개인 중심의 민주주의는 인간관계의 원리 중에서 정의(평등)의 원리를 중심으로 하고 있으며, 집단 중심의 민주주의는 사랑의 원리를 중심으로 하고 있다. 물론 인간관계의 원리가 보편적인 원리인 한에서 개인 중심의 민주주의와 집단 중심의 민주주의 역시 단 하나의 원리에만 기초하고 있지는 않다. 개인 중심의 민주주의는 사랑의 원리를 일정 부분 내포하고 있으며, 집단 중심의 민주주의 역시 정의의 원리를 부분적으로 내포하고 있다고 보아야 할 것이다.

인간중심철학은 민주주의에 대한 이러한 원리적 이해에 기초하여,

---

41) 황장엽,『개인의 생명보다 귀중한 민족의 생명』, p. 187.

현 단계에서 요구되는 민주주의 발전의 전망을 제시하고 있다. 인간중심철학의 원칙적인 입장에 따르면 오늘날 우리에게 주어진 과제는 민주주의의 심화와 발전을 모색하는 것이다. 이를 좀 더 구체적으로 말한다면 오늘날 민주주의 발전의 원칙적 과제는 개인 중심의 민주주의를 더욱 강화, 발전시켜나가는 동시에 집단 중심의 민주주의와 결합시키는 것이라고 할 수 있다.

인간중심철학의 민주주의론이 제시하는 이러한 입장을 해명하기 위해 먼저 그 이론이 진단하는 개인 중심의 민주주의의 한계가 무엇인지를 살펴보도록 하자. 인간중심철학은 개인 중심의 민주주의가 중요한 역사적 공헌을 했음에도 불구하고 현재 다음과 같은 심각한 문제들에 봉착하고 있다고 주장한다.

첫째, 개인 중심의 민주주의는 경제적 불평등의 문제를 올바로 해결하지 못하고 있다. 개인 중심의 민주주의 국가들 내부에 존재하는 실업 문제는 개인 중심의 민주주의의 이러한 한계를 극명하게 표현하고 있다. 인간중심철학은 민주주의의 근본이념을 주권재민에서 찾고 있다. 주권재민의 원리를 기준으로 할 때 실업은 결국 사회의 공동의 주인으로서의 권리를 박탈하는 것이라고 할 수 있다. 실업은 한 인간이 사회의 공동의 주인으로서 행동할 수 있는 지위 자체를 빼앗는 것과 마찬가지이기 때문이다. 그렇기 때문에 인간중심철학은 실업 문제의 해결을 오늘날 민주주의 발전을 위한 가장 선차적인 과제로 제기하고 있다. "무엇보다 먼저 모든 사람들이 일자리를 가지고 일할 권리와 일한 것만큼 분배받고 살도록 하는 문제를 해결해야 한다. 문제는 사람들에게 일자리를 보장해주지 않는 것이 초보적인 인권을 보장하지 못하는 엄중한 결함이라는 것을 사회 관리자들이 깊이 자각하고, 이 문제를 해결하기 위하여 진지하게 노력하는가 안 하는가 하는 데 있다."[42]
또한 인간중심철학은 성인이 될 때까지 유아와 청소년들에 대해 교육과 의료의 혜택이 보장되어야 할 필요성을 강조한다. "인간이 사회 성원으로서의 의무를 수행하게 될 때까지, 즉 성년으로 될 때까지는 사회가 생활을 보장해주고 키워줄 의무를 지닌다고 볼 수 있다."[43] 주권재민의 원리가 실현되려면 먼저 사회의 공동의 주인으로서 정상적으로 성장하기 위해서 필수적으로 요구되는 요건들이 누구에게나 동등하게 제공되어야만 한다.[44]

이러한 주장에서 볼 수 있는 바와 같이 인간중심철학에서 말하는 민주화는 단지 정치적인 영역에만 국한되는 민주화가 아니다. 인간중심철학은 민주주의가 철저히 실현되기 위해서는 그 원리가 경제적 소유와 분배의 문제로까지 확장되어야만 한다고 주장한다.[45] 민주주의는 정치, 경제, 문화의 전 영역에서 포괄적으로 구현되어야만 한다.

나아가서 경제적 불평등과 예속의 문제는 단지 개별 국가 단위의 문제일 뿐 아니라 전 세계적인 문제이기도 하다. 인간중심철학에서는 현재의 자본주의 경제체제의 근본적 한계는 그것이 새로운 시장을 창출하지 못하고 있다는 데에 있다고 본다.[46] 그렇기 때문에 오늘날 개인중심의 민주주의를 발전시키기 위해서는 선진 자본주의국가들이 후진국들에 경제적 지원을 하여 발전을 유도하고, 그를 통해 세계시장을 확대하려는 노력을 해야만 한다. 그리고 세계시장을 확대하기 위한 이

---

42) 황장엽, 『인간중심철학의 몇 가지 문제』, p. 105.
43) 황장엽, 『맑스주의와 인간중심철학 II』, p. 156.
44) 이에 대해서는 같은 책, pp. 156~157 참조.
45) 이러한 입장은 생산수단의 소유 문제를 논의하는 부분에서 분명하게 드러난다. 인간중심철학의 민주주의론에서는 개인적 소유와 집단적 소유의 공존이 필요함을 주장한다. 인간중심철학은 국가가 직접적으로 기업을 소유하는 것은 반대하지만, 국가 소유 이외의 다른 집단적 소유 형태는 반드시 필요하다고 본다. 이에 대해서는 같은 책, pp. 142 이하를 참조하라.
46) 이에 대해서는 같은 책, pp. 403 이하를 참조하라.

러한 노력은 국제 관계에서 자국 이기주의를 벗어나 국제 관계의 민주화를 실현하는 과정과 함께 수행될 때 이루어질 수 있을 것이다.

둘째, 개인 중심의 민주주의 사회에서는 경제적 특권이 사회 전반을 지배함으로써 정치와 문화가 자립성을 가지지 못하고 경제에 예속되어 있다. 자본주의사회에서는 물질적 생산의 발전에 비해 자주적 사상의식이 약화되고 있다. 이는 정치, 경제, 문화라는 사회생활의 3대 영역이 균형적으로 발전하고 있지 못함을 의미한다.

현재 자본주의사회는 그 경제적 생산력의 발전에 비해 정치적 영역과 문화적 영역에서의 발전이 미진하다. "자본주의사회에서 생산력은 높은 수준으로 발전하였으나 이에 비하여 인간의 자주적인 사상 의식은 상대적으로 많이 떨어져 있다. 이것이 오늘 자본주의사회의 중요한 약점이고 또 자본주의사회에 사는 사람들의 중요한 부족점이기도 하다."[47] 인간중심철학의 민주주의론에 따르면 사회의 장기적인 발전은 3대 생활 영역의 균형 발전을 통해서만 가능하다. 그럼에도 불구하고 오늘날 자본주의사회에서는 경제생활만이 중심적인 지위를 차지하고 있기 때문에, 인간중심철학은 장기적인 발전을 위해서 3대 생활 영역의 균형적 발전이 추구되어야만 한다고 주장한다. "자본주의를 더욱 발전시키기 위해서는 경제 발전에 상응하게 정치와 문화를 발전시켜 정치·경제·문화의 3대 생활에서 균형적 발전을 보장하는 것이 중요하다."[48]

셋째, 개인 중심의 민주주의 사회에서는 경제적 특권이 존속되고 정치와 문화영역이 경제에 예속됨으로써 민주주의의 발전이 지체되고 있다. 정치가 경제에 예속되고 있는 현상은 정경 유착의 형태로 분명하게 표현되고 있다. 정경 유착을 통해서 정치가 경제적 지배계급에게 예속

---

47) 황장엽, 『맑스주의와 인간중심철학 III』, p. 206.
48) 황장엽, 『맑스주의와 인간중심철학 II』, p. 413.

됨으로써 사회 공동의 이익을 추구하지 못하고, 집단의 발전을 도모하지 못하고 있는 것이다. 뿐만 아니라 개인 중심의 민주주의 사회에서는 경제적 생산능력의 발전에 비해 상대적으로 정치의 발전이 뒤떨어짐으로써 집단 전체의 요구와 이익을 통일적으로 관리하지 못하고 있다.

개별 국가에서의 민주주의 발전뿐만 아니라 세계시장의 확대와 국제 관계의 민주화를 위해서도 가장 시급한 것은 개인 중심의 사회를 더욱 민주화하고 정치 생활을 합리화하여 개인 중심의 민주주의가 봉착하고 있는 문제들을 극복할 수 있는 사회 공동의 추진력을 마련하는 것이라고 할 수 있을 것이다. 그렇기 때문에 인간중심철학의 민주주의론에서는 정치 문화 수준을 높이고 정권의 지도 능력을 강화할 것을 주장한다. "자본주의적 민주주의를 새로운 높은 단계의 민주주의로 발전시키기 위해서는 정치의 독자성을 강화하는 것이 절실히 필요하다."[49] 개별 국가들 내부에서 사회 전체를 통일적으로 관리하고 개인 중심의 민주주의가 가지는 원리적 제한성을 극복하기 위해서 정권의 지도 능력이 강화되어야 할 뿐 아니라, 지구적인 차원에서도 급속하게 진행되는 세계화를 지속적으로 추진하기 위해 국제적인 차원의 민주주의 질서를 수립하는 것이 요구된다.

개인 중심의 민주주의의 이러한 한계들을 극복하고 민주주의를 발전시키기 위해 인간중심철학에서는 개인 중심의 민주주의의 지속적인 발전과 집단 중심의 민주주의 원리의 도입이라는 과제를 설정하고 있다. 인간중심철학에서는 민주주의를 올바로 실현하기 위해서는 개인 중심의 민주주의를 더욱 발전시키는 동시에 집단 중심의 민주주의의 요소를 도입해야만 한다고 주장한다.

이러한 전략을 정확하게 이해하기 위해서 먼저 밝혀두어야 할 것은

---

49) 황장엽, 『황장엽의 대전략』, p. 147.

인간중심철학이 개인 중심의 민주주의를 집단 중심의 민주주의로 대체할 것을 주장하지 않는다는 점이다. 개인 중심의 민주주의와 집단 중심의 민주주의는 각각 장단점을 가지고 있으며, 그런 한에서 두 민주주의는 논리적으로 볼 때 동등한 생활력을 가지고 있다. 그렇기 때문에 우리에게 주어진 과제는 두 가지 민주주의 원리 중 어떤 방식의 민주주의를 채택할 것인가 하는 것이 아니라 두 가지 민주주의 원리를 종합적으로 구현하는 길을 모색하는 것이다. "새로운 높은 차원의 민주주의는 개인 중심의 민주주의의 합리적인 요인과 집단 중심의 민주주의의 합리적인 요인을 유기적으로 결합시킨 더욱더 종합적이며 포괄적인 민주주의라고 볼 수 있다."[50]

이러한 입장을 전제로 인간중심철학은 현 시기에 개인 중심의 민주주의 발전을 위주로 하되 동시에 집단 중심의 민주주의를 도입하는 전략을 주장하고 있다. 인간중심철학이 이러한 전략을 선택하는 이유로는 먼저 개인 중심의 민주주의가 한계를 가지고 있음에도 불구하고, 그것이 민주주의의 핵심적 요소를 구성하고 있다는 사실을 들 수 있다. 개인 중심의 민주주의 자체를 부정하고 집단주의로 나아가는 것은 계급주의적 집단주의라고 할 수 있는 맑스주의의 역사적 경험이 보여주었던 바와 같이 개인 중심의 민주주의가 이룩한 성과를 부정하는 것에 불과하다. 그렇기 때문에 인간중심철학은 개인 중심의 민주주의에 대한 부정이 아니라 그것의 발전을 지향한다.

둘째로 개인과 집단의 관계에서 인간들이 개인의 소중함을 먼저 자각하는 것이 자연스러운 순서라고 볼 수 있기 때문이다. 인간의 생활에서 물질적 욕구가 지배적인 역할을 하고 있는 현재의 인류 발전의 상태에서 집단에 대한 무조건적인 사랑을 일반화할 것을 요구하는 것

---

50) 같은 책, p. 135.

은 불가능하다. 그렇기 때문에 이런 상황에서는 먼저 개인 중심의 민주주의를 발전시키고 그 한계들을 집단 중심의 민주주의를 통해서 보완하는 방식이 필요한 것이다.

위에서 언급한 개인 중심의 민주주의의 한계들과 관련하여 이러한 민주주의 발전 전략을 검토해볼 수도 있을 것이다. 우선 세계적인 차원에서 볼 때 개인 중심의 민주주의가 경제적으로 구현된 자본주의 체제가 확장되는 것은 시급한 과제라고 할 수 있다. 왜냐하면 저발전 국가들의 경제적 성장과 그를 통한 시장의 확대를 통해서만 세계적인 차원에서 빈곤과 저개발의 문제와 세계시장의 확대라는 문제가 해결될 수 있는 가능성이 제시되기 때문이다. 또한 오늘날 자유민주주의를 채택한 많은 국가들에서조차 다양한 봉건적 잔재로 인해 민주주의 실현이 저해되고 있는 것도 사실이다. 이런 점들을 고려한다면, 개인 중심의 민주주의 발전은 오늘날 여전히 인류에게 요구되는 과제라고 할 수 있을 것이다.

그러나 이와 동시에 이러한 개인 중심의 민주주의 발전 과정만을 통해서는 그것이 봉착하고 있는 문제들이 근본적으로 해결되기는 어렵다. 왜냐하면 세계시장의 확대, 실업 문제의 해결, 3대 생활의 균형 발전 등의 과제들은 집단 중심의 민주주의 원리가 관철될 때만 성취될 수 있기 때문이다. 이러한 문제들을 해결하기 위해서는 정권이나 국가가 집단 전체의 요구를 관철시키려는 적극적인 역할을 수행해야만 하며, 이를 바탕으로 정치 영역뿐만 아니라 경제와 문화의 영역에서도 민주주의 원리가 관철되어야 한다. 그리고 이러한 과정은 이미 개인 중심의 민주주의 내에 존재하는 경제적 특권층의 요구에 대한 정치적 제어를 통해서만 성취될 수 있을 것이다.[51]

---

51) 이를 위해 인간중심철학에서는 중산층에 기반을 둔 정치 개혁의 필요성을 강조한

4. 인간중심철학의 민주주의론의 의미와 한계

이제 마지막으로 인간중심철학의 민주주의론에 대한 몇 가지 긍정적 평가와 비판적 검토의 과제를 제시하고자 한다.

인간중심철학의 민주주의론은 민주주의의 원칙적인 발전 방향과 과제를 설득력 있게 제시한다는 점에서 오늘 우리에게도 유의미한 논의를 제시하고 있다고 판단된다. 앞서 살펴본 바와 같이, 자유민주주의는 개인의 권리를 중심에 두고 민주주의를 이해하고 있다. 그러나 개인은 결코 집단을 떠나서 존재할 수 없다는 점에서 이러한 이해는 원리적 한계를 갖는다. 그렇기 때문에 인간중심철학은 인간을 개인과 집단의 통일로서 이해하고, 인간관계의 기본 원리로서 정의(평등)와 사랑을 동시에 강조함으로써 개인주의적 인본주의와 그에 기초한 자유민주주의가 가지는 원리적 한계를 극복하고자 한다.

오늘날 자유주의에 대한 비판가들은 개인 중심의 민주주의가 가지는 한계를 극복하기 위해 사회적 약자에 대한 배려Care와 사회적 연대Solidarity의 가능성을 확보할 수 있는 방법들을 다양한 경로로 모색하고 있다. 이는 사회적 관계를 단지 경쟁의 원리에 의해서만 파악하는 것은 자유경쟁이 가지는 폐해와 사회적 협조의 필요성을 부정하는 결과를 낳을 수밖에 없다는 사실을 그들이 인식하고 있음을 보여준다.[52]

다. "자본주의적 민주주의를 더욱더 높은 차원의 민주주의로 발전시키기 위해서는 정권이 자본주의적 민주주의의 제한성을 인정하지 않고 그것을 그대로 유지할 것을 요구하는 보수 세력과 자본주의적 민주주의의 우점을 부정하고 그것을 전면 반대하는 급진 세력의 저항을 물리쳐야 하며 그러자면 중산층에 의거하여 민주주의적 개혁을 강력히 추진해야한다."(같은 책, pp. 148~149)
52) 예를 들어 영I. M. Young은 이해관계에 기초한 민주주의 모델과 토론에 입각한 민주주의 모델을 구별한다. 이해관계에 기초한 민주주의 모델이 사회적 연대성을 무시하고 사회적 관계를 이해관계에 따른 경쟁과 협상으로 이해하는 반면에 토론에

인간중심철학은 인간 자체를 개인과 집단의 대립과 통일로 파악함으로써 그리고 인간관계에 대한 이해에서 정의와 사랑의 원리를 동시에 강조함으로써 이러한 한계를 내적으로 극복하고 있다. 자유경쟁에서 주변부로 밀려난 소외된 이들에 대한 문제를 인간중심철학은 집단적 존재로서의 인간을 강조하고 사회적 협조성을 부각시킴으로써 극복하고자 한다.

인간에 대한 이러한 이해에 바탕을 두고 인간중심철학은 현재의 민주주의가 개혁되어야만 하는 당위성과 그 방향을 제시하고 있다. "자본주의 이후에 올 사회는 전 인류적 입장에 선 새로운 인본주의를 구현한 사회로 되어야 할 것이다. 그것은 평등의 원리, 민주주의 원리를 완전히 구현하고 있을 뿐 아니라 사랑의 원리, 사회적 집단의 통일 단결의 원리를 다 같이 구현한 사회로 되어야 할 것이다."[53]

사회주의와의 체제 대립에서 승리한 이후 자본주의 체제는 더욱더 경제적 자유주의의 경향을 강화하는 추세로 나아가고 있으며, 그 결과 많은 갈등이 나타나고 있다.[54] 이러한 상황에서 인간중심철학에서 제기된 민주주의의 이념은 개인 중심의 민주주의가 가지는 원리적 한계를 지적하고, 나아가서 구체적 개선 방안을 제시하고 있다는 점에서 오늘날 우리가 주목할 만한 가치를 갖는다고 할 수 있다.

입각한 민주주의 모델, 즉 심의deliberative 민주주의 모델은 규범적인 사회적 연대성의 근거를 확보하고자 한다.("communication and the Other: Beyond Deliberative Democracy", pp. 120~122)

53) 황장엽, 『인간중심철학의 몇 가지 문제』, p. 117.
54) 하이에크나 노직과 같은 신자유주의자들은 민주주의와 자유주의를 분리하여, 자유주의의 우선성을 강조하고자 한다. 물론 이들이 생각하는 자유는 소유의 자유에 기반하고 있는 고전적 자유주의의 이념을 계승한 것이다. 기든스A. Giddens는 신자유주의의 두드러진 특징으로 큰 정부에 대한 반대, 복지국가에 대한 반대를 들고 있다.(앤서니 기든스, 『제3의 길』, pp. 44~46)

또한 인간중심철학은 현 시기 민주주의가 새로운 발전 단계에 들어선 만큼 민주주의에 대한 개념을 재정립할 것을 강조하고 있다. 인간중심철학은 민주주의를 단순한 정치제도나 절차로서가 아니라 인간이 세계에서 주인의 지위와 역할을 차지하기 위해 요구되는 사회적 삶의 원리로서 제시하면서 보다 포괄적인 민주주의의 이념을 주장하고 있다. 정치, 경제, 문화영역 전체의 민주화라는 이념을 제기한다는 점에서 인간중심철학의 민주주의론은 포괄적이고 급진적이라고 할 수 있다. 정치와 경제라는 영역 구분을 당연시한 채 자연 발생적인 시장의 운동 속에서 나타나는 많은 문제들을 방기하기보다는 정치를 중심으로 이러한 문제들을 해결할 수 있는 방안을 제시하고 있다는 점에서도 인간중심철학은 보다 적극적인 이념적 지향을 갖는다고 할 수 있다.[55]

뿐만 아니라 인간중심철학에서는 이러한 민주주의론을 기초로 현재 인류가 세계적인 차원에서 해결해야만 하는 과제를 세계시장의 확대, 국제 관계의 민주화, 3대 생활의 균형적 발전으로 압축하여 제시하고 있다. 이런 점에서 인간중심철학의 민주주의론은 세계화Globalization의 조건을 염두에 둔 민주주의론을 제시하고 있다고 할 수 있다.

그러나 우리는 인간중심철학이 제시하는 민주주의론에 대해서 다음과 같은 비판적 질문을 제기할 수 있으며, 인간중심철학이 현대적 조건에서 정당화될 수 있기 위해서는 다음과 같은 질문들에 적확하게 대응

---

[55] 하버마스J. Habermas는 경제와 행정으로 구성되는 체계의 영역과 상징적으로 재상산되는 생활세계를 분리하고 체계의 논리가 생활세계에 침투하여 생활세계를 식민화하는 것을 저지하고자 한다.(이에 대한 설명은 애리 브랜트, 『이성의 힘』, I부 5장 참조) 이러한 전략은 자본주의와 민주주의를 대립하는 원리로 보고, 시장경제의 원리가 가지는 자율성을 인정한 채, 그것이 민주주의의 원리를 필요로 하는 영역을 침해하지 못하게 방어하고자 하는 전략이라고 할 수 있을 것이다. 이러한 전략은 현대 사회에서 시장경제의 영역이 정치가 통제할 수 없을 정도로 분화되고 자립화되었다는 인식을 반영하고 있다.

할 수 있어야만 할 것이다.

첫 번째 질문은 개인과 집단의 관계에 대한 것이다. 앞서 밝힌 바와 같이 인간중심철학의 민주주의론은 인간은 개인적 존재인 동시에 집단적 존재라는 원칙에 기초해서 개진되고 있다. 문제는 인간이 집단적 존재라는 언명을 어떻게 이해할 것인가 하는 것이다. 인간중심철학은 인간이 개인적 생명과 집단적 생명을 동시에 가지고 있으며, 집단의 생명과 집단의 요구는 개인의 생명이나 요구와 구별된다고 주장한다. 그러나 이 경우 집단의 요구란 과연 무엇인가? 그것은 개인의 요구를 넘어서 혹은 개인의 요구와 무관하게 존재하는 것인가?[56] 개인의 요구를 넘어선 혹은 그와 무관한 집단의 요구를 상정하는 것은 결국 전체주의 논리로 귀착될 위험성을 가지는 것이 아닌가? 개인의 요구와 무관한 민족의 요구나 국가의 요구를 상정할 때, 개인을 억압하는 민족주의, 개인을 억압하는 국가주의로의 출구가 열려지는 것은 아닌가? 집단적 존재라는 규정이 단순히 개인주의에 대한 비판의 심급을 넘어 적극적인 내용을 가지고자 한다면, 집단적 존재나 집단의 요구라는 것이 개인들과의 관계나 매개를 통해서 좀 더 명확하게 규명되어야만 할 것이다.[57]

두 번째 질문은 민주주의의 근본이념인 '주권재민'에 대한 이해 방

---

[56] 인간중심철학이 개인을 떠난 집단도 집단을 떠난 개인도 있을 수 없다고 주장한다는 점에서 집단 자체를 실체화한다는 비판은 과도한 비판이라고 할 수 있다. 개인과 집단의 문제를 상세히 논하고 있는 글로 선우현, 「인간중심철학의 인간론: 철학적 의의와 한계」를 참조하라.

[57] 물론 필자는 인간이 집단적 존재의 측면을 가진다는 사실 자체를 부정하고 인간을 그저 개인적 존재로 규정하고자 하지는 않는다. 경험적으로도 우리는 가장家長의 요구가 개인의 요구라기보다는 가족의 요구라는 사실을, 또한 집단의 요구를 위해 자발적으로 개인의 요구를 희생하는 경우도 빈번하게 발생한다는 사실을 알 수 있기 때문이다. 문제는 개인적 요구와 구별되는 집단의 요구라는 것을 어떻게 정의하고, 그것과 개인들 사이의 관계를 어떻게 설정할 것인가 하는 점이다.

식과 관련된 것이다. 인간중심철학에서는 역사적 진보의 기준을 인민의 자주적 지위와 창조적 역할이 높아지는 것으로 규정하고 있다. 그러나 만일 인민의 자주적 지위와 창조적 역할이라는 것이 수동적으로 주어지는 상태나 결과로 이해된다면, 그것은 민주주의 발전의 척도로서는 불충분하게 된다.[58] 민주주의가 함축하는 주권재민의 이념은 단순히 인민의 지위와 역할이 효과적으로 높아지는 것을 의미할 뿐 아니라 '인민의 자기 지배'라는 이념을 그 핵심에 담고 있다. 인간중심철학의 민주주의론이 국가주의나 전체주의로 귀착되지 않기 위해서는 현대적 조건 속에서 인민의 자기 지배라는 이념이 어떤 절차로서 구현될 수 있는지를 명확히 제시해야만 한다. 그렇지 않다면 인간중심철학의 민주주의론은 규범적인 이론이 아니라 단순한 발전 추구의 논리로 환원될 수도 있기 때문이다.

세 번째 질문은 민주주의 구현의 구체적 방법론과 관련된 것이다. 앞서 밝힌 바와 같이 인간중심철학의 민주주의론은 집단 중심의 민주주의 도입, 포괄적 민주주의의 구현, 3대 생활의 균형 발전, 세계시장의 민주화 등의 원칙적인 과제를 제기하고 있다. 그러나 집단 중심의 민주주의 도입 과정이 어떤 방식으로 진행되는지, 포괄적 민주주의가 구현되기 위한 방안은 무엇인지, 3대 생활 영역의 균형 발전이 어떻게 구현될 수 있는지, 세계시장의 확대가 어떻게 진행될 것인지에 대한 좀 더 세부적인 논의들을 개진하지 못하고 있다. 물론 철학적 민주주의론이 이 모든 문제들에 대해 구체적인 정책 차원의 논의를 제기할 수는 없을 것이다. 그러나 적어도 원칙적인 방향에서라도 이런 문제들에 대한 접근이 좀 더 구체화되어야만 할 것이다.

---

58) 이에 대한 구체적 논의는 한승완, 「인간중심철학의 민주주의론에 대한 비판적 평가」 참조.

마지막으로 민주주의론과 인간학 및 세계관의 관계에 대한 열려진 질문이 검토되어야 한다. 다시 말해 과연 오늘날 민주주의론이 인간학적 혹은 세계관적 토대를 상정해야만 하는가 하는 문제가 검토되어야 한다.

롤즈는 『정치적 자유주의』에서 자신의 논의가 포괄적 교리로 오해되는 것을 강력히 거부하고 있다. 롤즈의 이러한 태도는 현대의 다원주의 사회에서 더 이상 민주주의의 기본적 질서나 원칙적인 정치적 규범이 특정한 형이상학적 교리나 종교적 세계관에 기초해서는 안 된다는 입장을 표현하고 있다. 하버마스 역시 탈형이상학적 사유가 지배하는 현대사회에서 우리가 공적인 정당화를 위해 유일하게 호소할 수 있는 것은 절차적 민주주의의 원리일 뿐임을 강조한다. 이러한 반성들에 비추어 볼 때, 인간중심철학의 민주주의론은 일견 너무도 고전적인 발상에 기초하고 있는 것처럼 보인다. 왜냐하면 앞서 살펴본 바와 같이 인간중심철학의 민주주의론은 인간의 본질적 특징에 대한 이해에, 나아가서는 세계의 일반적 특징에 대한 이해에 기초하고 있기 때문이다.

그렇지만 역으로 우리는 롤즈나 하버마스가 제시하는 민주주의론이 과연 특정한 인간관을 전혀 전제하고 있지 않은 것인지를 물을 수도 있다. 롤즈가 원초적 상황을 구성하고, 하버마스가 의사소통적 행위를 개념화할 때, 그들은 이미 합의를 지향하는 인간, 합리적으로 자율성을 추구하는 인간을 상정하고 있다고 볼 수도 있지 않을까? 인권과 민주주의에 대한 우리의 이해는 인간에 대한 그리고 세계에서 차지하는 인간의 지위와 역할에 대한 모종의 선이해를 불가피하게 전제할 수밖에 없는 것은 아닐까?

한 걸음 더 나아가서 칸트가 말한 바와 같이 인간 자체가 형이상학적 소질을 가진 존재라면, 민주주의의 근거에 대한 물음은 결국 인간과 세계 전체에 대한 물음으로 확장되는 것이 불가피하지 않을까? 만일 이런 원칙적인 반론이 성립 가능하다면, 우리에게 주어진 문제는 인간중심철학의 민주주의론이 특정한 세계관이나 인간관에 기초하고 있다는 사실 자체보다는 그것이 제시하는 세계관과 인간론이 과연 보편적 설득력을 가질 수 있는가 하는 문제로 전환될 수도 있을 것이다. 그렇다면 우리는 인간중심철학이 전제하는 세계관이나 인간관이 현대 과학의 성과들과 양립 가능한 것인지, 그것이 인권과 민주주의에 관한 합리적인 논의의 가능성을 열어줄 수 있는 인간학적이고 세계관적인 준거의 틀이 과연 될 수 있는지를 다시 한번 물어야만 할 것이다.

참고 문헌

앤서니 기든스, 『질주하는 세계』, 박찬욱 옮김, 생각의 나무, 2000.
앤서니 기든스, 『제3의 길』, 한상진·박찬욱 옮김, 생각의 나무, 1998.
김정일, 「주체철학은 독창적인 혁명철학이다」, 『김정일 선집』 14권, 조선로동당 출판사, 2000.
노르베르트 보비오, 『자유주의와 민주주의』, 황주홍 옮김, 문학과 지성사, 1993.
애리 브랜트, 『이성의 힘』, 김원식 옮김, 동과서, 2000.
선우현, 『위기시대의 사회철학』, 울력, 2002.
선우현, 「인간중심철학의 인간론: 철학적 의의와 한계」, 『초등도덕과 교육』 7집, 초등도덕과 교육학회.
이신철, 「인간중심철학의 생명론」, 『주체사상과 인간중심철학』, 예문서원, 2003.
이훈, 「북한철학의 흐름」, 『시대와 철학』 5권, 동녘, 1994.
임혁백, 『세계화시대의 민주주의』, 나남, 2001.
통일정책연구소 편, 『주체사상과 인간중심철학』, 예문서원, 2003.
한승완, 「인간중심철학의 민주주의론에 대한 비판적 평가」, 『주체사상과 인간중심철학』, 예문서원, 2003.
황장엽, 『개인의 생명보다 귀중한 민족의 생명』, 시대정신, 1999.
황장엽, 『인간중심철학의 몇가지 문제』, 시대정신, 2000.

황장엽, 『맑스주의와 인간중심철학 I. 인생관』, 시대정신, 2001.
황장엽, 『맑스주의와 인간중심철학 II. 사회역사관』, 시대정신, 2001.
황장엽, 『맑스주의와 인간중심철학 III. 세계관』, 시대정신, 2001.
황장엽, 『세계민주화와 인류의 마지막 전쟁』, 시대정신, 2001.
황장엽, 『황장엽의 대전략. 김정일과 전쟁하지 않고 이기는 방법』, 월간조선사, 2003.
Honneth, A., "The other of justice: Habermas and the ethical challenge of postmodernism", *The Cambridge companion to Habermas*, ed. S. K. White, Cambridge 1995.
Young, I. M., "communication and the Other: Beyond Deliberative Democracy", *Democracy and Difference*, ed., S. Benhabib, New Jersey, 1996.

요약문

주제 분류 : 정치철학, 사회철학
주제어 : 인간중심철학, 개인, 집단, 민주주의, 세계화
내용 요약 : 이 글은 인간중심철학이 제시하는 민주주의론의 요지를 살펴보고, 그에 대한 비판적 검토를 수행하는 것을 목적으로 한다.
인간중심철학은 '인간 운명 개척의 길을 밝힌다'는 철학의 사명에 대한 규정에서 볼 수 있는 바와 같이 명확한 실천적인 지향성을 표방하고 있다. 인간중심철학이 가지는 이러한 실천성과 정치성이 집약적으로 표현되고 있는 부분이 바로 인간중심철학의 민주주의론이다. 따라서 인간중심철학의 민주주의론을 검토하는 작업은 인간중심철학이 실천철학으로서 우리에게 어떤 점에서 유의미하며, 또 그 한계는 무엇인지를 가늠하기 위한 핵심적인 작업이라고 할 수 있을 것이다.
인간중심철학의 민주주의론은 민주주의의 원칙적인 발전 방향과 과제를 설득력 있게 제시한다는 점에서 오늘 우리에게도 유의미한 논의를 제시하고 있다고 판단된다. 그러나 인간중심철학의 민주주의론이 현대적 조건에 적합한 민주주의론이 되기 위해서는 다음과 같은 조건들을 충족시켜야만 할 것이다. 첫째, 개인과 집단의 관계는 민주주의 원리에 적합하게 해석되어야 한다. 둘째, 오늘날 주권재민의 이념을 구현할 수 있는 절차와 방법이 무엇인지가 보다 구체적으로 제시되어야

한다. 셋째, 민주주의론에 대한 철학적인 근거 설정이 왜 오늘날도 여전히 필수적인 작업인지가 해명되어야만 한다.

'연줄망'에서 '연결망'으로[1)]
한·중·일 3국의 연고주의 유형 비교

한승완

1. 들어가는 말

동아시아 사회가 유럽 사회와 비교하여 전통적으로 '관계'의 관점에서 조직되어왔다는 것은 익히 알려진 사실이다. 사회의 어떤 한 구성 요소의 규정이 다른 구성 요소들과의 관계에 의해 비로소 완성되고, 그 본질이 드러난다는 것은 동아시아인들에게 있어서는 삶에 체화되어 있는 인식이다. 이러한 사회에서는 자연히 관계에 대한 섬세한 감각이 발달할 수밖에 없으며, 관계를 지시하는 어휘 또한 풍부해질 수밖에 없었을 것이다. 한·중·일 동아시아 3국에 여전히 살아 있는 공통의 전통으로 작동하는 유교야말로 이러한 '관계'의 어휘를 체계화한 사회조직의 이념이라 할 수 있을 것이다.[2)]

---

1) 이 논문은 2003년도 한국학술진흥재단의 지원에 의해 연구되었음(KRF-2002-072-BM2060).
2) Ralph Ketcham, *Individualism and Public Life—A Modern Dilemma*, pp. 76 이하 참조.

이런 점에서 정보기술의 새로운 패러다임하에서 "상호 연관된 결절의 집합"으로서 네트워크가 사회구조 전체를 규정하는, 현재 형성 중인 현대사회, 이른바 '네트워크 사회'가 동아시아에서는 전통에 의해 이미 예비되어 있었다고 말할 수 있을 것이다.[3] 가족, 친족, 직장, 공공 기관 등에서 서로 긴밀한 관계망이 형성되어 있는 동아시아 사회는 일견 정보화 시대에 가장 잘 적응할 수 있는 것처럼 보인다. 동아시아의 정치, 경제, 사회 문화 등 사회의 모든 분야에서 이러한 네트워크가 작동하고 있지만, 특히 동아시아의 경제조직에서 그것은 뚜렷한 모습으로 드러난다. 기업과 기업 사이에서뿐만 아니라, 기업 내부의 구조도 복잡한 관계의 그물망으로 짜여 있다. 동아시아의 '네트워크형' 경제조직의 특수한 모습은 물론 이 사회의 문화적 배경, 즉 유교적 생활 형식에서 이해될 수 있을 것이다. 한편으로 오늘날의 정보 통신의 기술적 발전과 다른 한편으로 동아시아의 관계의 문화라는 이런 우연적 조건은 서로에게 유리한 환경을 제공하는 것처럼 보인다. 다시 말해 21세기의 새로운 기술적 조건과 면면히 이어져 내려온 '관계'의 생활 형식은 서로에게 상승의 효과가 있을 것으로 기대된다.

그러나 동아시아 문화 전통이 제공하는 '네트워크적 성격'이 항시 긍정적 의미만을 지니고 있는 것은 아니다. '강한 관계의 그물망'이란 말을 같은 뜻의 '연고'라는 다른 말로 번역하면, 곧 이 말은 폐쇄성이나 부패 등을 연상시키는 부정적인 부가적 의미를 획득한다. 이렇게 이해되는 네트워크는 사회가 합리화되기 위해서 극복되어야 할 상태로 이해된다. 이런 점에서 정보사회라는 미래적 사회구조의 틀을 예비

---

[3] 마뉴엘 카스텔, 『네트워크 사회의 도래: 정보시대 경제, 사회, 문화』, p. 606 참조. 현대 및 미래 사회의 다양한 영역에서 네트워크가 갖는 의미에 대해서는 McCarthy, *Network Logic. Who Governs in an Interconnected World?* 참조.

하는 듯이 보이던 동아시아의 네트워크는 다른 한편 사회·경제 발전에 지장과 왜곡을 초래하는 주범의 취급을 받는다.

이하에서는 네트워크가 갖는 '사회자본'의 성격을 서술하고, 네트워크에 있어 '연줄망'과 '연결망'의 개념 구분에 대한 논의를 추적한다. 그리고 이러한 구분에 따를 때 동아시아의 기업 내부에서 나타나는 네트워크를 '연줄망'과 '연결망'으로 구분할 수 있음을 보이고 동아시아 3국의 연고주의가 각기 어떤 특성을 보이는가에 대해 시론적으로 논한다. 이어서 그러한 구분의 경험적, 규범적 의미를 제시한다.

2. '연줄망'과 '연결망'의 개념적 구분

1) '사회자본'으로서의 네트워크

연고는 개인적 관계와 조직적 연결의 네트워크로서 하나의 '사회자본'이라 볼 수 있을 것이다. '사회자본'에 대한 논의와 정의는 논자에 따라 다양하게 제시되고 있지만, 그에 접근하는 시각에 따라 크게 두 부류로 분류할 수 있다. 우선 '사회자본'의 계층적 층위와 차이에 주목하고 이를 비판적 시각에서 논의하는 입장이 있는데, 가령 부르디외에 따르면 사회자본은 "지속적인 네트워크 혹은 상호 면식이나 인정이 제도화된 관계 즉 특정한 집단의 구성원이 됨으로써 획득되는 실제적인 혹은 잠재적인 자원의 총합"이다. 어떤 한 사람이 특정한 가족, 계급, 부족, 학교, 정당의 구성원이 됨으로써 그는 이 집단을 유지시켜주는 일정한 "물질적이고 상징적인 교환" 관계 속에 들어간다. 따라서 "특정한 행위자가 소유하고 있는 사회자본의 양은 그가 효과적으로 동원할 수 있는 연결망의 크기와 그와 연결된 각각의 사람들이 소유하고 있는 경제적, 문화적, 상징적 자본의 양에 달려 있다."[4] 이러한 입장에서의

'사회자본'에 대한 논의는 자연히 사회 구성원 각각이 동원할 수 있는 연결망의 질적 차이가 초래하는 '사회적 불평등'에 초점을 맞추고 있다.

다른 한편 '사회자본'의 긍정적 기능의 측면에 주목하는 콜만에 따르면 사회자본은 "행위자들이 이용할 수 있는 특수한 형태의 자원"으로서 최소한 두 가지 특성을 갖는데, 그것은 "사회구조적 측면에서 구성"된다는 것과 "주어진 구조에 속하는 개인이나 집단이 특정한 행위를 하도록 유도하고 촉진한다"는 것이다.[5] 이렇게 사회구조적 측면에서 접근하는 경우, 가족과 같은 일차집단이든 운동 서클, 자발적 결사와 같은 이차집단이든 거기에 어떤 신뢰, 정보 유통, 효과적 제재를 동반하는 규범이 있다면 '사회자본'은 존재하는 것이다. 이런 점에서 보면 '사회자본'은 가치중립적인 개념이라 할 수 있다. 그리고 그것은 투자한 개인에게 그 이익이 귀속되는 인적 자본이나 물적 자본과 달리 개인적으로 사취되지 않는다. 즉 '사회자본'은 그 사회구조에 속하는 구성원 모두에게 이익이 돌아간다는 점에서 '공공재'의 성격을 갖는다는 것이다. 따라서 '사회자본'의 형성과 공급은 사적 이익 추구를 주목적으로 하는 민간 부문에 전적으로 맡길 수 없다는 측면을 갖는다.

그러나 사회자본의 개념 자체가 가치중립적이라 해서, 이에 관한 논의가 단순히 양적 규정에 머무는 것은 아니다. 특히 퍼트남은 사회자본, 시민 참여와 협력의 민주주의, 정부 성과 사이에 일정한 긍정적 상관관계가 있다고 주장한다. 그에 따르면 이탈리아의 헌법 개정 이후 북부의 지방정부가 남부의 지방정부에 비해 왜 효율적이고 시민에 근접한 정책을 성공적으로 펼칠 수 있었던가를 연구한 결과, 그것의 원인은 북부 이탈리아의 높은 경제적 부가 아니라 높은 '사회자본'에 있

---

4) 피에르 부르디외, 「자본의 형태」, pp. 75 이하.
5) 제임스 콜만, 「인적자본 형성에 있어서의 사회자본」, p. 93.

었다는 것이다. 그에게 있어 이 '사회자본'은 "협력적 행위를 촉진시켜 사회적 효율성을 향상시킬 수 있는 사회조직의 속성"으로 정의된다.[6] 그리고 그는 사회자본의 세 가지 형태로 첫째 '사회적 신뢰', 둘째 '일반화된 호혜성의 규범', 셋째 '시민적 참여의 네트워크'를 들고 있다.

그에 따르면 집합적 해결을 요하는 어떤 문제에 직면했을 때 풍부한 수평적 시민 공동체의 경험을 갖고 있으며 사회적 신뢰가 존재했던 북부 지역은 성공적인 시민 협력으로 문제 해결책을 찾았으며 경제적 역동성을 보이고 정부 정책의 성과가 유지되었다. 이에 반해 남부 지역은 친족적 유대와 같은 수직적 네트워크에 의존할 수밖에 없었으며, 그것이 비록 좁은 범위 안에서 조밀하게 짜여져 '두터운 신뢰'를 낳는다 하여도 사회적 문제의 해결을 위한 신뢰와 협력을 가져올 수는 없었다는 것이다. 이러한 이탈리아에 대한 연구 결과는 결국 "조직이 보다 더 수평적으로 구조화되어 있으면 있을수록 보다 광범위한 공동체에서 제도적 성공을 촉진"시킨다는 결론으로 귀착된다. 그리고 이렇게 "수평적으로 짜인 집단(스포츠 클럽, 협동조합, 상호부조 모임, 문화적 조직, 자발적 모임 등)의 멤버십은 보다 나은 정부와 긍정적으로 연관되어 있다"는 것이다.[7]

이러한 퍼트남의 문제의식은 사회가 원자화된 개인의 권리 주장만 앞세우고 공동체에 대한 책임과 협력이 사라져가고 있다고 서구 자유민주주의 사회, 특히 미국 사회에 대해 비판하는 '공동체주의communitarianism'의 맥락 속에 있다고 할 수 있다. 토크빌이 19세기에 미국 민주주의의 생명력과 뿌리를 수많은 '자발적 결사'에서 보았던 민주적 연대의 상황은 이제 현재의 미국 사회에는 더 이상 해당되지 않는다는 것

---

6) 로버트 퍼트남, 『사회적 자본과 민주주의』, p. 281.
7) 같은 책, p. 294.

이다. 왜냐하면 미국 시민들이 지역 공동체나 자녀들이 다니는 학교의 공적 모임에 참가하는 비율이 최근 20년간 1/3 이상 감소하였고 시민 결사나 종교 결사의 회원 수도 급감하고 있기 때문이다. 이것은 사회자본의 감소를 의미하는 바, 그것은 대표적으로 오늘날의 미국인이 볼링 리그에 참여하여 다른 사회 구성원들과 교류하기보다는 홀로 자신만의 여가를 즐기기를 선호한다는 사실에서 여실히 드러나고 있다는 것이다.[8] 이러한 공동체주의적 입장에서 볼 때 사회자본에 대한 이론적 논의는 결국 사회자본을 재건하기 위해서는 어떤 효과적이고 현명한 공공 정책을 고안하고 실행해야 하는가라는 문제로 귀결되고 있다.[9]

결국 중요한 것은 '사회자본'으로서 어떠한 네트워크를 형성하는가에 있다고 할 수 있다. 강하고 중첩된 수직적 네트워크는 대부분의 경우 '외부인에 대한 배타성', '구성원에 대한 지나친 요구', '개인 자유의 제한', '하향 평준화하는 규범' 등과 같은 부정적 결과들을 초래한다.[10] '사회자본'이 사람과 사람 간의 네트워크형 관계에서 성립하는 것이라 할 때, 문제는 단순히 우리가 문화 전통 속에서 네트워크를 형성하고 있다거나 형성해야 한다는 것이 아니라 어떤 형태의 네트워크를 지향해야 하는가라는 전망에 있다고 할 수 있다. 따라서 서구에서 자유주의적 개인주의에 대한 일정한 대안으로 제시된 사회자본 논의가 갖는 '사회적 자본화social capitalization' 전략을 분별적으로 검토할 필요가 있다.[11] 단지 네트워크에 대한 강조만을 주목하고 서구의 '사회적 자본화' 전략을 무비판적으로 수용하여 우리의 맥락에 직접 적용하려

---

8) Robert Putnam, "Bowling Alone: America's Declining Social Capital" 참조.
9) 로버트 퍼트남, 「번영하는 공동체: 사회자본과 공공 생활」 참조.
10) 알레잔드르 포르테스, 「사회자본 개념의 기원과 현대 사회학의 적용」, pp. 163 이하.
11) 이재열, 「의리인가 계약인가? 인격주의와 개인주의의 갈등적 공존과 한국 사회의 제문제」 참조.

할 때, 하나의 질곡일 수도 있는 것이 서구에 대한 대안으로 비쳐질 수도 있는 것이다.

2) '연줄망'과 '연결망'

여기서 '연줄망'과 '연결망'에 대한 최근의 사회학적 논의는 사회철학적으로도 주목해야 할 함축을 지니고 있다고 할 수 있다. 동일한 영어 '네트워크'로 지칭되는 사회현상을 '연줄망'과 '연결망'으로 개념적으로 구분하려는 국내의 여러 시도들은 서로 수렴하는 것처럼 보인다. 우선 '연줄망'과 '연결망' 양자는 모두 인간의 밀접한 사회적 관계로서 네트워크를 지칭하고 있다는 점에서 공통적이다. 그러나 김용학에 따르면 '연줄망'은 "지연이나 학연, 혈연처럼 특수주의적이고 폐쇄적인 관계"라 할 수 있다. 이에 반해 '연결망'은 "보편주의적 성격에 의해 맺어지는 개방적 관계"라고 정의된다.[12] 박찬웅의 개념 구분도 큰 차이를 보여주지는 않는다. 그에 따르면 '연줄망'은 "혈연주의, 학연주의, 지연주의, 가족주의 등에서처럼 가입 기준이 귀속적이거나 대상의 자격이 의도적으로 제한적"인 특성을 보인다. 이에 반해 "연결망은 가입 기준이 성취적이고 보편적이며 또 확장적"인 특성을 보인다.[13]

'폐쇄성'과 '개방성', '제한적 귀속성'과 '확장성', '특수성'과 '보편성' 등의 개념 쌍은 사실 서로 유기적으로 결합되어 있다고 할 수 있다. '연줄망'의 '폐쇄성'은 '관계를 맺는 집단의 경계가 명확하고 이 경계를 벗어나서는 관계가 성립하지 않는다'는 데서 온다. 이에 반해 '연결망'의 '개방성'은 관계 맺는 집단의 경계가 유동적이라는 데서 온다. 이는 곧 네트워크를 이루는 집단이 '귀속적ascribed'인가 아니면

---

12) 김용학, 『사회연결망 이론』, p. 91.
13) 박찬웅, 「신뢰의 위기와 사회적 자본」, p. 60.

'성취적achieved'인가의 차이와 연관되어 있다. 즉 혈연집단이나 지연 집단은 생래적으로 귀속되는 집단이다. 반면 전형적인 '연결망'적 집단이라 할 수 있는 시민사회의 자발적 결사들은 우연한 기회에 회원으로 가입한 사람들로 구성된다. 따라서 전자가 특수주의적 관계를 특징으로 한다면, 후자는 집단 외부의 타자들에로 확장될 수 있는 보편주의를 특징으로 한다고 할 수 있다.

그렇다면 모든 성취적 집단은 개방적인 연결망으로 분류될 수 있는가? 김용학은 여기에 제한을 가하고 있는데, 그것은 정당한 것처럼 보인다. 여기서 문제가 되는 것은 학연 집단이다. 그것은 생래적으로 귀속되는 것이 아니라 성취된 집단이지만, "연줄주의를 의도적으로 지향하면서" 성취된 집단이다. 이런 뚜렷한 의도하에서 성취된 집단이라는 점에서 그것은 '연줄망'에 속하는 것으로 분류해야 한다는 것이다.[14] 학연의 연고는 그 가입이 일정한 노력에 의해 결정되지만 가입 시 연줄적 특권에 대한 고려가 중요한 결정 요인이다. 따라서 그것은 집단의 안과 밖의 경계에 대한 의식이 혈연, 지연 등 다른 연줄망적 연고와 같이 뚜렷하며, 그만큼 폐쇄적인 특성을 보인다.

또한 연줄망에서의 교환은 "이자교환二者交換dyadic exchange"이라기보다는 "일반화된 교환generalized exchange"이 지배적 교환 형태라 할 수 있다. '이자교환'은 베푼 상대방에게서 직접 돌려받기를 기대하는 교환이다. 반면 '일반화된 교환'은 베푼 상대방에게서가 아니라 집단 내의 다른 제3자로부터 혜택이 돌아오기를 기대하는 교환이다. 연줄망적 집단의 어떤 특정한 구성원에 대한 도움주기는 집단 내의 다른 제3자에 의한 도움받기를 기대하고 이루어지는 행위라 할 수 있다.

결국 '연줄망'은 구성원 개개인과 그 집단 내부의 차원에서는 전략

---

14) 김용학, 같은 책, p. 93.

적 의미의 합리적 행위일 수 있지만, 전체 사회적인 차원에서는 부정적인 외부 효과를 초래할 가능성이 높다. 연줄망적 집단이 가져올 수 있는 부정적 외부 효과는 다음과 같다. 첫째 연줄은 구조적 부패를 낳으며 이는 사회적 비효율성과 도덕적 위기를 가져온다. 둘째 연줄의 폐쇄적 특성은 경쟁과 자원 배분의 왜곡을 가져올 수 있다. 셋째 닫힌 연줄망은 사회적 비용을 증가시킨다. 넷째 연줄 내에서만 존재하는 신뢰는 경제적 효율도 저하시키는 결과를 가져온다.[15] 결과적으로 연줄망은 민주 사회의 정당성에 손상을 초래할 뿐만 아니라 사회적, 경제적 효율성에 있어서도 부정적 결과를 가져오는 것이다.

따라서 우선 효율성의 증대라는 의미에서 사회자본으로서의 네트워크에 주목할 때, 우리는 '연줄망'과 '연결망'을 구분할 필요가 있다. 전자는 효율성에 있어 집단 외부, 그리고 사회 전체에 있어 부정적 결과를 초래하는 만큼 바람직하다고 할 수 없다. 또한 그것은 동시에 합리성과 정당성의 문제에 부딪친다. 우리는 강한 연줄망으로 인해 법질서와 공적 제도 및 절차가 침식·붕괴되는 현상을 빈번히 목도하고 있는 것이 현실이며, 이것이 가져온 사회 갈등과 분열은 심각하다. 우리가 기획할 수 있는 사회자본으로서의 네트워크는 효율성과 정당성의 측면 모두에서 연줄망이 아니라 연결망에서 찾아야 한다고 할 수 있다. 그리고 결국 우리가 혈연, 지연, 학연의 연고주의가 강한 사회의 '지양'을 상상할 때, 그것은 네트워크 전반을 부정하는 것이 아니라 '연줄형' 사회로부터 '연결형' 사회로 이행하는 문제로 이해될 수 있다. 후자의 유형은 그물망으로 연결되어 있지만, 그것이 개방적이고 확장 가능한 것인 한, '보편적 타자'에로 열릴 수 있기 때문이다.

---

15) 김용학,「고신뢰 사회를 향한 연결망 구축방안」; 이재열,「사회적 연결망으로서의 기업」참조.

3) '연줄망'의 저신뢰성

혈연, 지연, 학연의 '연줄망' 중심으로 짜인 사회는 결국 "연줄사회"라 부를 수 있을 것이다. 우리 한국 사회가 바로 이런 특성을 보이는데, 그것은 "개인과 국가, 혹은 사적 영역과 공적 영역 사이의 간극을 정상적인 시민사회가 연결하는 것이 아니라 다소 파행적인 형태로서 사적 연고 집단을 기초로 하는 배타적 연결망 집단이 메우고 있는 상태"이다.[16] 우리 사회에서는 이러한 '연줄망'이 건강한 시민사회적 '연결망'의 대체물로 작동해왔다고 할 수 있다. 그렇지 않고 건강한 시민사회의 '연결망'이 구축되었더라면 그것이 자발적, 개방적, 보편적이라는 점에서 직접적 연고가 없는 '보편적 타자' 간의 공적 신뢰가 확보될 수 있었을 것이다.

이런 의미에서 시민사회의 발전과 성숙은 '연줄망'과 반비례 관계에 있다고 할 수 있다. 조밀하게 짜여 있고 사회적 영향력에서 강력한 '연줄망'은 시민사회의 발전을 저해해왔으며, 시민사회 발전의 양상도 규정해왔다고 할 수 있다. 그만큼 합리적 개인 간의 신뢰 관계는 형성되기 어려웠거나 왜곡되어왔다고 할 수 있다. 대인 신뢰의 측면에서 보면, 후쿠야마의 진단 이래[17] 논란이 되어왔던 우리 사회의 저신뢰의 실체는 결국 '연줄망'의 고신뢰와 '시민사회적 연결망'의 저신뢰로 압축할 수 있을 것이다. '연줄망' 내에서는 강력한 신뢰 관계가 그 밖의 다른 형태의 연결망의 미발전과 그러한 네트워크 내의 저신뢰를 초래했다고 할 수 있다.

'연줄망'에 의한 '연결망'의 대체는 오랫동안 자발적 결사의 미발전

---

16) 이재혁, 「위험과 신뢰 그리고 외부성: 한국의 시민사회 사례」, p. 113.
17) 프란시스 후쿠야마, 『트러스트: 사회도덕과 번영의 창조』; Francis Fukuyama, "Social Capital, Civil Society and Development"; "Social Capital and Development: The Coming Agenda" 참조.

과 병행하여왔으며, 이제 하나의 영역으로 점차 자리 잡아가고 있는 시민사회가 소수 엘리트에 의한 상부로부터의 조직화에서 출발했다는 사정도 이런 연관에서 이해할 수 있다. 그리고 이는 동시에 우리 시민사회단체가 안고 있는 문제로서 소수 엘리트 활동가 중심의 운영 및 활동가들 사이에 침투해 있는 '연줄망적' 특성의 잔존과 같은 왜곡된 시민사회구조를 낳았다고 할 수 있다.

다른 한편 우리의 강한 '연줄사회'는 동시에 공적 신뢰의 다른 측면, 즉 법 규범과 같은 원칙이나 제도에 대한 공적 신뢰의 고갈을 가져왔다고 할 수 있다. 특히 법 규범의 준수 의무나 위반 시 제재는 연줄을 통해 언제든 우회할 수 있다는 의식이 마치 사회적 통념과 같이 자리 잡고 있다 할 수 있다. 법의 세부 규정 내용에 대한 논란과 제정 절차에 대한 사회적 논란도 있지만 실정법의 집행에 대한 불신은 더욱 높다고 할 수 있다. 그것은 주로 법 집행이 사회적 강자와 약자에 대해 불평등하게 적용된다는 점에서 공정성과 형평성에 대한 불신이다. 이러한 한국 사회의 '법치주의'의 불완전함은 한국 사회의 '저신뢰'를 특징짓는 다른 한 중요한 지점이다.

특히 IMF 구제금융 시기 이후 공적 제도에 대한 신뢰가 크게 낮아진 것으로 조사되고 있는데, 여기에는 정당과 정부 등이 불신 대상의 중심에 놓여 있다. 외환위기 이전과 이후를 비교한 조사에서 주목할 점은 사법부와 언론 등에 대한 불신이 상대적으로 급격히 증가하였다는 사실과 그동안 최소한의 사회적 신뢰를 유지하는 기반으로 기능하였던 대학과 시민단체에 대한 신뢰가 급격히 하락하였고 노조에 대해서는 신뢰가 불신으로 전환되는 역전 현상까지 나타나고 있다는 사실이다. 그리고 공공 기구에 대한 이러한 전반적인 신뢰 하락은 기왕의 '연고주의'를 더욱 강화·심화시키는 결과를 가져왔다. 즉 공공성에서 불신의 증가는 '사적 영역으로의 후퇴'를 가속화시켰다고 볼 수 있다. 이러한 연고주의적 성향의 증가는 '연줄'과 '백'에 대한 기대치의 증가와 동창회와 계모임 등 '연고형 사회 활동'의 증가 등에서 확인할 수 있다.[18]

3. 한·중·일 기업 내부 네트워크의 '연줄망'과 '연결망'

1) 연고주의에 대한 설문 조사 해석

'연줄사회'로서의 한국 사회의 특성을 관계의 문화와 윤리를 우리와 공유하고 있는 중국 및 일본과 비교해보면 흥미로운 결과가 나타난다. 한·중·일 3국의 기업 내 의사소통구조를 비교하기 위해 울산대 동아시아연구센터가 조사한 결과로부터 동아시아의 기업 문화에서 네트워크가 갖는 공통점과 차이를 확인할 수 있다. 설문 조사의 결과에 따르면 3국 기업 문화에서 지배적인 연고주의의 유형이 다른 것으로 나타났는데, 문제는 이를 어떻게 해석할 수 있는가라는 것이다. 회사에서의 승진에 영향을 미치는 연고의 유형을 크게 학연, 지연, 혈연, 업연으로 구분하여 조사한 결과, 한·중·일 3국 모두 높은 혈연적 연고주의를 보여주는 가운데, 한국은 학연과 지연, 중국은 혈연, 일본은 업연이 상대적으로 높은 것으로 나타났다. 이러한 3국 간 연고주의 유형의 차이가 일정한 의미를 갖는다고 본다면, 이것은 3국 기업 문화를 통해 나타난 인간관계망의 차이를 보여주는 것으로 이해할 수 있을 것이다.[19]

동아시아 사회 일반이 강한 관계의 그물망으로 짜여 있는 사회라는 점, 기업 문화에 있어서도 예외가 아니라는 점은 여기서 우리의 일차적 관심사가 아니다. 문제는 혈연, 지연, 학연, 업연 이들 4가지 유형

---

18) 송호근, 『한국 무슨 일이 일어나고 있나』, pp. 172 이하 참조.
19) 울산대 동아시아연구센터, 『설문 조사 자료집』 참조.

의 연고가 어떤 질적 차이를 내포하고 있는가의 여부이다. 이 질적 차이를 여러 측면에서 고찰할 수 있겠지만, 필자가 관심을 갖는 측면은 인간의 중요한 물질적 재생산 활동으로서의 기업 내 경제활동에서 관계망이 '연줄망'인가 '연결망'인가의 구분이다.

앞에서 우리는 혈연과 지연이 그것의 '귀속성' 때문에 아무런 유보 없이 곧바로 '연줄망'으로 분류될 수 있다고 보았다. 학연의 경우도 그것이 비록 '성취적' 성격을 갖지만 '연줄주의의 의도에서 성취되었다'라는 점에서 '연줄망'으로 보았다. 그런 점에서 한·중·일 3국의 연고주의는 기본적으로 연줄망적 특성을 공통적으로 보여주고 있다고 할 수 있다. 3국 모두 기본적으로 혈연적 연고주의의 기업 문화를 보여주고 있기 때문이다.

그런데 혈연, 지연, 학연 이외에 업연은 어디에 속하는가? 필자는 이것이 의미하는 구체적 맥락에 따라 '연줄망'일수도, '연결망'일수도 있다고 주장한다. 만약 업연이 '혈연과 지연 관계를 유지, 존속하기 위해 같은 혈연과 지연집단이 동일한 직업에 종사하는 것'을 의미한다면, 그것은 '연줄망'으로 분류될 수 있을 것이다. 이런 의미에서 업연은 사실 혈연과 지연이 다른 형태로 나타난 것에 불과하다고 할 수 있다. 중국 화교 사회의 특징으로 제시되는 혈연(동족), 지연(동향), 업연(동업)의 '삼연관계'는 사실상 그 구성원이 중첩되는 것으로, 전형적인 '연줄망'의 특성을 보여준다. 이때의 중국적 인간관계, '꽌시〔關係〕'는 "① 인간관계의 연결고리가 그 인물이 속한 가족 및 출신 지역에 강하게 규정받는다. ② 집단 내부의 응집력이 강하고 자원을 공유하지만 그만큼 외부에 대한 배척과 무관심이 지배한다. ③ 강경한 자아 중심의 네트워크 동심원상에서 확산되는 자기 긍정 의식과 자기 중심관을 의미한다"고 볼 수 있기 때문이다.[20] 여기서 이미 우리가 앞에서 '연줄망'의 특성으로 제시한 귀속성, 폐쇄성, 특수주의가 드러나고 있다.

이러한 중국 업연의 연고적 특성은 상당한 역사를 지니고 있는 것으로 보인다. 명·청 시대 대상인을 도와 경리를 보거나 경영을 하는 사람을 '장계掌計'와 '화계伙計'라 하였는데, 이들은 대부분 주인의 종족이거나 친족 자제 중 가난한 사람이었다고 한다. 사업에서 신뢰할 수 있는 사람은 자신의 혈족 내에서 찾아야 했으며, 여기서부터 중국의 근대적 기업이 출현했다고 할 수 있다. 그리고 바로 이러한 혈족 관계의 상업조합으로의 전환이 소위 중국적 근대화 과정이라 할 수 있다.[21]

다른 한편 일본의 전통적 '업연'은 이와는 다른 맥락 속에 자리하고 있는 것처럼 보인다. 일본의 가족 개념인 '이에〔家〕'는 '혈통 계승 관념의 결여'라는 특성을 보이고 있는데, 이는 일본에서 전통적으로 업연이 갖는 상대적 개방성을 보여주는 것처럼 보인다. 다시 말해 "일본의 이에의 계승에서 핵심적인 것은 이에 자체에 속해 있는 가산의 운영과 관리 및 가업의 계승을 포함하는 가독권家督權의 계승인 까닭에 계승자의 선정에서도 혈연관계보다는 가독의 능력이 일차적으로 중요시된다."[22] 또한 사회적 동류同類의 임의 결사적 성격을 갖는 '자〔座〕'와 '고〔講〕' 같은 경우 비혈연적, 비지연적 특성을 갖는 업연 집단이라 할 수 있을 것이다.[23]

그러나 이렇게 그 구체적 양태가 다르다 하여도 중국이나 일본의 전통적 의미의 업연은 기본적으로 폐쇄적 특성을 보인다. 그것이 갖는 특성으로 집단 내부의 강한 응집력과 외부에 대한 배타성은 근본적으로 존속한다고 할 수 있다. 한편 한국에서 이런 전통적 의미의 업연은 확인하기 어렵다.

---

20) 박기철,「화교네트워크와 경제적 연고주의」, pp. 149 이하.
21) 여영시,『중국근세종교윤리와 상인정신』, pp. 262 이하 참조.
22) 문옥표,「일본의 가족: 전통적 제도와 현대적 변용」, p. 68.
23) 한경구,「일본의 전통적 임의결사와 근대화」, pp. 175 이하 참조.

반면 이러한 전통적 의미의 업연 이외에 그것과 본질적으로 다른 성격의 업연이 존재한다. 위의 승진과 관련한 설문에서 제시된 업연의 의미는 '과거 직장 동료와 갖는 유대 관계 및 신뢰'를 의미하는 것으로 그것은 전통적 의미의 업연, 특히 중국적 전통의 업연과는 성격상 다른 것으로 이해할 수 있다. 즉 그것은 혈연이나 지연과 같은 '귀속성'을 특징으로 하지 않는다. 더구나 학연 집단에서처럼 비록 '성취적'이라 하더라도 '연줄주의를 의도적으로 지향한다'기보다는 상호 간의 업무 능력에 대한 신뢰를 기반으로 하고 있다고 할 수 있다. 오랜 기간 같은 직장에서 경험한 상대방의 업무 능력에 대한 긍정적 평가나 동료 사이에서의 평판이 다른 직장으로 옮긴 후에도 계속 인간적 관계를 유지하는 토대일 것이다. 마치 학창 시절 전혀 친하지 않았던 동창과 졸업 후 학연으로 맺어지듯이 단지 같은 직장에 같이 근무한 경험만으로 업연의 네트워크가 형성되는 것은 아닐 것이다. 또한 교환관계에 있어서도 '일반화된 교환'보다는 '이자교환'의 가능성이 높다고 할 수 있다. 승진 이외에 정보의 교환 등에 있어 그것은 둘 사이의 직접적 교환의 형태일 것이다.

이런 점에서 동아시아 기업 문화에서 현대적 의미의 업연은 연결망적 인간관계로의 전망을 내포하고 있는 연고주의라 할 수 있다. 즉 그것은 어느 정도 개방성의 가능성을 지니고 있는 것이다. 물론 업연은 연고주의의 한 유형인 한 그것의 '폐쇄성'을 완전히 탈각하여 그 자체 시민사회의 자발적 결사와 같은 수준의 개방적인 연결망이라 말할 수는 없을 것이다. 업연에서는 완전히 우연성에 내맡겨진 '보편적 타자'에 대한 신뢰를 기대할 수는 없을 것이기 때문이다. 다만 업연은 혈연, 지연, 학연에 비해 상대적으로 그 가입 기준이 성취적이고 보편적인 것처럼 보이며, 그런 한에서 연고의 유형 중 개방성을 특징으로 한다고 할 수 있다.

업연에 대한 이러한 세분화된 이해를 따를 때, 우리는 한·중·일 3국에서 나타난 연고주의 유형의 차이를 일정한 방향성을 갖는 질적 차이로 해석할 수 있을 것이다. 일본이 상대적으로 업연적 연고의 영향이 높다는 것은 그만큼 기업 문화에 있어 연결망적 인간관계의 가능성이 높다는 것, 기업 문화의 연고주의에 있어 상대적으로 개방적이라는 것을 말하는 것으로 이해할 수 있다. 이에 반해 한국과 중국의 경우 기업 문화에서는 아직 혈연, 지연, 학연 등 '연줄망'의 특성이 지배적인 것으로 보이는 바, 그것은 이들 양국의 기업 문화가 상대적으로 '폐쇄적', '특수주의적'이라는 것을 말해준다고 볼 수 있다.

2) 연고주의에 대한 심층 면접 결과

울산대 동아시아 연구센터는 설문 조사와 함께 한·중·일 3국의 중소기업 종사자를 대상으로 심층 면접도 실시하였는데, 여기서 설문 조사에서와 같이 한·중·일 3국 사이에 뚜렷한 유형적 특성을 구분할 수는 없었다. 이는 심층 면접의 대상 및 면접 기간 등에 있어 제약으로 인한 불가피한 측면과 함께 각국의 어휘나 맥락의 이해에서 오는 차이 등에 기인하는 것으로 보인다.

중국의 경우 대부분의 심층 면접 대상자들은 인사 문제 등에 있어 연고주의 행태 자체를 부인하고 있다. 이와 관련한 질문에 대한 짧은 대답과 그 내용이 천편일률적인 부정으로 점철되어 있는 것으로 보아 면접 대상자들은 공식적 견해 표명에 속박되어 있는 것으로 보인다. 다만 한 경우에서 강한 긍정의 태도를 보이고 있는데, 이 면접 대상자는 예외적으로 솔직한 태도를 보이고 있다. 그는 직원 채용과 같은 인사 제도에 있어 혈연, 학연, 지연 등 연고주의의 영향이 "반드시 미친다고 생각한다. 만일 내가 상층부에 있고, 직원 채용 시 친척이 있다면 그 부분을 분명히 고려할 것으로 생각한다"고 답하고 있다. 그리고 이러한 연고주의가 능력에 우선하는가라는 질문에 "중국은 역시 인정, 감정 부문을 중시하는 전통이 있다. 상대방의 능력을 정확히 알 수 없는 상태에서 어떤 사람을 등용할 때, 감정 부문을 중시하는 것이 능력을 보는 것보다 더 보편화되어 있다고 생각한다"고 응답하고 있다.[24]

다른 한편 중국의 심층 면접 사례 28은 중국식 연고주의의 변화 가능성에 대한 단서를 제공하고 있는 것처럼 보인다.

> 질문: 회사 경영이 온정적인 스타일인지 아니면 철저하게 능력에 따른 인재 등용을 우선시하는지?
> 답변: 두 가지 부분 모두 존재한다고 생각한다. 원래 중국은 감정을 대단히 중시 여긴다. 물론 기업 활동에서 능력이 가장 중요한 부분이지만 능력 자체가 100%가 될 수 없다고 생각한다.
> 질문: 직원의 채용과 같은 인사 제도에 있어 혈연, 학연, 지연과 같은 연고주의가 영향을 주는지?
> 답변: 영향을 미치지 않는다.
> 질문: 역시 능력이 가장 중요한 요소라는 의미인지?
> 답변: 방금 말씀하셨던 지연, 학연, 혈연 이외에 다른 부분의 여러 요소들이 있다. 관계, 정적인 부분이 인사 부분에 충분히 영향을 미칠 수 있다. 단순히 능력만으로 뽑거나 승진하지는 않는다고 생각한다.
> 질문: 거기에 대해 보충 설명을 해줄 수 있는지?
> 답변: 예를 들어 중국에는 혈연관계가 아닌 형제 관계가 존재한다. 개인적으로 의견이 맞거나 서로 간에 긴밀한 이익 관계

---

24) 동아시아연구센터, 『심층 면접 자료집 II: 중국』, 중국-14.

가 형성될 경우 굳이 혈연관계가 아니더라도 형제 관계를 이용해서 발전시킬 수 있다. 다른 문제는 상당히 민감한 문제라고 생각한다. 좀 더 생각해봐야 한다.[25]

우리의 논의 맥락에서 이것은 혈연, 지연, 학연과 다른 연고라는 점에서 주목되는 지점이다. '혈연관계가 아닌 형제 관계'가 구체적으로 어떤 네트워크를 의미하는지 명확하게 제시되고 있지는 않지만, 적어도 '의견 일치나 이익 관계'를 통해 형성되는 네트워크라는 점에서 그것은 특수주의적인 귀속성의 성격을 벗어나고 있는 것으로 보인다.

일본의 경우 직장 내에 있는 향우회와 동창회에 대해 그것이 "인간적으로는 좋을지 모르겠지만 회사에 그렇게 플러스 이미지는 되지 않을"거라고 답하거나[26] "회사에 플러스가 되기 때문에 묵인할"거라고 생각하는 등 혈연과 지연적 연고에 대해 전략적으로 판단하는 면접 대상자들이 있음을 확인할 수 있다.[27] 그러나 혈연, 지연, 학연 등에 있어 비중의 문제에 대한 평가는 불가능해 보이는데, 승진에 있어 학연의 역할을 특칭해서 지적하거나 지연보다는 혈연, 가족 관계를 지적하거나 또 다른 경우에는 학연과 지연을 지적하는 등 대상자마다 다른 답을 제시하고 있다.[28]

한국의 경우 회사 내 연고주의에 대해 일단 부정적 태도를 보이고 있다. 가령 회사 내의 "의사소통이나 의사 결정 구조가 민주적인 형태를 취하고 있기 때문에 그런 학연을 조성하는 드러나는 모임, 지연을 조성하는 모임이 있다면 회사 내에서 굉장히 질타를" 받을 것이라고 답하거

---

25) 같은 책, 중국-28.
26) 동아시아연구센터, 『심층 면접 자료집 III: 일본』, 3.
27) 같은 책, 일본-27.
28) 같은 책, 일본-21, 23, 26 참조.

나, "동창회 같은 것은 어디서나 마찬가지로 그런 것은 활성화가 아니고 뿌리를 뽑아야겠다. 왜 그러냐면 회사 내에서 무슨 동문 조직들 저는 저해 요소로 생각합니다. 비동문들은 소외감을 가지기 때문에 저희 회사는 그런 것이 없다"고 강력히 거부적인 태도를 보이는 것이 대표적인 사례이다.[29] 다른 경우에도 회사 내에 동창회, 향우회 등이 조직되어 있으나 활발하게 활동하는 것은 아니라고 평가하고 지연, 학연, 혈연이 승진 등에 미치는 영향에 대해 부정적인 태도를 보이고 있다.[30]

그러나 이는 어디까지나 당위의 측면이 강한 것으로 보인다. 노조위원장으로 활동하고 있는 면접 대상자의 경우 보다 솔직하고 적절한 지적을 하고 있는 것으로 판단된다. 그는 "회사 내 동창회를 인정하지 않겠다"는 노사 공동선언이 있었다고 자랑스럽게 밝히고 있으나, 곧이어 노동자 측에도 상존하고 있는 연고주의의 폐해를 지적하고 있다.[31] 특히 다음과 같은 심층 면접 대상자의 답은 노동자 계층 내에 지역주의가 엄존하고 있음을 보여줌으로써, 그것이 노동자들의 단결에 미치는 악영향, 다시 말해 연줄망의 부정적 외부 효과를 적나라하게 예시하고 있다.

질문 : 혹시 노동자 사이에 고충이라든가 갈등을 경험할 수 있나요?
답변 : 파벌 형성이 되어 있어서 현직위원장 파벌, 전직위원장 파벌 등 학연, 지연이 많습니다. 지역권이 많아요. 전라권, 경상권, 충청권, 주로 이 3그룹이 많이 움직이죠. 경기권, 강원권은 잠잠해요. 그쪽 사람들은 좋게 말하면 성품이 온화하고, 나쁘게 말하면 이기적이죠. 대체적으로 이런 파벌들

---

29) 동아시아연구센터, 『심층 면접 자료집 I: 한국』, 한국-N6, 7.
30) 같은 책, 한국-N5.
31) 같은 책, 한국-N1.

은 이익을 위해 조성됩니다. 임원진들 중 20% 정도는 '노동자를 위해서 일하겠다'라는 생각을 갖고 있지만 나머지 80%에 항상 밀리죠. 회사 측은 좋죠. 나뉘어 있으니 '다음에 진급시켜줄게' 등으로 물밑 작업 들어가면 조종하기 쉬우니까요.[32]

4. 나가는 말

결국 동아시아 3국의 기업 내 인간관계는 전체적으로 아직 '연줄망'의 연고주의가 지배하고 있는 것으로 판단된다. 그러나 3국 사이에는 연고주의의 일정한 차이도 확인되고 있는데, 일본의 경우 상대적으로 현대적인 의미의 업연, 즉 '연결망'의 가능성을 안고 있는 연고주의의 비중이 높은 것으로 분석된다. 한국과 중국의 경우 연고주의에 대한 당위적 거부에서 나타나듯, 그것의 규범적 부당성에 대한 사회적 인식이 확산되고 있는 것으로 보인다. 특히 한국에서는 지역주의적 연고에 대한 노동자 계층 내부의 신랄한 비판이 인상적이다. 그리고 중국의 경우 비록 맹아적 형태이기는 하나 비혈연적이고 전략적 합리성에 근거한 연고의 가능성을 볼 수 있었다.

궁극적으로 개방적인 연결망적 인간관계가 정당성이라는 그 규범적 의미에 있어서도 바람직할 뿐만 아니라 '사회자본'이라는 효용의 측면에서도 바람직한 것이라면, 그리고 인간 사회 발전의 역사에 단절은 있을 수 없으며 언제나 변화는 전통 속에서 재해석을 통한 전통의 변형 과정이라면, 동아시아 기업 문화에 있어 연고주의의 미래지향적 변

---

[32] 같은 책, 한국-P3.

화 가능성은 일단 현대적 의미의 업연에서부터 출발할 수 있는 것처럼 보인다. 명·청 시대 이래 중국에서 강하게 나타났던 전통적 의미의 업연, 즉 혈연이나 지연과 얽혀 있는 업연이 아니라 '성취적'이고 개방적인 현대적 의미의 업연은 일종의 긍정적 의미의 '사회자본'으로 이해될 수 있을 것이다. 즉 현대적 의미의 업연은 '협력적 행위를 촉진시켜 사회적 효율성을 향상시킬 수 있는' 가능성을 안고 있는 동아시아적 전망 속의 기업 문화라고 할 수 있을 것이다. 물론 업연은 기업 혹은 경제행위의 측면에서 연결망이다. 기업 조직 내에서 보이는 이러한 연결망적 인간관계의 맹아는, 그것 외부의 시민사회에서 자발적 결사의 형태로 명실상부한 연결망이 활성화되는 것과 병행될 때 만개될 수 있을 것이다. 이런 점에서 경제와 시민사회는 함께 굴러가는 두 바퀴와 같다고 할 수 있다.

기업 문화와 시민사회 모두에서 연결망적 인간관계가 정착될 때 사회적 효율성의 측면에서 '사회자본'은 구축될 수 있을 것이다. 이러한 '사회자본'은 단순히 혈연, 지연, 학연의 연고인을 뛰어넘어 '보편적 타자'에 대한 신뢰의 형태로 주어질 수 있는 바, 그것의 목표는 "보편적인 연결망의 확대"를 기하는 데 있다고 말할 수 있다.[33] 그런데 여기서 중요한 것은 앞에서 보았듯 전통에 의해 우리에게 뿌리 깊이 남아 있는 사회의 '연줄망'이 아니라 '연결망'의 확대를 지향해야 한다는 것이다.

사회적 신뢰의 구축은 어떤 방식으로든 원자적 개인으로 분산된 사회로부터 공동체적 연대를 통해 유대의 끈이 회복된 사회로 나아가는 방향일 것이다. 앞에서 논했듯이 서구에서 '사회적 자본화' 전략은 이런 '공동체주의'의 맥락에서 출현하였다. 즉 그것은 절차적 민주주의와 자본주의적 시장경제의 정착에 따른 합리화가 가져온 부정적 현상,

---

33) 박찬웅, 같은 책, p. 62.

즉 원자화된 개인의 이기적 개인주의에 대한 위험 경고와 대응책으로서 개인 간 신뢰와 연대를 확대하고자 하는 전략이라 할 수 있다.

그러나 이 연대의 방식이 과거 공동체로 되돌아가거나 그것의 현대적 복구일 수는 없다. 더욱이 서구적 근대화에 대한 대안으로서 동아시아의 '유교적 연고 집단'을 긍정적으로 해석하려는 입장은[34] 출발점에서부터 부적절한 것으로 판단된다. 그것은 무엇보다 폐쇄적이고 특수주의적인 연고 집단의 원리가 어떤 사회적 보편성을 주장하기는 어렵기 때문이다. 새로운 신뢰와 연대 사회는 폐쇄적이고 수직적인 '전통 공동체'로부터 개방적이고 수평적인 '민주 공동체'로 전환하는 가운데 건설될 수 있을 것이다. 혈연적, 지역적, 문화적 연고를 기초로 한 '전통 공동체'가 아니라 평등한 구성원이 자발적으로 형성한 공공적 토론의 합리성이 지배하는 '민주 공동체'에서 미래의 사회적 신뢰와 연대는 축적될 수 있을 것이다.[35]

따라서 연결망적 사회적 신뢰와 연대의 구축은 단순히 효율성의 측면을 뛰어 넘어 규범적 측면을 갖는다고 할 수 있다. 그것은 개방적이고 보편적인 '네트워크 사회', 그리고 이 사회를 구성하는 개인의 정체성, 사회적 연대의 성격 등에 대한 일정한 전망과 규범을 함축하고 있다고 할 수 있다. 이에 대한 본격적인 논의는 시민사회 자체와 동아시아 시민사회의 특성에 대한 분석을 필요로 하는 만큼, 여기서는 별도의 연구를 과제로 지적하는 것으로 그친다.

---

34) 대표적으로는 유석춘, 『한국의 시민사회, 연고 집단, 사회자본』 참조.
35) '전통 공동체'와 '민주 공동체'에 대한 논의는 한승완, 「'전통 공동체'에서 '민주 공동체'로」 참조.

참고 문헌

김용학, 『사회연결망 이론』, 박영사, 2003.
김용학, 「고신뢰 사회를 향한 연결망 구축방안」, 『정책포럼』 1997년 여름호, 1997.
문옥표, 「일본의 가족: 전통적 제도와 현대적 변용」, 한국정신문화연구원 편, 『동아시아 문화 전통과 한국 사회』, 백산서당, 2000.
박기철, 「화교네트워크와 경제적 연고주의」, 『아시아문화』 제15호, 2000.
박찬웅, 「신뢰의 위기와 사회적 자본」, 『사회비평』 제19호, 1999.
피에르 부르디외, 「자본의 형태」, 유석춘 외 편역, 『사회자본 이론과 쟁점』, 그린, 2003.[Pierre Bourdieu, "The Forms of Capital", 1986]
송호근, 『한국 무슨 일이 일어나고 있나』, 삼성경제연구소, 2003.
여영시余英時Yu Yingshi, 『중국근세종교윤리와 상인정신』, 정인재 옮김, 대한교과서, 1993.
울산대 동아시아연구센터, 『설문 조사 자료집』, 2004.
울산대 동아시아연구센터, 『심층 면접 자료집』, 2004.
유석춘 외, 『한국의 시민사회, 연고 집단, 사회자본』, 자유기업원, 2002.
이재열, 「사회적 연결망으로서의 기업」, 신기업이론연구회 편, 『한국기업의 이해와 과제』, 삼성경제연구소, 1998.
이재열, 「의리인가 계약인가? 인격주의와 개인주의의 갈등적 공존과 한국 사회의 제문제」, 석현호, 유석춘 공편, 『현대 한국 사회의 성격논쟁: 식민지, 계급, 인격윤리』, 전통과 현대, 2001.
이재학, 「신뢰의 사회구조화」, 『한국 사회학』 제32집, 1998년 여름호, 1998.
이재혁, 「위험과 신뢰 그리고 외부성: 한국의 시민사회 사례」, 『사회과학』 제39권 제2호, 2000.
마뉴엘 카스텔, 『네트워크 사회의 도래: 정보시대 경제, 사회, 문화』, 김묵한·박행웅·오은주 옮김, 한울아카데미, 2003.
제임스 콜만, 「인적자본 형성에 있어서의 사회자본」, 유석춘 외 편역, 『사회자본 이론과 쟁점』, 그린, 2003.[James Colman, "Social Capital in the Creation of Human Capital", 1988]

알레잔드르 포르테스, 「사회자본 개념의 기원과 현대 사회학의 적용」, 유석춘 외 편역, 『사회자본 이론과 쟁점』, 그린, 2003.[A. Portes, "Social Capital: Its Origins and Applications in Modern Sociology", 1998]

로버트 퍼트남, 『사회적 자본과 민주주의』, 안청시 외 옮김, 박영사, 2000.[Robert D. Putnam, *Making Democracy Work*, 1993]

로버트 퍼트남, 「번영하는 공동체: 사회자본과 공공 생활」, 유석춘 외 편역, 『사회자본 이론과 쟁점』, 그린, 2003.[Robert D. Putnam, "The Prosperous Community: Social Capital and Public Life", 1993]

한경구, 「일본의 전통적 임의결사와 근대화」, 한국정신문화연구원 편, 『동아시아 문화 전통과 한국 사회』, 백산서당, 2000.

한승완, 「'전통 공동체'에서 '민주 공동체'로」, 김수중 외, 『공동체란 무엇인가』, 이학사, 2002.

프란시스 후쿠야마, 『트러스트: 사회도덕과 번영의 창조』, 구승회 옮김, 한국경제신문사, 1996.[Francis Fukuyama, *The Trust: Social Virtues and the Creation of Prosperity*, 1995]

Fukuyama, Francis, "Social Capital, Civil Society and Development", *Third World Quarterly*, 22, 2001.

Fukuyama, Francis, "Social Capital and Development: The Coming Agenda", *SAIS Review*, vol. 22, no. 1, 2002.

Ketcham, Ralph, *Individualism and Public Life—A Modern Dilemma*, New York, 1987.

McCarthy, Helen, Paul Miller, Paul Skidmore, *Network Logic. Who Governs in an Interconnected World?*, Demos, London, 2004.

Putnam, Robert D., "Bowling Alone: America's Declining Social Capital", *Journal of Democracy*, Vol. 6, No. 1, 1995.

요약문

주제 분류 : 사회철학, 문화 비교 연구
주요어 : 네트워크, 연줄망, 연결망, 사회자본, 보편주의, 특수주의, 개방성, 폐쇄성, 기업 문화, 연대
내용 요약 : 동아시아 사회가 '관계'의 문화와 윤리로 조직된 사회임은 주지의 사실이다. 일각에서는 정보화 시대의 '네트워크 사회'가 이런 동아시아의 문화 전통과 조화를 이루고 있어, 21세기의 미래는 동아시아에 있다는 주장을 펴기도 한다. 이 글은 하나의 '사회자본'으로서 네트워크에 주목하는 최근의 서구 논의를 추적하고 네트워크를 '연줄망'과 '연결망'의 개념으로 구분하려는 국내의 사회학적 논의를 사회철학적 시각에서 반성한다. 전체적으로 요약하면 전자가 폐쇄적이고, 특수주의적 관계를 뜻한다면 후자는 집단 외부의 타자들에로 확장될 수 있는 보편주의를 특징으로 하며 그런 한에서 개방적이라 할 수 있다. 따라서 우리가 기획할 수 있는 사회자본으로서의 네트워크는 효율성과 정당성의 측면 모두에서 '연줄망'이 아니라 '연결망'에서 찾아야 한다고 주장한다.

이어서 이러한 구분에 따를 때 동아시아의 기업 내부에서 나타나는 네트워크를 '연줄망'과 '연결망'으로 구분할 수 있음을 보이고 동아시아 3국의 연고주의가 각기 어떤 특성을 보이는가에 대해 시론적으로 논한다. 그리고 동아시아 기업 문화에서 현대적 의미의 업연이 단순한 연줄망을 넘어서 연결망적 인간관계로의 전망을 안고 있음을 보인다. 결론에서 네트워크에 대한 이러한 분별적 접근의 경험적, 규범적 의미를 제시한다.

기업의 사적 이익과 공적 책임의 대립과 통일[1)]
한국 사회에서 의사소통 절차에 기초한
기업 운영 방식의 '기업 윤리'화 가능성

선우현

1. 들어가는 말

　오늘의 시대적 상황은 개별 행위자뿐 아니라 사회집단이나 사회구조에 대해서도 높은 도덕성을 요구하고 있다. 가령 최근 세인의 관심을 모으고 있는 '인간 난자에 의한 배아 복제 성공'을 둘러싸고 진행되고 있는 '생명 윤리' 논쟁의 경우만 해도, 그러한 연구의 성과가 악용되거나 오용됨으로써 초래될 '충격적인 비윤리적 사태'—예컨대 복제된 인간도 하나의 존엄한 인격체로서 대우받아야 하는가의 문제—에 대한 '걱정'과 '두려움'[2)]에서 출발하고 있다. 이는 결국 인간 복제와 같은 엄청난 윤리적 파장을 불러일으킬 과학적 탐구가 계속 진행되어

---

1) 이 논문은 2003년도 한국학술진흥재단의 지원에 의해 연구되었음(KRF-2002-072-BM2060).
2) 이러한 시대적 상황을 '두려움의 문화 culure of fear'로서 규정하여 상세히 논하고 있는 시도로는 Frank Furedi, *Culture of Fear: Risk-Taking and the Morality of Low Expectation* 참조.

야 하는가를 결정할 '사회적 합의 과정'에서뿐만 아니라 합의에 의거하여 그러한 탐구가 이루어지는 경우에도 관련 당사자들, 즉 해당 과학자들과 그들을 지원하는 연구 기관과 정부, 연구 성과를 보도하는 언론 매체, 아울러 그러한 탐구 과정을 주시하고 있는 윤리학자를 비롯한 지식인, 일반 시민에 이르기까지 모두 강한 윤리적 비판 의식과 엄격한 도덕성을 갖추고 있어야 함이 요구되고 있다. 그럴 경우에만 최악의 윤리적 위기 사태로 귀착되지 않을 사회적 안전망이 확보될 수 있기 때문이다.

이러한 시대적 흐름과 맞물려 오늘날 한국의 '사기업' 역시 자신이 몸담고 있는 사회와 사회 구성원들에 대해 높은 도덕성과 책임 의식(책임 윤리)을 갖출 것이 요청되고 있다. 이와 관련하여 사기업이 지녀야 할 '사회적 책임'[3]이나 '기업 윤리'로 최근 빈번하게 운위되고 있는 것으로는 '오염 통제의 윤리나 자원 보존의 윤리, 소비자에 대한 기업 책임의 윤리, 광고 윤리, 고용 차별의 윤리'[4] 등을 들 수 있다. 이것들은 사회적 환경의 변화와 함께 점차 확고하게 윤리적 준수 사항으로 자리 잡아가고 있다. 하지만 민주적인 의사소통 절차의 공식적 제도화나 평등한 정보 소유에 기초한 자유로운 토론을 통한 노사 간 협의적 경영(참여 경영) 등은 아직까지 기업의 책임 윤리의 수준에까지 이르지 못하고 있다. 이런 한에서 앞으로 새롭게 확립되어야 할 기업 윤리의 핵

---

[3] '기업의 사회적 책임'이라는 개념의 전개 과정에 관한 간략한 논의로는 배규한 외, 『변화하는 사회 환경, 기업의 대응』, pp. 53~62 참조. 아울러 이러한 개념에 관한 고전적 해명으로는 H. R. Bowen, *Social Resoponsibility of the Businessman* 참조.
[4] 최근 제시되고 있는 '기업 윤리'의 구체적인 내용에 관해서는 M. G. Velasquez, *Business Ethics*, pp. 249~477 참조. 아울러 구체적인 사례와 관련하여 기업 윤리나 사회적 책임을 해명하고 있는 것으로는 Th. Donaldson, A. Gini (eds.), *Case Studies in Business Ethics* 참조.

심에는 '민주적인 의사소통 절차의 활성화 및 제도화, 그에 기초한 기업 운영 방식의 확립'이 자리해야만 할 것이다.

다른 한편 오늘의 한국 사회는 사회 전반적으로 민주화의 진척이 빠르게 이루어지고 있다. 하지만 이러한 우리 사회의 역동적인 민주적 변화에 비해, 사기업의 운영 방식에 있어서의 변화, 특히 '민주적 경영 방식으로의 이행'은 상대적으로 더디게 진행되고 있는 것처럼 보인다. 여전히 '효율성'과 '생산성'을 중시하면서 정책의 수립과 집행 과정에서 피고용인으로서의 일반 직원들의 참여가 형식적이거나 제대로 이루어지지 못한 채, 소유주나 경영자의 일방적인 결정과 지시에 따라 기업이 경영되고 운영되는 경우가 적지 않기 때문이다.[5] 이에 따라 기업의 경영 방식을 '민주적인 의사소통적 절차 과정'에 기반을 두고 조직하고 제도화하는 것이 기업이 추구해야 할 당위적인 윤리적 요구 사항이라는 점이 제대로 인식되지 못하고 있는 실정이다.

하지만 빠르게 민주화되어가고 있는 오늘의 한국적 현실에서, 피고용인으로서의 일반 종업원이 자신의 노동 행위에 대한 의사 결정에 참여할 수 있는 권리에 대한 존중과 보장, 그리고 주요 정책 결정 과정에 노동자들이 참여할 수 있는 권리의 확보가 하나의 기업 윤리로 확정되어야 하는 것은 오늘의 민주적인 시대 흐름의 일반적인 추세라 할 것이다. 이 같은 상황에서 오늘의 한국 내 사기업들은, 민주화의 진척에 부합하는 민주적인 기업 운영 방식을 강하게 요청받고 있다.

이러한 시대 흐름과 시대적 요청을 염두에 두면서, 이 글이 수행하고자 하는 잠정적인 목표는 세 가지이다. 첫째, '수평적 인간관계를 바탕으로 한 자유롭고 민주적인 의사소통적 절차에 기초한 기업 운영 방식'[6]을 중심적인 경영 방식으로 채택·수립하는 과제야말로 높은 도덕

---

5) 울산대 동아시연구센터 편, 『한국교차표(수정본)』, p. 13 참조.

성과 사회적 책임 의식이 강하게 요구되는 변화된 오늘의 시대 상황에서 이윤 획득을 최고의 목표로 삼고 있는 사기업이 추구하고 구현해야 할 새로운 공적인 책임 윤리, 기업 윤리임을 확인해보고자 한다.

둘째, '민주적인 의사소통 절차의 활성화 및 제도화, 그에 기초한 기업 운영 방식의 확립'이라는 보다 '강력한 기업 윤리'에 의거하여 기업이 운영되어나갈 경우, 사기업의 본래적 속성이라 할 이윤 극대화의 목표가—공적 이익을 고려하지 않은 채 사적 이익만을 추구하려는 경우에 비해—보다 더 성공적으로 달성될 수 있다는 점을 설득력 있게 보여주고자 한다. 그런 한에서 기업의 사적 이익은, 새로운 경영 윤리가 결과할 공적 이익과 충돌하거나 대립하는 것이 아니라 궁극적으로 합치(통일)되는 것임을 밝혀보고자 한다.

셋째, 의사소통적 기업 운영 방식의 '기업 윤리화'와 관련하여, 현재 한국의 사기업들의 운영 방식의 실태를 '경험적 분석'의 차원에서 비판적으로 검토해보려 하며, 그럼으로써 새로운 기업 윤리의 도입과 정착화의 '실현 가능성'을 가늠해보고자 한다. 이러한 검토 작업에서는 울산대 동아시아연구센터의 '설문 조사 분석 자료'가 최대한 활용될 것이며, 그와 함께 현재 모범적인 윤리 경영을 실천하고 있는 기업으로 알려져 있는 국내 몇몇 사기업에 관한 비판적 분석 작업도 동시에 이루어질 것이다.

---

6) 민주적이며 합리적인 의사소통 절차와 그에 기초한 담론 윤리에 관한 상세한 철학적 논의로는 J. Habermas, *Erläuterungen zur Diskursethik*, pp. 119~227 참조.

2. 기업의 새로운 책임 윤리: 기업의 의사소통적·민주적 운영 방식

1) 일반적으로 기업의 당면 목표는 '이윤 추구'에 있으며, 그런 한에서 기업의 윤리적 행위와 이윤 추구는 서로 상충되고 모순된다[7]고 알려져 있다. 더욱이 최근 들어 그 영향력이 점점 더 증대되고 있는 '신자유주의neo-liberalism' 논리의 급속한 확산은 효율성, 생산성, 경쟁성, 가시적 성과(성) 등에 초점을 맞추어 기업의 활동을 독려하고 있는 까닭에 기업 활동의 윤리적 규제는 '비생산적이며 비효율적인 것'이라는 인상이 강하게 작용하는 것이 작금의 현실이다. 이처럼 신자유주의 논리가 막강한 영향력을 행사하고 있는 상황에서, 기업 윤리를 강화하려는 시도에 대해서는—그렇지 않아도 '기업에 윤리를 적용해야 하는가'의 문제를 둘러싼 찬반 논쟁이 첨예한 실정을 감안할 때—더더욱 반대의 목소리가 클 것이다. 하지만 역설적이게도 이처럼 신자유주의적 경제 논리, 시장의 논리, 상품의 논리가 모든 인간 삶의 영역에 대한 '지배 논리'로 전환되어나가는 상황에서, '경제의 민주화'와 그 연장선상에서 '기업의 공적인 책임 윤리의 강화'는 더욱더 필수적일 수밖에 없는 상황이 되어가고 있다. 앞서도 잠깐 언급한 바와 같이 오늘의 시대적 상황은 개인이나 집단 할 것 없이 그 어느 때보다 '높은 도덕성'이 요구된다. 매 순간마다 직면하는 사안들이 보다 철저한 윤리적 검토와 성찰의 과정을 통해 결정되고 판단되지 않을 경우, 예기치 못했던 재앙과 문제에 빠져들 가능성이 그 어느 때보다 높아졌기 때문이다. 가령 기업의 '탈세'의 경우 그 사실이 시장에서 밝혀지면 기업의 신뢰 상실과 함께 기업 가치가 떨어지고 주주나 투자자에게 큰 불이익을 안겨줄 뿐 아니라 기업에 고용된 수많은 종업원들, 기업과 관련된

---

[7] Velasquez, 같은 책, p. 5.

지역의 여러 관련 당사자들에게까지 커다란 손실을 끼치게 된다. 바로 이 같은 사실을 고려할 때 '성실 납세'야말로 사회에 대한 기업의 책임이자 기업 윤리인 것이다. 동시에 이러한 기업 윤리가 제대로 정립되어 준수됨으로써 일반 시민들을 비롯한 관련 기업과 이해관계가 맞닿아 있는 사람들에게 적어도 피해를 주지 않기 위해서는, 지속적인 감시와 사전적 예방 차원의 비판이 이루어져야 한다. 이는 결국 기업의 정책 수립 및 추진 과정이 민주적이며 열린 의사소통적 절차에 기초할 필요성이 있음을 말해준다.

이 같은 시대적 상황에 발맞추어, 대부분의 기업 지도자는 "기업의 사회적 책임이 확장되어야만 하며 기업 경영진이 과거보다는 한 차원 높은 윤리 기준을 갖추어야만 한다"[8]는 점을 인정하고 있다. 물론 이러한 사회적 책임에는 명확한 한계가 그어져야만 한다. 가령 그것은 기업과 일반 대중 모두가 수용할 수 있는 조건하에 확정되어야 한다. 그럼에도 변화된 시대 상황과 사회 조건하에서는, 기업에 대한 일반 대중의 요구 수준이 기업 윤리의 정립 문제와 관련하여 보다 주도적인 위치를 차지할 수밖에 없을 것이다. 변화된 사회 현실과 환경은 기업에 대해 보다 더 높은 사회적 책임과 책임 윤리를 요구할 수밖에 없는 상황에 처해 있기 때문이다.[9] 물론 그것은 기업이 현실적으로 수용 가

---

[8] 노만 보우이, 『기업 윤리』, p. 164.
[9] 기업의 윤리적 책임에 관한 목소리가 커가고 있는 현상은 전 지구적 차원의 공통된 양상이며, 이는 기업에 대한 '신뢰'와 밀접히 관련되어 있다. 즉 기업과 공공 기관에 대한 사회적 불신이 위험 수위에 이르렀다는 위기감이 전 지구적 차원에서 기업에 대한 불신과 신뢰 회복을 주요한 화두로 떠오르게 만들고 있는데, 이를 상징적으로 웅변하는 것이 '다보스 포럼'이라고 불리는 '세계경제포럼(WEF)'의 2003년 총회의 선언문 내용이다. "신뢰는 지구촌에서 지속 가능한 성장과 발전을 가져올 수 있는 핵심이다. 신뢰 없이 세계는 안전하지도 않고 번영할 수도 없다." 허승호 외, 『윤리 경영이 온다』, p. 22 참조. 이와 관련하여 현대사회의 '신뢰 위기'에 관한 대표적 논의로는 F. Fukuyama, *Trust: The Social Virtues and the Creation of Prosperity* 참조.

능한 '권고적인 것'이며 잠정적으로 '자기 규제적인 것'이어야 한다. 이와 관련된 경험적 사례의 하나로서 오늘날 기업에 대해 부과된 환경 보존의 윤리적 책임은, 과거에 비해 더욱더 엄격하게 준수될 필요성이 기업에 요구되고 있으며 자기 규제로부터 외부 규제로 전환되고 있다.

2) 이 같은 내용을 고려할 때, 정보에 대한 평등한 접근권을 배경으로 하여 전개되는 자유로운 의사소통 절차에 기초한 협의적 기업 운영 방식의 제도화 및 활성화가 오늘의 상황에서 새로운 기업 윤리로서 수용되어야 할 근거는 어디서 확보될 수 있는가?

우선 '경제 민주화'[10]의 관점에서 이것이 기업의 새로운 책임 윤리가 되어야 한다는 당위적 요구를 고찰해보기로 하자. 주지하다시피 현재 전 세계적으로 확산되어나가고 있는 신자유주의에 기초한 민주주의, 이른바 '신자유주의적 민주주의'는 정부(국가)가 시장에 개입하는 과정 자체를 반민주주의적인 처사로 규정하고 있다.[11] 시장의 영역은 시장의 논리, 상품의 논리에 전적으로 맡겨야 한다는 주장이다. 더욱이 최근의 상황은 시장의 영역에 그 어떤 규제 수단이나 논리를 통해서도 개입하거나 관여하지 말라는 수준에서 벗어나, 아예 시장의 논리(체계의 논리)를 모든 삶의 영역에까지 무차별적으로 적용하려는 보다 적극적이며 공격적인 양태를 취하고 있다.[12] 그 한 예가 바로 '의사

---

10) '경제 민주주의'(혹은 '경제의 민주화') 아울러 이에 근거한 '기업 민주주의'에 관한 논의로는 로보트 A. 달, 『경제 민주주의』; 박주원, 「민주주의란 무엇인가」, 한국정치연구회 사상분과 편저, 『현대 민주주의론 I』; 민주주의사회연구소 편, 『기업 민주주의와 기업 지배구조』 참조.
11) 이러한 해석의 극단적인 예로서, 1973년 칠레의 아옌데 정권을 피노체트가 주도한 군사 쿠데타로 전복시킨 사태를 배후에서 지원했던 미국 정부가 밝힌 개입에 대한 정당화 논변을 들 수 있다. N. 촘스키, 『그들에게 국민은 없다』, p. 31 참조.
12) '체계/생활세계의 2단계 사회이론'에 의하면 이는 전면적인 '생활세계의 식민화'에 해당된다. 이에 관해서는 J. Habermas, *Theorie des kommunikativen Handelns* 2, pp. 489~547 참조.

소통의 논리'와 같은 고유한 지배 논리가 작동하고 있는 교육의 영역을 상품의 논리로 대체하려는 교육 개방 등의 시책이다.

하지만 민주주의는 신자유주의와 결코 동의어가 아니다. 민주주의의 완성태를 취하기 위해서는 오히려 정치적 민주주의 외에 '경제적 민주주의'를 적극적으로 추진해야 한다. 다시 말해 민주주의의 본래적 원칙과 정신에 부합하기 위해서는, 시장의 제도적 혁신과 제어 및 규제를 통한 시장의 민주화가 이루어져야 한다. 이와 관련하여 경제 및 기업의 민주화를 주창하는 허스트P. Hirst는, '정치적 민주주의'와 '경제적 민주주의' 양자 모두는 사회 성원 각자가 자신의 이익을 추구할 권리나 이를 보호할 수 있는 권한을 요구하는 것으로 규정할 수 있으며 그런 한에서 서로 동일한 것이라고 주장하고 있다.[13] 달R. A. Dahl의 경우도, 민주적 원리의 핵심은 '자치권'이며 이것은 정치적 영역에서와 마찬가지로 경제 영역에서도 정당화되어야 한다고 주장한다. 이러한 주장에 대해, 자치권이 또 다른 천부인권인 '재산권'을 침해하게 된다는 반론이 제기되고 있다. 하지만 달은, 재산권은 사실상 법의 규정 범위 내에서 이루어지는 경제적 자유에 불과한 까닭에 경제적 영역에서도 자치권이 우선시되어야 한다는 논리를 편다. 이와 함께 달은 '경제적 자치권'의 구체적인 실현 방안으로서 '종업원들의 자주 관리'를 제안한다. '자주 관리 체제'는 기업의 피고용원인 종업원들이 기업 자산의 공동 소유를 기반으로 기업의 의사 결정에 참여하는 것이다.[14] 이러한 참여가 이루어지는 경우에, 진정으로 민주적인 사회가 구현될 수 있다는 것이다.

---

13) P. Hirst, "From the Economic to the Political", p. 64 참조.
14) 자주 관리 체제의 도입에도 불구하고 경제적 비효율성이 나타나지 않았다는 주장에 대한 논거로서 달은 '자주 관리 체제가 도입된 유고에 대한 사례 연구 결과'를 제시하고 있다. 달, 같은 책, p. 6.

이처럼 기업의 운영 방식 자체가 노사 간의 자유로운 의사소통적 절차에 기초한 개방적이며 협의적인 운영 방식으로 정립되는 것이야말로, 정치적 차원뿐 아니라 경제적 영역까지 민주화의 논리를 확대 적용함으로써 민주화의 본래적 이념에 보다 더 접근하는 것이며, 아울러 기업과 관련된 다양한 이해관계를 맺고 있는 사람들에게 보다 높은 수준의 '질적인 민주화'를 제공하는 것이다. 바로 이 같은 맥락에서 의사소통에 기초한 기업 운영 방식이야말로 일상적 삶의 차원에서 보다 높은 질적 민주화를 실현하는 통로 중의 하나이며, 보다 민주적인 사회로의 발전적 전개에 따른 시대적 요청에 대한 응답인 것이다.

3) 다음으로 사회에 대한 도덕적 책임의 증대라는 관점에서, 의사소통에 기초한 민주적 기업 운영 방식의 채택이 새로운 기업의 책임 윤리가 될 근거에 대해 살펴보기로 하자. 이와 관련하여 먼저 기업 윤리의 가능성에 대한 찬반 논변부터 살펴보자. 기업에 윤리를 적용해야 하는가에 대한 반대 입장의 논리를 보면, 첫째, 완전한 자유경쟁 시장에서 기업이 이윤을 추구함으로써 사회적으로 가장 혜택을 많이 보는 사람은 사회 구성원들이기 때문에, 회사가 이윤을 남기기 위해서는 사회 구성원이 원하는 물건을 가장 효율적인 수단을 동원해 만들어야 한다는 논리다. 둘째, 기업관리자들은 회사의 이해 추구에만 관심을 가져야 하며 윤리적 문제에는 신경을 쓰지 않아도 된다는 주장이다. 셋째, 윤리를 아예 기업과 결부시키지 않으려는 것으로서, 기업은 관련 법만 잘 준수하면 충분히 윤리적이라는 주장이다.

이러한 반대 논변에 대해 기업 윤리를 주장하는 입장의 논거는, 첫째, 기업 활동은 인간의 자발적인 활동인 까닭에 기업에도 윤리가 적용되어야 한다는 것이다. 둘째, 기업도 다른 활동과 마찬가지로 그 기업에 개입된 사람들과 주변 공동체가 최소한의 윤리를 지키지 않을 경우 활동할 수 없다는 주장이다. 셋째, 윤리적 사고는 기업 이윤과 밀접

한 관련이 있으며 도덕적으로 본보기가 되는 기업들이 역사적으로 성공해왔다는 주장이다.[15]

이처럼 기업 윤리의 가능성을 둘러싼 찬반 논변에도 불구하고 현실적으로 기업은 그 자신이 몸담고 있는 사회와 사회 구성원들에 대해 윤리적인 책임을 지녀야 할 부분이 있다. 마치 개인이 사회에 대해 권리와 책임을 지고 있는 것처럼, 기업 역시 내세울 권리와 지켜야 할 의무가 있는 것이다. 가령 최근 들어 벌어지고 있는 일부 사기업의―자금 융통을 원활히 할 목적으로 고의로 자산이나 이익을 부풀려 계산하는― '분식회계粉飾會計'는 주주나 투자자, 기업의 고용인을 비롯한 관련 당사자들뿐 아니라 나아가 기업이 영위되고 이익을 실현하는 장場인 한국 사회와 국가 경제를 중대한 위기 국면으로 몰고갈 수 있다. 하지만 기업이 의사소통 절차에 의거한 보다 민주적인 방식으로 운영된다면, 일부 소유주나 경영자들에 의해 기업의 실적 및 이익 산출 등이 의도적으로 왜곡되는 사태를 피할 수 있다. 열린 노사 참여적 협의 경영을 통해 경영진에 대한 지속적인 비판과 감시가 이루어지고 그로부터 투명하고 민주적인 경영을 유도함으로써, 일부 기업 지배층에 의한 의도적인 기업 경영상의 기만을 방지할 수 있기 때문이다.

이 같은 상황을 고려할 때, 기업의 사회적 책임은 실로 막중하지 않을 수 없으며 기업의 소유주나 최고 경영층, 대주주 나아가 기업에 속해 있는 일반 피고용인들까지 높은 도덕의식이 요구된다. 하지만 의식적 차원에서의 '도덕적 무장'만으로는 한계가 있으며, 그것의 내적인 규범적 장치로서 열린 민주적인 운영 방식의 조직화 및 제도화가 오늘의 시점에서 필수적이다. 그럴 경우에만 기업이 윤리적 정도에서 벗어나 왜곡된 방식으로 운영되는 부정적 사태를 막을 수 있으며 동시에

---

15) Velasquez, 같은 책, pp. 35~39 참조.

사회에 대해 수행해야 할 기업 윤리를 준수할 수 있다.

물론 이 같은 민주적 운영 방식의 제도화와 그에 기초한 운영의 활성화와 같은 새로운 내용의 기업 윤리는 기업 자체가 수행해야 할 규범적 사항이지만, 결국 그것은 기업 운영의 두 중심적인 행위 주체, 즉 한편으로 기업의 소유주와 경영자 측, 다른 한편으로 기업의 피고용인으로서 일반 직원 측, 양자 모두에게 동시적으로 요구되는 윤리적 규범인 셈이다.[16] 다시 말해 기업의 소유주나 경영자 측에게는 의사소통적 절차에 기초한 기업 경영을 제도화·활성화할 윤리적 책임이 주어져 있으며 동시에 기업 조직의 또 다른 축인 기업의 피고용인으로서 개별 직원들에게도 합리적인 토론과 논쟁에 입각한 기업 운영 방식의 공식화·제도화를 적극적으로 요구하고 그것의 실현을 위해 실천적 노력을 기울여야 하며, 나아가 제도화된 민주적인 의사소통적 기업 운영 방식에 적극적으로 참여할 윤리적 책무가 주어져 있는 것이다.[17]

4) 이러한 사실을 고려한 가운데 이 글이 특히 염두에 두고 있는 '의사소통적 기업 운영 방식의 제도화'로서의 기업 윤리의 정립에 관한 '현실적 모델'은, 기업과 노동자, 투자자와 정부, 사회단체 등 기업의 모든 '이해관계자stakeholder'[18]를 동등하게 중시하며 기업의 자발적

---

16) 이와 관련된 윤리적 논의에 관해서는 M. Singer, *Ethics and Justice in Organizations*, pp. 147~154 참조.
17) 즉 이 같은 민주적인 의사소통적 절차 과정에 기초한 기업 운영 방식의 확립을 위한 노력과 확립 이후의 적극적이며 자발적인 참여는 개별 직원의 입장에서 더 큰 이익이 되기 때문이 아니라, 그것이 기업 조직의 구성원으로서 피고용인에게 주어진 윤리적 책무라는 점을 밝혀보고자 한다.
18) 이와 관련하여 '주주shareholder 자본주의'와 '이해관계자stakeholder 자본주의' 혹은 '주주주권론'과 '이해당사자주권론'에 대한 개념적 의미는 홍장표, 「기업 민주주의와 기업 지배구조」, pp. 15~56 참조. 한편 '기업의 지배구조coperate governance'와 관련하여, 이해관계자 자본주의를 주주 자본주의와 대비되는 좁은 의미의 민주주의로 보는 것을 넘어, 사회 전체 차원에서 새롭게 지향해야 할 민주주의로 규정하

인 사회적 책임을 강조하는 '유럽식 기업 윤리'[19]에 기초를 두고 있는 노사 간 '공동결정제도Mitbestimmung'[20]의 모델이다. 따라서 그것이 사업장과 기업(경영) 수준에서 실현되고 있는 '사업장평의회Betriebsrat'와 '감독이사회Aufsichtsrat'—또는 '두 개의 이사회로 견제하는 독일식 이사회 시스템'[21]—가 주된 관심의 대상이다. 급속한 민주화와 그에 따른 보다 높은 도덕의식을 요구하는 작금의 한국적 상황을 고려할 때, 투자자의 이익을 보장하기 위한 경영 방식이나 기업의 기부 행위를 강조하는 '미국식 기업 윤리'에 비해, 종업원에 대한 인격적 대우나 권리 보장, 지역사회에 대한 기업의 사회적 책임을 강조하는, 동시에 노조의 적극적인 경영 참여가 보장되는 유럽식, 그 가운데서도 '독일식 기업 윤리'와 기업 운영 방식이 보다 더 설득력 있는 대안적 방안으로 보여지기 때문이다.

3. 기업의 속성으로서 이윤 획득과 기업의 책임 윤리

앞에서 우리는 한편으로 급속한 민주화의 진전에 따라 초래된 사회적 환경의 변화와 그에 따른 사회 성원들의 권리 의식의 함양과 일상

여 이를 '참여 민주주의'로 확장하여 해석하려는 시도로는 장현준, 「옮긴이의 말: 참여 민주주의에 대하여」, pp. 9~19 참조.
19) 이와 관련하여 이해당사자를 단지 '수단'이 아니라 '목적'으로 대우해야 한다는 관점에서의 기업 윤리에 관한 논의로는 N. E. Bowie, *Business Ethics: A Kantian Perspective*, pp. 41~81 참조.
20) 다른 나라에 비해 '기업민주주의'가 보다 잘 구현되고 있는 징표로서 인정받고 있는 독일의 '공동결정제도'에 관한 상세한 논의로는 허민영·윤영상, 「독일의 공동결정제도와 기업 지배구조」, pp. 273~306 참조.
21) 이에 관한 간략하고도 평이한 설명에 대해서는 허승호 외, 같은 책, pp. 53~60 참조.

적 삶의 민주화에 대한 요구의 분출, 다른 한편으로 예기치 못한 사태에 대한 안전망으로서 높은 도덕성이 요구되는 오늘의 사회 현실에 주목하여, 자유로운 의사소통에 기초한 기업 운영 방식의 공식화가 새로운 기업 윤리로서 정립될 필요성과 그 근거에 대해 살펴보았다. 그리고 그 결과로서 오늘의 '변화된 시대상像'이 기업에게 보다 높은 수준의 사회적 책임을 요구하고 있음은 시대적 대세로서 상당 정도 필연적이며 당위론적 것임을 확인해볼 수 있었다.

하지만 기업의 '본래적 속성'은 이윤 추구와 그것의 극대화에서 찾아질 수 있다. 그런 까닭에 개인이나 사회(구조)와 달리 기업에게 '당위론적 의무와 규범적 규율의 무조건적 준수'를 일방적으로 요구하기에는 상당한 현실적 어려움이 따른다. 기업에 대한 책임 윤리의 강화와 준수 요구는, 현실적으로는 기업의 이윤 저하를 가리키는 것으로 흔히 이해되고 있는 실정이기에 더욱 그렇다. 그런 한에서 기업의 사회적 책임과 기업 윤리가 '당위적인 규범적 성격'을 지니고 있는 것은 사실이지만, 기업의 본래적 성격이나 자본주의적 기업 환경과 관련해 볼 때 그러한 '윤리적 근거'에 의거해 규범적으로 강요하는 것은 역부족이다. 그러므로 오히려 그 '우회로迂廻路'로서 기업 윤리의 준수와 기업의 이윤 획득, 양자가 상호 비례적인 관계에 놓여 있음을 보여주는 것이 잠정적으로 보다 더 현명한 전략일 수 있다. 요컨대 기업 윤리의 수용 및 채택에 관한 '대안적代案的 설득 논리'로는, 의사소통적 절차에 기초한 기업 운영이라는 새로운 기업 윤리가 준수되어 운영될 경우—즉 새로운 기업 윤리를 채택하고 그에 입각하여 기업이 운영되어 나갈 경우—기업의 이윤 획득과 그것의 극대화 역시 최상의 상태에서 보장될 수 있다는 점을 보여주는 방식이 현실적인 방안으로 적극 검토될 필요가 있다.

이 같은 사실을 감안할 때 특히 관심이 가는 대목은 기업 윤리의 정립을 찬성하는 논변 중에서, '윤리적 기업인 한에서 궁극적으로 이윤 추구가 성공적으로 보장될 가능성이 크다'는 주장이다. 실제로 기업 윤리와 이윤 획득과의 상관관계를 중심으로 행해진 연구 결과들을 보면, 대체로 '윤리와 이윤에 긍정적인 상관관계가 있다'[22)]고 본다. 물론 상관관계가 없다는 연구 결과도 있지만 윤리와 이윤이 반비례한다는 결과는 이제껏 없다는 것이다. 또 주식시장에서 사회적 책임감이 높은 기업이 그렇지 못한 기업보다 높은 투자 수익을 낸다는 연구 결과도 있다. 이에 대한 사례로 벨라스케즈는 제록스Xerox, 휴렛팩커드Hewlett-Packard, 폴라로이드Polaroid 등을 제시하고 있다.[23)]

이렇듯 민주화의 진행과 그에 따른 일상적 삶의 측면의 민주화, 사회 구성원의 민주화 의식 수준의 고양과 그에 따른 민주적이며 합리적인 사고 작용과 판단, 민주적 요구 수준의 증대는 불가피하게 기업에 대해서도 민주적인 운영 방식과 높은 기업 윤리를 요구할 수밖에 없다. 그러기에 고객들은 비윤리적인 기업의 제품은 구매하지 않으며, 정책 결정 과정이 부당한 기업체에서는 종업원들의 무단 결근율과 이직률이 높고 생산성이 저하되고 있다는 보고가 있다. 반면 공정한 처우를 하는 기업체는 종업원들이 회사와 경영진 모두를 믿고 따르며 상대적으로 낮은 임금을 요구한다는 것이다. 또한 관리자의 명령을 보다 잘 수행하고 지도력에 대해 정당하다는 평가를 내린다. 따라서 기업 윤리는 효과적인 경영에 핵심적인 요소라고 할 수 있다.[24)] 이처럼 기업 윤리와 기업의 이윤 창출 및 극대화의 밀접한 연관 관계는 세계적 규모의 기업의 관계자의 입에서 시인되고 있기도 하다. 가령 저명한

---

22) Velasquez, 같은 책, pp. 39~40 참조.
23) 같은 책, p. 39.
24) 이에 관한 상세한 논의로는 D. R. Gilbert, Jr., *Ethics through Corporate Strategy* 참조.

미국 기업인 '3M'사의 기업 윤리 매뉴얼을 만들어 직원들을 감독하고 교육하는 법률팀 부서의 책임자는 다음과 같이 언급하고 있다. "기업 윤리도 결국 비즈니스를 위해 하는 겁니다. 사건이 터지고 난 뒤 법률적으로 대처하는 것보다 기업 윤리를 통해 예방하는 것이 비용이 덜 듭니다. 소송이 기업의 생사를 결정하기도 하는 미국에서 6만 가지의 제품을 생산하면서도 3M의 법률 비용이 경쟁사보다 낮은 이유는 이 때문입니다."[25]

이상의 내용과 관련하여 경험적 자료들을 보게 되면, 책임 윤리가 강한 모범적인 기업들이 실제 이윤 추구에서도 성공적인 결과를 낳으면서 오랫동안 기업의 생명이 유지되고 있는 경우가 많다. 이는 많은 기업들이 오랜 기간 동안 지속되지 못한 이유를 설명해주는 것이기도 한데, 제우스Arie de Geus 같은 이는 '기업들의 경영 방침과 방식이 경제학적 사고에 너무 심하게 의존하고 있기 때문'[26]이라고 밝히고 있다. 이는 시대적 상황과 사회적 요구에 부합하는 방식으로 기업의 운영 방식이나 이윤 추구 방식도 변화 내지 적응할 필요가 있음을 말해 준다. 이와 관련하여 국내 사기업 가운데서도 모범적인 기업 윤리가 두드러진 기업들이 오랜 존속했고 또한 지금도 존속하고 있음을 보여주는 예가 적지 않다. 예컨대 동화약품공업(주)이나 (주)유한양행, 태평양(주) 같은 '경제정의기업상'을 수상한 기업들이 추구한 윤리 경영이 '윤리적 기업'이라는 영예를 안겨주었을 뿐 아니라 결국 이윤 증대와 관련해서도 '만족할 만한 이윤 확보'의 결과를 낳고 있다는 점은, 앞으로의 기업 운영이나 기업 윤리의 정착과 관련하여 시사하는 바가 적지 않다고 생각된다.

---

25) 허승호 외, 같은 책, p. 99.
26) 경실련 경제정의연구소 편, 『윤리 경영이 경쟁력이다』, p. 22.

4. 의사소통적 기업 운영 방식의 '기업 윤리'화 가능성: 한국 사회의 실태

이제까지 우리는 새로운 기업 윤리로서 의사소통적 절차에 기초한 기업의 운영 방식의 채택이 갖는 윤리적 함의와 아울러 그것이 기업의 본래적 속성인 이윤 획득과 맺고 있는 상관관계를 대략적으로 살펴보았다. 그렇다면 그러한 의사소통적 기업 경영 방식으로서의 새로운 책임 윤리가 기업들에 정립될 수 있는 현실적 조건이나 상황이 우리 사회에는 형성되어 있는가? 다시 말해 새로운 기업 윤리로서 민주적·의사소통적 기업 운영 방식을 수용하여 제도화할 수 있는 여건이 마련되어 있는지, 있다면 어느 정도이며, 아울러 성공적으로 정착될 가능성은 어느 수준인지를 고찰해보도록 하자. 그럼으로써 새로운 기업 윤리로서 의사소통적 기업 운영 방식의 정립 가능성을 살펴보기로 하자.

1) 먼저 기업 설문 조사의 결과를 살펴보면, 현재의 한국적 상황은 새로운 기업 윤리로서 민주적 운영 방식의 활성화 및 제도화를 수용하여 정립하기에는 대체로 '과도기적 상황'에 놓여 있는 것으로 보여진다. 예컨대 "회사 내에서는 직원의 자율적인 참여가 중요한가, 직원 간의 위계질서가 중요한가"[27]라는 문항에서 약 54%가 '자율적 참여'로 답하고 있으며, 아울러 "업무와 관련하여 상사와 의견이 다를 경우라도 자신의 의견을 주장하는가"[28]라는 항목에 대해, '주장한다'는 응답이 대략 52%에 이르고 있는데, 이러한 결과는 한국 내 사기업에 속해 있는 다수의 고용인인 직원들의 의식 구조가 민주적이며 열린 합리적 사유 방식으로 전환되어가고 있음을 보여주고 있다.

---

27) 울산대 동아시아연구센터 편, 『한국교차표(수정본)』, p. 11.
28) 위와 같음.

동시에 이러한 일반 직원들의 의식구조에 발맞추어 회사 내 중요 결정 과정이나 정보 공유의 측면도 과거에 비해 개방적이며 민주적인 방식으로 이루어져가고 있음을 보여주고 있다. 가령 "부서의 중요한 결정은 비공식적인 모임에서 사전에 이루어지는가, 공식적인 회의에서 이루어지는가"[29]라는 물음에 대해, '공식적인 회의'를 통해서라는 응답이 대략 54.2%였다. 또한 "회사의 중요한 정보가 개인의 사적, 비공식적인 인간관계를 통해 공유되고 있는가"라는 문항에 대한 응답에서도 약 56.6%가 공식적으로 공유되고 있다고 밝히고 있다. 이 같은 결과는 한국의 사기업에 있어서, 비공식적인 인간관계에 기초한 비합리적 기업 구조 및 관계가 합리적이며 공식적인 조직과 구조로 변화되고 있음을 보여주고 있다. 일반 직원들의 입장에서 이 같은 변화가 감지되고 있음을 보여주는 대목은 "회사의 중요한 결정에 직원의 의견이 반영되는 편인가"란 질문에 대해, 약 46.4%가 '반영된다'고 답했으며 대략 37.4%가 '반영되고 있지 않다'고 응답한 것이다. 아주 만족스러운 편은 아니지만, 그럼에도 점차 한국의 기업들의 경우에, 열린 논의와 토론의 과정을 통해 일정 정도 기업의 운영 및 경영이 이루어지는 방향으로 나가고 있음을 보여주고 있다.

하지만 이 같은 긍정적인 실태와 변화에도 불구하고, 여전히 부정적인 측면이 잔존하고 있음도 부정할 수 없다. 그 예로 "회사의 업무는 주로 구성원들의 토의를 통해 처리되는가, 상사가 결정하고 지시하여 처리되는가"라는 항목에서는 앞서의 결과와 달리, 약 52.5%가 '지시'라고 응답했으며 약 34%만이 '토의'라고 답하였다.

이 같은 분석 결과에서 드러나듯이, 한국 내 사기업들도 점차 공식적인 회의나 절차를 통해 부서의 중요한 사항이 결정되는 등 보다 민

---

29) 같은 책, p. 6.

주적이고 합리적인 방식으로 기업이 운영되어나가고 있음을 보여주고 있다. 기업 내적 구조와 관계 역시 과거의 비합리적이며 전근대적인 것으로부터 합리적이며 열린 형태로 재편되어가고 있음을 알 수 있다. 하지만 앞서의 문항들에 대한 부정적인 답변 역시 만만찮게 제시되고 있다는 사실은, 아직도 한국 내 사기업에 전근대적 후진성이 상당 정도 남아 있음을 말해주는 대목이다.

바로 이 같은 사실을 고려할 때, 현재 한국 사회 내 기업의 조직 및 관계 변화는 '과도기적 수준'에 머물러 있지만, 그럼에도 그러한 과도기적 단계는 조만간 사회적 민주화의 흐름에 보다 부합하는 민주적이며 합리적인 노사 간 협의적 기업 운영 방식의 정착화의 단계로 이행해나갈 것으로 예견된다. 비록 기업 조직 내에 몸담고 있는 소유주와 경영자, 피고용인 등의 의식 구조가 한편으로 전근대적 위계적 조직에 여전히 머물러 있는 성향을 보이고 있지만, 그럼에도 다른 한편으로 사회의 민주화와 함께 자유로운 의사소통의 과정을 통한 기업의 과제 및 정책 수립과 추진 등에 노사가 공히 참여하여 협력할 의사를 보이고 있기 때문이다. 동시에 이러한 의식의 전환과 맞물려 현실의 지평에서도 '점진적으로' 그러한 수평적인 인간관계, 열린 의사소통 절차의 제도화 등이 이루어지고 있다. 이런 점에서 한국적 현실에서 기업의 운영 방식이 민주적 의사소통 절차 과정에 터한 협의적 결정 과정으로 재편될 가능성은 더욱더 높아져가고 있다고 볼 수 있다.

2) 다음으로 새로운 기업 윤리로서 의사소통적 절차에 기초한 합리적 기업 운영 방식을 수용할 수 있는 여건이 한국 기업들 내에 갖추어져 있는가라는 현실적 양태를 살펴보는 것이 중요하다. 즉 한국 내 사기업들이 민주화와 높은 도덕성의 요구라는 시대적 요청에 부합할 만큼 자기 변화가 이루어져왔는가에 대한 검토가 필요하다. 그런 후에라야 새로운 책임 윤리가 기업 윤리화할 수 있는 가능성을 살펴볼 수 있

을 것이기 때문이다.

그런데 이와 관련하여 최근 한국의 기업 운영 실태를 살펴보면 주목할 만한 변화가 이루어지고 있음을 알 수 있다. 크게 보아 하나는 의사소통에 기초한 운영 방식의 채택까지는 아니더라도, 날로 기업의 사회적 책임과 기업 윤리의 중요성이 강조되고 있다는 사실이며, 다른 하나는 이와 관련하여 기업의 운영 방식 자체도 보다 개방적이며 민주적인 양태로 변화해가고 있다는 점이다.

먼저 첫 번째 특징과 관련하여 한국의 기업들의 현 주소를 살펴보자. 무엇보다 분명한 점은, 우리 경제가 고도성장을 이룩해오면서 "기업의 투명한 윤리 경영에 대한 사회적 요구"가 점차 커져왔다는 점이다. 동시에 기업 자체도 '투명 경영과 윤리 경영이 기업의 경쟁력을 강화시키며 결국 국가경쟁력도 강화시킨다"[30]고 인식하고 있다는 사실이다. 이 같은 상황에서 한국의 사기업들 역시 기업의 사회적 책임의 증대와 기업 윤리의 강화라는 시대적 요청에 부합하는 방식으로 기업을 운영해가고자 노력하고 있음을 엿볼 수 있다. 이러한 사례로서, 특히 기업의 윤리 경영을 촉진시키는 한 계기로서 그 역할을 수행해온 경제정의실천시민연합 부설 경제정의연구소에서 시상해온 '경제정의기업상'을 수상한 기업들을 들 수 있다. 물론 이러한 기업들이 한국의 기업을 대표한다고 볼 수 없으며, 이 상을 수상한 기업들이 실제로 그 상의 이름에 부합할 만큼 정의로운 방식으로 기업을 운영하고 기업 윤리를 충실히 수행했다고 말하기도 그리 쉽지는 않다. 그럼에도 나름의 합리적 잣대에 의거하여 '한국 사회에서 기업 윤리를 모범적으로 실천해온 기업들을 대표한다'고 볼 수 있다는 점에서, 현재의 한국 기업의 운영 실태를 살펴보는 데 어느 정도 참조는 될 수 있다고 생각한다.

30) 경실련 경제정의연구소 편, 같은 책, p. 5.

이와 관련하여, 한국의 대표적인 '대기업' 가운데 하나인 (주)태평양은 2001년 5월 경제정의기업상 대상을 수상했는데 이때 얻은 점수를 보면, "정량 평가의 경우 종업원 만족도 269개 중 9위(1인당 교육 훈련비, 노사 협의회 법 준수 여부, 여성 지위 향상, 여성의 최고 직급 등)와 기업 활동의 건전성 269개 중 15위(소비성 지출, 위험성), 경제 발전 기여도 17위(연구 개발 지출, 특허 및 장영실상, 수익성, 조세 납부 등) 및 환경 보호 만족도 269개 중 20위(환경 친화성, 환경 투자 실적, 환경 경영 방침, 환경 보호 운동 등)였고, 정성 평가에서는 25점 만점 중 17.4로 1위를 차지하는 등 우수한 평점을 얻었다."[31] 특히 주목되는 것은 최근의 중요한 기업 윤리로 부각되고 있는 환경 보존의 윤리에 관한한 최고 수준의 모범적인 기업으로 윤리 준수에 최선을 다하는 기업으로 자리 잡아가고 있으며, 이러한 노력의 결과로 매일경제와 환경부가 공동으로 주최한 '환경경영대상 우수상'을 1999년에 수상함으로써 환경 친화적인 기업으로 자리매김되기에 이르렀다. 이러한 예는, 한국의 사기업들도 기업 윤리의 준수가 갖는 규범적 중요성 그리고 그것이 기업의 이윤 확보의 중요한 동력원임을 인식하고 몸소 실천해나가고 있음을 보여주는 것이라 하겠다.

  그렇지만 민주화의 진척에 부합하는 경영 방식과 기업 운영 방식의 변화는 우리 사회의 기업들의 변화된 성찰적 자세를 보다 더 극명하게 보여주는 대목이다. 이 점에 대한 고찰은, 이 글이 초점을 맞추고 있는 '의사소통적 절차에 의거한 협의적 운영 방식의 채택'의 정립 가능성의 확인 작업과 관련하여 특히 중요한데, 이에 대한 예로는 일찍이 국내 최초로 전 사원 월급제를 시행하고, 경영과 자본을 철저히 분리하여 전문 경영인 체제를 도입했던 동화약품공업(주)를 들 수 있다.

---

31) 같은 책, p. 116.

1897년에 '동화약방同和藥房'으로 출발한 동화약품공업(주)의 경우에, 1937년부터 종업원을 '식구' 개념으로 호칭하며 건전한 노사 관계를 이끌어오고 있으며 창업 이래 오늘날까지 단 한 건의 노사분규도 없는 기업 운영을 해왔다.

대표적인 제약회사의 하나인 (주)유한양행의 경우도 건전한 노사 관계가 정착한 모범적인 사례로서, '대화와 존중을 통한 노사 화합의 문화'를 정착시켜왔다. 이 기업은 특히 노사 화합을 위해 매년 정기적인 '노사 협의회'를 개최하여 중요한 경영상의 문제를 협의하고 있으며, 최고 경영자와 간부 사원, 노조 대표가 참여하는 '노사 합동 연수회'를 개최하여 상호 이해의 폭을 넓혀왔고, 노사 간의 대화를 통해 친밀감과 일체감을 가질 수 있도록 하고 있다. 더욱이 "사업 계획 심의에 과장급 이상 직원과 노조 간부를 참여시킴으로써 경영 목표에 대한 적극적인 이해와 함께 경영 참여를 통한 소속감을 높여주고 있으며 경영상의 문제 해결에 지혜를 모아왔다."[32]

앞에서 언급했던 (주)태평양 또한 직위·호칭 제도를 폐지함으로써 조직 내 관료·권위주의를 제거하고 또한 연공서열에 의한 획일적 사고에서 탈피하고자 시도함으로써 종국적으로 수평적, 창의적 조직 문화를 구현하고자 시도하고 있다. 아울러 노무 담당 상무 1인을 현장에 배치하여 현장의 노사문제를 발전적으로 유도하는 등 노사 간에 정보를 공유하고 있다. 즉 매월 '노사 대표 월례회의'를 개최하고 있으며, 이 자리에서 경영 자료의 공개와 제공, 아울러 설명을 실시하고 있으며 근로자의 경영 참가 기회를 제공하는 것을 원칙으로 삼고 있다. 이외에도 최근 국내 재계 2위인 LG그룹이 국내 처음으로 '지주회사' 체제로 전환하는 등 이른바 '정도 경영正道經營' 혹은 '윤리 경영'을 향한

---

32) 같은 책, p. 78.

기업 자체의 자기 성찰적 변화가 빠르게 진행되고 있기도 하다.[33]

이 같은 현실은 한국 사회 내 기업들 역시 기업에 대한 점증하는 사회적 기대와 기업 윤리의 강화라는 시대적 요청을 더 이상 외면할 수 없게 되었으며 그 길로 나아가는 것만이 결국 기업도 살고 이윤도 극대화될 수 있다는 인식에 의거한 기업들의 획기적인 자기 변신을 보여주는 것이다. 동시에 이 같은 상황은 개별 기업에 따라 다소간 차이는 있겠지만, 보다 높은 수준의 기업 윤리의 수용과 준수, 특히 민주화에 걸맞은 기업의 투명한 합리적인 민주적 경영 방식의 채택과 제도화가 불가피한 시대흐름으로 정착되고 있음을 엿보게 해준다. 요컨대 최근 한국 사회의 기업들 사이에서 이루어지고 있는 윤리 경영 및 투명 경영으로의 급속한 전환이야말로, 합리적인 의사소통 절차에 의거하여 민주적이며 노사 협의적인 기업 운영 방식의 도입 및 제도화가 외적 강제가 아닌 기업 자체의 자기 규제적 윤리로서 자리 잡을 수 있는 가능성을 긍정적으로 보여주는 대목이라 할 것이다.

5. 잠정적 결론

이제까지 우리는 한편으로 윤리적 위기 상황의 고조에 따라 기업에 대해서도 높은 도덕성과 책임 윤리가 요구되는 오늘의 시대적 환경, 다른 한편으로 한국 사회의 급속한 민주화의 진척에 부합하는 기업 운영 방식의 재정립의 필요성 및 시대적 요청, 두 관점에서 오늘의 한국 내 사기업이 마땅히 준수해나가야 할 새로운 내용의 기업 윤리로서 '의사소통 절차에 기초한 민주적 기업 운영 방식'의 정초 가능성을 살

---

[33] 허승호 외, 같은 책, pp. 239~255 참조.

펴보았다. 특히 이러한 고찰 과정에서 기업이 지닌 본래적 특성으로서의 '이윤 추구'라는 속성을 고려하여, 기업의 책임 윤리 준수와 기업의 사적 이익이 서로 대립하거나 충돌하는 것이 아닌, 상호 합치·통일되는 것임을 경험적 분석 자료에 의거해 확인해보고자 하였다.

그 결과 '잠정적으로' 몇 가지 이론적 귀결점을 도출해낼 수 있었다. 우선 불확실성과 위험 사회의 징후가 빠르게 퍼져 나가면서 동시에 그 어느 때보다 높은 도덕성이 요청되는 시대 상황에서, 기업 윤리의 강화 역시 전 지구적 차원에서 전개되어가고 있으며 한국의 사기업 역시 이러한 시대 흐름에 발맞추어 보다 엄격한 기업 윤리의 정립과 그것의 준수 하에 기업을 영위해나가고자 애쓰고 있다는 점이다. 이는 곧 '비윤리적 기업'이란 낙인이 찍힐 경우 기업 자체의 생존을 거의 어렵게 만드는 기업 환경이 우리 사회에도 빠르게 조성되어가고 있음을 말해준다.

둘째, 기업 윤리의 강화는 급속히 진행되고 있는 한국 사회의 민주화와 맞물려 기업 운영의 혁신적인 변화, 즉 '경영의 투명성'을 강하게 요구하고 있으며 이는 결국 의사소통 절차에 기초한 민주적인 경영 방식, 노사 간 협의적 운영 방식으로의 전환으로 이어질 것으로 예견된다. '경제 민주화' 그리고 '기업의 민주화' 이념[34]에 비추어, 경영에 대한 보다 철저한 감시와 견제, 다수의 피고용인으로서 일반 직원과 노동자의 권리 확보, 기업이 몸담고 영위되고 있는 기본적 활동 장場의

---

34) 사적 기업들의 운영 방식이 어느 수준까지 민주화되고 있는가의 문제를 비판적으로 검토해보고자 한다. 이러한 운영 방식의 검토에서 운영 방식은 노사 간의 합리적 민주적 의사소통의 확보 등을 포함하는 넓은 의미에서 사용하고자 한다. 따라서 이러한 비판적 검토는 기업의 운영 과정에서, 주요 정책 결정과 집행 과정에서 민주적이며 합리적인 의사소통의 과정을 거쳐 이루어지고 있는가의 문제, 주요 기업 내 문제에 노사 간 정보 교류나 의사소통이 어느 수준까지 이루어지고 있는가의 문제 등이 당연히 포함되며, 이러한 분석을 토대로 하여 이러한 과정의 확보 및 실천이 두 가지 면에서 중요하다는 점을 밝혀보고자 한다.

이해관계 당사자들—고객, 종업원, 지역사회, 국가 등—에 대한 사회적 책임의 증대 등이 '불가피한 새로운 윤리적 규범'으로 정립될 수밖에 없으며, 이것의 현실적 작동은 자유롭고 평등한 의사소통에 기반한 노사 간 민주적 협의 운영의 방식으로의 '규범적 제도화'에서만 가능하다는 점에서 그렇다. 또한 한국의 기업 현실 분석을 통해 드러나는, 노사 간 협력 문화의 강화와 피고용인으로서의 종업원들에 대한 경영 관련 정보 제공의 확대, 기업 운영 과정에의 노조 참여의 점진적 확산 등 의사소통적 절차에 기초한 투명한 민주적 기업 운영 방식이 활성화되어가고 있는 점도 이 같은 예상을 긍정적으로 뒷받침해주고 있다.

셋째, 오늘의 한국 기업들의 영위 양상은, 의사소통 절차에 기초한 투명 경영이라는 새로운 기업 윤리를 일방적인 강제 의무로 마지못해 따라가거나 거부하기보다는, 그것이 이윤 창출의 새로운 통로이자 지속적인 이윤 확보를 위한 최적의 방안이라는 (기업 경영론적) 인식으로 이어지고 있음을 보여주고 있다. 이는 기업의 '사적 이익'이 기업의 '사회적 책임'과 대립하기보다 궁극적으로 합치하고 있다는 점을 기업 관련 당사자들이 통찰하고 있음을 보여주는 것이란 점에서 주목된다. 다시 말해 오늘의 한국 사회 내 사기업들은, 보다 수평적인 인간관계(노사 간, 사원 간, 부내 상하 간)와 합리적이며 민주적인 의사소통을 활성화하고 그에 의거하여 기업을 운영해나가고자 시도하고 있다. 그렇게 하는 것만이, 한편으로 사회적 공익의 증대에 기여하고 국민 속에 신뢰받은 윤리적 기업으로 자리하게 해주면서, 동시에 다른 한편으로 기업 자체에게 더 많은 이윤 창출을 안겨줄 수 있다는 사실을 인식하게 되었기 때문이다. 아울러 이 점은 한국 내 몇몇 대표적인 윤리 기업들의 사례 분석에서 확인되고 있다.

결국 이상의 내용을 정리하면, 현 시점에서 의사소통 절차에 기초한 민주적이고 합리적인 노사 간 협의적 기업 운영 방식의 수용과 제도화는 오늘의 민주적 시대 상황에서 사기업이 당위적 차원에서 추구해야 할 기업 윤리의 핵심적 내용으로 점차 자리 잡아가고 있으며, 동시에 이는 기업이 추구하는 목표, 즉 이윤 극대화를 위해서는 최선의 전략적 방안이 될 수밖에 없다는 점이다. 이런 한에서 기업의 사적 이익과 기업이 윤리적 차원에서 담당해야 할 공적 이익은 서로 대립되는 것이 아니라 합치되며 통일되는 것이다.

다만 이상과 같은 개괄적인 결론은 현 시점에서 다분히 '제한적이고 잠정적인' 것이다. 따라서 이것이 보다 확증된 내용으로 자리 잡기 위해서는, 지금보다 훨씬 더 '엄밀한' 철학적·윤리적 논증 과정과 검증 과정이 추가되어야 할 것이다. 가령 기업을 운영하는 데 '불가침의 통제권'이 필수적이라고 믿는 기업 소유자와 경영자들이 여전히 다수를 차지하고 있으며,[35] 그러한 신념에 입각한 경영 방식을 통해 세계적인 유수 기업으로 성장하고 있는 기업이 '현실적으로 존재하고 있는' 한국의 현 상황에서, 의사소통 절차에 기초한 협의적 기업 경영의 기업 윤리화가 어느 정도 이론적 설득력을 갖추고 있으며 실천적으로 구현될 수 있는가는 더 많은 논의가 필요한 문제이다. 뿐만 아니라 이 글에서 전제한 예측에 부합하는 보다 설득력 있는 예증의 확보를 위해, 경험적 현실 분석 작업과 그 결과에 대한 검토가 한층 더 강화될 필요가 있다. 이 과정에서 특히 최근 신자유주의의 논리에 기초하여 기업의 자율성과 효율성이 강조되고 있는 한국적 현실과 관련하여, 기업의 '민주성'과 '효율성', 양자 간의 상충과 조화, 합치의 문제에 대해서도 보다 심도 깊은 연구와 논의가 이루어져야 할 것이다.

---

35) Hirst, 같은 글, pp. 64~65 참조.

참고 문헌

경실련 경제정의연구소 편, 『윤리 경영이 경쟁력이다』, 예영커뮤니케이션, 2002.
로버트 A. 달, 『경제 민주주의』, 안승국 옮김, 인간사랑, 1999.
민주주의사회연구소 편, 『기업 민주주의와 기업 지배구조』, 백산서당, 2002.
박주원, 「민주주의란 무엇인가」, 한국정치연구회 사상분과 편저, 『현대민주주의론 I』, 창작과 비평사, 1992.
배규한 외, 『변화하는 사회 환경, 기업의 대응』, 지식마당, 2002.
노만 보우이, 『기업 윤리』, 황경식 옮김, 철학과현실사, 1997.
서광조·이응권, 『기업 윤리와 경제윤리』, 철학과현실사, 1997.
아마티아 센, 『윤리학과 경제학』, 박순성 외 옮김, 한울, 2004.
이재열, 『경제의 사회학』, 사회비평사, 1996.
울산대학교 동아시아연구센터 편, 『한국교차표(수정본)』, 2004.
울산대학교 동아시아연구센터 편, 『간략 한국교차표』, 2004.
장현준, 「옮긴이의 말: 참여 민주주의에 대하여」, 개빈 켈리, 도미니크 켈리, 앤드루 갬블 외, 『참여 자본주의』, 장현준 옮김, 미래M&B, 2003.
노암 촘스키, 『그들에게 국민은 없다』, 강주헌 옮김, 모색, 1999.
페터 코슬로브스키, 『자본주의 윤리학』, 이미경 옮김, 철학과현실사, 1999.
함재봉, 『유교, 자본주의, 민주주의』, 전통과 현대, 2002.
허민영·윤영삼, 「독일의 공동결정제도와 기업 지배구조」, 민주주의사회연구소 편, 『기업 민주주의와 기업 지배구조』, 백산서당, 2002.
허승호 외, 『윤리 경영이 온다』, 동아일보사, 2004.
황의서, 『경제 발전과 경제윤리』, 서광사, 2002.
Bowen, H. R., *Social Resoponsibility of the Businessman*, Harper & Row, 1953.
Bowie, N. E., *Business Ethics: A Kantian Perspective*, Blackwell, 1999.
Brittan, S., A. Hamlin (eds.), *Market Capitalism and Moral Values*, Edward Elgar, 1995.
Calinicos, A., *Equality*, Polity, 2000.
Donaldson, Th., A. Gini (eds.), *Case Studies in Business Ethics*, Prentice-

Hall, 1993.

Fukuyama, F., Trust: *The Social Virtues and the Creation of Prosperity*, Free Press, 1995.

Furedi, F., *Culture of Fear: Risk-Taking and the Morality of Low Expectation*, Continuum, 2002.

Gilbert, D. R. Jr., *Ethics through Coporate Strategy*, Oxford University Press, 1996.

Glassman, R. M., *Caring Capitalism*, Macmillan Press, 2000.

Habermas, J., *Theorie des kommunikativen Handelns 1, 2*, Suhrkamp, 1981.

Habermas, J., *Moralbewußsein und kommunikatives Handeln*, Suhrkamp, 1983.

Habermas, J., *Erläuterungen zur Diskursethik*, Suhrkamp, 1991.

Himmerfarb, G., *The Demoralization of Society*, Vintage Books, 1996.

Hirst, P., "From the Economic to the Political", G. Kelly, D. Kelly, A. Gamble (eds.), *Stakeholder Capitalism*, Macmillan Press, 1997.

Hösle, V., *Die Krise der Gegenwart und die Verantwortung der Philosophie*, Verlag, C.H.Beck, 1990.

Kelly, G., D. Kelly, A. Gamble (eds.), *Stakeholder Capitalism*, Macmillan Press, 1997.

Lewis, A., K.-E. Wärneryd (eds.), *Ethics and Economic Affairs*, Routledge, 1994.

Posner, R. A., *The Problematics of Moral and Legal Theory*, The Belknap Press of Havard University Press, 2002.

Posner, R. A., *The Economic Structure of The Law*, The Belknap Press of Havard University Press, 2000.

Samuelson, W. J., *Economics, Governance and Law*, Edward Elgar, 2002.

Singer, M., *Ethics and Justice in Organizations*, Ashgate, 1997.

Velasquez, M. G., *Business Ethics: Concepts and Cases*, Prentice-Hall, 1998.

요약문

주제 분류 : 사회철학, 윤리학
주요어 : 기업 윤리, 사적 이익, 공적 책임, 의사소통 절차, 민주적 경영, 경제 민주화
내용 요약 : 개별 행위자뿐 아니라 사회집단이나 사회구조에 대해서도 높은 도덕성이 요구되고 있는 오늘의 시대적 흐름과 맞물려 한국의 '사기업' 역시 자신이 몸담고 있는 사회와 사회 구성원들에 대해 높은 도덕성과 책임 의식을 갖출 것이 요청된다. 하지만 민주적인 의사소통 절차의 공식적 제도화나 평등한 정보 소유에 기초한 자유로운 토론을 통한 노사 간 협의적 경영 등은 아직까지 기업의 책임 윤리의 수준에까지 이르지 못하고 있다. 다른 한편 오늘의 한국 사회는 사회 전반적으로 민주화의 진척이 빠르게 이루어지고 있지만, 이러한 역동적인 민주적 변화에 비해 사기업의 운영 방식에 있어서의 변화, 특히 '민주적 경영 방식으로의 이행'은 상대적으로 더디게 진행되고 있는 것처럼 보인다. 이에 따라 기업의 경영 방식을 '민주적인 의사소통적 절차 과정'에 기반하여 조직하고 제도화하는 것이 기업이 추구해야 할 당위적인 윤리적 요구 사항이라는 점이 제대로 인식되지 못하고 있는 실정이다.

이러한 시대적 상황을 염두에 두면서, 이 글이 수행하고자 하는 잠정적인 목표는 세 가지이다. 첫째, '수평적 인간관계를 바탕으로 한 자유롭고 민주적인 의사소통적 절차에 기초한 기업 운영 방식'을 중심적인 경영 방식으로 채택·수립하는 과제야말로, 높은 도덕성과 사회적 책임 의식이 강하게 요구되는 변화된 오늘의 시대 상황에서 이윤 획득을 최고의 목표로 삼고 있는 사기업이 추구하고 구현해야 할 새로운 공적인 책임 윤리, 기업 윤리임을 확인해보고자 한다. 둘째, '민주적인 의사소통 절차의 활성화 및 제도화, 그에 기초한 기업 운영 방식의 확립'이라는 보다 '강력한 기업 윤리'에 의거하여 기업이 운영되어나갈 경우, 사기업의 본래적 속성이라 할 이윤 극대화의 목표가—공적 이익을 고려하지 않은 채 사적 이익만을 추구하려는 경우에 비해—보다 더 성공적으로 달성될 수 있다는 점을 설득력 있게 보여주고자 한다. 그런 한에서 기업의 사적 이익은 새로운 경영 윤리가 결과할 공적 이익과 충돌하거나 대립하는 것이 아니라 궁극적으로 합치(통일)되는 것임을 밝혀보고자 한다. 끝으로, 의사소통적 기업 운영 방식의 '기업 윤리'화

와 관련하여, 현재 한국의 사기업들의 운영 방식의 실태를 '경험적 분석'의 차원에서 비판적으로 검토해보고자 하며, 그럼으로써 새로운 기업 윤리의 도입과 정착화의 '실현 가능성'을 가늠해보고자 한다.

철학자 황장엽과의 대담[1]
인간중심철학의 민주주의론을 중심으로[2]

대담: 김원식

바쁘신 중에 대담에 응해주신 것에 대해 진심으로 감사드립니다. 오늘은 선생님께서 제시하고 계신 민주주의론을 중심으로 몇 가지 질문을 드리고자 합니다.

1. 선생님은 인간중심철학이라는 독창적인 철학 체계를 제시하고 계신 것으로 알고 있습니다. 철학 일반에 대한 선생님의 견해에 대해서 간략한 질문부터 드리고자 합니다. 먼저 선생님께서 생각하시는 철학에 대한 정의는 무엇인지 알고 싶습니다.

---

[1] 이 대담은 한국 사회와 세계의 민주주의 일반에 대한 황장엽 씨의 입장을 명료하게 보여주고 있다. 편집위원회에서는 이 글을 기화로 그의 철학 외적 활동에 대한 정치적 논의가 아니라, 그의 철학 일반에 대한 논의가 활성화되기를 바라면서 이 글을 게재하기로 결정했다. 앞으로도 다양한 논점을 가진 철학자들의 대담 논문을 기회가 닿는 대로 게재할 예정이다.
[2] 이 대담은 한 주 전에 서면 질의서를 전달한 상태에서, 2004년 5월 14일에 이루어졌다.

철학이란 어떤 학문인지에 대한 견해는 철학자들마다 다릅니다. 내가 생각하는 철학이란 인간 운명 개척의 길을 밝히는 철학, 다시 말해 인간 운명 개척의 가장 일반적이고 합법칙적인 길을 밝혀주는 학문입니다. 인간의 운명은 세계와의 관계에서 규정되기 때문에, 인간 운명 개척의 길을 밝히려면 세계의 일반적 특징이 무엇인지, 인간의 본질적 특징이 무엇인지 그리고 세계와 인간과의 상호 관계, 다시 말해 세계에서 차지하는 인간의 지위와 역할은 무엇인지를 밝히는 것이 중요합니다. 이러한 세 가지 문제가 인간 운명 개척의 길을 밝혀주는 철학에서 기본 문제로 됩니다. 이것을 알아야 인간이 자기 운명을 어떤 방향에서 어떤 목적을 가지고 개척해나갈 것인가 하는 문제를 큰 선에서 결정하고 그것을 위해 노력할 수 있습니다.

인간중심철학은 단순히 철학적인 범주나 개념들을 정리하고 이론 체계를 세우는 것만을 목적으로 하지 않습니다. 인간중심철학은 인간의 운명 개척을 위한 일반적인 이론을 세우는 실천적 의의를 가진 철학, 다시 말해 실천철학이라고 할 수 있습니다. 물론 실천철학이라고 해서 이론을 무시하는 것은 아닙니다. 예를 들어 세계의 일반적 특징이 무엇인지를 알지 못하고는 세계와의 관계에서 규정되는 인간의 운명을 알지 못합니다. 그렇기 때문에 우리는 세계의 일반적 특징을 연구하는 것이 필요하다고 봅니다. 또한 실천철학이라고 해서 단지 실천적 강령만을 연구하는 것도 결코 아닙니다. 철학은 세계와의 관계에서 인간 운명 개척의 길을 밝혀야 합니다. 철학은 가장 일반적이고 보편적인 이론에 기초할 때에만 성립될 수 있습니다. 여기서 가장 일반적이라는 말은 세계와의 관계를 의미합니다. 우리는 인간 운명 개척의 길을 철학적인 각도에서, 즉 세계와의 관계에서 밝혀야 합니다. 그렇지만 언제나 이러한 해명은 단순한 이론이 아니라 운명 개척이라는 실천적 목적에 이바지해야만 합니다.

2. 선생님의 철학은 강한 실천적인 지향을 가지고 있는 것으로 생각됩니다. 철학자로서 선생님이 생각하시는 이론과 실천, 철학과 정치의 관계는 무엇인지에 대해 말씀해주십시오.

인간은 사회적 존재이며, 정치는 사회적 집단을 관리하는 사회의 자기 관리 기능입니다. 인간은 정치적 지휘 아래에서만 자기 운명을 개척합니다. 정치는 사회와 그 기원을 같이하며, 사회의 자기 관리 기능으로서 발생했습니다. 따라서 사회가 존재하는 한 정치는 영원히 존재합니다. 정치를 떠난 인간의 사회생활이란 있을 수 없으며, 정치를 떠나서는 인간의 운명 개척도 생각할 수 없습니다.

인간 운명 개척의 길을 밝혀주는 철학적 이론과 현실적으로 사회생활에서 인간의 운명 개척에 관한 문제를 이끌어나가는 정치는 뗄 수 없는 관계에 있습니다. 이런 점에서 인간 운명 개척을 위한 철학은 동시에 정치철학입니다. 정치는 인간이 자기 운명을 개척하기 위해서 진행하는 자연개조, 인간개조, 사회관계개조 사업의 기본 방향과 방도를 제시해줍니다. 정치의 방향과 그 수행 방도에 관해서 철학적이고 이론적인 기초를 마련해주는 것 역시 인간중심철학의 임무입니다. 그래서 우리는 "정치는 실천적 철학이고, 철학은 이론적 정치다"라는 명제를 가지고 정치와 철학의 관계를 간단히 요약하고 있습니다. 인간중심철학은 결국 인민이, 인류가 자기 운명을 개척해나가기 위한 정치적 활동에서 이론적 기초가 된다고 할 수 있습니다.

3. 이제부터는 선생님께서 오늘날의 역사나 현실에 대해 어떤 견해를 가지고 계신지를 묻고자 합니다. 먼저 선생님께서는 우리 시대를 어떻게 규정하고 계신지 궁금합니다.

인간중심철학에서는 인류의 역사적 발전 과정을 세계와 사회에서 차지하는 인간의 자주적 지위와 창조적 역할이 높아져가는 과정으로 파악하고 있습니다. 지금까지 인류는 크게 보아 원시 공동체 사회, 계급 사회, 민주주의 사회의 단계를 거쳐왔습니다. 원시 공동체 사회의 단계에서 중요한 것은 자연과의 대립이었으며, 이를 위해 사회 내부에서는 통일성이 강조되었습니다. 이 단계에서는 개인과 집단의 대립이 아직 뚜렷하게 나타나지 않았습니다. 그러나 계급 사회인 노예 사회의 단계에 이르러서 개인의 자주성과 창조성이 강조되고, 개인들 사이의 경쟁이 활성화되었습니다. 이런 점에서 노예 사회는 실력 본위의 사회라고 할 수 있을 것입니다. 이러한 대립이 극심해지는 상태에서 사회적 통일성을 회복하기 위해 인류는 봉건 사회의 단계를 거치게 되었습니다. 봉건 사회 이후의 단계가 바로 민주주의 사회의 단계입니다. 민주주의 사회의 단계에서 인류는 신분적 예속에서 해방되었고, 이를 통해 인류는 최초로 자기 운명의 주인으로 살 수 있는 시대를 맞이하였습니다.

오늘날 세계는 민주주의적 발전 단계에 처해 있습니다. 오늘의 역사적 시대는 민주주의 시대입니다. 반봉건 민주주의 혁명이 승리한 때로부터 민주주의 역사는 시작되었고 앞으로 민주주의가 완성될 때까지는 민주주의 시대라고 볼 수 있습니다. 현 시대는 인류가 민주주의를 지향하며 그것을 실현하고 발전시켜나가는 시대이며, 그것이 인류 역사의 기본 추세를 이루고 있다고 생각합니다.

4. 많은 논자들은 현대사회를 분석하고 설명할 때 세계화라는 개념에 주목하고 있습니다. 이는 오늘날 세계화가 우리들의 삶에 막대한 영향을 미치고 있다는 사실을 보여주고 있습니다. 오늘날 진행되고 있는 세계화의 효과는 무엇이며, 현재 진행되고 있는 세계화의 한계는

무엇이라고 보시는지 알고 싶습니다.

생산력이 발전하고 사람들의 문화 수준이 발전하고 사람들의 교류가 발전함에 따라서 사회적인 협력 관계의 범위가 확대되는 것은 막을 수 없는 추세입니다. 경제 관계에서 세계시장이 형성되고 국가들 사이의 경제 교류가 강화되며, 정보 기술의 발전을 통해 국경을 넘어 사상 문화의 교류가 확대되고 있습니다. 기술 발전과 더불어 세계의 관계는 밀접해지고 세계는 매우 좁아졌습니다. 사회적 협력 관계가 작은 규모로부터 큰 규모로 확대되는 것을 막을 수는 없습니다. 아직은 인류가 국가를 기본단위로 생활하고 있지만, 세계화는 사람들의 주관적인 욕망과는 관계없이 진행되고 있는 객관적인 과정입니다.

문제는 세계화라는 현상 자체가 아니라 세계화가 세계 민주화의 방향에서 진행되어야 한다는 것입니다. 따라서 우리는 현 시대의 기본 추세를 민주주의적 세계화의 시대라고 명확하게 규정하는 것이 필요합니다. 세계화의 효과는 명백합니다. 인간의 사회적 협력에서 국가를 단위로 하는 것보다 세계를 단위로 하는 것이 유리하다는 것은 명백합니다. 과학과 기술의 발전은 세계화 과정 속에서 더욱 급속하게 진행됩니다. 쇄국정책을 쓴 나라들은 모두 뒤떨어지게 되었습니다. 거대한 블록 속에서 진행되었던 사회주의도 세계화를 반대하고 자본주의 나라들과의 협조를 거부하면서 경제 발전과 과학 발전에서 큰 손실을 보았습니다. 세계적으로 인류가 힘을 합치고 협조하는 것은 모든 인민의 이익에도 맞습니다.

다만 세계화가 강자가 약자를 지배하는 것이 되어서는 안 됩니다. 그것은 사실 강자나 약자, 지배하는 국가나 지배받는 국가 모두에게 이익이 되지 않습니다. 우리는 민주주의가 세계적 범위에서 실현되는 것을 목표로 내세우고 투쟁해야 하며, 그것을 이상으로 삼아야 합니다. 세계화의 효과를 참다운 것으로 만들려면 민주주의 원칙이 고수되어야 합니다. 지배와 예속의 방식으로는 협조 관계가 확대되지 못합니다. 발전된 나라가 뒤떨어진 나라의 시장을 독점해서는 세계시장이 확대되지도 못하고 뒤떨어진 나라 인민들의 구매력을 높일 수도 없습니다. 뒤떨어진 나라들이 민주주의를 발전시켜야만 구매력도 높아지고 시장도 확대 발전됩니다. 세계화의 효과를 극대화하기 위해서도 민주주의에 기초한 세계화가 필요합니다.

오늘날 세계화의 한계는 민주주의적 원칙을 자각하지 못하고 경쟁의 원리에 의해서만 세계화를 진행하고 있다는 것입니다. 경쟁의 원리가 세계화의 한 방도이기는 하지만 경쟁만을 강조하게 되면 승리자와 패배자의 간격이 너무 벌어지게 되고 결국 패배자는 민주주의적으로 발전할 수 없게 됩니다. 우리는 목적의식적으로 민주주의적 세계화를 추진해나가야 하며 이를 위해서는 발전된 나라들의 도움이 꼭 필요합니다. 물론 원조받는 인민들 역시 원조를 응당한 것으로 여기거나 과거 발전된 나라들의 과오를 지적하면서 배상만을 요구해서는 안 됩니다. 발전된 나라들이 과거에 과오도 많았지만 그들이 선진적으로 발전했다는 사실은 인정해야만 합니다. 뒤떨어진 나라들은 자신들이 뒤떨어지게 되었다는 사실에 대해 반성해야 합니다. 이런 점에서 양편 모두의 반성이 필요한 것입니다. 아직도 자유경쟁만 주장하면서 뒤떨어진 나라들에 대한 원조가 필요하다는 것을 인정하지 못하는 것은 '개인 중심의 민주주의'의 역사적 제한성을 자각하지 못하는 것이라고 할 수 있을 것입니다.

5. 선생님께서는 소련에서 유학을 하신 경력을 가지고 계시고, 또 북한에서 사회주의 체제의 성장과 변화 과정을 직접 체험하셨습니다. 20세

기의 인류 역사, 특히 자본주의와 사회주의 체제의 대립 및 사회주의 몰락이 오늘 우리에게 주는 역사적 교훈은 무엇인지에 대해 말씀해주십시오.

 이것은 매우 중요한 문제라고 생각합니다. 반봉건 민주주의 혁명 이후 민주주의는 개인 중심의 민주주의를 위주로 해서 발전되었으며, 그것은 인류 역사 발전에서 거대한 역할을 했습니다. 그렇지만 그 발전 과정에서 그것이 가지는 역사적 제한성이 점차 나타나게 되었습니다. 자유경쟁을 기본 발전의 동력으로 삼다 보니 경쟁의 결과 사회생활에서 탈락하는 사람들이 늘어나게 되었습니다. 예를 들어 실업자는 일할 권리조차 잃어버리게 되었는데, 이는 주권재민의 민주주의 원칙에 근본적으로 어긋나는 것입니다. 또한 발전된 나라들이 뒤떨어진 나라들의 시장을 독점하게 된 것 역시 민족적 권리의 침탈이자 경제적 침략의 결과라고 할 수 있습니다.
 이러한 상황 속에서 일부 선진 사상가들은 이런 결함들을 고쳐야 한다고 보았습니다. 그리고 그들은 이러한 결함의 원인을 정치가 아니라 경제에서 찾았습니다. 정권은 평등하게 가질 수 있게 되었지만 생산수단을 독점하게끔 둔 것이 빈부 차이를 불러왔고 그래서 생산수단을 사회적 소유로 만드는 것이 필요하다는 사회주의 사상이 나오게 되었습니다. 진정한 민주주의를 실현하자면 정치뿐 아니라 경제에서도 민주주의가 실현되어야 하며, 이를 위해서는 생산수단의 사회적 소유가 필요하다고 보았던 것입니다. 처음에 이런 사상이 나왔을 때는 그것이 큰 세력이 되지 못했지만 맑스주의에 와서 큰 세력을 형성하게 되었습니다.
 맑스주의는 기존의 사회주의 사상을 주인이 없는 사회주의, 공상적 사회주의라고 비판하면서 사회주의를 실현할 수 있는 주체적 역량 문제가 중요하다고 보았습니다. 맑스주의는 빈부 차이를 낳는 근본 원인인 생산수단 소유와 무소유 상태를 계급 관계로 파악하여 계급적 차이를 철폐할 것을 주장했습니다. 계급 관계의 철폐만이 사회적 평등을 가져올 것이라고 보았기에 반드시 생산수단을 소유하지 못한 노동자계급이 생산수단을 독점한 자본가계급을 타도해야 한다고 보았습니다. 방대한 생산수단을 소유하게 된 자본가들은 결코 자신들의 이익을 양보하지 않을 것이며, 자본가계급이 이성적으로 자신들의 이익을 양보한다는 것은 공상에 지나지 않는다고 보았습니다. 따라서 사회주의 실현을 위해서는 계급투쟁과 노동자계급의 독재가 반드시 필요하다고 주장했습니다.

또한 자유경쟁을 주장하는 민주주의는 자본가들만의 민주주의로서 자본가의 독재를 은폐하는 수단에 불과하다고 보았습니다. 모든 사람이 생산수단의 주인이 되어야만 노동계급의 민주주의, 사회주의적 민주주의가 실현될 수 있다는 것입니다. 이들은 이를 혁명운동의 목표로 삼았습니다.

개인 중심의 민주주의에서는 사회의 한 성원으로서 개인이 소유권을 가지게 되었으며, 신분적 예속에서 벗어나 자유와 평등을 누리게 되었습니다. 물론 개인 중심의 민주주의가 주권재민의 원리를 완전하게 실현한 것은 아니지만 선차적으로 해결되어야 할 문제를 해결한 셈입니다. 개인 중심의 민주주의는 개인이 개인을 지배하고 예속시키는 단계에서 해방되었다는 점에서 개인으로서 자기 운명의 주인이 되는 문제를 해결한 것입니다. 이런 점에서 개인 중심의 민주주의는 민주주의 발전의 첫 단계로 인정되어야 합니다. 개인 중심의 민주주의만으로 민주주의가 완결된다고 주장하는 것에는 오류가 있지만, 개인 중심의 민주주의가 집단의 이익과 결부되어 발전되어나가는 조건에서는 개인 중심의 민주주의의 의의를 인정해야만 합니다.

맑스주의는 개인 중심의 민주주의를 집단 중심의 민주주의와 대립시켰습니다. 개인 중심의 민주주의를 가짜라고 부정하면서 집단주의만이 인간의 본성에 맞는다고 보았던 것입니다. 이러한 주장은 먼저 그것이 시기상조였다는 점에서 문제가 있습니다. 개인의 생존 문제가 전면에 나서는 조건에서 공동의 행복만을 강조하는 사회를 주장했던 것은 하나의 공상이었습니다. 더 큰 오류는 개인 중심의 민주주의를 자본가계급의 독재로 보고 집단 민주주의, 사회주의만을 진정한 민주주의라고 본 것입니다. 개인 중심의 민주주의를 계급적으로 적대시한 결과 공산주의자들은 개인 중심의 민주주의보다도 못한 봉건 사회로 돌아가는 과오를 범한 것입니다. 이것은 인류 역사 발전에 큰 손실이 되었습니다.

민주주의의 발전 과정은 전 세계적 차원에서 특권이 없는 사회를 건설하는 방향으로 나아가야 합니다. 그렇지만 한 순간에 모든 특권을 없앨 수는 없습니다. 사람과 물건에 대한 지배권, 특권은 없어져야 하지만 그것은 점차적으로 진행되어야 합니다. 조건을 고려하지 않은 시기상조의 요구는 결국 평균주의와 공동의 빈곤으로 귀결되었습니다. 평균주의와 평등은 구별되어야만 합니다. 인권에서는 모든 사람이 평등합니다. 사람이 사람을 인격적으로 예속시켜서는 안 됩니다. 그러나 인격적으로 평등하다고 해서 모든 사람들의 가치가 같다고 볼 수는 없습니다. 우월한 능력을 가지고 사회적으로 큰 역할을 하는 사람과 그렇지 못한 사람들의 가치를 같게 평가할 수는 없습니다. 따라서 사회에서 차지하는 사람들의 지위와 역할이 모두 같을 수는 없으며, 지위와 역할에 따른 구체적인 평가도 다를 수밖에 없는 것입니다.

우리가 반대해야 하는 것은 공정한 평가를 방해하는 특권입니다. 과거 사회주의 체제는 아직은 불가능한 노동의 양과 질에 대한 평가를 요구한 결과 결국 평균주의로 전락하게 되었습니다. 하나의 원리만 고집하게 되면 결국 현실에서는 모순에 빠지게 됩니다. 맑스주의는 한 원리만을 강조함으로써 결국 이상론에 빠지게 되었던 것입니다.
 앞으로도 개인 중심의 민주주의가 없어져서는 안 됩니다. 개인 중심의 민주주의를 경제 영역에서 구현한 자본주의는 앞으로도 없어지지 않고 계승될 것입니다. 미래에도 사적 소유가 집단적 소유로 모두 대체되지는 않을 것입니다. 개인적 존재의 측면이 사라지지 않기 때문입니다. 우리는 개인적 존재이자 집단적 존재라는 인간의 두 측면을 고려하면서 민주주의를 구현하고 특권을 없애나가야 합니다. 모든 특권이 사라질 때까지 민주주의 시대가 지속될 것입니다. 만일 민주주의가 완성된다면, 인류가 우주의 주인으로 발전하는 문제가 나서게 될 것입니다.
 개인적 존재와 집단적 존재라는 두 측면 사이의 대립을 조정하고 사회적 협조 관계를 합리적으로 조정하는 것이 정치의 과제입니다. 그런 한에서 정치는 인간의 영원한 과제입니다. 이런 판단의 철학적 기초는 인간이 개인적 존재이자 집단적 존재라는 두 측면 사이의 대립물의 통일이라는 것입니다. 인간이 지니는 한 측면을 절대화해서는 안 됩니다. 이는 민주주의를 이해하는 데에서도 마찬가지입니다.
 사회주의 몰락을 통해 우리는 개인적 존재의 측면을 무시하고 집단적 존재 일면만을 강조하는 사회주의의 한계를 인식함과 동시에 사회주의 몰락이 집단주의 그 자체의 몰락이 아니라는 사실도 올바로 파악해야 합니다. 개인주의의 일면만을 강조하다 보면 언제나 집단주의의 일면만을 강조하는 사람들도 나오게 마련입니다. 낡은 집단주의를 진보로 내세우는 것은 잘못이지만, 자유민주주의의 영원성만을 주장하는 것도 보수적이고 수구적인 주장일 뿐입니다.

 6. 이제 오늘 대담의 중심 주제인 선생님의 민주주의론에 대해서 좀 상세하게 질문을 드리고자 합니다. 민주주의의 발전 과정과 전망, 인

간중심철학과 민주주의론의 관계, 오늘날 민주화의 과제 등에 대해 어떤 견해를 가지고 계신지를 듣고 싶습니다. 먼저 선생님은 지금까지 진행된 민주주의의 역사적 발전 과정을 어떻게 이해하고 계십니까?

민주주의가 발전하기 위해서는 경제 발전, 사상 문화 발전, 사회적 관계 발전이 필요합니다. 경제 발전과 사상 문화 발전의 기초 위에서만 사회적 관계가 발전할 수 있으며, 사회적 관계가 발전하는 과정에서 사회의 주인인 인민의 민주주의적 자유와 창조적 활동이 높아지게 됩니다. 다시 말해 민주주의 생활이 발전하게 됩니다. 이와 같은 민주주의 발전은 하루아침에 이루어지는 것이 아니며, 경제 발전, 사상 문화의 발전, 사회관계의 발전과 더불어 점차적으로 진행됩니다.

민주주의의 발전 단계는 크게 두 단계로 구분할 수 있는데, 그 첫 단계는 봉건적인 신분적 구속에서 벗어나 개인을 중심으로 발전해나가는 개인 중심의 민주주의 단계라고 할 수 있습니다. 역사적으로 보면 개인적 존재로서 인간의 자유와 평등을 실현하는 것이 민주주의의 첫 과업으로 나섰습니다. 일반적으로 인권 문제라고 할 때, 그것은 결국 예속에서 벗어나 자기 운명의 주인이 되는 인격적 평등을 말합니다. 자유란 인간에 의한 인간의 예속 상태에서 벗어나 자기 삶의 요구를 주인답게 실현하는 것을 의미합니다. 평등이란 사회로부터 인간 활동의 가치를 평등하고 공정하게 평가받을 수 있는 권리를 의미합니다. 신분적 차별 없이 인간을 대해주고 그의 활동을 사회적으로 공정하게 평가해줄 것을 요구하는 자유와 평등은 민주주의의 첫 번째 요구라고 할 수 있습니다.

인간은 개인적 존재로서의 자유와 평등을 실현하고서야 집단의 운명에 대하여 본격적으로 생각하게 됩니다. 그래서 민주주의는 처음에 개인의 자유와 평등을 실현하는 방향에서 발전하기 시작했고, 개인 중심의 민주주의는 인류 역사 발전에서 거대한 역할을 하였습니다. 근세 인류의 발전은 모두가 이러한 민주주의적 권리를 실현하는 과정에서 얻어진 것입니다. 개인 중심의 민주주의를 경제 분야에 적용한 것이 바로 자본주의 경제입니다.

지금 상태에서 보면 자유와 평등의 문제에서 신분적 예속과 불평등의 기본적인 문제들은 전반적으로 해결된 것으로 보입니다. 이제 개인 중심의 민주주의를 더 완성해나가는 동시에 점차 인류 발전의 미래를 집단적 차원에서 내다보면서 인류가 다같이 협조하면서 발전해나가는 방도는 무엇인지, 개인으로서 자기 운명의 주인이 되는 것과 함께 전체 인류가 자기 운명의 주인으로서 운명을 개척해나가는 방도는 무엇인지를 밝히는 것이 과업으로 나서고 있습니다. 이것이 우리가 집단 중심의 민주주의를 통해 주장하고자 하는 바입니다.

인간은 개인적 존재이자 집단적 존재이기 때문에 절대적인 개인주의는 존재할 수 없습니다. 절대적인 고립된 개인이 존재하지 않는 것처럼 절대적인 개인주의적 민주주의도 없습니다. 마찬가지로 개인과 무관한 집단도 없고 따라서 절대적인 집단주의적 민주주의도 존재할 수 없습니다. 개인이 자기 운명의 주인이 되는 문제를 먼저 해결하고 집단이 자기 운명의 주인으로 되는 문제를 다음으로 생각하는가 아니면 집단의 요구와 이해관계, 집단의 운명을 먼저 생각하고 개인의 운명을 그것에 종속시켜 생각하는가 하는 차이가 있을 뿐입니다. 개인 중심의 민주주의에서도 집단의 운명을 생각하지만 단지 개인의 문제를 선차적으로 내세울 뿐입니다. 개인 중심의 민주주의도 사회적 집단이 개인들의 자주적인 지위와 창조적 역할을 공정하게 평가하는 것을 전제로 합니다. 이것을 정의의 원칙이라고 볼 수 있는데 첫 단계 민주주의에서는 이 원칙이 중요하며, 또한 이 원칙은 영원히 필요합니다. 그러나 개인의 자주적 지위와 창조적 역할이 발전해서 이제는 집단의 운명과 미래를 생각하면서 인간의 운명을 보다 더 전망성 있게 발전시키기 위해서 집단의 공동 이익 문제를 더 첨부하여 생각해야겠다는 방향으로 민주주의적 요구가 더 발전하게 되었습니다. 개인 중심의 민주주의가 이제는 기본 과제를 해결했기 때문에 지금은 집단의 이익을 고려하는 문제를 개인 중심의 민주주의와 결부시키는 문제가 과업으로 나서고 있습니다. 그러나 여기서 우리가 다시 한번 유의해야 하는 것은 개인 중심의 민주주의와 집단 중심의 민주주의가 결부된다고 해서 개인 중심의 민주주의 원리가 결코 부정되거나 폐기되는 것은 아니라는 점입니다.

7. 선생님의 민주주의론은 인간중심철학이라는 철학적 바탕 위에서 제시되고 있다고 생각하는데, 민주주의론을 정립하는 문제와 철학적 인간론 및 세계관이 가지는 관계는 무엇인지에 대해서 말씀해주십시오.

인간 운명 개척의 길은 결국 세계에서 차지하는 인간의 자주적 지위와 창조적 역할이 높아져나가는 과정입니다. 이것이 인간 운명 개척의 일반적이고 합법칙적인 과정입니다.
민주주의는 초보적으로나마 인간이 세계에서 자주적인 지위와 창조적 역할을 차지하는 것을 인간의 기본 생활 방식으로 인정했습니다. 인격적으로 예속되지 않고 자주적으로 창조적으로 살아나가는 기본적이고 정상적인 생존 방식을 처음으로 인류가 확립하기 시작한 것이 바로 민주주의적 생활 방식의 수립입니다. 민주주의는 자주적이고 창조적인 인간 생활의 출발점입니다.
민주주의적 생활 방식의 발전은 결국 전 세계적으로 인류가 다 함께 자주적 지위와 창조적 역할을 해나갈 것을 요구합니다. 민주주의는 인류 역사 발전에서 중요한 한 단계입니다. 민주주의가 완성될 때까지는 인간 운명 개척의 길을 민주주의 발전을 통해 측정할 수 있습니다. 민주주의 발전은 곧 인간 운명 개척에서의 발전을 의미합니다. 인간 운명 개척의 길에서 현 시대가 제기한 가장 중심적인 과제가 바로 민주주의인 것입니다.

인간중심철학은 인간 운명 개척의 끝없는 발전 과정을 토대로 하여 민주주의적 생활 방식의 지위를 규정하고 있습니다. 이는 결국 민주주의에 대한 철학적 기초를 설정함을 의미합니다. 민주주의는 인간의 본성, 즉 자주성과 창조성에 맞는 생활양식입니다. 인류는 오늘날 세계를 민주화하는 과제를 부여받고 있습니다. 이를 통해 인류는 누구나가 동물적 잔재인 예속과 압박 그리고 폭력에서 벗어날 수 있는 특권이 없는 사회를 건설하여야 합니다. 이러한 과업이 완수될 때 인류는 자기 운명의 진정한 주인이 될 수 있을 것입니다. 우리는 인간중심의 철학적 원리에 기초해서 민주주의 발전의 이러한 가치와 의의를 밝히고자 했습니다.

8. 선생님이 독자적인 민주주의론을 제시하시면서 사용하시는 개인 중심의 민주주의와 집단 중심의 민주주의라는 표현에 대해서 좀 더 설명해주십시오.

절대적인 개인주의나 절대적인 집단주의는 있을 수 없습니다. 그렇기 때문에 나는 개인 중심, 집단 중심이라는 표현을 사용합니다. 개인 중심의 민주주의도 집단을 전적으로 무시할 수는 없습니다. 사회적 갈등은 언제나 공동의 이익을 기준으로 평가될 수밖에 없기 때문입니다. 사회 공동의 이익을 떠난 개인주의적 평가는 있을 수 없습니다. 또한 집단 중심의 민주주의에서도 결국 개인의 이익에 대한 고려가 근본적일 수밖에 없습니다. 집단이나 국가라는 사람은 없기 때문입니다.

개인 중심의 민주주의와 집단 중심의 민주주의 사이의 차이는 개인의 요구를 일차적으로 내세우는가, 집단의 미래의 발전을 일차적 요구로 내세우는가 하는 데에 있을 뿐입니다. 집단의 생존과 발전에 선차성을 부여하는가, 개인의 생존과 발전에 선차성을 부여하는가 하는 데에 차이가 있는 것입니다. 개인 중심의 민주주의에서는 개인의 자주성과 창조성을 발휘하기 위한 경쟁이 강조되고, 그 결과 승리자와 패배자의 차이가 나타납니다. 반면에 집단 중심의 민주주의에서는 집단의 발전만을 강조하여, 평균주의가 지배하게 되는 결과를 낳습니다. 궁극적으로 볼 때는 집단의 이익과 개인의 이익이 일치하지만 개인의 생존이 우선적인 요구로 나서는 상황에서는 개인들이 집단의 이익보다는 자기 자신의 이익을 우선적으로 생각하게 됩니다. 이런 상태에서 집단주의를 도입하게 되면 집단은 필연적으로 개인의 요구를 억제하는 독재를 실시하게 됩니다. 생산력과 사회적 의식의 발달 수준이 뒤떨어진 경우에 집단주의를 도입하는 것은 결국 독재로, 그것도 개인의 독재로 전환될 수 있습니다.

우리는 자유경쟁과 협조 관계 양자가 모두 필요하다고 봅니다. 개인들 사이의 자유로운 경쟁과 그 결과에 대한 평가는 영원히 필요합니다. 민주주의에서 문제가 되는 것은 단지 특권을 없애는 일입니다. 여기서 특권은 평등, 즉 가치의 공정한 평가를 방해하는 일체의 것입니다. 그러나 또한 우리는 자유경쟁에서 패배자의 인권이 침해되고 사회 공동의 주인으로서의 지위가 박탈되는 것에는 반대합니다. 우리는 사회적인 대립과 통일을 동시에 발전시킬 것을 요구합니다.

9. 개인 중심의 민주주의와 집단 중심의 민주주의의 종합 혹은 결합을 현재 민주주의 발전의 과제라고 말씀하고 계신데, 개인 중심의 민주주의가 가지고 있는 한계는 무엇이라고 생각하시는지 궁금합니다.

개인 중심의 민주주의는 먼저 개인의 생활적 요구를, 다시 말해 개인의 자유와 평등을 실현하고자 했으며, 이를 통해 거대한 역사적 공헌을 하였습니다. 개인 중심의 민주주의는 정의의 원칙에 기초한 자유경쟁을 허용한 것입니다. 그러나 그 결과 개인 중심의 민주주의는 집단의 공동의 생존과 발전을 보장하는 문제를 소홀히 하게 되어 주권재민의 원리를 부정하는 결과들을 낳기도 하였습니다.

현재 국가와 민족마다 발전 정도의 차이가 있기 때문에 일률적으로 말할 수는 없지만, 발전된 자본주의 나라들에서는 개인 중심의 민주주의가 가지는 제한성들이 나타나고 있습니다. 자유경쟁의 결과 승리자와 패배자의 간격이 너무 벌어지고 패배자들이 국가와 사회의 주인의 지위에서 탈락하고 초보적인 인간의 권리를 상실하는 현상들이 나타나고 있습니다. 자유경쟁이 여전히 필요하기는 하지만 자유경쟁의 결과 산생되는 이런 결함들을 퇴치하는 문제는 발전된 자본주의 나라들의 중요한 과제입니다.

개인 중심의 민주주의의 이상인 자유와 평등을 경제 분야에 적용하면 자본주의가 성립합니다. 그러나 개인 중심의 민주주의는 그 결과로 빈부의 차이를 낳고, 실업자들에게는 생산수단을 이용할 수 있는 권리마저 박탈하는 결과를 낳게 됩니다. 생산수단의 소유에서 차이를 인정할 수는 있지만 그것을 이용할 수 있는 권한이 박탈되어서는 안 됩니다. 그것은 주권재민의 원리에 위배되기 때문입니다. 또한 가난한 집에서 태어난 아이들이 사회 공동의 주인으로 성장하는 데 필요한 교육을 받지 못하거나 병에 걸렸을 때 치료도 받지 못한다면, 이는 봉건적 잔재라고 할 수 있을 것입니다. 사회 공동의 주인으로서 역할을 할 수 있는 성인이 될 때까지는 아이들에 대한 교육과 의료의 혜택이 민주주의적 시책으로서 보장되어야 합니다.

세계적인 차원에서는 발전된 나라들이 뒤떨어진 나라들의 민주주의를 발전시키는 방향에서 도와주는 문제가 중요한 과업으로 나서고 있습니다. 발전된 나라들의 여유 물자로 민주주의 발전의 첫 단계도 실현하지 못한 뒤떨어진 나라들을 도와야 합니다. 발전된 자본주의사회에서 남아도는 자본과 기술 수단들로 뒤떨어진 나라들을 도와주어야 합니다.

현재 국가들 간의 관계에서 각 국가의 이익을 무시할 수는 없지만, 인류가 해결해야 할 당면 문제는 개인 중심의 민주주의와 집단 중심의 민주주의를 결부시키면서 사회 발전 수준에 맞게 발전된 나라들이 덜 발전된 나라들을 도와서 세계 인류의 발전을 더욱 촉진시키는 것입니다. 발전된 나라들에서 자본과 생산수단이 남아도는 것은 세계시장이 부족하기 때문입니다. 세계시장을 넓히려면 세계 인구의 80%를 차지하는 뒤떨어진 나라들이 발전하여 인민들의 구매력을 높여야만 합니다. 민주주의적 원칙에서 뒤떨어진 나라들을 도울 때, 결국은 세계시장의 확대를 통한 인류 공동의 이익을 얻을 수 있습니다. 단순한 자선심이 아니라 세계 인류 전체의 발전을 위해서 세계시장의 확대가 필요하며, 이는 세계 민주주의 발전에 도움이 될 것입니다. 이런 원칙적 입장에서 발전된 나라들은 뒤떨어진 나라들을 원조해주어야 합니다. 이런 문제들을 제대로 해결해야만 국제적 불안과 분쟁이 해소되고, 세계적인 범위에서 갈등과 모순이 아닌 협조 관계가 발전될 수 있습니다. 그리고 이것은 결국 세계 민주화에 도움이 된다고 볼 수 있습니다.

10. 선생님께서는 민주주의가 정치, 경제, 문화의 전 영역에서 포괄

적으로 실시되어야 한다고 말씀하시는데, 이에 대해서 말씀해주십시오.

민주주의는 인간의 본성에 맞는 생활양식입니다. 또 민주주의의 근본 출발점은 주권재민의 원리입니다. 주권재민의 원리는 누구나가 국가와 사회의 주인으로서의 지위를 차지하고 그에 걸맞는 역할을 하면서 자기 운명의 주인으로 사는 것을 요구합니다. 따라서 민주주의는 정치, 경제, 문화의 전 영역에서 실현되어야만 합니다.

맑스주의자들은 정치를 경제의 상부구조라고 하면서 민주주의적 정치를 경제생활에 복무하는 것으로만 이해했습니다. 그러나 민주주의는 인간 생활의 기본 형식이므로 정치와 경제, 문화영역에 모두 적용되어야 합니다. 사회 관리 분야에서 인민이 자주적 지위와 창조적 역할을 하는 것이 정치 분야에서 민주주의라면, 생산 분야에서 인민이 자주적 지위와 창조적 역할을 하는 것이 경제 분야에서의 민주주의고, 문화 분야에서 인민이 자주적 지위와 창조적 역할 하는 것이 문화 분야에서의 민주주의입니다.

우리는 인간관계의 두 원리인 정의의 원리와 사랑의 원리가 사회생활 전반에 조화롭게 구현되어야만 한다고 생각합니다. 현재 개인 중심의 민주주의 사회에서는 정의의 원리 일면만이 강조되고 있습니다. 경제 영역에서 자유로운 경쟁을 보장하는 정의의 원리가 강조되어 성립한 것이 자본주의 경제인데, 현재 개인 중심의 민주주의 사회에서는 주로 자본주의적 경제 원리만이 강조되고 있습니다. 그런 한에서 우리는 현재의 개인 중심의 민주주의 사회를 경제 중심의 사회라고 이해하고 있습니다.

인간의 자주적 지위와 창조적 역할을 높이려면 정치, 경제, 문화의 3대 생활 영역을 균형적으로 발전시켜야만 합니다. 인간은 자신의 운명을 개척하기 위해 자연개조사업, 인간개조사업, 사회관계개조사업이라는 3대 개조사업을 수행해야만 합니다. 이 각각의 사업들은 밀접하게 상호 연관되어 있지만 각각이 고유한 독자성을 가지고 있습니다. 원칙적이고 장기적인 관점에서 보면, 사회의 발전은 이러한 3대 개조사업의 균형적인 발전을 통해서만 보장됩니다.

그렇기 때문에 우리는 민주주의가 정치, 경제, 문화의 전 영역에서 실시될 것을 요구합니다. 물론 정치, 경제, 문화의 전 영역에서 민주주의 원리를 구현하는 사업은 정의의 원리와 사랑의 원리를 조화롭게 구현해나가는 과제와도 밀접한 관련이 있을 것입니다.

11. 세계적인 차원에서 민주주의 이념이 실현되고 발전하기 위해서 오늘날 시급하게 제기되고 있는 과제는 무엇인지, 그리고 이미 민주주의 제도를 채택하고 있는 국가들이 민주주의를 심화, 발전시키기 위해 노력해야 할 과제는 무엇이라고 생각하시는지 알고 싶습니다.

현재 세계 민주화에서 가장 걸림돌이 되는 것은 국가 본위적인 집단 이기주의가 여전히 작용하고 있다는 사실입니다. 여전히 국가가 생활의 기본단위가 되고 있는 현실에서 당장 국가 본위적인 집단 이기주의가 사라지기는 힘들겠지만, 이것은 점차적으로 소멸되어야 합니다. 반테러 전쟁의 경우와 같이 국제적 협조를 강조하는 방향으로 나가야 합니다. 전 세계적인 차원에서도 동등한 민주주의적 권리를 기초로 세계 시장과 국제정치를 관리하는 것이 필요하며, 이를 위한 정치적 경제적 공동체를 준비하는 것이 필요합니다. 또한 다양한 세계 문화가 공존할 수 있는 세계 공동의 문화적 원칙을 마련하는 것도 필요할 것입니다.

민주주의의 발전은 각 나라의 조건에 맞게 이루어져야 합니다. 각 국가들은 경제 발전, 사상 문화 발전 수준에 맞게 그리고 각 국가가 지니고 있는 전통에 맞게 민주주의를 발전시켜나가야 합니다. 현재 민주주의 제도를 채택하고 있는 나라들의 경우를 일반적으로 본다면, 삼권분립의 원리를 철저히 고수하고 경제와 문화의 영역에서 민주주의를 포괄적으로 실현하는 것이 중요한 과제라고 할 수 있을 것입니다.

12. 선생님께서는 인간중심철학의 체계를 서술하시는 작업 이외에 북한 문제에 대해서도 지속적으로 입장을 표명하고 계신 것으로 알고 있습니다. 북한 문제와 관련하여 북한 민주화를 강조하고 계신데, 통일과 민주주의 이념 사이의 연관성에 대해 간략하게 설명해주십시오.

북한 문제를 해결하는 데서 가장 중요한 목표는 세 가지라고 생각합니다. 하나는 남북의 통일이요, 둘은 평화적 통일이요, 셋은 민주주의적 통일입니다. 통일, 평화, 민주주의의 결합이 중요합니다. 우리는 전쟁의 방법으로 통일하는 것에 반대합니다. 조금 늦더라도 통일은 평화적 방법에 의거해야만 합니다. 그렇지만 평화가 중요하다고 해도 평화를 위해 민주주의를 희생시킬 수는 없습니다. 우리는 김정일 독재 정권의 노예가 되는 평화나 통일을 결코 용납할 수 없습니다.

우리의 목표는 민주주의에 기초해서 평화적 방법으로 통일을 이룩하는 것입니다. 북한 문제 해결은 북한 민주화의 방향에서 접근되어야만 합니다. 북한의 민주화만이 평화와 통일의 문제를 해결할 수 있습니다. 북한 민주화를 떠난 통일은 무의미합니다. 우리에게 중요한 것은 북한을 민주화하여 북한 주민을 구원하고 평화와 통일을 실현하는 것입니다. 현재 남북 간의 하늘과 땅과 같은 차이도 결국은 민주주의와 독재의 차이에서 기인하는 것입니다.

13. 선생님께서 대한민국으로 오신 지도 벌써 7년이 넘는 시간이 흐른 것 같습니다. 그동안 혹시 선생님의 사상적 내용에서 변화가 있었다면, 그 내용을 알고 싶습니다.

사상적 내용에서 근본적인 변화는 없었지만, 민주주의를 이해하는 방식에서는 일정한 변화와 전진이 있었다고 할 수 있습니다. 나는 북한에 있을 때부터 민주주의를 개인주의와 집단주의 문제와 결부시키는 것을 두고 고민해왔습니다. 다시 말해 개인 중심의 민주주의와 집단 중심의 민주주의를 결합하는 문제를 고민한 것입니다.

이 문제는 인간의 본질적 특징과도 관련된 문제입니다. 인간이 개인적 존재인 동시에 집단적 존재라는 것은 틀림없는 사실입니다. 그런데 사람들은 이중 한 면만을 절대화하여 서로 대립해왔습니다. 인간의 본성은 선하다, 인간의 본성은 악하다 하는 주장들의 대립도 이와 결부되어 있습니다. 개인적 존재와 집단적 존재라는 것은 사실 인간존재의 두 측면입니다. 그래서 북한에서부터 나는 개인의 이익과 집단의 이익을 통일시켜 민주주의를 완성하는 길이 무엇인지를 고민해왔습니다.

북한에서 인간중심철학을 개척할 때, 나는 개인 중심의 민주주의를 변증법적으로 부정한 것이 집단 중심의 민주주의라고 생각했고, 따라서 집단 중심의 민주주의가 개인 중심의 민주주의를 하나의 구성 요소나 계기로 포괄한다고 생각했습니다. 진정한 집단주의는 개인주의를 포괄해야 한다는 것입니다. 사회주의자들이 생각하는 것이 결국 집단주의이기 때문에, 나는 진정한 사회주의는 개인주의를 포함해야 한다고 생각했고, 그래서 완성된 민주주의 사회는 사회주의사회라고 생각했습니다.

지금 나의 입장은 개인 중심의 민주주의와 집단 중심의 민주주의를 대립물의 통일로 보아야 한다는 것입니다. 개인 중심의 민주주의나 집단 중심의 민주주의 중 어느 하나가 다른 것을 포함한다고 생각해서는 안 됩니다. 인간이 개인적 존재와 집단적 존재라는 것 자체가 대립물의 통일입니다. 대립과 통일 양자를 계속 결부시켜나가야 하며, 대립에 통일을 또는 통일에 대립을 포섭시켜서는 안 됩니다. 대립과 통일을 동격으로 끌고 나가야 합니다.

이러한 생각의 변화로 인해, 나는 인간의 본질적 특징을 해명하면서 자주성과 창조성 이외에 사회적 협조성을 제기하게 되었습니다. 사회적 협조성이라는 것은 그 본질에 있어서 대립성과 통일성을 결합시켜 나가는 협조성입니다. 인간의 본질적 특징을 해명하면서 자주성과 창조성 외에 사회적 협조성을 추가하고, 민주주의론에서도 개인 중심의 민주주의와 집단 중심의 민주주의는 영원한 대립물의 통일로서 어느 것 하나에 다른 하나를 포섭시켜서는 안 된다는 입장을 확립했습니다.

민주주의를 발전시키는 순서에서는 개인의 자주성과 창조성을 발양시키고 개인적 존재로서의 생명의 요구를 충족시키는 것을 앞세워야 하며, 개인 중심의 민주주의가 발전하는 조건에서 집단의 생존과 발전에 대한 요구를 점차적으로 결부시켜나가야 합니다. 이런 견지에서 우리 시대는 여전히 민주주의 시대입니다. 집단 중심의 민주주의를 도입하는 과정은 과거 공산주의자들의 주장과 달리 개인 중심의 민주주의를 부정하는 것이 아닙니다. 개인 중심의 민주주의와 집단 중심의 민주주의에는 민주주의로서의 공통성이 존재합니다. 우리는 개인 중심의 민주주의를 발전시키는 과정에서 나타나는 제한성들을 제거하면서 집단주의를 이에 첨부하는 것이 올바른 길이라고 생각합니다.

세계적 범위에서 민주주의가 완성된 다음에도 개인의 창발성과 집단의 협조의 우월성을 결합해나가야 합니다. 다만 모든 사회적 특권이 사라지고 민주주의가 완성된 상태에서는, 집단주의의 큰 테두리 안에서 개인의 창조성을 발전시키는 방향으로 나가는 것이 바람직하지 않겠나 생각합니다.

이런 생각들이 한국에 와서 젊은 학자들과 토론하면서 그리고 자본주의사회의 현실을 배우면서 느낀 점이며, 또 이 점에서 나의 사상에서 일정한 변화와 전진이 있었다고 생각합니다.

14. 마지막으로, 남한의 지식계와 청년 학생들에게 당부하시고 싶은 말씀이 있다면 해주시기 바랍니다.

지금 우리에게 절실히 필요한 것은 민주주의를 수호하고 민주주의를 개선하고 발전시키는 일입니다. 민주주의의 발전을 통해서만 우리나라와 민족이 발전할 수 있으며 국제사회에도 기여할 수 있을 것입니다. 이런 점에서 민주주의 사상에 대한 연구를 심화시키고 청년 학생들에게 민주주의 사상 교육을 잘하는 것이야말로 중요한 과제입니다. 민주주의에 대한 이해의 부족이나 오해로 인해 올바른 정치적 견해를 가지지 못하게 되는 경우가 많습니다. 허심하게 민주주의가 무엇인지를 연구하고 청년들에게 민주주의 사상을 교양하여 새 세대들이 민주주의적 가치관을 가지고 민주주의를 수호하려는 의지를 가지도록 하는 것이 중요합니다.

정보화 시대의 지식과 정보[1]

권용혁

"단어들이 스크린 위에서 춤을 춘다. 문장들은 서로에게 길을 비켜주면서 부드럽게 미끄러져 들어가 자리 잡고 문단들은 경쾌하게 일렁거린다. 단어들은 반짝이다가 사라지고 단추를 누르면 곧 다시 나타난다. [……] 텍스트의 처음부분을 쓰는지, 중간인지 아니면 끝부분을 쓰고 있는지에 대해 신경 쓸 필요가 없다. 키만 누르면 어느 문구건 넣고 싶은 곳에 쉽게 집어넣을 수 있다. 생각의 흐름이 스크린 위에서 직접 깜박거린다. 하나의 생각을 놓고 곱씹으며 앉아 있을 필요가 없다. 날아다니는 것을 탁 잡아채면 되지 않는가."[2]

1. 서론

IBM 286 컴퓨터가 일상화되기 시작한 것은 1980년대 말부터였다. 그때까지만 해도 일일이 타자를 치면서 오타를 즉시 확인해야 하는 오타와의 전쟁이 매일 벌어지곤 했다. 타자기에 전자식 기능이 도입된 새로운 타자기의 등장으로 한두 줄 정도를 화면으로 검사하면서 칠 수 있는 전자식 타자기가 시중에 나오자 그것만으로도 타자기의 일대 혁명이라고 흥분했었다. 이 흥분이 채 가라앉기도 전에 286컴퓨터가 나왔는데, 그 즉시 이 전자식 타자기는 자취를 감춰버렸다. 1메가바이트 정

---

[1] 이 논문은 「사적 영역―지식과 정보의 변형」이라는 제목으로 2002년 한국학술진흥재단의 지원에 의해 연구된 논문을 수정 보완한 것임.
[2] 마이클 하임, 『가상현실의 철학적 의미』, p. 34.

도의 저장 능력을 갖춘 컴퓨터의 탄생으로 기록된 글의 편집이 환상적으로 쉬워졌으며 이 컴퓨터를 이용해서 박사 학위논문을 쓸 경우 타자기를 쓰는 경우보다 논문을 쓰는 기간이 일 년 이상 단축될 것이라는 경험담들이 쏟아져 나왔다. 그리고 앞 다퉈 컴퓨터를 구입하기 시작했다.

불과 십 년여가 흐른 지금 우리는 전혀 다른 글쓰기 상황, 정보처리 상황, 의사소통 상황에 직면해 있다. 그 당시만 해도 대부분의 사용자들은 컴퓨터의 중요한 기능을 자신이 읽고 이해한 바를 효과적으로 기록하는 것으로 생각했었다. 그 뒤 새로운 기종이 나올 때마다 그 새로운 기능을 좇아 기종 바꾸기를 여러 차례 반복한 후 지금 팬티엄급 컴퓨터는 더 이상 워드프로세스 기능을 강조하지 않는다. 그것은 명실상부하게 멀티미디어로서 기능하고 있다.

컴퓨터의 기능의 변화는 우리의 일상적인 삶에까지 영향을 주고 있다. 초고속 통신망이 전국 방방곡곡에 깔리면서 국민의 과반수가 인터넷을 사용하고 있다. 이제는 모바일과 멀티미디어가 통합됨으로써 인터넷 컨텐츠가 또 다시 바뀌고 있다. 이게 우리 사회에서 십 년 동안 일어나고 있는 일이다. 거의 모든 자료는 전자 데이터베이스화되고 있으며 일상생활에서 컴퓨터와 모바일 없는 삶을 상상하기란 쉽지 않다. 전자 상거래, 인터넷상의 만남의 장, 토론의 장, 정보 검색 등이 우리 삶의 중요한 부분으로 자리 잡아가고 있다. 한두 달 사이에도 변화하는 사회의 정보화 지수를 따라가기가 벅찰 정도다. 덕분에 한국이 재빨리 정보 선진국으로 진입할 수 있었지만 이에 따른 부작용도 심각하다. 인터넷이 빠른 시일 안에 광범위하게 보급됨으로써 일상생활이 편리하게 되었지만 이를 올바르게 사용하는 방법이 적절하게 교육되지 않음으로써 무단 복제, 해킹, 네티켓 무시, 인터넷 중독 등 새로운 문제들이 발생하고 있다.

이런 문제들이 발생하는 이유는 여러 가지가 있지만 그중에서도 정보의 폭증과 이에 따른 개인의 자율적인 판단 능력의 약화를 가장 근원적인 것으로 들 수 있다. 이는 정보화 시대의 지식과 정보의 관계의 변화와 직접적으로 연관되어 있다. 이것은 지식을 생산, 소통, 의미 부여하는 기존의 방식과는 전혀 다른 논리와 방식으로 전개됨으로써 지식과 정보의 위상에 대한 새로운 관계 설정을 요구한다. 이에 덧붙여 정보화의 발달은 기존의 현실 사회에서 보다 명확하게 구분되었던 공적인 영역과 사적인 영역에 대한 새로운 접근을 요구하고 있다. 이 글의 목적은 정보화 시대에서 발생하는 이러한 논점들을 보다 명확하게 규명하는 작업에 있다.

2. 정보화 시대의 지식

1) 지식과 정보의 위상 변화

그동안 글쓰기 방식도 많이 달라졌다. 원고지에 글을 쓰던 때에는 전체 기획과 그에 걸맞은 세부 항목을 정하고 각 세부 항목에 들어갈 수 있는 내용을 책과 논문들을 보면서 중요한 논점을 카드식으로 정리하고 그걸 머릿속에서 전반적으로 정리한 후에 글을 쓰기 시작했었다. 그만큼 글쓰기에는 고도의 종합적인 정신노동이 투여되었다.

"전통적으로 글쓰기는 머릿속에 있는 생각들을 구성하는 것, 즉 생각의 연쇄 고리를 심적으로 형식화해보는 습관을 의미했다. 작문은 정신을 재구성하거나 관념들을 하나로 모으는 것을 의미했다. 마음은 심적 과정 속에 관념들을 붙들어 매는 법을 배우고 선형적인 사고의 처리 방식을 장려한다. 즉 우리는 처음엔 시작하고, 중간에 창조하며, 마지막에 가서 끝내고자 한다. 정연한 논리는 사고처리의 규범이 되었고, 사려 깊은 사고와 동의어가 되기까지 했다. 훈련된 정신은 사고를 가정, 전제, 중개념, 결론으로 향하는 추리 과정으로서 경험한다."3)

지금은 그렇지 않다. 일단은 모든 작업을 컴퓨터를 켜면서부터 시작한다. 생각이 정리되는 대로 곧바로 기록을 한다. 그것이 어느 곳에 속해야 하는지를 검토하기 이전에 우리는 순간적으로 떠오르는 생각을 자료로 일단 정리한다. 중요한 글을 보면 바로바로 컴퓨터에 저장한다. 이것들을 연결짓는 일은 차후로 미뤄진다.

"워드프로세싱은 사고의 흐름을 보다 직접적으로 만들었다. 정신뿐만 아니라 눈도 직관적인 통찰을 따른다. 생각의 내용들은 거의 마음에 떠오르는 속도로 빠르게 화면에 나타난다. 순서 맞추기는 나중 일이다. 끝에 가서 우리는 자신이 마음속으로 말했던 것들을 볼 수 있을뿐만 아니라, 우리가 생각하는 것을 자유롭게 재배치하고 재조직하고 변화시킬 수도 있다. 새로 타이핑하거나 잘라내거나 이어 붙이는 것과 같은 심각한 문제점들은 컴퓨터 사용자에게는 이제 더 이상 귀찮은 일이 아니다. 만약 좋은 사고가 스스로 편집하고 스스로 비판하는 능력을 의미한다면, 컴퓨터는 사고 내용을 객관화시키는 규칙들을 유지하면서 동시에 사고 처리의 속도를 높여줄 수 있을 것이다. 마음의 눈과 물리적인 눈이 함께 일하는 것이다. 눈은 컴퓨터를 통하여 두뇌와 연결되며 마음과 쓰여진 단어 간의 피드백 고리를 만들어낸다."4)

컴퓨터 화면 앞에서 생각하면서 쓰는 형태가 늘어나면서 깊이 생각한 후 정리하는 글을 쓰는 형태가 소수로 몰리고 있다. 순발력과 가벼움, 접속자들에게 즉시 읽히고 잠시 생각할 거리로 떠오르다가 금세 사라지는 그러한 형태의 글들이 주를 이룬다. 글은 많아지는데 읽을 만한 글들이 상대적으로 적어지는, 그래서 생산성은 증대되지만 내용

---

3) 같은 책, p. 83.
4) 같은 책, p. 84.

은 곱씹을 만한 것이 없는 글들이 양산된다. 지혜가 메마른 상태에서 교환을 위한 정보들만 빠르게 흐르고 있는 장소가 사이버공간이다.

그렇다고 이걸 피할 수는 없다. 현재 우리가 살고 있는 시대는 확실한 것에 대한 믿음이나 모든 것을 꼼꼼하게 따지는 이성이 주류를 이루고 있는 시대가 아니라 매일 매일 만들어지는 새로운 정보와 씨름해야만 하는 시대이기 때문이다. "정보의 시대" 이것은 우리가 똑바로 마주하면서 대응할 수밖에 없는 시대적 화두가 되어버렸다.

우리의 정보 및 지식 저장, 유통, 이용 방법도 달라지고 있다. 인터넷 검색을 통해서 중요할 것 같은 파일들은 일단 다운로드받는다. 그것이 몇 백 페이지 분량이 되든 상관없다. 이처럼 예전에 비해 중요한 자료들을 많이 저장해놓고 있지만 그걸 다 검토하기란 여간 어려운 것이 아니다. 컴퓨터 화면으로 글을 읽는다는 것은 아직도 부담스럽다. 분량이 한번에 읽을 수 없을 정도일 경우는 더욱 그렇다. 읽기를 중단할 경우 책갈피를 끼우기도 어렵고 다시 그 파일로 접근하기도 쉽지가 않다. 기억력이 아무리 좋다고 해도 그 많은 정보를 한꺼번에 요리할 수가 없다. 정보나 자료를 수집하기는 점점 쉬워지고 있지만, 이들을 정리하거나 정확하게 해석하기는 더 어려워지고 있다.

우리는 이처럼 정보와 자료의 홍수 속에서 살고 있다고 해도 과언이 아니다. 컴퓨터 앞에 앉아 인터넷에 접속해서 이곳저곳을 기웃거릴 때면 더욱 그걸 실감한다. 정보와 자료는 매일매일 폭증하고 있다. 기존의 정보와 자료가 속속 데이터베이스화되어 누적되고 있고 누구에게나 표현의 자유가 보장된 사이버공간에서는 세세한 것에서부터 중요한 문제에 이르기까지 정보가 쉴 새 없이 이어진다. 컴퓨터가 정보망속에 지식의 파편을 광범위하게 정보화함으로써, 이제는 지식이 정보 고리 안에서 순환되고 있다.

문제는 정보화가 진행되고 우리가 컴퓨터를 매개로 작업을 하면 할 수록 그만큼 더 우리의 정신이 피폐해질 수 있다는 점이다. 우리의 앎은 경험에 바탕을 두고 있다. 우리가 직접 보고 느끼면서 체험한 것에 대해서는 보다 생생하게 알게 되지만 간접경험을 통해서 얻는 것은 그만큼 명료하지가 않다. 그러나 사회가 분화되면 될수록 우리의 경험 중 직접경험의 몫은 줄어들고 간접경험의 양은 늘어만 간다. 우리가 접촉할 수 있는 것보다 더 많은 것에 대해 지식을 쌓아야만 일상생활을 할 수 있는 세계에 우리는 살고 있다. 매일 아침 신문을 보고 매스컴을 통해 우리 사회와 세계에 관한 정보를 접하는 것이 우리의 일상사가 되어버렸다. 매체에 의존하면 할수록 우리의 수용력에는 한계가 있음을 실감하게 된다. 우리는 선별적으로 정보를 흡수하고자 하지만 정보는 우리에게 무엇이 중요한지를 가르쳐주지 않는다. 오히려 정보가 확대될수록 우리는 그 안에서 자신을 잃는다. 우리가 간접경험에 의존하면 할수록 우리 의식의 자립성은 약해진다. 나를 기준으로, 나의 의식을 기준으로 세상을 파악하는 것이 아니라 간접적인 경험이 우리에게 제시한 것에 의존해서 세상을 보게 된다. 폭증하는 정보와 자료에 대한 의존성이 심해지면 질수록 그만큼 우리는 스스로 생각하고 판단하는 능력을 상실해간다. 우리는 끝없는 정보의 수렁에 빠져버린다. 우리가 정보나 자료를 찾고 축적하고 전달하는 일에만 집착해서 그 의미에 대해서 생각할 힘을 잃는다면 우리의 사고력은 정보처리 과정 속에서 약화되거나 사라져버릴 것이다.

   정보를 기술적으로 처리하는 일에 매달리면 매달릴수록 의미의 세계, 사유의 세계와는 점점 더 멀어진다. 현상적으로 우리 앞에 나타났다 사라지는 디지털 기호들에 집중하면 할수록 우리의 사고는 일관성을 잃은 채 파편화되고 단편적인 정보에 의존하게 됨으로써 그 배후에 있는 지식과 지혜의 샘에 도달하지 못하게 된다.

   "정보란 지식의 한 단위로서 그 자체로는 의미의 흔적만을 가지는 것이다. 정보는 의미 있는 맥락을 전제하는 것이지만 그 맥락을 전달하거나 보장하지는 않는다. 맥락이 고정되어 있지 않기 때문에 정보는 컴퓨터 속도로 조작되고 저장되며 전송될 수 있다. 〔……〕 그러나 인간의 영역은 여전히 남아 있다. 의미 있는 언어는 언제나 우리 자신의 제한된 경험과 체험의 맥락 안에 속해 있다. 우리는 의미를 갖고 집중하고자 하는 대상에 대하여 생물학적으로 한계 지워져 있다. 어떤 중요한 대상에 관심을 기울일 때 우리가 컴퓨터와 같은 엄청난 속도를 낼 수는 없는 일이다. 다만 생각을 깊이 하고 반성하며 심사숙고해야 한다."[5]

그렇다면 정보와 사고가 반대 작용을 일으키는 이유는 무엇일까? 그것은 정보처리에 사용되는 논리가 갖는 독특한 특징에서 기인한다. 오늘날 대부분의 컴퓨터 검색에 쓰이고 있는 기호논리를 발견한 사람은 조지 불George Boole[6]이다. 불 이전에 논리학은 직접 그리고 직관적으로 지칭되는 사물에 대한 진술을 연구하는 것이었다. 그러다가 불 이후에는 순수기호들의 체계가 되었다. 불 이전의 논리학은 직접 진술이나 주장들을 서로 연결하거나 결합시키는 방법에 초점을 맞추었다.[7]

불은 직접적인 언어와 기호 언어들 간의 전통적인 관계를 뒤바꾸어

---

[5] 같은 책, p. 41.
[6] 조지 불George Boole(1815~1864)은 영국의 수리논리학자로서 사유의 형식적 요소에 착안하여 판단·추리 등의 작용을 기호에 의하여 수학적으로 취급하는 기호논리학을 최초로 조직한 논리학자였다. 주요 저서로는 G. Boole, *The Mathematical Analysis of Logic*, 1847; *An Investigation of the Laws of Thought*, 1854가 있다.
[7] 그는 사물들 집합 간의 일반적인 관계를 기술하는 공식을 고안했는데, 예를 들어 '갈색의', '소들'과 같은 용어를 살펴보면, 갈색인 모든 대상들을 B 그리고 소인 모든 대상들을 C라고 표시한다면, 하나의 대수 형식은 이 두 용어 간의 관계를 다음과 같이 상호 포함의 결과로서 표상할 수 있다. '모든 갈색 소' = BC. 전통적인 아리스토텔레스의 논리학에 있어서는 기호들은 직접 진술 속에 이미 주어진 것을 조직화하는 데 사용되었다. 그러나 불의 논리에서는 직접 진술이란 이처럼 오직 추상적인 기호들 사이의 관계에 대한 사례로서의 가치를 지닐 뿐이다. 하임, 같은 책, pp. 47~48 참조.

놓았다. 그는 언어를 기호들의 체계로 간주했고 기호는 논리적으로 올바른 모든 언어를 흡수할 수 있다고 보았다. 진술과 기호를 뒤바꾸어 놓음으로써 불의 수리논리는 전통적인 논리를 삼켜버릴 수 있었고 기호 패턴의 그물로 직접적인 진술들을 포착할 수 있었다.[8]

이처럼 처음부터 불의 논리는 원칙적으로 실재하는 사물들이 현실적으로나 개별적으로 관계를 맺고 있는 특정한 사물들에 관한 직접 진술로부터 멀리 떨어져 있다는 가정 아래 시작한다.[9]

컴퓨터가 우리의 언어를 디지털 기호로 변형함으로써 우리 앞에 컴퓨터 체계를 통해 제시되는 기호의 묶음은 우리를 사물의 직접적인 지각으로부터 논리적으로 멀리 떨어진 세계로 이끈다. 이 방식에 따라 모든 것을 디지털화한다는 것은 모든 사물과 영상 그리고 기호들을 0과 1의 조합으로 숫자화한다는 것인데, 이 디지털 세계는 실제 존재하

---

8) 같은 책, p. 48. 직접적인 인간 경험과 본질적으로 동떨어져 있기 때문에 불의 검색 논리는 인포매니아 증후군의 다른 측면을 보여준다. 불식의 검색은 우리를 중심 문제로부터 멀어지게 하고 탐구하는 대상의 맥락에서 벗어나게 함으로써 우리가 언어 및 사고와 관계 맺는 방식에 영향을 미친다. 같은 책, p. 50.
9) 콰인과 같은 현대의 논리학자들은, 구체적이고 독특한 개별적 사물은 '논리적 관점'에서 바라보는 한, '변항의 값이 되는' 것 이상의 실재성을 갖지 못한다고 주장한다. 현대의 논리적 관점은 체계를 가지고 시작하는 것이지 구체적인 내용을 가지고 시작하는 것이 아니다. 그것은 순수한 형식적 세계와 추상적으로 분리된 영역에서 작동한다. 현대의 논리적 관점은 우리가 직접 지각하거나 경험하는 사물들과는 아무런 내적 연관도 갖지 않는 추상적 관계로 구성된 복잡한 망으로부터 생겨난다. 하임, 같은 책, p. 51.
전통 논리학은 직접 진술에서 시작했으며 그것의 논리적 언어는 진술에 대한 실존적인 해석을 필연적인 것으로 전제했다. 우리는 공통적으로 존재, 혹은 적어도 우리가 말하고 있는 대상의 실존적인 연관성을 가정하고 있다. 반대로, 현대 기호논리는 실제로 존재하는 세계는 물론이고 직접 진술의 세계에조차 아무런 관심을 기울이지 않는 현대 수학을 모방한다. 이런 점에서 현대 논리는 우리가 일상적으로 사물과 관계 맺는 방식과 동떨어져 작동되고 있다. 같은 책, p. 52.

는 세계와는 무관하게 이 수의 배열의 변경만으로 새로운 형태의 기호와 이미지를 만들어낸다.

2) 가상과 현실의 공존

현대의 기호논리는 실제로 존재하는 세계와는 무관하게 진행된다. 기호논리에서는 현실로부터 완전히 격리되어 논리 속에서만 헤엄치는 것이 가능하다. 이러한 논리에 따라 진행되는 컴퓨터 체계, 워드프로세서의 무차별적 디지털화는 모든 사물을 숫자화하는 작업이다. 컴퓨터 세계 속에서는 모든 사물이 숫자화된다.[10]

사이버공간에서 작동되는 논리가 현실의 논리와 무관한 채 진행되는 이유도 그것이 바로 이러한 관계의 논리로만 구성되어 있기 때문이다. 사이버공간에서의 체험이 실제 공간에서의 체험과 다른 이유도 이처럼 새로운 공간, 새로운 현실이 내포하고 있는 새로운 논리에 의거해 있다. 우리는 지금까지 실증주의적 현실관에 입각해서 물리적인 존재성을 가진 감각적으로 포착 가능한 것을 현실로 보아왔다. 그러나 사이버공간에서의 현실은 (시각과 청각 그리고 촉각을 이용한) 감각적인 체험은 가능하나 물리적 존재성을 가지지 않은 새로운 개념의 현실이다.

현재 사용되고 있는 가상현실은 이 물리적 존재성이 없는 그런 의미에서 픽션인 공간 안에 우리가 행위 주체로 참가해서 체험할 수 있게 해준다. 이렇게 되면 현실과 픽션의 경계가 애매해질 뿐 아니라 현실/비현실의 이분법이 무의미해지고 현실 개념의 정의 자체가 달라질 상황에 이른다. 그런데 가상현실의 체험 역시 예전의 픽션 세계에서와는 달리 진솔한 감각적 체험이 수반된다는 데 문제가 있다.[11] 따라서 실

---

10) 박명진, 「정보격차와 세대차이」, pp. 369~370 참조.
11) 박명진, 같은 글, p. 377 참조.

제로 존재하는 것과 아닌 것을 구분하고, 오감을 통해 구해진 감각 자료를 기반으로 세상을 정의하고 예측하고 설명해온 지금까지의 지식 구성 체계가 심각한 도전을 받을 수밖에 없다.

우리는 현실과 픽션의 대비로는 설명될 수 없는 가상공간의 존재를 인정해야 한다. 오히려 정보화가 진행될수록 현실과 가상공간은 현실 속에서 밀접하게 상호 관계를 강화시킬 것이며, 가상공간을 지배하는 기호의 논리가 현실의 논리보다 더 힘을 발휘하게 되는 상황도 대비해야 할 것이다. 현실과 논리의 역전 관계는 컴퓨터로 매개된 채 진행되는 현대적인 의사소통 상황에서 잘 나타난다. 의사소통이 컴퓨터를 매개로 진행될수록 워드프로세서의 논리적 관계로 현실이 변형됨으로써 기호논리 속으로 현실 대상은 사라져버린다. 이러한 현상을 극한적으로 몰고 간다면 우리는 현실 대상과 마주하는 것이 아니라 화면 속의 기호들과만 마주하게 됨으로써 현실적인 대상의 소멸이나 기호논리 안으로의 흡수를 주장하는 데까지 이르게 된다.

이런 점에서 "오늘날에는 무대도 거울도 존재하지 않는다. 오직 화면과 연결망만 존재한다. 〔……〕 더 이상 초월적인 것이나 심층적인 것이 존재하지 않는다. 기능적 흐름에 내재하는 표면, 의사소통이 순조롭게 기능하는 표면만이 존재한다. 우리 주위를 둘러싸고 있는 우주 전체와 우리의 육체는 통제 화면들로 변한다. 그 표면에 인간 내면의 심층 심리를 투영하는 것은 불가능하다. 심리적인 차원은 사라져버렸다"[12]는 보드리야르의 주장은 극한적인 모습을 보여준다. 이는 대상과의 관계 속에서 다층적으로 표현되는 현실 세계에 대한 진술이 기호논리에 의거해서 관계 중심의 논리로 변화함으로써 무차별적으로 표면화될 뿐만 아니라, 우리의 심층 세계에 대한 진술도 마찬가지의 운명에 처하

---

12) J. Baudrillard, *Das Andere selbst*. pp. 11~12.

게 된다는 것을 의미한다. 이럴 경우 우리의 내면세계까지 표면화, 투명화의 논리에 노출됨으로써 더 이상 우리의 사적 영역은 은밀하고 사적인 장소로서 남아 있지 못하게 된다. 이 과정이 일관성 있게 진행된다면, 결국에는 우리의 인식과 판단도 표면화됨으로써 그것은 독자적인 자율성을 유지하지 못하게 된다. "우리의 사적 영역은 더 이상 주체의 연출이나 배우의 연기가 실연되는 연극무대가 아니다. 즉 우리는 이제 더 이상 감독이나 배우로서 현존하는 것이 아니라, 그 안에서 수많은 (통신)망들이 함께 진행되는 터미널로서만 현존한다."[13]

이처럼 현실 전체를 하이퍼리얼리티hyperreality로 전치시키는 보드리야르의 작업도 궁극적으로는 우리가 인정해야 할 다양한 현실을 하나의 현실에 의거해서 단일화하고 위계화하는 작업이라고 비판받을 수 있다. 우리가 현실이나 하이퍼리얼리티나 어느 한쪽에 강조점을 두게 되면 현실의 다양성을 놓칠 수 있다. 이보다는 오히려 논의의 출발점으로서 이미 일상적으로 작동되고 있는 다수의 다양한 현실들을 인정하는 것이 중요하다. 특히 우리가 살고 있는 이 시대에는 현실과 하이퍼리얼리티가 일상적 삶에 있어서 혼재해 있다는 점을 주목해야 한다. 여기서는 오히려 일상적인 현실과 하이퍼리얼리티의 공존 관계를 규명하는 것이 중요하며 이는 참여자의 입장에 설 경우 보다 명확하게 파악된다.[14]

3) 하이퍼텍스트와 가역성可逆性reversibilite/Umkehrbarkeit
디지털 코드로 구성된 사이버공간에서의 논리는 지시 대상과의 관

---

13) 같은 책, p. 14.
14) L. Ellrich, "Sein und Schein: Wie postmodern ist das systemtheoretische Konzept der elektronischen Medien?", pp. 569~571 참조.

계를 전제로 하거나 시간적, 논리적 인과관계에 기반을 두고 있는 구체적인 현실에서 작동되는 경험계의 논리와는 전혀 다른 디지털 논리를 전제하고 있다. 그 예가 하이퍼텍스트인데, 이것은 사이버공간에서 직관적이고 연상적인 방법으로 글쓰기를 가능하게 하며 비연속성과 논리적인 비약을 허용한다. 우리는 하이퍼텍스트를 통해 시간적, 논리적 선후 관계를 자유롭게 변경시킬 수 있다.

하이퍼텍스트는 많은 양의 정보들 사이에 유기적인 연결망을 구축해서 다양한 아이디어의 결합을 시도해볼 수 있는 정보 조직의 방식이다. 다양한 정보와 텍스트들을 단선적인 페이지 순서, 줄 순서, 책 순서로 배열해나가는 것이 아니고 직관적이고 연상적인 방법으로 연결하는 비연속적인 글쓰기 방법이다. 이 방법은 문자 문화를 바탕으로 하고 있는 논리적 사고, 배열적 사고의 틀을 부수고 있다. 문자든 영상이든 기존의 텍스트에서는 시작, 중간, 끝으로 이어지는 단선적인 순서 배열의 논리가 사고 과정의 규범이 되어왔지만 하이퍼텍스트에는 이러한 순서적이고 연속적인 논리의 구속이 없다. 그것은 논리적 연쇄 혹은 논리적 단계 밟기로 이루어진 것이 아니라 직관적이며 연상적인 방식으로 이루어짐으로써 다른 차원으로의 자유로운 비약을 허용한다.[15]

이처럼 사이버공간에서 사용되는 하이퍼텍스트는 한 단계씩 밟아가는 전통 논리의 연계 구조를 뛰어넘어 하나의 하이퍼텍스트가 다른 하이퍼텍스트와 또한 그 하이퍼텍스트가 또 다른 하이퍼텍스트와 계속해서 연결되어 있으며 각각의 하이퍼텍스트는 그 이전의 장場과는 전혀 다른 내용으로 구성되어 있기 때문에 두 장 사이의 논리적 연결 없이 계속해서 새로운 장으로의 이동을 가능하게 한다. 결국 이는 우리를 원래의 텍스트에서 전개되고 있는 논리적인 논점을 따라가기 어렵게 만

---

[15] 박명진, 같은 글, pp. 371~372 참조.

들며 오히려 우리는 각 장마다에서 제시된 논점에 익숙해질수록 그 이전 장에서의 논점과는 멀어지게 된다. 결국 이 경우 우리는 사유에 있어서 직관적 비약을 행하고 있는 것이 된다. 이처럼 단계적 이동이 아닌 논리적 비약이 하이퍼텍스트상에서 벌어지는 움직임의 특성이다.

"하이퍼텍스트 사용자들은 자신의 정신이 직관적이고 연상적인 사유를 즐긴다고 느낀다. 반복적이고 시시콜콜한 일들을 컴퓨터 프로그램이 대신할수록, 인간 정신은 즉각적인 통찰과 창조적인 일에 더 많은 시간을 할애할 수 있다. 이러한 추세는 내적 사유의 복잡한 패턴들보다는 빠른 이미지를 선호하는 우리의 일반적인 문화적 성향과 어울리는 것이다."16)

문제는 이처럼 빠르고 즉각적인 이미지에 매달릴수록 스스로 사유하는 능력이 퇴화함으로써 사이버공간에서 제시하는 정보의 체계, 정보의 규칙에 스스로 우리의 정신을 맡겨버리는 현상이 강화될 게 자명하다는 점이다. 이러한 상황이 심화될 경우 우리는 내적 사유 능력의 고갈이라는 치명적인 문제 상황에 도달할 수도 있다. 이를 벗어나기 위해서는 우리 스스로가 계속해서 밀려오는 엄청난 양의 정보를 분류하고 그 의미를 밝히는 작업을 지속적으로 해야 한다. 정보는 계속해서 생산되고 사라지지만 정보 스스로는 자율적으로 스스로를 조직화하거나 스스로 의미 부여를 하는 그러한 자율적인 시스템을 갖고 있지 못하기 때문이다. 사이버공간이 발달할수록, 정보가 폭증할수록 우리는 경험과 그것에 대한 반성적 사유를 지속함으로써 자율적인 판단 능력을 길러야 한다. 이럴 경우에야 비로소 우리는 현실과 사이버공간에 대한 균형 잡힌 시각을 갖게 될 것이다.

하이퍼텍스트 기능의 도입으로 제시된 가역성에 대한 보드리야르의

---

16) 하임, 같은 책, p. 77.

입장을 논의할 때도 같은 시각에서 비판이 가해질 수 있다. 우리는 (1) 현실의 비가역성과 (2) 사유 세계의 가역성을 동시에 인정하는 데서 논의를 시작해야 한다. 근대적 사유는 현실 구조의 비가역성에 의거해서 사유 구조의 비가역성까지도 주장함으로써 (1)을 기반으로 (2)를 비가역적인 것으로 환원하려는 시도가 강하게 나타났다. 따라서 근대적 사유 체계에서는 (1)을 기반으로 진보, 해방, 합리성의 증대 등을 중요한 덕목으로 강조해왔다. 이에 비해 보드리야르는 (2)를 기반으로 (1)을 재편하고자 한다. 그는 리얼리티와 하이퍼리얼리티의 역전 관계를 강조하고 현실보다 더 현실처럼 작동되는 시뮬라크르의 세계를 우선시함으로써 정보의, 표면의, 기호의 가역성을 기반으로 현실보다 더 현실적인 하이퍼리얼리티를 제안한다. 그는 하이퍼리얼리티가 물질적 현실보다 우위에 있으면서 역으로 현실을 조종한다는 점을 강조한다.

그러나 현실에 있어서 작동되고 있는 구체적이며 물질적인 대상의 특징인 비가역성은 인정되어야 한다. 사랑의 블랙홀, 터미네이터 등에서 나타나는 타임머신 효과와 같은 것은 영화 속에서만, 사유 안에서만 가능하다. 물론 사이버 섹스, 인터넷 정보 이용, 의학 항공 등을 포함한 광범위한 분야에서의 사이버 시스템의 이용 등은 생산력 발전에 크게 기여하고 있으며, 이들은 구체적이며 물리적인 현실을 급격히 변형시키고 있다. 그러나 물리적인 현실은 여전히 하이퍼리얼리티의 세계와 함께 존재한다. 즉 가역성으로 특징지어진 세계와 비가역성이 지배하는 세계가 공존한다. 우리는 비가역성과 가역성이 다른 층위를 이루고 있다는 점과 이 둘이 공존 가능하며 상호 영향을 준다는 점도 인정해야 한다. 물론 정보사회는 정보 자료의 코드화, 디지털화로 인해서 가역성이 증가하는 사회이지만, 이 둘이 현실에서 함께 작동될 수 있게 하기 위해서는 이 둘 사이의 올바른 관계를 설정하는 것이 필요하다.[17]

3. 사이버공간과 자아

1) 사이버공간에서의 사유와 지식의 변형

이처럼 물리적인 현실과 하이퍼리얼리티의 세계가 공존한다는 논점을 받아들이게 되면, 우리는 인간과 컴퓨터를 적대 관계로 보려는 기존의 기술 비판을 앞세운 철학자들의 시각에서 벗어나 이 둘의 공생 관계를 인정해야 한다. 우리의 생각을 정리하기 위해서 컴퓨터를 통해서 정보를 습득하고 이용하는 일이 늘어가면서 컴퓨터는 사유와 지식 축적의 중요한 요소로 자리 잡아가고 있다. 더욱이 음성과 문자 그리고 영상을 통합적으로 처리하고 있는 현재의 컴퓨터는 더 이상 단순한 수동적인 조작 기계가 아니라 인간의 사유의 구성 요소로서 간주되고 있으며 지식 생산, 유통, 축적의 필수 요소로서 그 비중이 커져만 가고 있다.

그러나 사이버공간에 제공된 자료들에 의존할수록 기존의 지식 처리 방식에서는 중요하게 제기되지 않았던 문제가 발생한다. 그것은 우리의 사유와 삶을 수동적으로 바꿔놓을 수 있다는 점이다. 사이버공간의 화면을 움직이는 언어 및 영상 시스템은 우리의 몸과 마음을 그 시스템 안에 가둬버림으로써 우리 인간을 자신의 시스템에 복종하는 수동적 대상으로 바꿔버리기 때문이다. 우리의 자아정체성은 자율적으로 추구되지 않으며 그 시스템이 부여하는 나의 모습을 진정한 나의 모습으로 받아들이게 된다. 사이버상의 아바타 만들기나 다양한 자신의 ID 설정 등도 그 예가 될 수 있다.

게다가 사이버공간에서는 물리적인 제약을 받을 필요가 없기 때문에 현실 세계를 지배하는 논리에서 벗어나 자유로운 상상이 가능하며 그것을 현실에서보다 훨씬 더 수월하고 선명하게 입체적으로 구현할

---

17) Baudrillard, 같은 책, pp. 62~65 참조.

수 있기 때문에 현실보다 더 현실적인 사이버 상상계를 만들 수 있다. 그러나 우리가 이러한 상상계에 빠져들수록 우리는 우리의 신체적 상태에 대한 감각을 상실하게 된다. 상상계를 중시하면 할수록 우리는 현실적인 체험을 통해 우리가 갖게 된 정상 감각들로부터 점점 더 멀어진다. 우리의 오감을 통한 정상적인 감각이 둔화될수록, 우리의 자율적인 사유 능력이 약화될수록 자신과 타자의 구분이나 자신의 고유한 영역 인식이 사라지기 때문에 우리의 사적 영역을 고유하게 보존하려는 노력도, 우리 개개인의 독자적인 지식 생산과 소통에서 찾을 수 있는 의미도 점차 무의미해진다.

우리가 육체로부터 벗어나서 사이버공간이 제공하는 시스템의 논리에 따라 생활한다면, 우리는 스스로의 길을 개척하지 않고 이미 주어진 길 안에서 제시된 길을 따라 살게 될 것이다. 이럴 경우 우리는 체험 감각 대신 디지털 감각을 받아들이고 자율적으로 지식을 추구하기보다는 시스템이 부여한 정보의 일부분을 받아들이게 된다.

"(이처럼 사이버공간이 제공하는) 정보 체계의 궁극적인 보복은 그 체계가 인격체의 동일성을 흡수할 때 나타난다. 〔……〕 컴퓨터는 정신적인 삶의 근본이 되는 사적인 육체를 위조하여 모조품을 만들어낸다. 기계 속에 들어간 정신은 육체를 경멸하며 조롱한다. 정보는 비밀스런 애무의 쉼터조차 집어삼켜버린다."[18]

정보 기술은 사이버공간에서 효율적으로 일을 처리할 수 있는 시스템을 제공함으로써 우리의 삶의 유형까지 변화시키고 있다. 사이버공간에서 제공하는 콘텐츠는 날로 새로워지고 있다. 일상적인 대화도 이제는 인터넷 채팅을 통해서 하고 취미, 오락, 동호회 등을 통한 일상적인 문화생활도 인터넷 채널을 통해서 한다. 전자 정부의 구현으로 거

---

18) 하임, 같은 책, p. 153.

의 모든 증명서를 집에서 열람할 수 있으며 사이버 쇼핑, 사이버 은행, 사이버 증권 등의 전자 상거래 등이 일상화되면서 상거래에 있어서도 이제는 직접적인 대면 관계를 요구하지 않는다. 이처럼 우리들의 일상생활뿐만 아니라 공적, 사적 영역에서의 사회생활도 대부분이 이제는 사이버공간을 통해서 이루어진다. 이 모든 영역에서 인간 사이의 직접적인 상호 관계의 필요성이 줄어듦으로써 인간 사이의 직접적인 상호 의존성이 약화된다. 우리는 더욱 평등해지지만 그만큼 서로 끈끈하게 관계 맺을 필요가 없어진다. 개별적인 인간의 몸과 연결되어 있는 개인에게 부여했던 인격적인 상호 이해와 책임 그리고 도덕성 등 산업사회까지 작동되던 윤리적 규범들이 사적인 육체를 떠나서 사이버공간 상으로만 존재하는 사이버 자아들의 덕목으로 통용될 수는 없다. 온정과 충성심 그리고 의무감 등의 덕목들을 지속적으로 유효하게 한 것은 얼굴을 맞대고 함께 소통하는 공동체적 유대감에 그 뿌리를 두고 있다. 사이버공간에서 이루어지는 사이버 자아들의 상호 작용은 이러한 공동체적 유대감을 가지고 있지 않다는 점에서 이들 사이의 유대감이나 책임 의식 등은 약화될 수밖에 없다.

오히려 온라인상의 공동체적 덕목은 누구에게나 열려 있는 개방적인 공론 영역에서 요구되는 것과 같은 것으로, 즉 개인의 자유로운 의사 표현의 자유와 인격적 평등 등 형식적이면서 공개적으로 누구에게나 인정될 수 있는 덕목으로 채워질 가능성이 크다. 최근에 등장한 화상통신이 보다 세련된 형태로 보완된다면 온라인 공동체도 오프라인 공동체적 특징을 보다 적절하게 수용하게 될 것이다.

2) 사이버공간, 자아 그리고 익명성

어쨌든 현재 사이버공간에서 활동하고 있는 사이버 자아(네트 안에서의 나)는 남을 의식할 필요도 없으며 감시나 통제를 받을 이유도 없는 것처럼 보인다. 네트 안에서의 나는 진정한 나를 밝힐 필요가 없다. 다만 나는 모든 다른 참가자들처럼 ID나 아바타만을 화면에 떠올리고 있으며 그걸 통해 화면상의 다른 ID나 아바타와 상호 작용한다. 그 안에서는 모두가 무지의 베일 속에 있으므로 첫 만남에서부터 자신을 드러내지 않은 채 상호 관계를 형성하는 가면무도회와 같은 곳이다. 아니 가면무도회에서는 자신의 몸에 얽매이게 되지만 이곳에서는 몸으로부터도 자유롭다. 모두가 무지의 장막 저 너머에 있으므로 서로 낯설음에서 오는 상대방에 대한 거리 두기를 자연스럽게 여긴다. 따라서 오히려 현실에서의 만남보다 자유롭고 접촉이 수월해진다. 내가 나를 표현하는 것도 상대방이 상대방을 표현하는 것도 진정성을 전제할 필요가 없다. 오히려 서로가 그럴 것이라는 점을 알고 있기 때문에 표현과 대응에 있어서 개인적인 자유가 훨씬 더 보장된다. 따라서 관계를 이어가고자 한다면 서로 무지로 인한 평등을 관계의 조건으로 삼는 것이 성공의 확률이 높다. 첫 만남에서부터 상대방에 대해 선입관을 가질 수 없기에 더욱 그렇다. 그저 접속하는 모두를 형식적으로는 동등하게 대할 수밖에 없을 것이다. 그렇지 않을 경우 대화는 너무나 쉽게 단절되어버리기 때문이다. 이런 점에서 첫 대화는 서로 자유롭고 평등하다는 점을 인정하면서 시작해야 한다.

그렇다고 이 조건이 지속된다는 보장은 없다. 언제든지 참가자들은 대화를 자의적으로 단절할 수 있기 때문이다. 자신의 자유를 위해서—그것이 무례함이건 타인에 대한 멸시이건 무시이건 간에—평등한 조건을 버리는 것도 너무나 자연스럽기 때문이다. 그저 그렇게 하고 그 대화의 장을 떠나면 그걸로 그만이다. 다시 만나지 않아도 되고 또 만나서 다시 시작한다 해도 문제는 동일하게 진행될 수 있으니까.

사이버공간에서 자신의 모습을 감추고 행동할 수 있다는 것은 기존의 자신의 모습으로부터 해방을 맛보면서 새로운 형태의 자유를 만끽

할 수 있다는 장점이 있다. 그러나 그에 못지않게 일상성으로부터의 일탈과 범죄적 행위가 자연스러워질 수도 있다. 사이버공간에서 보장되는 익명성에 기대어 자신의 행위에 대해 책임지지 않아도 될 것이라는 기대감이 증폭되면, 현실에서 작동되고 있는 법과 윤리를 벗어나도 된다고 하는 악마의 속삭임에 넘어가기 쉽다. 우리가 사이버공간에서 염두에 두고 있는 것은 내가 만들어낸 상징 기호에 살을 덧붙이는 작업일 뿐이다. 그것은 나일 필요가 없다. 내가 만들고 싶은 아니면 내가 되고 싶은 그 어떤 존재를 대변해도 되고 아니면 아무것도 아닌 그냥 다른 상징 기호들과의 관계 속에서 규정되는 것을 받아들여도 된다. 그것은 나의 머릿속에 저장된 지식 덩어리 중 일부분을 기반으로 구성해낸 것이거나 새로이 얻는 외부 지식에 의거해서 만들어낸 것이어도 된다.

그것은 나의 존재와는 구별되는 다양한 속성들일 뿐이다.

"사이버공간의 정보들은 보편자나 형상과 같이 유형type으로 존재한다. 그 공간은 오로지 정보의 유형들이 존재하는 곳이다. 정보는 원래 인간이 외부 세계와 교환하거나 상호 작용하는 내용이며 유형이다. 유형으로서의 정보의 추상성은 물리 세계의 존재자들의 개별성과 대조된다. 이 점에서 물리적 실재 세계가 개별자들의 세계라면, 사이버공간의 존재들은 유형으로서의 속성이거나 속성의 집합과 유사하다. 즉 사이버공간은 개별자들이 아니라 일종의 유사 속성들의 세계이다. 또한 사이버공간의 정보가 구현된 이미지들도, 비록 그것이 구체적이고 개별적인 형상을 하고 있을지라도, 개별자라기보다는 정보와 마찬가지로 속성들의 다발과 같은 방식으로 작용한다. 그런 점에서 사이버공간의 존재론은 유사 속성 존재론이다. …… 사이버공간에는 개별적인 물리적 대상 혹은 실체는 없으며 오로지 속성들과 속성들의 집합으로 구성된 속성적 대상들이 있다."[19]

따라서 사이버공간의 모든 존재자들은 속성이거나 속성의 다발이므로 물리적인 개별적 몸의 제약을 받지 않으며, 개체의 경계가 사라짐으로써 자아의 개별성도 사라진다.

"한 개체로서의 물리적인 몸(자연인)이 정보로 변환되면서 개체로서의 자시의 경계가 사라지기 시작한다. 그 결과 한 개인이 여러 개의 인격으로 분리되거나 여러 개인의 특성들이 한 개인 안에서 구현되기도 한다. 자아와 타자의 고정된 경계란 없으며, 그 경계는 임의적이며 유동적이 된다. 자아와 타자의 분리와 융합이 자유자재로 이루어지며, 개체들 간의 속성들은 개체의 경계를 너머 자유로이 결합되고 재구성될 수 있다."[20]

이처럼 사이버공간에서의 자아가 속성들로 구성되어 있기 때문에 그 자체는 익명성이 보장된다. 그것은 반드시 현실 자아일 필요가 없다는 점에서 그렇다. 사이버공간에서 제공되는 이 사이버 자아의 익명성 그 자체는 양면적 측면을 다 가지고 있다. 그것은 인간의 자율성을 신장시키는 일도 할 수 있지만, 이에 반해 사이버공간의 질서 파괴와 피해라는 부정적인 면을 유발하는 원인이기도 하다.[21] 이처럼 우리가 그것을 어떻게 사용하느냐에 따라 그 내용과 결과가 전혀 달라질 수 있다. 그러나 이러한 사이버공간에서의 익명성을 완벽한 익명성으로 오해해서는 안 된다. 그 익명성을 만든 흔적과 그 익명성을 이용해서 활동한 기록들이 여기저기 산재해 있기 때문이다. 그것을 만들기 위해 제공했던 나 개인에 관한 정보와 내가 기웃거렸던 사이트들과 내가 만났던 다른 익명의 대상들 그리고 사이버 상거래 내역 등이 고스란히

---

19) 김선희, 「사이버공간이 다중자아 현상을 일으키는 존재론적 구조」, pp. 176~177 참조.
20) 김선희, 같은 글, pp. 177~178.
21) 사이버공간에서 작동되는 익명성의 장단점에 대한 자세한 분석은 이명진, 「사이버공간의 가능성과 한계: 온라인상의 익명석을 중심으로」, pp. 129~131과 황주성 외, 『사이버문화 및 사이버공동체 활성화 정책방안 연구』, pp. 63~64를 참고하기 바람.

노출될 수 있기 때문이다. 따라서 사이버공간에서 작동시킨 나의 익명성은 현실에서의 나의 행동과 모종의 관계를 맺고 있으며 이 기록이 여러 곳에 저장된다. 이것이 유출되어 정치적, 경제적으로 악용될 소지가 항상 상존해 있다. 예전에 비해 온갖 정보 매체를 통해 나의 일상생활이 침해받는 경우가 늘어만 가고 있는 것도 이 때문이다.

3) 정보화와 프라이버시[22] 침해

사이버공간이 익명성을 어느 정도 보장해줌으로써 나의 사적인 영역을 보장받을 수 있을 것이라는 환상을 가질 수도 있을 것이다. 그러나 개인의 프라이버시를 보호하기 위하여 때로는 개인의 익명성을 보장해야 할 경우도 있고, 익명성을 보장해주지 말아야 할 경우도 있다. "'나'의 자유와 사생활을 보호하기 위하여 나는 이름을 숨기고 자유롭게 정보에 접근하고 조절할 수 있어야 한다. 아울러 나의 자유와 사생활을 보호하기 위하여 '남'이 이름을 숨기고 자유롭게 의견을 개진하는 것을 규제할 필요가 있다."[23] 더욱이 정보화가 진전될수록 나에 관한 정보는 더욱더 잘 새어나간다. 내 편지함에 스팸 메일은 계속 쌓여만 가며 나에 관한 정보가 내 동의 없이 유통되고 있다. 전자 감시와[24]

---

22) "프라이버시privacy라는 용어는 원래 '공직에서 벗어난 상태' 혹은 '세속으로부터의 은둔'을 의미하는 반사회적이고 소극적인 성격의 개념이었다. 그러나 근대 자유민주주의 사상이 등장하고 개인주의가 발달하면서 프라이버시는 '어떤 공직 권위로부터도 자유로울 수 있는 개인적 영역에 대한 권리'로 그 의미가 전환되면서 적극적 성격의 자유권으로 이해되었다. 특히 현대사회로 들어서면서 프라이버시권은 각 개인이 누구나 자신에 관한 사적 사항의 공개 여부를 결정할 수 있는 권리라는 측면이 강조되면서 공적 권위로부터의 자유권에서 한 걸음 더 나아가 개인의 선택권 및 개인적 행복추구권이라는 보다 적극적인 의미로 확대되었다." 이윤희, 「정보사회와 사적 영역의 위기」, p. 42 각주 2.
23) 이명진, 같은 글, p. 132.
24) '전자 감시'란 데이터베이스를 활용하여 개인의 생각과 행동을 감시하는 것을 말한

통제가 사이버공간에서 더 공공연하게 이루어지기 때문이다. 나의 신상에 관한 정보와 사이버공간에서 이루어진 나의 생각과 활동에 관한 정보는 아주 쉽게 노출될 수 있다. 내가 즐겨 찾는 사이트에 대한 정보가 수시로 유출되고 있으며 우리의 취향과 소비 형태를 포함한 다양한 정보가 이와 연동되어 활용될 경우 우리의 정체는 금방 드러난다.

말하자면 정보화가 진행되면 될수록 우리들의 신상에 관한 정보와 일상적인 행동이 흔적을 남김으로써 익명의 제3자에 의해 데이터베이스의 일부로 축적될 수 있다. 그리고 이 데이터들은 정부나 기업 혹은 특정인의 특정한 목적에 따라 자의적으로 활용될 수 있다.[25] 정부는 이를 주민 통제의 도구로 사용할 수 있고 기업은 상업적 목적으로 소비자 정보를 활용할 것이다. 그것은 또한 범죄의 기초 자료로 이용될 수도 있다. 이 데이터들이 손쉽게 축적될 경우 개인의 프라이버시는 지켜지기 힘들다.[26]

따라서 사회의 전반적인 전자 감시 체제화에 대항하기 위해서 프라이버시 보호와 정보공개를 함께 요구하는 것이 중요하다. 개인의 프라이버시는 최대한 보장하되 그 이외의 수집된 정보는 투명하게 공개되

다. 그러나 전자 감시가 국가권력에 의해서만 이루어지는 것은 아니다. 정보 기술이 도입되면서 각공 감시와 통제 기술이 발전하고 있는데, 작업장에서뿐만 아니라 은행, 상점, 도로, 아파트 단지에 이르기까지 사회의 거의 모든 곳이 전자 감시의 대상이 되어가고 있다. 권태환·조형제·한상진 편, 『정보사회의 이해』, p. 388; 고영삼, 『전자 감시 사회와 프라이버시』, pp. 19~25 참조.

[25] Stefan Münker und Alexander Roesler, *Mythos Internet*, pp. 135ff; 심슨 가핀켈, 『데이터베이스 제국』, pp. 414~418 참조.

[26] 렉 휘테커, 『개인의 죽음』, pp. 242~249 참조. 특히 나날이 발전하고 있는 정보사회에 있어서의 기술들은 사생활 문제에 있어서 결코 중립적일 수 없다. 일상성 속으로 계속 파고들고 있는 기술 발전의 추세를 고려한다면, 사생활의 영역은 더욱더 축소되어갈 것이다. "기술은 본질적으로 사생활을 침해할 수밖에 없다. 발전하는 기술은 우리 주변의 모든 것을 더욱더 목록화하고 계량화해 쉽게 탐색할 수 있는 방대한 기억으로 만들 것이다." 가핀켈, 같은 책, p. 418.

어 공공 정보화되어야만 개인의 동의 없이 이루어지는 개인 정보의 상업적인 이용에 제제를 가할 수 있으며 권력의 개개인 통제나 감시 등의 횡포도 막을 수 있다. 특히 감시 기술과 감시 내용이 일부에게 독점되지 않고 공개될 경우 수직적이며 일방적인 감시에서 벗어나 수평적인 상호 감시가 가능해짐으로써 기존의 전자 감시의 부작용을 줄일 수 있다. "즉 모든 사람이 다른 모든 사람을 볼 수 있는 '집합주의collectivism'는 한 사람만이 다른 모든 사람을 감시하는 전자 파놉티콘에 해독제로 작용했으며, 감시 자체를 투명하게 만드는 결과를 낳았다."[27]

이처럼 모든 사람이 다른 모든 사람의 정보를 접할 수 있는 상태에서는 한 사람만이 모든 사람을 감시하는 전자 감시체계를 무너뜨려 감시 자체를 투명하게 만드는 결과를 가져온다. 이런 점에서 정보 공개 요구와 이를 위한 합법적, 비합법적 운동은 파놉티콘을 역파놉티콘으로 전환시키는 중요한 방법이다.

4. 결론

정보화 시대의 지식과 정보의 위상 변화(정보의 중요성)는 갈수록 심화되어가고 있다. 이제는 지혜로운 사람이 되기 위해서 오히려 컴퓨터 네트워크에 광범위하게 축적되고 있는 엄청난 양의 정보를 효율적으로 이용하는 방법을 알아야만 한다. 이 글에서 문제 삼고자 하는 것은 2절에서 살펴보았듯이 우리가 디지털 정보에 의존하면 할수록 자

---

[27] 홍성욱, 『파놉티콘―정보사회 정보감옥』, p. 125. 이는 위로부터 아래로의 감시뿐만 아니라 아래로부터의 위로의 감시도 강화됨으로써 수직적인 권력 구조에서 네트워크형 권력 구조로의 변환을 의미하는 것으로서, 우리는 이를 다자 참여적인 수평적 권력 형태의 출현이라고 파악할 수 있다. 휘테커, 같은 책, pp. 277~280 참조.

율적인 사유 능력, 판단 능력을 잃게 된다는 점이다. 특히 정보를 찾고 축적하고 전달하는 일에 과도하게 집착하다 보면 우리는 그 의미를 찾는 힘을 상실하게 된다. 이는 디지털 정보의 독특한 논리인 기호논리가 갖는 특징이기도 한데, 이는 실재하는 사물들에 대한 직접 진술에서 벗어나 기호들 사이의 관계를 중심으로 (현실의 물리적 존재성에 대한 기본적인 전제 없이도) 사이버공간이라는 새로운 현실을 구성하고 있기 때문이다. 문제는 이러한 현실의 분화를 인정하는 데서 발생하는 것이 아니다. 우리는 이제 좋든 싫든 일상적인 삶의 영위와 증진을 위해서 사회적 차원에서의 정보화를 거역할 수 없다는 점에서 새롭게 구성되고 있는 사이버공간의 현실적 영향력을 인정해야 한다. 문제는 정보화 시대의 새로운 현실이 기존의 물리적 현실을 과도하게 재구성해낼 수 있다는 사이버공간 중심주의 논의를 정당하게 자리매김해야 한다는 점이다. 만약 2절 2항에서 논의된 보드리야르의 주장처럼 의사소통의 표면만이 존재함으로써 심층적이거나 내면적인 것까지도 표면화, 투명화된다면, 개개인의 사적 영역이란 그 자체로서 고유한 권한을 가지고 보존될 수 없다. 그것도 누구에게나 드러나 있는 따라서 개개인의 사적인 영역으로 남아 있을 수 없는 무차별화된 표면의 일부분일 뿐이다. 이처럼 모든 것이 표면화되어버린다면, 우리 모두의 사적인 영역이 공개되어버린다면 개성은 사라져버릴 것이며 이에 기반하고 있는 개개인의 권리들은 형식화되어버릴 것이다.

   단순한 유기체가 외부의 침입으로부터 몸의 원형을 보존하기 위해 세포벽을 이용하듯이, 인간은 신체를 보호하고 자신의 고결함과 사생활을 보호하기 위해 피부, 가정, 울타리, 무기와 같은 것을 사용한다. 이에 덧붙여 "우리가 우리 자신의 견해를 가질 수 있고, 우리가 그러한 견해를 밝힐 때까지 우리의 견해를 비밀의 영역에 놓아둘 수 있는 자유가 없다면, 즉 개인의 사상과 관련된 사생활이 보장되지 않는다면 정체성과 개성은 존재할 수 없다."[28]

이러한 징후를 우리는 현실적으로 많이 접하게 된다. 특히 국가의 공식적인 영역에서뿐만 아니라 민간 영역에서도 작동되는 전자 감시 시스템이 전사회적으로 확장될 경우 개인의 사적인 영역은 필연적으로 축소될 수밖에 없다.[29] 더욱이 외부로부터의 감시뿐만 아니라 전체적으로 감시할 수 있는 역감시가 사회적으로 만연할 경우 프라이버시권을 포함한 개개인의 사적인 영역은 그 자체로 남아 있기 힘들다. "프라이버시를 위협하는 마지막 요소는, 아이러니컬하게도, 역감시의 만연이다. 역감시와 '만인에 의한 만인의 감시'는 종이 한 장 차이다. 역감시가 만연하게 되면서 사람들에게 프라이버시를 침해하는 감시 자체를 당연한 것으로 받아들이는 내성이 생기기도 한다는 것이다. 감시가 다방향적인 것이 되면서 사람들은 타인의 프라이버시를 대중이 알고 싶어 하는 권리에 대한 장벽에 불과한 것으로 간주한다."[30]

그렇다면 감추고 싶은 것까지 포함해서 모든 것을 감추지 않고 모든 것을 드러낸다면, 모든 것을 투명하게 한다면, 그것이 더 바람직한 것인가? 개인적인 비밀뿐만 아니라 가족이나 절친한 친구 사이의 사적인 대화까지도 타인의 알 권리를 위해 투명하게 밝히는 것이 옳은가? 역설적이게도 투명성은 투명해질 수 없는 것과 한 쌍으로 공존할 경우에야 그 의미가 확연히 드러난다. 모든 것을 투명하게 표면화할 수 있다고 하는 정보화 시대의 새로운 논리적 신화는 기존의 인간관에 대한

---

[28] 가핀켈, 같은 책, p. 415.
[29] 이윤희, 같은 글, p. 42 참조. 특히 공적인 영역에서 데이터베이스화 되어 있는 대량의 개인 정보가 원래 의도했던 용도와 다르게 쓰일 가능성이 매우 높다는 점에서 그 피해의 심각성이 고려되어야 한다. 리처드 헌더, 『유비쿼터스』, pp. 38~41; 프랜시스 케언크로스, 『거리의 소멸, 디지털 혁명』, pp. 272~279 참조.
[30] 홍성욱, 같은 책, p. 134.

새로운 해석을 요구하고 있다.

 그러나 우리가 정보화의 심화라는 변화된 상황 속에서도 균형감을 갖는다면, 우리는 현실 공간과 사이버공간 그리고 이 둘의 상호 침투 공간 등 다양한 현실을 인정해야 하며 과도하게 하나의 현실로 다른 현실을 단일화하려는 시도가 갖는 잘못된 논리를 밝히는 데서 출발해야 한다. 투명성의 논리도 마찬가지다. 이는 우리가 다양한 현실에 참여하고 있는 참여자로서의 입장에 설 때 보다 분명해진다. 우리는 사이버공간에 참여하면서 생활하고 있지만 물리적인 현실에서의 일상적인 삶도 함께하고 있기 때문이다.

 우리 사유의 원동력이 되는 개인적인 경험과 주관적 체험의 세계를 각자가 모두 밝히는 것이 가능하다면 사회 전반적으로는 투명해질 수 있을 것이다. 그러나 모든 사람이 이것을 수행하는 것이 가능하지 않을 뿐더러 투명성에 대한 과도한 요구가 그로 인해 발생하는 엄청난 정보를 균형 있게 파악하지 못하고 그 안에서 스스로 함몰되어버리는 개개인을 양산할 것이라는 점에 대한 설득력 있는 해결 방안이 나오지 않는 이상 이것은 또 하나의 신화에 매달리는 것에 불과하다. 정보의 투명성에 대한 과도한 신뢰나 투명한 인간에 대한 요구는 사회적 행위자와 그것의 사회적 영향력의 측면에서 재조명될 필요가 있다. 이러한 단순화의 논리는 개개인이 자신의 사적인 영역에 속하는 모든 것을 투명하게 밝힐 경우 이로 인해 받게 될 불이익을 감수할 수 있을 정도로 개개인이 강하지도 않을 뿐더러, 그러한 불이익이 발생하지 않도록 사회적 제도가 공정하게 운영되고 있지도 않다는 점을 간과하고 있다. 오히려 우리가 사는 세상은 이해관계나 재화의 효율적 운영의 원칙에 따라 개개인의 차이를 차별로 변환시키는 데 더 능숙하며 그 차별을 막을 수 있는 제도적 장치도 정착되어 있지 않다는 점을 인정해야 한다.

 이런 점에서 프라이버시 보호뿐만 아니라 개개인의 사적인 영역에 대한 인정 및 보호는 아직도 중요하다. 예를 들자면 유전자 정보, 지문 정보, 외모 정보 등의 신체 관련 정보, 자신의 개인적인 지적 발달 사항에 관한 정보 등 공적으로 공개될 경우 사회적으로 차별을 받을 수 있는 개인 정보는 법적으로 보호되어야 한다.[31]

우리 인간이 자신만의 사적인 영역을 보유하고자 하는 데에는 또 다른 이유가 있다. 개개인은 사적인 영역에 기반을 둔 여러 가지 욕구를 실현하기 위해서 (개인적인 사랑을 위해서 혹은 행복을 위해서) 스스로 주체적이고 능동적으로 행동하기 때문이다. 이처럼 사적인 영역은 단순한 개별적인 은밀한 영역으로 평가절하되어서는 안 된다. 그것은 오히려 개개인의 자율적인 사유 능력과 판단 능력이 길러지는 모태로서 파악되어야 한다. 특히 정보에의 의존도가 늘어나는 현 사회적 상황에서는 스스로 체험하고 생각하고 판단하는 기회도 그것에 비례해서 늘려나갈 필요가 있다. 이럴 경우에야 비로소 정보에 매몰되어 있는 내가 아니라, 정보를 요리하고 새로운 정보를 만들어내고 그 의미를 설득력 있게 부여할 능력을 지닌 지혜인으로서의 자신의 모습을 그릴 수 있기 때문이다. 이는 개개인 자신에게만 국한된 문제가 아니다. 나의 사적인 영역을 보존해야 하는 것처럼 타인의 사적 영역도 보호받을 수 있도록 지켜주는 것은 서로 간의 진실하고 지속적인 관계 형성과 성숙한 인간관계의 전 사회적인 확대를 위해서 반드시 필요한 것이다. 이처럼 정보화 시대를 주도적으로 살아가기 위해서는 개개인의 사적인 영역의 상호 인정과 그 안에서의 사유력의 지속적인 강화가 무엇보다도 중요한 문제임을 재삼 인정할 필요가 있다.

---

[31] 이런 점에서 우리는 사적 사유 능력의 배양과 더불어 이를 사회적으로 보장할 수 있는 제도적, 법적 조항을 만들고 개선하는 일을 함께해야 한다. 개인의 자립성과 사생활 존중은 내적 수련 못지않게 외적 안전장치가 중요하기 때문이다. 가핀켈, 같은 책, pp. 414~436 참조.

참고 문헌

심슨 가핀켈, 『데이터베이스 제국』, 한국데이터베이스 진흥센터, 2001.
고영삼, 『전자 감시 사회와 프라이버시』, 한울아카데미, 2000.
권태환·조형제·한상진 편, 『정보사회의 이해』, 미래M&B, 2003.
김선희, 「사이버공간이 다중자아 현상을 일으키는 존재론적 구조」, 『철학』 제74집, 한국철학회, 2003.
박명진, 「정보격차와 세대차이」, 아산 사회복지 사업재단 편, 『정보사회와 사회윤리』, 아산사회복지재단, 1996.
이명진, 「사이버공간의 가능성과 한계: 온라인상의 익명석을 중심으로」, 고려대학교 한국 사회연구소 편, 『한국 사회』 제4집 2001. 12.
이윤희, 「정보사회와 사적 영역의 위기」, 『담론201』, 한국 사회역사학회, 1998.
프랜시스 케언크로스, 『거리의 소멸, 디지털 혁명』, 홍석기 옮김, 세종서적, 2002.
마이클 하임, 『가상현실의 철학적 의미』, 여명숙 옮김, 책세상, 1997.
한국전산원 편, 『2003 한국인터넷 백서』, 한국전산원, 2003. 3.
리처드 헌터, 『유비쿼터스』, 윤정로·최장욱 옮김, 21세기북스, 2003.
홍성욱, 『파놉티콘—정보사회 정보감옥』, 책세상, 2002.
황주성 외, 『사이버문화 및 사이버공동체 활성화 정책방안 연구』, 정보통신정책연구원 연구보고서, 2002. 12.
렉 휘테커, 『개인의 죽음』, 이명균·노명현 옮김, 생각의 나무, 2001.
Jean Baudrillard, *Das Andere selbst: Habilitation*, Hrsg. v. P.Engelmann Wien 1987.〔『타자 그 자체』〕
G. Boole, *The Mathematical Analysis of Logic, 1847. An Investigation of the Laws of Thought*, 1854.
L.Ellrich, "Sein und Schein: Wie postmodern ist das systemtheoretische Konzept der elektronischen Medien?", in: *Deutsche Zeitschrift fuer Philosophie*, 1996 44.Jg. 4.Heft Berlin.
Stefan Münker und Alexander Roesler, *Mythos Internet*, Suhrkamp Verlag Frankfurt a.M. 1997.

요약문

주제 분류 : 실천철학, 기술철학

주요어 : 지식, 정보, 디지털기호, 가상공간, 하이퍼리얼리티, 프라이버시 침해, 사적 영역과 자율적 사유의 약화.

내용 요약 : 이 글은 빠른 속도로 정보화되는 사회의 변화로 인해서 발생하는 문제들 중 철학적으로 다룰 수 있는 몇 가지 논점에 대해 필자 나름대로의 평가를 내린 글이다. 특히 인터넷의 보급으로 얻게 된 일상생활에 있어서의 편리함과 더불어 나타나는 무단 복제, 해킹, 네티켓 무시, 인터넷 중독 등이 발생하게 되는 원인에 대한 철학적 해명을 시도하고 있다.

이들이 발생하는 이유는 여러 가지가 있지만 그중에서도 정보의 폭증과 이에 따른 개인의 자율적인 판단 능력의 약화를 가장 근원적인 것으로 들 수 있다. 정보화가 진행되고 우리가 컴퓨터를 매개로 작업을 하면 할수록 그만큼 더 우리의 정신이 피폐해질 수 있다는 점이다. 우리의 앎이 직접경험에서 간접경험으로 바뀌면서, 체험보다는 정보 및 기호에 의존하면서 우리는 우리 몸과 연결되어 있는 스스로 생각하는 능력을 잃어만 간다.

가상공간의 발달로 인한 모든 것의 표면화, 투명화, 점멸화 등도 개인이 숨쉴 수 있는 공간을 남겨두지 않음으로써 전통적인 사적인 영역을 축소, 소멸시키고 있다. 그러나 이러한 사적 영역에서 독자적인 사유와 욕망, 행복 등이 추구될 수 있다는 점을 고려한다면, 사적 영역은 보장되고 보호되어야 한다. 그것은 오히려 개개인의 자율적인 사유 능력과 판단 능력이 길러지는 모태로서 파악되어야 한다. 따라서 필자는 폭증하는 정보를 요리하고 새로운 정보를 만들어내고 그 의미를 설득력 있게 부여할 능력을 지닌 지혜인이 되려면 개개인의 사적인 영역을 인정하고 그 안에서 사유력을 강화하는 방식을 취하는 것이 중요하다는 점을 강조하고 있다.

구체적 보편성과 지방, 그리고 창조학으로서의 인문학

김석수

1. 들어가는 말

세상에 '차이'는 존재하여도 '차별'은 존재해서는 안 된다. 그러나 불행하게도 인류는 지난 역사 속에서 '차이'를 '차별'로 전환시키는 허위의 공식을 전개하여왔다. 지금도 우리 사회에는 남성과 여성 사이의 차이, 서울 지역[1]과 여타 지역 사이의 차이, 일류 학벌과 비일류 학벌 사이의 차이가 차별의 형태로 자리하고 있으며, '전자는 중심부, 후자는 주변부'라는 예속 관계가 상존하고 있다. 그래서 요즈음 우리 사회

---

[1] '지역region'이라는 말이 비교적 가치중립적이라면, '지방local society'은 중앙과 대립을 강조하거나 토착적인 사회를 강조하기 위해서 사용되는 경향이 강하다.(김준형, 「새로운 지역사연구와 향토교육을 위하여」, p. 121; 오영교, 「강원 지방사 연구의 현황과 과제」, p. 80) 기든스는 '지역'을 "지리적으로 자리매김된 사회적 활동의 물리적 장"으로 규정하고 있다.(안토니 기든스, 『포스트 모더니티』, p. 33) '지방'은 수직적 공간 개념이라면 '지역'은 수평적 공간 개념이다.(고석규, 「지방사 연구의 새로운 모색」, pp. 21~24) 따라서 지방은 서울에 속하지 않는 지역으로서 '시골'이라는 의미로도 사용된다.(이존희, 『역사교육, 달라져야 한다』, p. 136)

에는 여성운동, 지방분권운동, 학벌타파운동 등 차별의 부조리를 타파하고자 하는 개혁 운동들이 활발하게 펼쳐지고 있다.

물론 '차별'의 부조리를 극복하기 위하여 '차이'를 지나치게 절대화하면 사회의 갈등과 혼란이 가중될 수 있을 것이다. 즉 '강한 차이성'은 인간의 사회성을 해칠 수 있을 것이다. 그렇다고 차이의 이런 부정성을 지나치게 염려하여 서둘러 차이를 획일적 통일로 몰고 가면 그역시 억압과 구속을 초래할 것이다. 즉 '강한 통일성'은 인간의 개인성을 해칠 수 있을 것이다. 결국 '추상적 개별성'에 바탕을 두고 있는 '강한 차이성'과 '추상적 보편성'에 바탕을 두고 있는 '강한 통일성'은 차별과 억압의 형태로부터 결코 자유로울 수가 없다.[2]

지나온 역사를 거시적 관점에서 볼 때 적어도 근대 이전에는 '강한 통일성'과 '추상적 보편성'이 강조되었다면, 근대 이후에는 '강한 차이성'과 '추상적 개별성'이 강조되었다.[3] 전자의 경우에는 차이성보다는 통일성이, 개별성보다는 보편성이 더 강하게 자리하고 있었다. 개체는 국가 속에서 의미를 지녔으며, 따라서 국가의 구성원들도 절대적인 한 존재에게 복종함으로써 자신의 존재를 유지하였다. 한마디로 근대 이전의 시기는 개별자가 보편자에게 이바지하는 의무lex의 시대였다. 따라서 여기에는 개체의 억압이 존재하였다. 다多는 일一로 수렴되어야

---

[2] "전체란 결코 추상적 통일인 것이 아니라 어디까지나 상이한 다양성이 통일된 것으로서의 통일일 뿐이다."(헤겔, 『대논리학(1)』, p. 231) "그러나 전체와 부분이 분리된 상태에서는 그 양자는 다 같이 자기 파멸을 초래할 뿐이다."(같은 책, p. 232)

[3] 헤겔은 근대 이전의 이와 같은 상황과 관련하여 국가가 가족적 모델에 입각하고 있는 무매개적 통일성에 바탕을 두고 있다고 보았으며, 또한 유한을 가볍게 처리하는 '악무한die schlechte Unendlichkeit' 상태에 빠져 있다고 보았다.(헤겔, 『대논리학(III)』, pp. 144, 147) 그는 동양 사회도 이런 관점에서 부정적으로 바라보았다. 그리고 그에 의하면 근대 시민사회는 각자가 자기의 몫을 극대화하고자 하는 욕구 투쟁의 장이며, 개인들의 권리 관계를 외형적으로 정립하는 '추상법das abstracte Recht'의 상태에 놓여 있다고 보았다.

만 했다. 일一은 다多에 대해서 "절대적 냉담성"[4]의 상태에 놓여 있다.

그러나 일一의 다多에 대한 구속은 결국 다多로 하여금 일一에 저항하도록 만들었으며, 급기야는 혁명의 소용돌이 속에서 새로운 근대가 열리게 되었다. 따라서 근대인들은 보편자 속에서 살기보다는 개별자 자신을 통해서 살아가고자 하였다. 이른바 권리ius의 시대가 탄생한 것이다. 바로 이 과정에서 인문주의적 정신에 입각한 '인문학humanitas'이 대두되었다. 원래 라틴어권에서 사용된 이 '인문학'이라는 용어는 철학에서 유래한 것으로서,[5] 이것은 중세 가톨릭 세계관에서 비롯된 인간의 존엄성과 자유에 대한 유린 현상을 극복하기 위해 고대의 이성적 인간관을 새롭게 정립하려는 과정에서 발생한 것이다. 그리고 그 이후 독일에서 전개된 정신과학Geisteswissenschaft으로서의 인문학도 근대의 실증주의가 산출해낸 비인간성에 대한 도전에 근거를 두고 있다.[6]

이처럼 라틴어권 인문학이 중세의 종교에 대한 반성을 통하여 인간의 존엄성과 자유를 마련하는 데 목적을 두고 있었다면, 독일의 정신과학으로서의 인문학은 과학에 대한 반성을 통하여 인간의 존엄성과 자유를 마련하는 데 목적을 두고 있었다. 오늘날 인문학의 위기를 논하게 될 때, 우리가 주장하는 인문학은 후자의 경우에 해당된다고 볼 수 있을 것이다. 그러나 라틴어권 인문학이든, 독일어권 인문학이든 이들의 노력은 모두 결국 인간다움을 상실한 시대정신에 대한 비판적 태도를 담고 있다.

이처럼 인문학은 인간다움을 왜곡하거나 억압하는 삶의 모든 조건에 대한 비판과 극복을 목적으로 하고 있다. 그러므로 인문학은 시간

---

[4] 헤겔, 『대논리학(III)』, p. 167.
[5] 당시의 철학은 자연철학과 실천철학으로 분류되었으며, 전자는 자연학으로 후자는 도덕학, 인문학, 인문과학으로 불리게 되었다.
[6] 1960년대 하버마스에 이르러 인문학은 사회과학과도 다른 것으로 규정되었다.

속에 자리하고 있는 역사적 좌표와 공간 속에 자리하고 있는 사회적 좌표를 입체적으로 고찰하는 과정 속에서 생명력을 지닌다. 이런 의미에서 인문학은 탈역사적, 탈사회적 상황 속에서 정립되는 수학이나 기하학과 같은 추상적인 학문일 수 없다. 인문학은 보편성을 지향하되 구체성을 지니고 있어야 한다.

그러나 불행히도 우리의 인문학은 이런 '구체적 보편성'[7]을 마련하지 못했다. 그것은 전통을 상실당하고 극도의 궁핍한 상태에서 다시 일어서야 했던 우리 현대사의 비극에 근원을 두고 있다. 이 글은 '구체적 보편성'을 마련해야 할 인문학이 왜 제대로 가능할 수 없었는지에 대한 원인을 분석하고, 나아가 압사 상태에 빠져 있는 지역 인문학의 중요성을 세계화의 흐름과 관련하여 재조명해보고자 한다. 이를 위하여 이 글은 첫째로 우리의 현대사 속에서 버려진 지방의 문제를 진단하고자 하며, 둘째로 세계화와 다원주의와의 관계 속에서 지역성의 중요함을 부각시키고자 한다. 그리고 마지막으로 이와 같은 문제의식의 연장선에서 우리 인문학이 창조학의 단계로 들어가기 위해서는 지역 인문학의 연구가 불가피함을 제시해보고자 한다.

2. 압축 근대화 속에 자라난 중앙주의와 차별

익히 알다시피 20세기 한국 현대사는 민족의 억압 시대(해방 이전) 이자 건설의 시대(해방 이후)였다. 서구 열강들이 서로 다투어 제국주의적 관점에서 약소국들을 침략함으로써 우리 역시 그런 위협으로부

---

[7] "……보편은 결코 어떤 폭력적인 것으로서가 아니라 오히려 그 타자 속에 잠겨 들어가서 고요히 자기 자신과 함께 있을 뿐이다."(헤겔,『대논리학(II)』, p. 59)

터 안전하지 못했다. 급기야는 일본의 제국주의적 침략 아래 우리 민족은 강점을 당하는 수난을 겪어야만 했다. 일제강점기 30년은 우리의 문화적 전통을 송두리째 잃게 되는 단절의 시대였다. 따라서 우리의 인문학도 그동안 우리의 역사와 사회 속에 축적되어 자라온 우리 학문의 본령인 국학을 발전시킬 수 없었다. 국학은 양학으로 대치되면서 우리 것을 추스를 겨를도 없이 우리는 우리의 학문을 주체적으로 보편화하는 기회를 잃고 말았다.

일제시대 활동한 대표적인 철학자이자 사상가들인 백남운, 신남철, 박치우, 박종홍 등은 모두 강한 민족주의적 입장에서 서구의 맑스주의나 실존주의 등을 통하여 민족의 활로를 모색하고자 하였다. 저항의 시대 역시 민족의 강한 대단결이 절실히 요구되며, 힘의 결집이 요구되는 시대였다. 경성제대가 서울 중앙에 자리하면서 철학과 강좌는 온통 서양철학 중심으로 재편성되었고, 동양철학이나 한국철학에 대해서 교육받거나 연구할 기회가 원천적으로 차단되어 있었다.[8]

이와 같은 과정은 해방 후 조국 근대화 과정에서도 마찬가지였다. 1950년 6·25동란으로 잿더미 속에서 전개된 군사정권의 경제 지상주의는 서구의 실용주의적 학문을 숭상하도록 만들었으며, 또한 이로 인해 야기된 반민주적 현상에 대한 비판 역시 우리의 학문적 전통에서 찾은 것이 아니라 서구의 맑스-레닌주의에서 찾도록 만들었다. 즉 건설의 주체도 비판의 주체도 모두 서학 중심으로 재편되었다. 따라서 지역 속에 산재되어 있는 우리 국학을 계승·발전시키는 것도 어려운 상황이 되고 말았다.

---

8) 이 시대 대표적인 철학지는 『신흥』, 『철학』이었으며, 이외에 『청년』, 『조선지광』, 『개벽』 등의 잡지가 있었다. 그러나 여기에 실린 대부분의 글들은 서양사상에 관한 글들이었다.

사실 이와 같은 상황은 우리의 현대사 속에 깊이 자리하고 있었던 민족주의·국가주의·중앙주의가 주도하면서 서울공화국을 구축하는 과정과 밀접하게 맞물려 있으며, 아울러 서울 이외의 지역들이 주변부로 굳혀지면서 버려진 지방으로 전락하는 과정과도 밀접하게 연관되어 있다. 해방 후 이승만, 박정희 정권 아래서 전개된 반공 제일주의가 국가 제일주의와 결합되면서 권력의 중앙 집중화가 심화되었다. 어쩌면 이와 같은 현상은 짓밟히고 굶주린 민족의 수난 시대에는 당연한 현상이었는지도 모른다.

이승만, 박정희, 전두환 정권 아래서 주도적인 역할을 한 안호상, 박종홍, 이규호, 김형효는 이러한 시대정신을 잘 반영하고 있는 대표적인 인물들이라고 할 수 있을 것이다. 이승만의 국가주의를 뒷받침하는 안호상[9]의 '일민주의-民主義'는 당시 이승만 대통령이 추진하였던 '뭉치면 살고 흩어지면 죽는다'[10]라는 강한 민족주의, 중앙 권력주의를 형성하는 데 기여하였다. 그는 이 일민주의와 관련하여 이것이 강력한 민족 국가의 발전에 기여하여야 하며, 아울러 영명하신 이 대통령 각하를 받들어 지대한 민족 과업을 성취할 수 있어야 한다고 보았다.[11] 그의 일민-民은 강한 보편주의에 바탕을 두고 있다. 그에 의하면 "一民은 한 핏줄 한 運命에 이루어지며 發展한다."[12] "핏줄이 같고 運命이 같은 이 一民은 생각도 같고 行動도 같아야만 한다."[13] 그의 이

---

9) 안호상(1902~1999)은 이승만 정권 아래서 초대 문교부 장관, 초대 학도호국단장, 초대 국립청년훈련소장, 대한청년단 총본부 단장, 공화당 창당 중앙 감찰위원장 겸 훈련원장을 지내고, 박정희 정권 아래서 국민교육헌장 기초위원, 재건 국민운동 중앙회 회장, 사회정화대책위원회 회장을 지냈다.
10) 안호상·김종욱, 『국민윤리학』, p. 163. "뭉쳐지면 이루어지고 흩어지면 사라짐은, 자연의 법칙이다."(같은 책, pp. 164, 181) 안호상, 『청년과 민족통일』, p. 39 참조.
11) 안호상, 『일민주의의 본바탕』, p. 7.
12) 같은 책, p. 30.

런 입장은 강한 국가주의로 향해져 있다. 그는 "우리 노동의 가치 척도를 단지 노동하는 그 한 개인의 이해득실에서가 아니라 항상 국가 전체의 영원한 이해득실에다가 두지 않으면 안 된다"14)라고 주장한다. 그래서 삼천만 겨레 모두가 기존의 모든 주의를 "모조리 다 버리고, 오직 일민주의의 깃발 밑으로 모여야" 하며, "우리는 일민주의를 위하여 일하며 싸우며 또 죽을 각오를 해야 한다."15) 따라서 이 일민주의는 "인류의 적이요 평화의 좀"인 공산주의를 격파하는 데 기여해야 한다.16)

이처럼 그의 일민주의는 북한의 주체사상 못지않게 이승만 절대주의와 연관되어 있었다. 이와 같은 경향은 1960년대 이후의 군사정권에서 계속 이어졌다. '뭉치면 살고 흩어지면 죽는다'는 주장도 계속해서 강화되었다. 이제 경제 제일주의-안보 제일주의-반공 제일주의-국가 제일주의가 유착되는 상황으로 이어졌다. 즉 박정희 정권은 강한 국가 없이는 경제 건설이 불가능하고, 경제 건설이 없으면 공산주의를 물리칠 수 없다는 입장에서 국가주의-산업화주의-반공주의를 유기적으로 결합시켜 강력한 지배 체제를 구축해갔다.17) 박정희 역시 "공산주의와 싸워 이기기 위해서는 [······] 누구하고라도 손을 잡아야 합니다"18)라고 주장함으로써 이승만 정권의 반공주의를 정치 기반으로 삼았다.

박정희 정권 아래서 대통령 교육문화담당 특별보좌관을 지낸 박종홍은 바로 이와 같은 국가 이념을 정초하는 데 이론적 배경을 제공해주었다. 그 역시 안호상처럼 국가주의적 입장에서 강한 보편주의를 추

---

13) 위와 같음.
14) 안호상, 「노동의 본질과 개념」, p. 195.
15) 안호상, 『일민주의의 본바탕』, p. 23.
16) 위와 같음; 안호상, 「민족주의의 종류와 본바탕」, p. 323.
17) 박정희, 「반공학생의 날 기념사」(1962. 11. 13), p. 326; 박정희, 『국가와 혁명과 나』, p. 265.
18) 박정희, 「한일회담 타결에 즈음한 특별담화문」(1965. 6. 23), pp. 208~209.

구하였다. 그에 의하면 모든 국민과 기업은 국가를 중심으로 일치단결하여 공산주의를 물리치고 산업을 일으켜야 한다.[19] 안호상과 박종홍이 중요한 역할을 수행한 국민윤리교육헌장에도 강한 국가 중심주의가 자리하고 있다. 그리고 박종홍은 당시의 유신을 "우리의 현실에 맞게 국력을 조직화하고 민족중흥을 실현하려는" 것으로 보았다.[20]

이와 같은 현상은 전두환 정권에서도 계속되었다. 이 시대에 중심 무대에서 활동한 이규호, 김형효의 철학에도 강한 국가주의가 자리하고 있다. 이규호는 1980년대 문교부장관을 지내면서 국가 아래 일치단결하는 국민 정치교육의 중요성을 강조하였다. 그는 국민 정치교육과 관련하여 이것은 "우리의 생활공동체로서의 국가 체제의 정당성에 대한 신념을 국민들 사이에 확산시키고", 그리고 "애국심과 충성심을 심어주어 국가 체제가 제대로 기능하도록 국민의 지지 기반을 굳히기 위한 교육이다"라고 주장하였다.[21]

이처럼 그는 우리가 공산주의와 싸워 이기기 위해서는 이데올로기 비판을 하는 정치교육 속에 반공·승공勝共 교육이 포함되어야 하며, 강한 단결로 국가에 충성을 강조하는 내용이 담겨야 한다고 주장하였다.[22] 이와 같은 주장은 당시에 함께 활동하였던 김형효에게도 나타나고 있다. 그 역시 1980년대 신군부 체제 아래서 우리 남한이 미국처럼 강대국이 아니기 때문에 북한처럼 이념 체계가 획일화되어 있는 위험 집단으로부터 지켜내기 위해서는 이념의 다양성이 함부로 허용되어서는 안 됨을 강조하였다.[23] 그의 이와 같은 태도는 1970년대 박정희 정

---

19) 박종홍, 「기업정신의 바탕」[1972], p. 501.
20) 박종홍, 「새역사의 창조―유신시대의 기조철학」(1973), p. 561.
21) 이규호, 「국민 정치교육」, p. 8.
22) 이규호, 「정치교육의 과제와 이념」, pp. 87, 90; 「이데올로기의 개념과 그 양가성」, pp. 14, 42, 42, 57.

권에서부터 강조되어왔던 내용이기도 하다. 그는 당시의 군사정권과 유신체제를 정당화하는 관점에서 문文 우위보다는 무武 우위를 주장하면서 강력한 국가관을 피력하였다. 그는 학자와 예술가들이 무인 정신을 존중하지 않은 점에 대해서 개탄해하면서[24] 비로소 1961년 5·16에서 무인들을 통하여 새로운 창조의 계기가 마련되었다고 평가하였다.[25] 그는 "전쟁사가 철학자를 조롱한다"라는 입장에서 북한과 관련하여 "미친개를 잡기 위해서는 몽둥이가 필요하다"[26]라는 주장을 펼쳤다. 그는 피히테처럼 민족성의 개조를 위하여 충과 효를 강조하였으며, 정신적·경제적 힘을 극대화할 수 있는 국가를 추구하였다.[27]

이처럼 한국 현대사는 민족주의, 반공주의, 경제주의, 국가주의가 결합되어 강력한 중앙 권력주의로 뿌리를 내리게 되었다. 이와 같은 현상은 1987년 6월 항쟁을 통하여 대통령 직선제와 지방자치제를 관철해낼 때까지 지속되었다.[28]

그 이전에는 '부분은 없고 전체만 있는 국가'가 강조되었으며, 이런 상황에서는 다양성은 혼란으로 매도되었고, 민주적 절차나 경비는 비능률과 낭비로 규정되었다.[29] 오로지 중앙 권력을 서로 획득하려는 싸

---

23) 김형효, 「국민윤리교육의 강화이유」, pp. 11, 115~116.
24) 김형효, 「한국인의 불행한 의식」, pp. 34~36.
25) 김형효, 「한국현대사회사상에 대한 반성—충효정신에 대한 사회철학적 정립」, p. 161.
26) 김형효, 「남북한 통일이념과 목표 비교」, p. 124.
27) 김형효, 「한국현대사회사상에 대한 반성—충효정신에 대한 사회철학적 정립」, p. 169.
28) 물론 하기락과 같은 철학자는 1946년 『자유민보』를 창간하고 이어 『자유연합』을 발간하여 아나키즘운동을 하였으며, 그리고 1960년대 실존주의, 1970년대 네오맑스주의, 1980년대 맑스-레닌주의, 주체사상 등을 통하여 버려진 주변부를 되살리고자 하는 몸부림이 있었다. 그리고 리영희, 김지하, 백낙청, 고은 등 사상가나 문인들도 반공주의에 근거하여 민중을 억압하는 국가 절대주의에 대해서 이의 제기를 하기도 하였다.
29) 강형기, 「21세기, 왜 지방분권이며 향부론인가」, pp. 136~137. 따라서 중앙집권적 권위주의에 도전하는 지방자치 옹호론자는 반체제 인사로 규정되었다.(박호성·

움만이 지속되었으며, 이 과정에서 지역감정은 더욱더 악화되고 지방은 떠나가야 할 자리로 매김되었다.30) 급기야는 정치·경제·사회·문화 전반에 걸쳐서 일극一極 집중 현상이 심화됨으로써31) 우리는 국내적으로 민주적 역량을 결집해내지 못하고, 국제적으로는 세계화에 능동적으로 대응할 수 없었다.

우리는 서구의 근대화처럼 봉건 체제를 깨고 나오려던 근대 초기의 절대주의 체제 안에 담겨 있는 문제점을 극복하기 위한 자유주의적 운동이 제대로 작동할 수 없었던 역사의 빈곤을 안고 있다. 헤겔의 표현을 사용한다면 우리의 근대화는 추상적 보편성에 매몰되어 있는 가부장적 국가관을 벗어나지 못했으며, 이 문제점은 추상적 개체성을 통하여 부정의 운동을 펼쳤던 서구 시민사회의 활성화도 제대로 이루어지지 못했다. 한마디로 악무한의 단계에 머물러 있었다. 이러한 문제점이 조금씩 메워지기 시작한 것도 중앙 집중 권력을 비판하고 새롭게 제도를 마련하고자 한 87년 이후 시민운동이 활성화되면서부터이다.

양기호·이동선, 『한국정치와 지방자치』, p. 13)
30) "지방에서 생산된 부가 서울에 집중되어 자산계급의 향락적 소비를 증대시키는 반면, 지방은 그들의 부 축적을 위한 그리고 향락적 소비를 위한 지역으로 전락된다는 점에서 지역 문제는 계급 모순의 표현인 것이다."(정성호, 「도시연구의 최근 동향」, p. 111)
31) 정성호는 1970년대 들어서 급속히 진행된 사무관리 기능의 서울 집중으로 서울이 생산력을 통제하고, 금융 메커니즘을 조절하는 상황에 이르렀음을 진단하고 있다.(정성호, 같은 글, p. 102) 서울의 면적과 인구는 급격히 증가한다. 1936년 134km^{2}에서 1963년 596.5km^{2}를 거쳐 1973년도에는 605km^{2}로 증대한다. 그리고 인구도 1935년에 404,000명에서 1960년에 2,445,000명에서 1970년에 5,433,000명으로 증가한다.

3. 세계화, 다원주의, 그리고 지역성

지금 우리가 살고 있는 세계에는 신자유주의적 물결과 더불어 세계화라는 거대한 흐름이 전개되고 있다. 이러한 흐름은 한편에서는 자유로운 열린 경쟁을 가능하게 함으로써 전체주의적 지배 구조를 깨트리는 역할을 수행하지만, 다른 한편에서는 서로 간에 차별을 더 심화시키는 기능을 하기도 한다. 특히 미국이 주도하는 신자유주의 아래 펼쳐지는 세계화는 '로마의 평화pax Romana'를 '미국의 평화pax Americana'로 몰고 가는 경향을 강하게 보여주고 있다. 국가주의의 벽을 허물도록 요구하는 자본의 세계화는 "자본주의의 세계적 불균등 발전을 더욱 가속화시켜 계급, 계층, 민족국가, 종족, 도시/농촌 등 여러 측면에서 갈등과 분쟁을 낳고 있다."[32]

바로 이와 같은 측면 때문에 각자의 자유와 서로 간의 차이를 강조하는 다원주의는 오히려 차별을 강화시키는 빌미를 제공해줄 수 있다.[33] 이와 같은 현상은 우리 국내에서도 일어나고 있다. 이미 앞에서 언급했듯이 그동안 우리는 강한 국가주의에 의하여 획일적 보편성의 폭력을 겪어야만 했다. 그래서 1990년대에 접어들어서 다원성과 차이성을 마음껏 열어놓고자 하는 관점에서 포스트모던적 입장이 물밀 듯이 밀려 들어왔다. 이진우, 윤평중 등 다수의 철학자들이 우리 사회의 획일적 억압 구조를 타파하고 창조와 해방이 가능한 열린사회를 마련하기 위해서는 포스트모더니즘이 생산적으로 수용되어야 한다고 주장하였다. 이성주의＝남성주의＝전체주의＝중앙주의라는 등식을 공감

---

32) 김석진 외 엮음, 『세계화와 신자유주의 비판을 위하여』, p. 19.
33) 장은주, 「문화다원주의와 보편주의」, pp. 76~77; 선우현, 「다원주의는 사회적 진보의 징표인가?—오늘의 다원주의적 한국 현실과 관련하여」, pp. 3, 7~8; 김종민 편저, 『다원주의와 정치 이론』, p. 23.

하는 대다수의 지식인들은 타자에 대한 책임과 주변부의 중요성을 부각시키는 입장에서 포스트모던적 전략이야말로 우리의 봉건적 근대화를 깨트리고 나가는 데 중요한 기여를 할 수 있을 것으로 보았다.

그러나 다른 한편에서는 이런 포스트모던적 전략이 오히려 서로 간의 차별을 은폐시키고 더 강화시키는 역기능을 수행한다[34]는 점에서 이를 비판하고, 신합리주의(하버마스, 포퍼, 롤즈 등)의 이론[35]을 통하여 차이에 민감하면서도 동시에 열린 보편주의를 추구하고자 하였다.[36] 신합리주의적 입장이 한국에 더 필요하다는 철학자들은 포스트모던적 다원성은 합리성의 훈련도 받지 못한 한국 사회를 더더욱 비합리적인 사회로 만드는 원인을 제공하게 된다고 평가하였다. 이들에 의하면 우리 사회는 한편에서는 그동안 위로부터 가해진 강한 강제와 지배로 인해 차이가 비합리적으로 폭발하고, 다른 한편에서는 혈연·지연·학연 등 다양한 연고주의에 의하여 여전히 배타성과 차별성이 심화되고 있다. 그러므로 신합리주의적 입장을 취하는 자들은 우리 사회가 차이에 민감하되 차이를 정당한 절차에 따라 좁혀가는 보편주의적 입장을 놓치지 않으려고 한다.

이와 같은 상황은 신자유주의 물결 아래 전개되는 세계화와 관련해서도 마찬가지로 등장하고 있다. 오늘날 신합리주의적 입장을 취하는 철학자들은 포스트모더니즘을 신자유주의와 결합시켜 차이를 빌미로 세계를 지배하려는 미국의 제국주의적 논리에 강한 비판을 제기하고,

---

34) W. Steffani, F. Neuscheler (Hg.), *Pluralism, Konzeption und Kontroversen*, München, 1972, p. 36.
35) 위르겐 하버마스, 『이질성의 포용』, p. 177; J. Habermas, *Nachmetaphysisches Denken*, pp. 182 이하; J. Rawls, *Political Liberalism*, pp. 91~93, 116.
36) 여기에 대한 자세한 논의는 김석수, 「통일시대 한국 사회철학의 과제와 전망―포스트맑스주의, 신합리주의, 포스트모더니즘을 중심으로」, pp. 141~191 참조.

세계 시민운동의 활성화를 요구하고 있다.

사실 차이의 긍정성을 열어놓으려는 다원주의도, 합의의 긍정성을 열어놓으려는 보편주의도 이들이 모두 인간의 삶을 바람직한 상태로 이끌고자 한다면 차이가 차별로 전환되거나 합의가 억압으로 이어지는 것을 원치 않을 것이다.[37] 차이를 존중하는 관용의 정신과 함께 더불어 살아야 한다는 공동선의 추구는 모순 대립 관계가 아니라 상생相生 관계에 놓여 있어야 할 것이다. 다원주의와 절차주의의 결합을 통하여 절대적 보편주의와 극단적 상대주의를 극복해가야 할 것이다.[38] 그러므로 구체적 개별성과 추상적 보편성 역시 서로를 살려내는 '구체적 보편'[39]으로 이어져야 할 것이다. 우리가 살고 있는 세계와 사회가 중심주의, 획일주의, 보편주의로 치닫게 되어 전체주의적 억압이 심화되고 있다면 다원주의적 관점에서 복수성, 주변성, 차이성을 열어놓도록 해야 할 것이며, 사회가 지역주의, 차별주의, 상대주의로 치닫게 되어 무정부 상태가 초래되고 있다면 보편주의적 관점에서 규범성, 중심성, 동일성을 마련해야 할 것이다.

따라서 우리 사회 역시 바로 이와 같은 관점에 기초하여 그동안 압축 근대화 속에서 소외되었던 지역의 자율성, 고유성, 전통성을 인정하고 존중하는 다원주의적 관점을 생산적으로 수용함과 동시에, 우리

---

[37] 박구용, 「다원주의와 담론 윤리학」, p. 2.
[38] O. Höffe, *Sittliche-politische Diskurse*, p. 90; O. Höffe, *Ethik und Politik*, pp. 447~474; A. Schwan, *Wahrheit-Pluralität-Freiheit*, pp. 45~46; Ch. Taylor, *Philosophical Arguments*, pp. 225~226; T. McCathy, "Legitmacy and Diversity: Dialectical Reflections on Analytical Distinctions", p. 227; J. Habermas, "Vom pragmatischen, ethischen und moralischen Gebrauch der praktischen Vernunft", p. 194.
[39] 물론 이때의 개체나 보편은 서로가 서로를 허용하지 않는 절대적 개체나 보편이 아니라 서로가 서로를 인정하면서 함께하는 개체와 보편이어야 한다.

사회에 잔존하고 있는 지역적 갈등들을 극복하고 국가적 차원에서 지역 간의 연대성을 확보하여 공동선을 실현할 수 있는 보편주의적 관점을 발전적으로 수용하여야 할 것이다. 더군다나 신자유주의가 세계화의 물결을 통해 밀려들면서 국가의 위기를 가중시키는 현 시점에서는 보편주의적 프로그램이 더욱 요구되기도 하지만, 다른 한편에서는 지역의 국제화를 활성화시키는 다원주의적 프로그램도 그에 못지않게 절실하게 요구된다. 지금 우리의 세계화는 경제적 자유주의와 사회적 보호주의, 자본주의적 시장경제와 정치적 민주주의를 동시에 발전시키고, 경쟁의 효율성과 보호의 정당성을 잘 조화시켜낼 수 있는 방향으로 나아가야 할 것이다. 이것은 더 이상 강압적인 중앙 권력을 통해서가 아니라 합리적이고 정당한 절차를 통해 합의를 모아가는 방식으로 이루어져야 할 것이다.

따라서 세계화와 지방화의 관계도 이런 측면에서 접근되어야 할 것이다. "부국강병을 지상 목표로 삼았던 20세기가 '국가의 시대'였다면, 개인의 행복과 삶의 질을 우선하는 21세기는 '지방의 시대'이다."[40] 지금 우리는 더 이상 봉건적 근대화의 방식으로 세계화의 물결에 맞설 수 없다. 세계화와 민주화라는 두 가지 과제를 제대로 완수하기 위해서는 지역의 세계화에 눈을 돌리지 않으면 안 된다. 1991년 노르웨이 수도 오슬로에서 개최된 국제지방단체연맹(I.U.L.A.) 총회에서 주장된 "생각은 세계적으로, 행동은 지방적으로 think globally, act locally"라는 슬로건은 '구체적 보편성'을 마련해야 함을 강조하고 있다. 우리는 한편에서는 '균형과 복지의 원리'를 추구하고, 다른 한편에서는 '선택과 집중의 원리'를 추구함으로써 세계화의 지배 구조를 극복하고 민주적 삶의 가치를 실현해야 한다.[41]

---

40) 강형기, 같은 글, pp. 136~137.

더욱이나 지금 우리가 살고 있는 이 시대는 문화의 시대이며, 다원성의 시대이다. 그러므로 세계 속에 경쟁력이 있는 나라가 되기 위해서는 세계의 것을 우리의 것으로 만드는 것도 중요하지만, 우리의 것을 세계의 것으로 만드는 것이 더더욱 중요하다. 그렇게 하기 위해서는 지역의 것을 활성화시키고 발전시켜야 한다.[42] 아울러 우리는 중앙이 지방을 지배하는 구조도 시정해야 한다.

4. 창조학과 지역

인문학 역시 이와 같은 관점에서 지역성과 세계성을 아우르는 방향으로 추진되어야 할 것이다. 다원적인 문화의 시대에 우리의 인문학이 경쟁력을 갖추기 위해서는 이제 강대국의 학문에 예속되는 상태로부터 벗어나야 할 것이다. 이미 앞에서 언급되었듯이 인문학은 역사적·사회적 좌표 안에 자리하고 있는 삶의 현실과 괴리되어 있는 추상적 학문일 수 없다. 이제까지 우리는 우리의 현실을 근거로 하여 서구의 이론을 수용한 것이 아니라 서구 이론의 우월성에 근거하여 우리의 현실을 바라보는 경향이 강하였다. 한마디로 우리의 인문학은 우리의 현실에 낯설고, 우리의 현실은 우리의 인문학에 버거움을 느꼈다.

우리 철학계만 보더라도 이런 현상은 강하게 나타나고 있다. 민족이 억압당하던 일제시대에는 일본을 통해 들어온 독일철학이 주를 이루

---

41) 조형제, 「참여정부 지역균형발전 정책의 방향과 과제」, pp. 166. 국가균형발전위원회도 '전국 최소 기준'의 충족을 통한 '통합적 균형'을 모색하는 것과 지역의 잠재력과 비교 우위를 극대화하는 '역동적 균형'을 모색하는 것을 함께 추진하고자 한다.(국가균형발전위원회, 『국가균형발전의 비전과 과제』, pp. 11~12)
42) 강형기, 같은 글, pp. 144, 161.

었으며, 이와 같은 현상은 오늘날까지 계속 이어지고 있다. 그리고 1970년대 조국 근대화 논리가 강화되고 실용주의가 부각되면서부터는 영미철학이 활성화되기 시작하였으며, 90년대에 이르러서는 프랑스철학이 우리의 지성계를 누비고 있다. 어느 대학 철학과를 보더라도 동양철학이나 한국철학 교수는 턱없이 적은 편이다.[43] 이와 같은 상황은 학생들로 하여금 이미 우리의 현실은 현실이 아니도록 느끼게 만들며, 낯설게 느껴야 할 이방인의 개념의 박물관이 나의 보금자리로 느껴지도록 만들고 있다. 아무리 좋은 옷도 몸에 맞지 않으면 찢어지듯이, 아무리 탁월한 이론도 우리의 현실에 맞지 않으면 고통이 되는 법이다. 물론 이런 주장이 퇴계나 율곡을 공부하면 우리 철학이고 칸트나 헤겔을 공부하면 우리 철학이 아니라는 의미는 아니다. 다만 이 주장은 비록 우리의 전통 철학이 우리 철학 성립의 필요충분조건은 되지 못한다 할지라도 최소한 필요조건은 된다는 의미이다.[44]

그러나 유감스럽게도 지금 우리 학문계에서는 이런 필요조건마저 부단히 위협받고 있다. 지방 인문학의 위기는 단순히 인문학 자체에서 비롯되는 것이 아니라 학문 권력 구조의 왜곡에서 비롯되고 있다. 지금 우리 인문학계에서는 모든 학문 권력이 중앙에 집중되고, 따라서 학문 연구 대상이자 소재인 지역의 것도 중앙 학문 권력이 소유하거나 아니면 외세 학문 권력과 더불어 무시해버리기도 한다.[45]

---

43) "미국이나 유럽 대학에서 유학해서 서양철학을 공부했으면 철학 교수가 될 자격이 충분하다고 인정하고, 동양이나 한국의 철학 유산과는 친숙할 기회가 없었던 것은 결격 사유로 여기지 않는다."(조동일, 『우리 학문의 길』, p. 203)
44) "그런데도 세계화의 시대에는 국학을 버리고 세계 학문인 양학을 해야 한다는 헛된 지론이 널리 퍼져 있으므로, 국학의 의의를 한 번 더 강조해서 말한다. 국학은 우리 학문의 근본이고 출발점이다. 세계 학문으로 나아가기 위해서는 먼저 국학을 힘써 해야 한다. 국학의 세계화가 이제부터의 과제이다. 국학의 모든 분야에서 그 작업을 일제히 해야 하고, 서로 관련지어 함께해야 한다."(조동일, 『인문학의 사명』, p. 365)

이미 앞에서 언급되었듯이 우리의 인문학은 자그마치 30년이나 단절을 겪어야만 했고, 그 이후에도 군사정권 아래서 안보주의와 경제주의에 압도됨으로써 자신의 뿌리를 제대로 이어올 수 없었으며, 이로 인해 지금 우리는 우리의 정신을 담고 있는 인문학사를 체계적으로 마련하고 있지 못하다. 이제 우리는 구체적 지역성을 보편적 세계성으로 가져가야 하듯이,[46] 지역 속에 묻혀진 채 이어져오지 못한 인문학적 자산을 오늘의 세계 현실에 비추어서 보편성으로 고양시켜가야 할 것이다. 그러므로 우리의 인문학은 전통과 현대, 안의 것과 바깥의 것의 대화를 추구해야 할 것이다.[47] 전통과 안의 것에 얽매인 보수주의자나 국수주의자가 되어서도 안 될 것이며, 또한 현대와 바깥의 것에 얽매인 단절주의나 수입주의자가 되어 수입학이나 시비학에 머물러서도 안 될 것이며,[48] 그렇다고 남의 학문을 막아내기만 하는 폐쇄학에 머

---

[45] 그래서 이기상은 이런 문제점과 관련하여 다음과 같이 역설한다. "바로 여기에 변방에 사는 주변국 지성인들의 날카로운 비판적 시각과 반성적 깨어 있음이 요구되는 것이다. 그들이 알아서 서양 중심적이 아닌 철학을 마련해서 우리에게 가르쳐주길 기다리며 앉아 있는 순진한 어린아이의 태도를 우리는 버려야 한다."(이기상, 「이 땅에서 철학하기, 탈중심 시대에서의 중심 잡기」, p. 15)
[46] "[······] 보편적인 것은 특수적인 것을 통해서 현실화되어야 한다."(헤겔, 『역사 속의 이성』, p. 126)
[47] 조동일, 『우리학문의 길』, p. 204.
[48] "수입학에 종사하는 학자들은 자기가 유학한 나라의 학문을 자랑하고, 전공해온 공부를 드높여 자기선전의 근거로 삼는다."(조동일, 「국학이론의 발전과 세계학문」, p. 35) "한국의 대학은 '수입학 제1방향'을 위해서 만들어진 기관이고, 그런 생업을 전수하고 이어받기 위해서 교수와 학생이 만나는 곳으로 이미 고착화되어 있어 흔들리지 않는다."(같은 책, p. 36) "외국 것들 가운데 잘 나간다고 소개되는 본보기를 골라서 읽고 시비해야 격이 높아진다."(같은 책, p. 41) 바로 이러한 점 때문에 조혜정은 다음과 같이 주장한다. "보편사에 대한 집착을 버리고 서구의 특수성을 알아갈 것, 그들의 담론의 틀을 비판적으로 수용하되 그들의 담론을 익히기에 생애를 보내지 말 것, 대신 우리 일상을 들여다보며 자기 성찰을 게을리 하지 말 것이다. [······] 이제 우리들 자신이 직면한 위기를 놓고 우리들 피부에 와 닿은 작은 이야기들을, 각론을

물러도 안 될 것이다. 조동일의 주장처럼 우리의 인문학은 수입학이 가지고 있는 세계성, 시비학이 가지고 있는 비판성, 자립학이 가지고 있는 전통성 모두를 종합하여 보편성과 개별성을 상생相生 관계로 가져가는 창조학이 되어야 할 것이다.[49]

그러나 이런 창조학이 바깥의 학문의 조류와 진정한 토론과 대화 없이 '우리 학문을 절대화하는' 내용적 보편주의의 길로 나아가서는 안 될 것이다.[50] 즉 구체성과 특수성에서 출발하여 보편성에 이르고자 한 헤겔철학이 동양을 서양에 편승시켰듯이,[51] 서양을 동양에 편승시키는 입장이 되어서는 안 될 것이다.[52] 즉 조동일의 주장처럼 창조학이 제국주의자들의 패권학覇權學이 되어서는 안 되며, 조화와 갈등을 극단으로 몰고 가는 파멸론破滅論이 아니라 서로 살리는 생극론生克論이 되어야 할 것이다.[53]

써가야 한다."(조혜정, 「탈식민지 시대 지식인의 글 읽기와 삶 읽기 3」, p. 30)
49) 조동일은 수입학을 "남의 학문을 가져와서 자랑하기"로, 시비학을 "남의 학문 가져와서 나무라기"로, 자립학을 "우리 학문으로 남의 학문 막아내기"로, 창조학을 "우리 학문으로 남의 학문 넘어서기"로 규정하였다. 그리고 그는 이 각각에 대해서 또 두 가지로 분류하였다. 수입학은 제1세계 학문을 가져와서 자랑하는 수입학 제1방향과 제2세계 학문을 가져와서 자랑하는 수입학 제2방향으로 분류하였으며, 시비학 역시 제1세계 학문을 가져와서 나무라는 것과 제2세계 학문을 가져와서 나무라는 시비학 제1방향과 제2방향으로 나누었다. 나아가 그는 자립학도 "과거의 사실로 내세우는" 자립학 제1방향과 "민족주의로 막아내"는 자립학 제2방향으로 나누었으며, 창조학도 "비교연구로 넘어서"는 창조학 제1방향과 "일반이론으로 넘어서기" 하는 창조학 제2방향으로 나누었다.(조동일, 같은 책, pp. 26~78)
50) 이진우, 「세계 체제의 도전과 한국 사상의 변형—독자적 패러다임을 위한 문화 상대주의의 전략」, p. 217.
51) G. W. F. Hegel, *Grundlinien der Philosophie des Rechts*, §353~358; G. W. F. Hegel, *Vorlesung über die Philosophie der Geschichte*, pp. 152~153, 166.
52) 이진우, 같은 글, p. 216.
53) 조동일은 주관적인 우리 학문을 고집하는 것이 아니라 '지금까지의 잘못을 청산하고 다시 태어나는 세계 학문'을 지향하고자 하였다.(조동일, 「인문학문의 길」, pp.

그러나 이런 생극론도 결코 그냥 이루어지는 것이 아니다. 우리가 최근 몇 년 동안 인문학 위기 담론을 많이 언급해왔지만, 인문학의 위기는 위기 담론 그 자체에서 극복되는 것이 아니라 전통과 현대, 안과 바깥의 비판적 종합을 통하여 우리의 인문학사를 작업해나갈 때 극복 가능하듯이, 지역 인문학의 위기 역시 이런 관점에서 접근되어야 할 것이다. 저항의 시대와 건설의 시대를 거치면서 단절되거나 버려진 지역 인문학의 자산을 발굴·정리·분류하고 분석·평가하여 단절된 인문학의 역사를 복원하고 오늘의 현실과 관계 속에서 반성적으로 비판하여 세계의 보편성으로 발전시켜나갈 때, 우리는 비로소 우리의 인문학사를 제대로 구축할 수 있을 것이며, 아울러 지역 인문학의 '구체적 보편성'을 마련할 수 있을 것이다. 지역 인문학이 이런 위상을 지니게 될 때 마침내 세계 인문학에 어깨를 나란히 할 수 있을 것이다.

26~56) 또한 그는 생극론과 관련하여 이것을 '무엇이든지 포괄할 수 있게 열려 있으며, 다양한 예증을 검토하면서 미발견의 내용을 찾아내도록 하는 방법'이라고 규정하면서, 갈등과 화해를 종합하는 것으로 보고 있다. 그는 이와 같은 예를 주역의 제2장에 나오는 "강한 것과 부드러운 것이 서로 밀어서 변화를 만든다(剛柔相推 而生變化)"는 구절과 제5장에 나오는 "한 번은 음이 되고 한 번은 양이 되는 것을 도라고 한다(一陰一陽之謂道)"라는 구절 등에서 찾으며, 그리고 서경덕의 다음과 같은 주장, 즉 "하나는 둘을 생생하지 않을 수 없고, 둘은 스스로 능히 극克한다. 생하면 극하고, 극하면 생한다. 기氣가 미세한 데까지 이르는 것은 생극이 그렇게 한다(不得不生二 二自能生克 生則克 克則生 氣之子微鼓 其生克使之也)"(화담집, 2, 원리기)라는 곳에서도 찾고 있다. 그러나 변증법에 대한 전폭적인 수용을 통하여 이와 같이 양극의 종합을 시도하는 조동일의 입장에는 강한 보편주의가 자리하게 된다고 이진우는 비판한다.(이진우, 같은 글, p. 216)

5. 나가는 말―구체적 보편성의 모색

이상에서 보았듯이 문화의 시대이자 다원주의 시대인 21세기 사회에서 세계화의 물결을 발전적으로 주도해가기 위해서는 우리는 더 이상 과거와 같은 중앙주의=국가주의의 관점을 유지할 수 없다. 수도권 지역과 수도권 이외의 지역이 차이의 단계를 넘어 차별로 전환되어 한쪽이 다른 한쪽에 대해서 종속 관계에 놓이게 되어 지방이 소외될 때 국가 전체의 발전은 한계에 도달할 수밖에 없다. 데리다의 주장에 의하면 "[……] 중심은 또한 중심이 개시시키고 가능하게 만드는 유희를 종료시키며", "중심으로서의 중심은 내용들의, 요소들의, 용어들의 대체가 더 이상 가능하지 않은 바로 그 지점"이 된다.[54] 그래서 "중심에서는 요소들의 치환이나 변형이 금지된다."[55] 우리는 이런 중심주의의 비극을 벗어나기 위해서는 지방분권과 지방자치에 의하여 다원성 속에서 보편성을 모색하는 방향으로 나아가야 할 것이다.

인문학과 지방의 관계 역시 마찬가지다. 이제 우리는 더 이상 서구 중심의 인문학이나 서울 중심의 인문학이 아니라 지역 인문학의 전통적 가치를 되살려내어 이것을 바탕으로 한국 인문학을 재창조해야 할 것이며, 나아가 이것을 세계로 가져나가는 작업을 해야 할 것이다. 또한 우리는 세계의 인문학도 이 지역, 이 나라의 현실에 대한 반성과 더불어 재창조해내어야 할 것이다. 이럴 경우에만 우리 인문학은 주체적이면서 동시에 세계적인 학문이 될 수 있을 것이다. 따라서 우리의 인문학이 지향해야 할 방향은 우리의 전통과 현실 속에서 구체성을 마련하고, 아울러 이것이 세계적 공감대를 얻을 수 있는 보편성으로 고양

---

54) 자크 데리다,『글쓰기와 차이』, p. 440.
55) 위와 같음.

되도록 하는 것이다.

그러나 이 고양의 과정은 더 이상 헤겔이나 맑스에서 주장되는 변증법에서처럼 투쟁이나 확정된 합습의 방식[56]이 아니라 개인선의 존중 속에서 공동선을 모색하는 '연대성 원리',[57] '보조성 원리',[58] '의사소통적 행위 원리'[59]에 바탕을 두어야 할 것이다. 즉 우리는 '연대성의 원리'에 입각하여 개인-지역-국가가 함께 공생하는 길을 모색해야 할 것이며, '보조성의 원리'에 입각하여 보다 큰 집단들이 작은 집단들을 보충적으로 도와주고, 나아가 개인이나 개별 집단들이 국가나 더 큰 집단에 종속되는 것을 차단해야 할 것이다. 그리고 우리는 '의사소통적 행위 원리'에 입각하여 서로 간의 갈등을 합리적이고 도덕적인 차원에서 합의를 통하여 극복해가야 할 것이다.

---

[56] "헤겔이 절대 자유라는 표제 아래서 개진했던 개별자와 보편자 간의 변증법이 결국 귀착하는 것은 공포정치La Terreur이다."(장-프랑수아 리오타르, 『지식인의 종언』, pp. 136~137)

[57] '연대성Solidarität'이라는 개념은 원래 '전체를 위한 책임solidus'에 해당하는 것으로 서로 간에 책임을 느끼고 상호 결속함을 의미한다.(박종대·김석수, 「생명과 사회정의—차별, 관용, 정의를 중심으로」, p. 243)

[58] '보조성Subsidarität'이라는 원래 라틴어 subsidium(보조)에서 유래한 말로서 '예비된 것들로부터 도움을 받음'이라는 의미를 지니고 있다.(요셉 회프너 추기경, 『가톨릭 사회론』, p. 44) 전통적인 의미에서의 보조성의 원리는 적극적 의미로 사용되어, 즉 국가가 개인이나 개별 집단들을 돕는 기능을 하면서도 권위적 차원을 지니는 데 사용되었다. 그런데 오늘날 보조성의 원리는 국가가 권력을 견제하는 소극적인 의미에 더 치중되어 사용된다.(페터 파울 뮐러-슈미트, 『정치윤리학의 합리적 모색』, pp. 165~170)

[59] 이 의사소통적 행위는 성공 지향적인 전략적 행위와는 달리 상호 이해를 지향하는 행위로서 누구나 자유롭게 의사소통에 참여하여 협동적인 논증적 과정을 통해 상호 합의와 이해에 도달하고자 하는 행위이다. 그러므로 이 행위는 강요나 물리적 강제력이 아닌 '합리적인 동기에 기초한 신념'에 따라 합의를 통하여 이루어지는 행위이며, 논증의 절차적 과정 속에서 정당성이 확보되는 행위이다.(J. Habermas, *Vorstudien und Ergänzungene zur Theorie des kommunikativen Handeln*, pp. 604~605)

이러한 기본 원칙 위에서 지역 인문학을 발전시킬 때 이 인문학은 단순히 지역의 편협성이나 특수성에 매몰되지 않을 것이며, 또한 중앙 인문학이 지역 인문학을 일방적으로 지배하거나 예속시키는 것을 막을 수 있을 것이다. 즉 지역 인문학은 중앙 인문학에 대해서 장식parergon이 작품ergon에 대해서 보충대리la supplément[60]의 역할을 하듯이 견제와 보완의 기능을 수행한다. 칸트 역시 장식이 결코 소홀히 취급되어서는 안 됨을 다음과 같이 주장하고 있다.

그러나 장식이 그 자체로 아름다운 형식이 되지는 못한다면, 즉 장식이 황금의 테두리처럼 단지 그것이 지니고 있는 자극으로 인해 회화가 갈채를 받도록 하기 위해서만 만들어졌다면, 이른바 그런 장식은 액세서리류의 장신구Schmuck나 다름없을 것이며, 결국 그것은 진정한 미를 붕괴시키고 말 것이다.[61]

이처럼 장식이 단순히 액세서리류의 장신구로 취급되어서는 안 되듯이, 지역학이나 인문학 역시 그와 같이 취급되어서는 안 된다. "파레르곤은 고유한 영역의 밖에서 덤으로 오는 어떤 것이지만, 그 탁월한 외면성은 안이 결핍되어 있는 만큼 안으로 끼어들고, 한계 자체를 압박하고, 마찰하고, 스치고, 거기에 이웃하고 놀이를 한다."[62] 에르곤으

---

60) 보충대리는 "투쟁과 조화, 필연과 우연의 결혼이고 그런 결혼이 놀이이다."(J. Derrida, *L'Ecriture et la différence*, p. 143) "보충대리는 생명과 죽음, 자발성과 인위성, 자연과 문화의 대립을 지워버린다."(같은 책, p. 165)
61) I. Kant, *Kritik der Urteilskraft*, p. 306. "바깥은 안이고, 타자와 결핍은 하나의 모자람을 대신하는 하나의 보탬으로서 첨가되기 위해서 오고, 어떤 것에 첨가되는 것은 그것의 부족을 대신하고, 안의 바깥과 같은 그 부족은 이미 안의 안에 속한다."(J. Derrida, *De la Grammatologie*, p. 308)
62) J. Derrida, *La Vérité en peinture*, p. 65.

로서의 중앙 인문학의 결핍은 파레르곤으로서의 지역 인문학의 결핍이 된다.[63] 이제 인문학은 구체성과 보편성이 상호 보충대리 관계 속에서 구체적 보편성으로 자리하게 될 때 진정한 의미에서 창조학으로서의 인문학이 될 수 있을 것이다. 이렇게 되기 위해서는 지역 인문학의 활성화는 불가피하다.

참고 문헌

강형기, 「21세기, 왜 지방분권이며 향부론인가」, 참여사회연구소 편, 『시민과 세계』 24호, 당대출판사, 2003.
고석규, 「지방사 연구의 새로운 모색」, 『지방사와 지방문화』 1, 역사문화학회, 1998.
국가균형발전위원회, 『국가균형발전의 비전과 과제』, 2003.
안토니 기든스, 『포스트 모더니티』, 민영사, 1990.
김석수, 「통일시대 한국 사회철학의 과제와 전망-포스트맑스주의, 신합리주의, 포스트모더니즘을 중심으로」, 철학아카데미 편, 『철학의 21세기』, 소명출판, 2002.
김석진 외 엮음, 『세계화와 신자유주의 비판을 위하여』, 도서출판 공감, 1997.
김종민 편저, 『다원주의와 정치 이론』, 분도출판사, 1986.
김준형, 「새로운 지역사연구와 향토교육을 위하여」, 『역사교육』 2, 1991.
김형효, 「국민윤리교육의 강화이유」, 국민윤리교육연구회 편, 『국민윤리연구』 제10호, 1980.

---

63) "파레르곤은 에르곤ergon의 내면에 존재하는 결핍에 얽매여 있는 내적인 구조적 연관이다. 만약 그런 결핍이 없다면 에르곤은 파레르곤도 필요로 하지 않을 것이다. 에르곤의 결핍은 에르곤에 외적인 기둥이나 옷 등과 같은 파레르곤의 결핍이다."(같은 책, p. 69)

김형효, 「남북한 통일이념과 목표 비교」, 사단법인평화통일연구소 편, 『통일정책』 제14권 제2호, 1978.
김형효, 「한국인의 불행한 의식」, 아한학회 편, 『문화비평』 제3권 제1호, 1971년 봄.
김형효, 「한국현대사회사상에 대한 반성―충효정신에 대한 사회철학적 정립」, 국민윤리교육연구회 편, 『국민윤리연구』 제6호, 1977.
자크 데리다, 『글쓰기와 차이』, 남수인 옮김, 동문선, 2001.
장-프랑수아 리오타르 저, 『지식인의 종언』, 이현복 편역, 문예출판사, 1994.
페터 파울 뮐러-슈미트, 『정치윤리학의 합리적 모색』, 박종대·김석수 옮김, 민지사, 2000.
박구용, 「다원주의와 담론 윤리학」, 사회와 철학 연구회 정기학술발표회 발표문, 2003. 6. 21.
박정희, 「반공학생의 날 기념사」(1962. 11. 13), 대통령비서실, 『박정희대통령연설문집 1 : 군정편』, 1973.
박정희, 「한일회담 타결에 즈음한 특별담화문」(1965. 6. 23), 대통령비서실, 『박정희대통령연설문집 2-6』, 1966.
박정희, 『국가와 혁명과 나』, 향문사, 1963.
박종대·김석수, 「생명과 사회정의―차별, 관용, 정의를 중심으로」, 서강대학교 생명문화연구원 편, 생명문화연구총서 제1권, 『생명의 길을 찾아서』, 민지사, 2001.
박종홍, 「기업정신의 바탕」(1972), 열암기념사업회 엮음, 『박종홍전집』 제6권, 민음사, 1998.
박종홍, 「새역사의 창조―유신시대의 기조철학」(1973), 『박종홍전집』 제6권, 민음사, 1998.
박호성·양기호·이동선, 『한국정치와 지방자치』, 인간사랑, 2002.
선우현, 「다원주의는 사회적 진보의 징표인가?―오늘의 다원주의적 한국현실과 관련하여」, 사회와 철학 연구회, 2003년도 하계심포지엄 발표집, 『한국사회와 다원주의』, 2003. 7. 26.
안호상, 「노동의 본질과 개념」, 1942년 1월 26일~28일 매일신보; 『철학논총』, 을유문화사, 1948.
안호상, 「민족주의의 종류와 본바탕」, 『아세아학보』 제1집, 1965. 12.

안호상, 『일민주의의 본바탕』, 서울일민주의연구원, 단기 4283(1950).
안호상, 『철학논총』, 을유문화사, 1948.
안호상, 『청년과 민족통일』, 배영출판사, 1982.
안호상·김종욱, 『국민윤리학』, 배영출판사, 1975.
오영교, 「강원 지방사 연구의 현황과 과제」, 한국사연구회 편, 『한국지방사 연구의 현황과 과제』, 경인문화사, 2000.
이규호, 「국민 정치교육」, 사단법인 평화통일연구소 편, 『통일정책』 제6권 제1호, 1980.
이규호, 「이데올로기의 개념과 그 양가성」, 연세대학교 교육대학원 편, 『연세교육과학』 제13집, 1978.
이규호, 「정치교육의 과제와 이념」, 연세대학교 교육대학원 편, 『연세교육과학』 제11집, 1977.
이기상, 「이 땅에서 철학하기, 탈중심 시대에서의 중심 잡기」, 우리사상연구소 편, 『이 땅에서 철학하기』, 솔, 1999.
이존희, 『역사교육, 달라져야 한다』, 혜안, 2001.
이진우, 「세계 체제의 도전과 한국 사상의 변형—독자적 패러다임을 위한 문화상대주의의 전략」, 『한국인문학의 서양 콤플렉스』, 민음사, 1999.
장은주, 「문화다원주의와 보편주의」, 한국철학회 편, 『다원주의, 축복인가 재앙인가』, 철학과현실사, 2003.
정성호, 「도시연구의 최근 동향」, 『한국 사회학 평론』 1권, 1994.
조동일, 「인문학문의 길」, 『한국의 문학사와 철학사』, 지식산업사, 1996.
조동일, 『우리 학문의 길』, 지식산업사, 1996.
조동일, 「국학이론의 발전과 세계학문」, 『인문학의 사명』, 서울대학교출판부, 1997.
조형제, 「참여정부 지역균형발전 정책의 방향과 과제」, 참여사회연구소 편, 『시민과 세계』 24호, 당대출판사, 2003.
조혜정, 「탈식민지 시대 지식인의 글 읽기와 삶 읽기 3」, 『또 하나의 문화』, 1997.
위르겐 하버마스 저/황태연 역, 『이질성의 포용』, 나남출판, 2000.
헤겔, 『대논리학(I)』, 임석진 옮김, 지학사, 1982.
헤겔, 『대논리학(II)』, 임석진 옮김, 지학사, 1982.
헤겔, 『대논리학(III)』, 임석진 옮김, 지학사, 1982.

헤겔, 『역사 속의 이성』, 임석진 옮김, 지식산업사, 1997.

요셉 회프너 추기경, 『가톨릭 사회론』, 윤여덕 옮김, 서강대학교 출판부, 2000.

Derrida, J., *De la Grammatologie*, Paris : Minuit, 1967.

Derrida, J., *L'Ecriture et la différence*, Paris : Minuit, 1967.

Derrida, J., *La Vérité en peinture, Paris* : Flammarion, 1978.

Habermas, J., "Vom pragmatischen, ethischen und moralischen Gebrauch der praktischen Vernunft", in *Erlänterungen zur Diskursethik*, Frankfurt a.M. : Suhrkamp, 1991.

Habermas, J., *Nachmetaphysisches Denken*, Frankfurt a.M. : Suhrkamp, 1989.

Habermas, J., *Vorstudien und Ergänzungene zur Theorie des kommunikativen Handeln*, Frankfurt a.M. : Suhrkamp, 1984.

Hegel, G. W. F., *Grundlinien der Philosophie des Rechts*, in Hegel Werke, Band7, Frankfurt a.M. : Suhrkamp, 1970.

Hegel, G. W. F., *Vorlesung über die Philosophie der Geschichte*, in Hegel Werke, Band 12, Frankfurt a.M. : Suhrkamp, 1976.

Höffe, O., *Ethik und Politik*, Frankfurt a.M. : Suhrkamp, 1979.

Höffe, O., *Sittliche-politische Diskurse*, Frankfurt a.M. : Suhrkamp, 1981.

Kant, I., *Kritik der Urteilskraft*, W. Weischedel(Hg.), Kant Werke, Band 8, Darmstadt : Wissenschaftliche Buchgesellachaft, 1983.

McCathy, T,, "Legitmacy and Diversity : Dialectical Reflections on Analytical Distinctions", in *Proto Soyiallogie*, Heft 6, 1994.

Rawls, J., *Political Liberalism*, New York : Kolumbia University Press, 1996.

Schwan, A., *Wahrheit-Pluralität-Freiheit*, Hamburg, 1974.

Steffani, W., F. Neuscheler (Hg.), *Pluralism, Konzeption und Kontroversen*, München, 1972.

Taylor, Ch., *Philosophical Arguments*, Cambridge : Havard Universitz Press, 1995.

요약문

주제 분류 : 사회철학, 인문학
주요어 : 구체적 보편성, 인문학, 지역성, 창조성, 다원주의
내용 요약 : 지금 우리는 '인문학의 위기'와 '지방의 위기'를 동시에 겪고 있다. 이 위기는 중앙 중심의 권력주의에 기인하고 있다. 현실 속에서 자본을 획득할 수 있는 힘 있는 학문은 살아남고 그렇지 못한 학문은 죽게 되는 오늘날의 학문 권력 구조는 인문학과 지역학을 총체적으로 말살하는 상황이 되도록 만들고 있다. 그러나 원래 인문학이 인간의 존엄성과 삶의 근원적 가치를 반성하는 학문이어야 하는 이상, 인문학 본래의 사명도 버려진 주변부를 살려내는 작업이어야 할 것이며, 따라서 인문학은 지역학을 길러내야 할 것이다. 이를 위해서는 인문학은 추상적 보편성과 구체적 개별성을 상생相生 관계로 발전시켜야 할 것이며, 이를 통하여 구체적 보편성을 마련해야 할 것이다. 지역의 것을 세계화시켜야 하는 오늘날 더 이상 획일적인 중앙주의는 지탱되기 어렵다. 그러므로 인문학 역시 세계 중심 권력의 학문을 수입하여 시비나 걸면서 권력을 연명하는 차원을 넘어 우리 지역의 역사와 전통 속에 묻혀져 있는 것을 발굴·재창조하여 세계시장에 내놓을 수 있는 자생학이 되도록 해야 할 것이다. 전통의 복원과 세계학의 마련은 지역 인문학의 자산을 배제하여 마련될 수 없다. 나아가 인문학이 창조학으로서의 역할을 포기하지 않는 이상, 소외된 지역성과 그 속에 묻혀져 있는 전통성을 새롭게 길러내지 않으면 안 될 것이다.

윤리적 다원주의와 도덕적 보편주의[1)]
제약된 다원주의로서 정치적 자유주의

박구용

　다름, 이질성, 차이, 그리고 다원성에 대한 예민한 감수성을 요구하는 대부분의 현대 철학자들은 다양한 방식으로 이성과 합리성에 대한 적대감을 드러낸다. 그런데 이러한 흐름에 역류하듯 하버마스J. Habermas와 롤즈J. Rawls는 이성과 다원성을 모순 관계로 파악하지 않고 오히려 상호 제약적 관계로 파악하는 가운데, 다원주의와 보편주의의 양립 가능성을 옹호한다. 이들은 대륙철학과 영미철학이라는 서로 다른 지적 전통에 서 있는 것처럼 보이지만, 칸트로부터 형식적이고 절차적인 보편주의를 수용함으로써 다원주의의 도전을 극복하려고 시도한다는 점에서 동맹 관계를 맺고 있다. 이들은 무엇보다 통일성과 다원성의 통일성을 지향하는 강한 보편주의자들뿐만 아니라, 맥락 포괄적 관점을 추적하는 모든 형태의 이론을 거부하고 다원성의 미학으로 도피하는 상대주의자들과도 결별한다. 타자성의 유폐나 동화를 요구하지 않는

---

1) 이 논문은 2002년도 한국학술진흥재단의 지원에 의하여 연구되었음(KRF-2002-074-AS1026).

약한 보편주의적 관점의 정당화를 시도하는 롤즈와 하버마스의 이론은 모두 다원주의의 사실Faktum des Pluralismus에서 출발한다.[2]

현대성을 단숨에 뛰어넘으려는 탈현대 철학자들뿐만 아니라 과거의 형이상학적 전통으로의 복귀를 통해 현대성의 문제를 해결하려고 시도하는 맥락주의자들 역시 다원주의와 보편주의 사이의 갈등과 불일치를 극복 불가능한 모순인 것처럼 지나치게 강조한다. 이들은 전반적으로 다원주의를 실천철학의 최종 꼭짓점으로 규정하는 가운데 다원주의의 제약constraint 필요성과 가능성을 제시하지 못한다. 이들에게 다원주의는 이미 하나의 포괄적 교설이며 형이상학적 열망을 간직한 이론의 꼭짓점이다. 이처럼 제약 지점을 제시하지 못하는 '이론으로서의 다원주의'와 구별하여 필자는 이론의 출발점을 형성하면서도 약한 보편주의적 관점에 의해 제약된 다원주의를 '태도로서의 다원주의'로 규정한다. 정서주의, 결단주의, 맥락주의, 그리고 해체주의가 '이론으로서의 다원주의'를 지향한다면, 하버마스의 담론 이론과 롤즈의 정치적 자유주의는 '태도로서의 다원주의'적 관점을 대표하는 것으로 보인다.

필자는 다원주의를 ① 거부할 수 없는 사실로서 인정하고, ② 이성과의 적대적 관계가 아닌 상호 제약적 관계에서 파악하며, ③ 꼭짓점이 아닌 출발점으로 규정하는 가운데, ④ 탈형이상학적 토대에서 다원주의의 제약 가능성을 제시하려고 시도하는 약한 보편주의적 관점에 동의한다. 필자는 이와 같이 약한 보편주의적 관점을 통해 제약되지 않는 다원주의는 임의적이고 우연적인 것들의 혼합이나 원칙 없는 피상적 절충주의를 탈출구로 모색하는 잠정적 협정주의modus vivendi에 빠질 수밖에 없다고 생각한다. 잠정적 협정주의로 귀착하는 다원주

---

[2] 이들은 여기에서 이성의 사실Faktum der Vernunft에서 출발하는 칸트와는 다른 길을 간다.

의의 가장 큰 문제는 그것이 '이질성의 포용'을 요구하는 도덕 관점조차도 '권력 감각에 기초한 편들기'로 폄하함으로써 다원성을 존중하고 실현하기보다는 오히려 모든 차이를 사소하고 하찮은 것으로 치부함으로써 다원성을 소멸시킨다는 점이다. 이러한 맥락에서 볼 때 처음부터 모든 형태의 제약 가능성을 부정하는 '이론으로서의 다원주의'는 오히려 반다원주의적 근본주의로 변질될 수 있다.[3]

본 논문의 주된 목적은 '태도로서의 다원주의'적 관점을 견지하는 것으로 보이는 롤즈의 정치적 자유주의가 다원주의의 제약 가능성을 어느 정도 설득력 있게 제시하는지를 비판적으로 탐구하는 것이다. 잘 알려진 것처럼 '듀이 강의The Dewey Lecture' 이후 롤즈가 보여준 맥락주의적 전환은 로티R. Rorty의 해석처럼 그를 실용주의적 공동체주의자로 해석할 수 있을 만큼 파격적인 것이다. 필자는 물론 로티의 해석에 동의하지 않는다. 엄밀한 의미에서 로티의 해석은 윤리적 다원주의와 도덕적 보편주의가 양자택일적인 배타적 관계를 형성할 때에만

---

[3] 본 논문에서 필자가 옹호하는 '태도로서의 다원주의'는 ① 담론의 출발점에서 합리성, 합당성, 무당파성, 동일성 등의 원리를 기반으로 한 어떤 형태의 배제도 허용하고 않고, ② 승인, 포섭, 조화 등의 논리를 동원하여 차이, 모순, 불일치, 타자성, 이질성을 등의 동화를 요구하지 않음으로써, ③ 순수한 다원주의의 사실에서 출발하며, 나아가 ④ 이론의 오류 가능성을 수용하고, ⑤ 기꺼이 타자성을 간직한 타자로 남고자 하는 사람과 문화에 대해 열려 있는 다공적porös 절차를 제공하는 것에 만족하는 약한 보편주의적 관점과 양립 가능한 철학적 태도를 가리킨다. 따라서 '태도로서의 다원주의'는 비록 다원주의를 이론의 출발점으로 인정하지만, 이론의 꼭짓점으로 간주하지는 않는다. 왜냐하면 필자가 지향하는 '태도로서의 다원주의'는 상호주관적 담론 절차를 통해 정당화된 약한 보편주의를 통해 다원주의가 제약되어야 한다는 입장을 수용하기 때문이다. 반면에 다원주의에 대한 모든 형태의 제약을 부정하는 '이론으로서의 다원주의'는 다원주의를 이론의 꼭짓점에 자리매김한다. '태도로서의 다원주의'와 '제약된 다원주의'에 관한 보다 자세한 설명은 박구용, 「다원주의와 담론윤리학」 참조.

정당하기 때문이다. 그런데 앞에서 지적한 것처럼 롤즈의 정치적 자유주의는 윤리적 다원주의와 도덕적 보편주의가 서로 양립 가능하다는 입장을 대변한다. 그러나 양립 가능성이 옹호될 수 있기 위해서 롤즈는 상대주의자들이 제기하는 비판뿐만 아니라 절대적 보편주의자들의 비판도 막아내야 한다. 분명한 것은 맥락주의자들뿐만 아니라 보편주의자들 또한 가치, 문화, 종교다원주의를 하나의 사실로서, 출발점으로서, 그리고 지속 보존되어야 할 가치로서 인정한다는 점이다. 차이가 있다면 전자는 다원주의의 지속 보존이 맥락주의적 틀에서 이루어지는 다원적 평등을 통해서만 가능하다는 것이며, 후자는 절차적 보편주의를 통해서 가능하다는 것이다.

본 논문에서 필자는 롤즈가 감행한 맥락주의적 전환의 결정체인『정치적 자유주의』와『만민법』을 다원주의와 다원주의의 제약이라는 문제의식 속에서 비판적으로 재해석하려고 한다. 좀 더 구체적으로 본 논문은 롤즈의 정치적 자유주의를 현대사회의 중요한 특징인 다원주의를 올바르게 이해하고 그것의 제약 가능성을 설득력 있게 제시하는 이론으로 규정하고, 그것의 강점과 약점을 공정하게 평가하는 가운데, 다원주의와 보편주의의 양립 가능성을 진단하려는 목적을 갖는다. 이를 위해 필자는 먼저 롤즈의 정치적 자유주의가 함축하고 있는 실체적 정의관을 절차주의 문제와 연관시켜 논의하고(1), 정치적 자유주의가 이론의 출발점으로 설정하고 있는 다원주의의 사실을 합리성rationality과 합당성reasonableness의 문제에 대한 논의를 통해 설명할 것이며, 그 과정에서 필자는 롤즈의 다원주의를 필자가 옹호하는 '태도로서의 다원주의'와 일치하지 않는 '자유주의적 다원주의'로 규정할 것이다(2). 그런 다음 필자는 다원주의와 양립 가능한 절차적 보편주의의 안정성을 확보하기 위해 롤즈가 제시하는 공적 이성public reason과 그것의 형식인 중첩적 합의overlapping consensus 개념이 '태도로서의 다원주의'와 양립할 수 없는 배제의 논리를 함축하고 있다는 비판적 관점을 제기할 것이다(3). 나아가 필자는『정치적 자유주의』가 함축하고 있는 것으로 보이는 배제의 논리가『만민법』에서 극복되기보다는 오히려 구체화되고 있다는 논거를 제시할 것이다. 특히 최소 인권과 정의로운 전쟁에 관한 입장 속에 표현된 롤즈의 사상은 충분히 다원주의적이지 못한 상태에서 성급하게 친-자유주의적 노선을 전제하고 있는 것으로 평가될 것이다(4). 전체적 논의 과정에서 필자는 롤즈의『정치적 자유주의』와『만민법』이 차이에 민감한 보편주의를 지향하기보다는 차이를 안정적으로 관리할 수 있는 보편주의를 지향하고 있다는 비판을 제기할 것이다.

1. 절차주의와 실체적 정의관

일찍이 루소J.-J. Rousseau는 사회·경제적 정의의 문제와 관련된 핵심적 요인에 있어 실재하는 불평등을 알지 못하도록 두꺼운 무지의 장막veil of ignorance을 씌움으로써 정의의 이름으로 불의가 정당화된다고 경고한 적이 있다. 루소에 따르면 불평등은 사회적 강자가 기획한 무지의 장막 뒤에서 이루어진 사회계약으로부터 기원한다. 무지의 장막은 사회계약이 강자와 약자, 부자와 가난한 사람 사이에 이루어진다는 것을 숨기고, 단지 인간들 사이에서 이루어진 것처럼 현실을 기만한다. 이렇게 이루어진 사회계약을 통해 보장되는 형식적 평등은 현실적인 물질적 불평등을 장막으로 씌우는 역할을 지속적으로 수행할 수 있다고 비판한다.[4]

이처럼 불평등의 원천으로 간주되던 무지의 장막은 롤즈의 정의론

---

4) 이 문제에 관한 루소의 관점은 장 자크 루소,『인간 불평등 기원론』, 제2부 참조.

에서 화려하게 부활한 뒤 사회계약론과 관련된 논의에서 가장 많은 관심을 받게 된다.[5] 롤즈에 따르면 불의와 관련된 모든 중요한 차이를 원초적 입장original position의 참여자들이 알지 못하도록 무지의 장막을 씌움으로써 올바른 정의의 원칙이 도출될 수 있다. 루소가 무지의 장막에서 불평등과 불의가 기원했다고 말한다면, 롤즈는 반대로 무지의 장막을 통해 공정으로서의 정의가 도출된다고 주장하는 것이다.

롤즈에 따르면 사회계약론은 네 가지 가설적 합의를 의미한다. 사회계약은 ① 사회의 일부 구성원들이 아닌 전체 구성원들의 합의이며, ② 사회 안의 특정 지위와 역할을 가진 개인들 간의 동의가 아닌 사회 구성원(시민)으로서의 합의이며, ③ 합의 당사자들은 자유롭고 평등한 도덕적 인격체로 간주되고, ④ 합의 내용은 사회의 기본 구조를 규제하는 제1원칙이다.(PL 322/258 f.)[6] 따라서 이러한 가설적 합의를 토대로 합당한 정의의 내용을 발견하려고 시도한 롤즈의 사회계약론은 무지의 장막이 설치된 원초적 입장과 그곳에서의 계약을 가설적이며 비역사적인 것으로 인식한다.(PL 339/273 f.) 전통적 사회계약론이 지배의 정당화 이론이라면, 현대적 사회계약론은 사회 정치적 정의의 원칙을 다루는 도덕 이론이다.[7] 특히 롤즈가 생각하는 사회계약론은 사회의 기본 구조를 정의의 첫 번째 주제로 설정하는 이론이다. 따라서 롤즈의 사회계약론의 주된 목적은 복잡한 제도들과 연관된 전통적

---

5) 존 롤즈, 『정치적 자유주의』, p. 28[J. Rawls, *Political Liberalism*, p. 23].(앞으로 PL 28/23으로 본문에 표기하며, 인용은 대부분 번역서에 따랐으나 필요한 경우 필자가 번역을 수정함)
6) 285~286쪽의 경우 285 f.로 285쪽부터 2쪽 이상을 가리킬 경우 285 ff.로 표기함.
7) 롤즈의 정치적 자유주의가 비록 탈형이상학적이고 포괄적 도덕과 거리를 유지한다고 하더라도, 그것은 어디까지나 정치적 규범을 정당화하고 이를 통해 공적인 정치 문화를 변호하려는 도덕 이론이다. W. Kersting, *J. Rawls zur Einführung*, p. 228 참조.

이고 친숙한 사회정의의 문제에 대한 합리적 안내를 할 수 있는 제1원칙을 찾는 것이다.(PL 321 f./258)

사회계약론이 이룩한 이론적 성과를 높이 평가하면서도 그것의 한계를 넘어서려고 시도했던 헤겔 철학의 전통에 서 있는 철학자들은 계속해서 모든 사회계약론이 근본적으로 이론의 자기 완결성을 가질 수 없다는 비판을 제시한다.[8] 사회계약론은 이론의 정당화 과정을 사회계약론을 통해서 정당화할 수 없기 때문에 언제나 외부의 힘을 필요로 한다. 사고 실험을 통해 가상적으로 구성된 원초적 계약 상황의 도덕성을 보장하고, 계약과 계약을 통해 성립된 원칙의 규범적 타당성을 정당화할 수 있는 조건은 사회계약론적 정당화를 통해서 주어질 수 없다. 예를 들어 롤즈의 경우 무지의 장막이 설치된 원초적 입장이라는 가상적 계약 상황은 계약론을 통해 정당화될 수 없고, 오히려 계약론 밖에서 정당화의 기제를 가져와야 한다. 롤즈의 정치적 자유주의는 그것을 미국이 대표하는 입헌적 자유민주주의의 공적 정치 문화에서 가져온다. 이러한 맥락에서 볼 때 정치적 자유주의는 오직 그것이 의존하고 있는 정치 문화를 공유한 사람들만을 설득할 수 있다는 의심을 받을 수 있다.[9]

근본적으로 모든 사회계약론은 설득된 사람들만을 설득할 수 있는 이론이다. 왜냐하면 각각의 사회계약론이 제시하는 원칙에 대한 설득의 힘이 사회계약론 밖에 있기 때문이다. 따라서 어떤 사회계약론도 사회·정치철학적 담론에서 보편주의적 관점의 최종 근거를 제시할 수 없

---

[8] 이 점에서 롤즈는 헤겔을 적극적으로 수용한다. 헤겔에 대한 롤즈의 해석에 관해서는 J. Rawls, *Lectures on the History of Moral Philosophy*, pp. 365 이하 참조; L. Wingert, *Gemeinsinn und Moral*, pp. 252 이하 참조.
[9] 이러한 맥락에서 롤즈의 정의관이 순환논증에 빠진다는 비판이 있다. Kersting, 같은 책, pp. 230 이하 참조.

기 때문에, 그의 시대에 일반화된 도덕적 정의감을 사상의 이름으로 포착하고 그것에 부합하는 인간관과 사회관을 제시해야 한다. 롤즈의 정치적 자유주의는 사회계약론의 이러한 근본적 한계를 정확하게 인식한 최초의 사회계약론이다. 사회계약론은 이제 최종 터다지기Letztbegründung를 지향하는 형이상학과 거리를 유지해야 할 뿐만 아니라, 시공간을 초월한 보편적 타당성을 요구하는 절대적 보편주의와도 작별해야 한다. 롤즈의 사회계약론이 보편타당성을 요구하기 위해서는 롤즈가 살고 있는 자유주의 사회의 정의감을 철학적으로 구성하고 해명하는 것에 만족해야 한다. 보편주의는 이처럼 한편으로 시대의 담을 넘어서지 않을 때에만 보편타당성을 요구할 수 있을 만큼 약해진 것처럼 보인다. 그러나 다른 편에서 보면 국지적 공간에서 정당화된 자유주의가 보편적 적용을 관철시킬 수 있을 만큼 현실적 힘이 강해진 것이기도 하다. 롤즈 역시 한편으로는 보편타당성을 요구하기에는 너무 허약해진 형이상학과 작별하고 다원주의에 대한 감수성을 갖춘 약한 보편주의를 필요로 했지만, 다른 한편으로 보면 자유주의가 약한 보편주의적 정당화에 만족할 만큼 정치적으로 충분히 강해진 것이다.

다원주의적 도전에 대응하여 『정의론』을 정치적 관점으로 수정한 결과로서 롤즈의 『정치적 자유주의』의 주된 목적은 ① 합당하지만 양립 불가능한 포괄적 교설들이 안정적으로 공존할 수 있고, ② 자유롭고 평등한 시민들의 기본권을 안정적으로 보장하면서도 심각한 교의적 갈등으로 분열되어 있는 시민들 상호 간의 사회적 협력을 가능하게 할 수 있는 공정한 정치적 정의관의 조건을 밝히고, ③ 제시된 정치적 정의관이 포괄적 교설들에 의해서 인정(또는 합의)될 수 있는 가능성과 조건을 밝히는 것이다.[10] 다시 말하면 롤즈는 『정치적 자유주의』에

---

10) 롤즈는 『정치적 자유주의』의 목적을 다음과 같은 문제에 답하는 것이라고 말한다.

서 합당하지만 양립 불가능한 포괄적 교설들이 안정적으로 공존하기 위해서 합의할 수밖에 없는 정치적 정의관의 구조와 내용을 제시하려고 시도하는 것이다. ①이 다원주의의 문제와 관계된다면, ②는 공정으로서의 정의의 원칙에 관한 문제, 그리고 ③은 다원주의의 제약 가능성으로서 중첩적 합의의 문제와 연관된다. ①과 ③은 다음 장에서 각각 다루기로 하고 여기에서는 먼저 ②에 관심을 집중하기로 하자.

롤즈는 『정의론』에서 제기된 정의의 두 원칙을 다음과 같이 수정한다.

a. 각각의 모든 사람은 평등한 기본적 자유들의 완전히 적합한 도식a fully adequate scheme에 대하여 평등한 권리를 가진다. 이 도식은 모든 사람의 자유를 위한 유사한 형태의 도식과 양립할 수 있어야 한다.[11]

b. 사회적, 경제적 불평등은 다음 두 조건을 만족시켜야 한다. 첫째, 사회·경제적 불평등은 공정한 기회 평등의 조건하에서 모든 사람에게 개방된 직위와 직책에 결부되어야 한다. 둘째, 사회·경제적 불평등은 사회의 최소 수혜자 성원들의 최대 이익을 위한 것이어야 한다.(PL 359/291)

"합당하지만 양립 불가능한 종교적, 철학적, 그리고 윤리적 교설들로 심원하게 나누어진 자유롭고 평등한 시민들 상호 간에 안정된 정의로운 사회를 상당 기간 동안 지속시키는 것이 어떻게 가능한가?"(PL xxiii/xviii)

11) 첫 번째 원칙의 보다 구체적 표현은 다음과 같다. "각각의 모든 사람은 평등한 기본적 권리들과 자유들의 충분히 적절한 도식에 대한 평등한 요구권을 가지며 그러한 도식은 모든 사람에게 동일한 체계와 양립 가능해야 한다. 그리고 이러한 틀에서 평등한 정치적 자유들 그리고 오직 이러한 자유들에게만 그 공정한 가치가 보증되어야 한다."(PL 6/5)

롤즈는 여기에서 『정의론』에서 사용된 '가장 광범위한 총체적 체계 the most extensive total system' 대신에 '완전히 적합한 도식'이라는 표현을 사용함으로써, 기본적 자유의 체계를 정하고 조정하는 데 극대화 이념idea of a maximum을 적용할 수 없다는 것을 분명히 한다.(PL 404 f./331 f.) 그러나 이 점을 제외한다면 평등주의적 자유주의egalitarian liberalism를 지향하는 두 가지 정의의 원칙은 『정의론』에서와 별 차이가 없다. 평등한 기본적 자유와 공정한 기회 평등의 원칙, 그리고 차등의 원칙difference principle은 변화 없이 유지되고 있으며, 그것들 간의 우선성의 원칙 또한 그대로 유지되고 있다.[12] 무엇보다 중요한 것은 롤즈가 여전히 실체적substantive 정의관을 대변하고 있다는 점이다. 절차주의의 한계를 벗어나고 있다는 『정의론』에 대한 비판이 『정치적 자유주의』에서도 여전히 극복되지 않고 있는 것이다.[13]

앞에서 언급한 것처럼 모든 사회계약론은 이론의 출발점인 자연 상

---

[12] 롤즈는 우선성 문제에 관하여 축자적 서열의 원칙을 말한다. 그것에 따르면 제1원칙이 제2원칙보다 우선성을 가지며, 제2원칙에서는 공정한 기회 평등의 원칙이 차등의 원칙에 우선한다. 우선성 논쟁에서 우리는 제1원칙의 핵심인 자유는 자유를 위해서만 제한될 뿐 제2원칙과 관련된 정의의 관점을 위해 제한되지 않는다는 것을 유념해야 한다. 기회 평등의 원칙과 차등의 원칙 역시 개인들에게 도덕적으로 부여된 응분의 몫에 의해서가 아니라, 조건부 차등이 최소 수혜자들의 처지를 향상시키는 데 기여한다는 사회적 유용성에 의해 정당화된다. 이러한 입장을 통해 롤즈는 다수의 복지를 위해 소수의 자유를 희생시킬 수 없다는 관점을 제시함으로써 공리주의의 한계를 극복하고 있는 것처럼 보이지만, 복지와 밀접한 연관 속에 있는 사회적 연대성과 정의의 상호 제약적 관계를 정의의 원칙 속에 담아내지 못한다. 축자적 서열에 관한 논의는 존 롤즈, 『정의론』(이하 『정의론』으로 표기), pp. 81 이하 참조.
[13] 롤즈의 정의관이 충분히 절차주의적이지 못하다는 비판에 대해서는 J. Habermas, *Die Einbeziehung des Anderen: Studien zur politischen Theorie*, 2장 참조〔황태연 옮김, 『이질성의 포용』〕. 절차주의와 관련된 하버마스와 롤즈의 입장 차이에 대해서는 Th. McCarthy, "Kantianischer Konstruktivismus und Rekonstruktivismus: Rawls und Habermas im Dialog" 참조.

태Naturzustand나 원초적 입장을 계약론적 방식으로 정당화할 수 없다. 이를 정확하게 인식했던 롤즈는 원초적 입장의 정당성이 사회계약 또는 합의라는 절차를 통해 주어질 수 없으며, 따라서 자신의 정의관 역시 실체적이라고 말한다.[14] **절차 자체는 절차를 통해서 구성된 것이 아니라 단순히 설계된 것이다.**[15] 반면에 그는 자신이 제시하는 정의의 원칙을 순수한 절차적 정의pure procedural justice로 이해하고, 이를 완전한 절차적 정의perfect procedural justice나 불완전한 절차적 정의imperfect procedural justice와 대비시킨다. 잘 알려진 케이크의 정의로운 분배의 문제에서처럼 ① 정의로운 결과를 평가할 독립적 기준뿐만 아니라, ② 정의로운 결과에 도달할 수 있는 절차를 제시할 수 있을 때 완전한 절차적 정의가 성립한다. 그리고 형사 재판의 경우에서 볼 수 있듯이 불완전한 절차적 정의가 ①은 있으나 ②가 주어지지 않은 경우라면, 반대로 순수한 절차적 정의는 축구 경기에서처럼 ②는 주어져 있으나 ①이 제시될 수 없는 경우를 가리킨다.[16]

---

14) 롤즈의 사회계약론은 엄밀한 의미에서 정합 이론Kohärenztheorie에 근거한 논증과 절차주의적인 계약 논증의 결합이다. 엄격한 의미에서 두 가지 정의의 원칙을 선택하고, 그것을 결정하는 규칙과 토대의 원칙만이 절차적으로 정당화될 수 있을 뿐, 다른 모든 논의는 정합 이론에서 비롯된 것이다. 이 문제에 관한 상세한 논의는 W. Kersting, *Die politische Philosophie des Gesellschaftsvertrags*, pp. 282 이하 참조. 롤즈의 정합 이론은 무엇보다 반증주의fallibilism를 수용한 정당화 전략이라는 데 장점이 있다.
15) 이 점에 관하여 롤즈는 분명하게 언급한다. 그에 따르면 자유롭고 평등한 시민의 대표들이 중첩적 합의를 통해 정치적 정의관을 이끌어내도록 마련된 가상적 장치인 원초적 입장은 구성된 것이 아니라, 단순히 설정된 것이다.(PL 128/103) "모든 것이 구성되는 것은 아니다. …… 정치적인 옳음과 정의의 내용을 상술하는 실체적인 원칙들만이 구성된다. 절차 자체는 기본적인 사회관과 인간관, 실천이성의 원칙들 그리고 정치적 정의관의 공적인 역할을 출발점으로 삼아 단순히 설계되었다."(PL 130/104) "실천이성의 원칙들이 구성되지 않는 것과 마찬가지로, 이성의 개념으로서의 사회관과 인간관들도 확실하게 구성되지는 않는다."(PL 134/108)

그렇다면 롤즈의 정치적 자유주의는 실체적인가 절차적인가? 그는 원초적 입장의 구성에 있어서는 실체적이지만 정의의 원칙은 절차적이라고 말할 것이다. 그러나 실제로 정의의 원칙 중에서 특히 차등의 원칙은 실체적 정의관으로부터 강하게 영향을 받고 있음에 틀림없다. 차등의 원칙은 분명히 순수 절차주의적 원칙이지만, 만약 원초적 입장에 초대된 대표자들이 최소 수혜자를 가장 우선적으로 고려하도록 미리 마련된 장치가 없다면 합의될 수 없다. 절차주의적인 차등의 원칙에 대한 합의는 이처럼 당사자들에게 최소 수혜자가 될 가능성으로부터 정의의 원칙에 관하여 숙고하도록 설정된 원초적 입장에 전적으로 의존되어 있다. 원초적 입장의 구상에서 가정된 실체적 정의관이 없다면 합의 절차의 당사자들은 차등의 원칙에 동의하지 않을 것이기 때문이다. 이처럼 롤즈의 정의관은 순수한 절차 이상의 어떤 합의를 전제하고 있기 때문에 실체적임에 틀림없다.

> 공정으로서의 정의는 절차적으로 중립적이지 않다. 공정으로서의 정의의 원칙들은 명백하게 실체적이며, 절차적 가치들보다 훨씬 많은 것을 표현하고 있으며, 그리고 원초적 입장 속에서 묘사된 그것의 정치적 사회관과 인간관 역시 실체적이다.(PL 237/192)

롤즈가 제시한 정의의 원칙은 추상적 형식주의와 순수한 절차주의를 넘어서는 실체적 내용을 함축하고 있다. 이 점은 많은 사람들이 롤즈의 정의관을 높이 평가하는 가장 중요한 이유 중에 하나다.[17] 이들은 순

---

16) 이 문제에 관한 상세한 논의는 『정의론』, pp. 133 이하 참조. 여기에서 공리주의가 제시하는 분배의 정의를 불완전한 절차적 정의로, 맑스주의적 정의를 완전한 절차적 정의로 규정하는 것은 설득력 있어 보이지만, 맑스주의에 대한 지나친 단순화의 위험이 있는 것으로 보인다. 황경식, 『개방사회의 사회윤리』, p. 97 참조.

수한 절차만을 제공하는 이론보다 사회주의 도덕관을 포용할 수 있는 실체적 특성이 롤즈가 제안한 정의관의 매력이라고 말한다. 이러한 맥락에서 볼 때 롤즈의 정의관은 완전·불완전 절차주의가 아니며 그렇다고 순수한 절차주의도 아니다. 오히려 그의 정치적 자유주의는 비순수 절차주의impure proceduralism에 토대를 둔 실체적 정의관이다.[18] 이 때문에 롤즈는 자신의 실체적 정의관에 대한 하버마스의 비판에 대해 모든 절차적 정의가 실체적 정의에 의존할 수밖에 없다고 강변하면서, 오히려 절차주의를 고집하는 하버마스를 공격한다.[19] 모든 절차는 암묵적으로 실체적 가치를 함축하고 있기 때문에 절차적 합의 자체가 함축된 실체적 가치에 의존할 수밖에 없다는 것이다. 롤즈는 결과가 정의로울 것으로 예상될 때에만 절차에 대한 합의가 가능하다는 의미에서 절차적 정의관은 궁극적으로 실체적 정의관에 의존할 수밖에 없다고 말한다. 그러나 다원주의 사회에서 실체적 정의관에 대한 실질적 합의가 가능할까?

롤즈의 정치적 자유주의는 절차주의를 넘어서는 과정에서 오는 이론적 부담을 보편주의적 관점의 약화를 통해 보완하려고 시도하는 것처럼 보인다. 롤즈는 이제 형이상학뿐만 아니라 철학적이고 도덕적인 관점과도 결별한 정치적 관점에 만족할 것을 주문한다. 따라서 롤즈는 정치적 자유주의의 정당화가 다원주의로부터 출발한다고 말한다. 그러나

---

17) 같은 책, p. 757 참조.
18) J. Bohman, *Public Deliberation*, p. 7 참조.
19) 이 문제에 관한 상세한 내용은 J. Rawls, "Reply to Habermas", pp. 170 이하 참조. 그런데 하버마스는 어떤 절차도 규범적 함축으로부터 자유로울 수 없다는 롤즈의 명제에 전적으로 동의한다. 그러나 그는 실체적 내용이 절차에 맡겨지지 않고 예견되는 것에는 분명히 반대한다. 하버마스는 철학이 합의 가능한 정의 사회의 이념을 실체적 방식으로 구성하는konstruktiv 것에 반대하고, 오직 공적 담론의 민주적 절차를 재구성하는rekonstruktiv 것에 만족할 것을 요구한다. Habermas, 같은 책, pp. 93, 125 참조.

실체적 정의관이 함축하고 있는 도덕적 이상을 지키기 위해, 다원주의를 사실로서 인정하면서도, 허무주의적 상대주의의 함정에 빠지지 않는 길을 찾는 것은 쉽지 않아 보인다. 롤즈의 정치적 자유주의는 분명히 허무주의로 귀착되지 않지만, 필자가 요구하는 '태도로서의 다원주의적 관점'을 일관되게 관철시키지도 못할 뿐만 아니라 자신의 실체적 정의관 속에 함축된 도덕적 이상을 지켜내지도 못한다. 필자는 다원주의 문제는 뒤로 넘기고 후자의 문제를 먼저 간략하게 언급하고자 한다.[20]

롤즈는 『정치적 자유주의』에서 평등주의적 관점과 차등의 원칙을 포기하지 않고 있다는 것을 강조한다.(PL 7/6 f.) 그러나 차등의 원칙이 갖는 위상은 분명히 변했다. 차등의 원칙은 법률적 단계로 내려간다. 이는 롤즈가 입헌 민주주의에서 차등의 원칙이 도출될 수 없다는 것을 인식했기 때문이다. 그렇다고 롤즈의 정치적 자유주의가 약화된 보편주의이기는 하지만 반-보편주의는 아니다. 그런데 롤즈는 차등의 원칙이 헌법의 본질적 요건은 아닐지라도 긴박한 기본적 정의의 문제에 속하며, 따라서 공적 이성의 정치적 가치에 의하여 결정되어야 한다고 말한다.(PL 283/228 f.) 이러한 맥락에서 롤즈는 자신이 정치적 자유주의에서 결코 평등주의적 관점을 포기하지 않았다는 것을 강조한다.(PL 8/7) 롤즈는 기본적 자유의 원칙이 헌법의 본질적 요건으로 간주되는 반면, 공정한 기회 평등의 원칙과 차등의 원칙은 그에 해당하지 않는

---

20) 필자는 롤즈의 실체적 정의관이 그것의 보편타당성을 정당화하기도 어렵지만, 꼭 필요한 것도 아니라고 본다. 실체적 정의관은 자유주의국가의 법 패러다임의 한계를 극복하는 데는 성공적일 수 있지만, 온정주의의 함정에 빠진 사회복지국가의 법 패러다임을 부정적 방식으로 재생산하는 결과를 가져올 수 있기 때문이다. 그럼에도 불구하고 롤즈의 정의론이 여전히 설득력을 갖기 위해서는 차등의 원칙에 포함된 도덕적 이상을 지켜내야 한다. 이것이 포기되면 롤즈의 정치적 자유주의는 평등한 자유주의가 아니라 자유주의적 정치관으로 전락할 수 있기 때문이다. 이 문제를 인권 담론과 연관시킨 논의는 박구용,「인권의 보편주의적 정당화와 해명」, pp. 170 이하 참조.

다고 말한다.(PL 285/230) 롤즈에 따르면 "헌법은 정의로운 정치적 절차를 구체화하고, 기본적 자유를 보호하며, 동시에 그 우선성을 확보하는 규정을 포함하게 된다." 따라서 정의의 두 번째 원칙은 입법적 단계에 맡겨진다고 할 수 있다.(PL 414/339)

이와는 다른 측면에서 롤즈는 기본권의 우선성을 강조하는 가운데 차등원칙이 함축하고 있는 실체적 정의관을 온전하게 지켜내지 못한다. 필자는 근본적으로 기본적 자유의 우선성이 고착화되어서는 안 된다는 입장이다.[21] 기본적 자유에 포함되는 사상의 자유, 양심의 자유, 정치적 자유와 결사의 자유, 자유와 인격적 통합에 의해서 구체화되는 자유들의 우선성은 인권 담론에서 사회권에 대한 자유권의 우선성을 고착적으로 옹호하는 결과를 가져오기 때문이다.[22] 롤즈는 기본적 자유들의 우선성이 일관되게 지켜질 수 없다는 것을 인식하고 있었다. 그는 이 우선성이 모든 조건에서가 아니라, 합당한 우호적 조건에서 요구된다고 말한다. 그리고 적어도 미국의 상황이 그러한 조건에 해당

---

[21] 이 점에 관하여 인권과 관련시켜 논의해볼 수 있는데, 무엇보다 흥미로운 것은 롤즈가 정치적 자유를 정의의 첫 번째 원칙에 포함시키고 있다는 사실이다. 그는 기본적 자유가 단순히 형식적이라는 비판을 정치적 자유의 공정한 보장을 통해 획득되는 절차의 공정성을 통해 극복할 수 있다고 말한다. 절차의 공정성이 주어지면 기본적 자유는 단순히 형식적인 것이 아니라 구체적으로 실현될 수 있다. 그런데 이러한 절차의 공정성은 단순히 정치적 자유의 보장만이 아니라 정의의 두 번째 원칙인 차등의 원칙에 의해서 보장된다.(PL 404/330 f.) 이는 매우 흥미롭다. 왜냐하면 앞의 논의에서 롤즈는 은연중에 자유권, 사회권, 그리고 참정권의 상호제약성을 선취하고 있다는 분석을 가능케 하기 때문이다. 그럼에도 불구하고 롤즈는 기본적 자유의 우선성을 일관성 있게 주장하고 있으며, 정의의 제2원칙과 관련된 자유를 중요하게 다루기는 하지만, 그것이 기본적 자유에 속하지 않는다는 것도 분명히 한다.(PL 443/363) 롤즈가 기본적 자유의 우선성을 통해서 말하고자 하는 것은 어떤 정치적 합의로도 기본적 자유의 침범이 정당화될 수 없다는 것이다.(PL 446/365)

[22] 롤즈에 따르면 기본적 자유는 한 가족을 형성하기 때문에 우선성을 가지는 것 역시 하나의 자유가 아니라 한 가족으로서의 기본적 자유라고 할 수 있다.(PL 435/356 f.)

된다고 진단한다. 그럼에도 불구하고 롤즈는 기본적 자유의 우선성이 사실로서 가정되어야 한다는 점을 강조한다.(PL 365 f./296 f.)

문제는 일반적 상황에서 정의의 제1원칙이 두 번째 원칙에 우선한다는 것에 동의할 수 있다고 할지라도, 만약 두 원칙이 구체적 상황에서 격렬하게 충돌을 일으킬 경우에 언제나 기본적 자유의 우선성에 동의한다는 것은 차등원칙이 함축하고 있는 도덕적 이상을 기만한다는 것이다. 더구나 무엇보다 기본적 자유의 우선성이 강조되면 될수록 사회경제적 불평등이 증대된다는 역사적 경험에 비추어 볼 때(PL 397/325), 정의의 두 원칙 사이의 충돌은 일시적이고 우연적인 사건이 아니라, 본질적인 것이라고 볼 수 있다. 따라서 두 원칙 간의 우선성이 고착되어서는 안 된다. 정의의 두 번째 원칙의 핵심인 차등의 원칙이 기본적 자유와 동등한 지위를 갖지 않는다면, 그것은 처음부터 뻔한 결론을 예고한다. 롤즈 자신이 실체적 정의관과 함께 주장하듯이, 예상되는 결과가 정의롭지 못할 때 그것의 절차에 대한 합의는 불가능하다. 따라서 그의 실체적 정의관이 함축하고 있는 도덕적 이상이 지켜지기 위해서는 다른 정의의 원칙이 차등의 원칙에 대해 고착적인 우선성을 요구해서는 안 된다. 이는 옳음과 좋음, 자유권과 사회권, 그리고 정의와 연대성 사이의 긴장 관계가 전자의 우선성으로 고착되어서는 안 되는 이유와 맥을 같이 한다.[23]

2. 합당한 다원주의

롤즈의 정치적 자유주의는 다원주의적 도전에 대응하여 정의론을

[23] 이 문제에 관해서는 박구용, 「도덕의 원천으로서 '좋음'과 '옳음'」 참조.

정치적 관점으로 수정한 것이다. 따라서 그의 정치적 자유주의는 다원주의와 다원주의의 제약이라는 두 가지 문제를 핵심적으로 다룬다. 정치적 자유주의는 다원주의의 사실로부터 출발하여 다원주의의 제약을 위한 분기점을 가리키는 억압의 사실fact of oppression로 진행된다.[24] 이 과정에서 특히 합당성은 롤즈의 관점을 올바르게 이해하기 위한 핵심 개념에 해당한다.[25] 롤즈가 이론의 출발점으로 인정하는 다원주의의 사실 역시 단순한 다원주의simple pluralism가 아니라 합당한 다원주의reasonable pluralism만을 대상으로 하며(PL xxiii/xviii), 같은 맥락에서 합당한 포괄적 교설은 정치권력을 통한 제약의 대상에서 제외된다. 물론 부당한unreasonable 포괄적 교설을 억압하기 위해 정치권력을 사용하는 것은 허가될 수도 있다.(PL 77/61) 문제가 되는 포괄적 교설의 합당성이 그 교설에 대한 제약의 정당성과 부당성을 구분하는

---

[24] 롤즈는 민주적인 사회의 정치 문화를 세 가지 일반적인 사실로 특징짓는다. ① 합당한 다원주의의 사실이 일시적인 역사적 현상이 아니라 지속적이라는 것, ② 포괄적 교설의 인정을 통해 결속된 정치 공동체는 국가권력의 억압적 사용을 통해 다원성을 통제할 때에만 유지될 수 있다는 것(억압의 사실), 그리고 ③ 정치적 정의관은 합당한 포괄적 교설에 의해 지지될 때에만 안정성을 확보할 수 있다는 사실이 그것이다.(PL 45 ff./36 ff.) 다른 논문(J. Rawls, *Die Idee des politischen Liberalismus*, pp. 334 이하 참조)에서 롤즈는 네 번째 일반적 사실을 추가적으로 언급한다. ④ 입헌 민주주의를 위해 적합한 정치적 정의관을 도출할 수 있는 근본적인 직관적 사상이 민주 사회의 정치 문화 속에 함축되어 있다. ①과 ②가 정치적 자유주의의 문제의식을 표현한다면, ③은 정치적 자유주의의 이론적 목표를 가리키며, 마지막으로 ④는 정치적 자유주의가 가지고 있는 희망의 표현이다.

[25] 하버마스를 비롯한 대부분의 독일 학자들은 롤즈가 rationality(rational)와 구별되는 독특한 의미를 갖는 개념으로 사용하고 있는 reasonableness(reasonable)를 Vernünftigkeit(vernünftig)로 옮기고 있다는 점에 비추어 볼 때, 이성성(이성적)으로 번역하는 것이 가능할 것이다. 그러나 독일 철학의 전통에 비추어 볼 때 이성은 오히려 롤즈가 말하는 rationality와 reasonableness의 의미를 동시에 함축하고 있는 개념으로 사용되는 경우가 많기 때문에, 이를 구별하기 위하여 롤즈의 reasonableness를 합당성으로 번역하는 것이 유용할 것으로 보인다.

기준이다. 그렇다면 롤즈가 말하는 합당성은 무엇을 의미하는가?

롤즈의 정치적 자유주의를 올바르게 해석하기 위해서는 그가 독특한 의미로 사용하는 '합당한 것'이 함축하고 있는 의미를 정확하게 이해해야 한다. 롤즈는 일반적 이해와 달리 합리적인 것과 합당한 것을 구별한다. 그에 따르면 두 개념의 차이는 칸트로 거슬러 올라간다. 먼저 합리적인 것이 가언명령을 사용하는 경험적 실천이성과 관련된다면, 합당한 것은 정언명령을 사용하는 순수한 실천이성과 연관된다.(PL 61/48 f.) 그런데 롤즈가 이해하는 합리성은 베버의 목적 합리성이나 비판철학자들의 도구적 합리성에서 소진되지 않는다. 합리성은 단순한 수단-목적 계산에 국한되지 않고 목적 자체를 공동체적 맥락 속에서 문제 삼는 가치 합리성을 포괄한다.(PL 63/50 f.)[26] 그러나 롤즈가 말하는 합리성은 "공정한 협력 자체에 참여하고자 하고, 또한 동등한 인격체인 다른 사람들이 인정하리라고 합당하게 기대할 수 있는 조건으로 협력에 참여하고자 하는 욕망에 내재하는 특정한 형태의 도덕감"을 결여하고 있다. 이러한 맥락에서 볼 때 합리성과 합당성의 근본적 차이는 공정한 조건 속에서의 상호 협력을 지향하는 도덕감을 가지고 있는지의 여부에서 주어진다. 보다 엄밀한 의미에서 롤즈는 합당성이 이성의 공적 사용을 의미한다면, 합리성은 공적인 것이 아니라고 말한다.(PL 67/53) 합리성이 좋음의 관점을 위한 능력과 연관된다면, 합당성은 정의감을 위한 능력과 관련된다.(PL 65/52)[27] 롤즈는 합리성과 합당성이 상호 제약적인 보완관계를 형성한다고 말하고, 자신의 원초

---

26) 합리성은 목표를 달성하기 위하여 가장 효과적인 수단을 채택하는 것이고, 가능성이 많은 대안을 선택하는 것이고, 가능한 한 좋음의 극대화를 지향하는 것이며, 목표들 사이의 갈등을 조정하는 것이다.
27) 롤즈가 묘사하고 있는 합당하고 합리적인 존재로서의 시민관에 대해서는 PL 101 ff./81 ff. 참조.

적 입장이 그러한 관계를 잘 보여준다고 설명한다. 특히 무지의 장막은 원초적 입장의 합당성을 보증하는 장치라고 할 수 있다.

롤즈의 합당성은 상호성의 토대에서 공정한 협력을 지향하는 도덕감이며, 판단의 부담burdens of judgment을 인식하는 가운데 이성의 공적 사용을 통해서 얻어진 결과를 기꺼이 수용하고, 정의감을 위한 능력으로서, 좋음의 관점을 위한 능력인 합리성과 상호 제약적 보완관계를 맺고 있다. 롤즈에 따르면 합당한 사회는 결코 순수하게 이타적인 성인들의 사회도 아니며, 또한 순수하게 이기적인 사람들만의 사회도 아니다. 롤즈에 따르면 합당한 사회는 자유롭고 평등한 개인들 모두가 받아들일 수 있는 공정하고 정의로운 조건에서 서로 협력할 수 있는 평범한 인간세계의 한 부분이다.(PL 68/54)

앞에서 언급한 것처럼 롤즈는 다원주의와 이성을 배타적 관계가 아닌 상호 제약적 관계로 파악한다. 롤즈가 말하는 다원주의는 편협성이나 무지, 그리고 비합리성에서 비롯된 것이 아니라, 오히려 사태에 대한 충분한 인식과 균형 잡힌 시각, 그리고 합리성을 전제한 다원주의다. 롤즈는 현대 민주주의 사회에서 모든 시민들이 자신들의 이성을 충분히 사용하고도 다원주의를 거부할 수 없는 이유를 판단의 부담 혹은 이성의 부담burdens of reason 개념을 사용하여 설명한다.[28] 이성의 부담에서 비롯되는 다원주의의 원천을 롤즈는 여섯 가지로 설명한다. 다원주의는 ① 사태와 관련된 해당 증빙 자료들의 복잡성과 그것들 간의 모순, ② 고려 사항들이 지닌 가치의 경중에 대한 이견, ③ 사용된 개념들의 모호성과 애매성, ④ 증빙 자료의 평가와 비중 검토가 개인들의 경험의 총합에 의존되어 있음, ⑤ 상이한 힘을 가진 상이한 종류

---

[28] 롤즈는 판단의 부담과 이성의 부담 개념을 동일한 의미로 사용한다. 이성의 부담에 대해서는 Rawls, *Die Idee des politischen Liberalismus*, pp. 336 이하 참조.

의 규범적 사고들의 공약 불가능성, 그리고 ⑥ 모든 도덕적 정치적 가치를 무제한적으로 수용할 수 있는 사회제도 체계의 불가능성 때문에 임의로 제거될 수 없는 사실인 것이다.(PL 70 ff./56 ff.)

여기에서 우리는 상이한 인격체들이 사태와 관련된 중요한 정보를 인지하고 있으면서 동시에 비편파적이고 합리적으로 숙고한다고 할지라도 서로 다른 견해와 판단을 가질 수 있다는 것을 알 수 있다. 합당한 개인은 논리적 모순을 범해서도 안 되며 동시에 사태와 관련된 일반적 사실에 무지해서도 안 된다. 명백한 논리적 모순과 사태에 대한 무지에서 비롯된 의견의 불일치는 합당한 불일치reasonable disagreement가 아니라, 단순한 불일치일 뿐이다. 이러한 맥락에서 롤즈는 개인들 간의 합당한 불일치가 합당한 개인들 간의 불일치이며, 포괄적 교설들, 즉 좋음의 합당한 다원주의가 합당한 좋음들 간의 불일치라고 말한다. 합당한 다원주의는 합당하지만 서로 공약 불가능한 좋음들의 다원주의를 가리킨다. 그렇다면 어떤 좋음이 합당한가? 합당한 불일치에서와 마찬가지로 편파적이고 비합리적이며 동시에 그 사회에서 일반적으로 인정된 정치 문화를 수용하지 않는 좋음들 간의 다원주의는 합당한 다원주의가 아니라, 단순한 다원주의일 뿐이다. 따라서 어떤 좋음이 롤즈가 제안한 원초적 입장의 입헌 담론에 참가하기 위해서는 비편파성과 합리성, 그리고 자유주의 정치 문화에서 일반적으로 인정받은 사실을 수용해야 한다. 그런 좋음만이 합당하며, 합당한 좋음만이 합당한 다원주의의 이름으로 관용되는 것이다. 그리고 자유주의 사회에서는 적어도 정치적인 의미에서 자유주의적 좋음만이 합당하며, 자유주의적 다원주의만이 합당하다.

여기에서 우리는 롤즈가 말하는 합당한 포괄적 교설 또는 합당한 다원주의가 가리키는 의미를 보다 구체적으로 파악할 필요가 있다. 어떤 하나의 포괄적인 종교적, 철학적, 윤리적 교설이 합당하기 위해서는 어떤 조건을 충족시켜야 하는가? 먼저 롤즈의 정치적 다원주의가 출발점으로 제시하는 합당한 다원주의는 정치적 정의관과 같은 '옳음'의 다원주의를 말하는 것이 아니라, 포괄적 교설들이 타당성을 요구하는 '좋음'의 다원주의를 말한다. 그러나 모든 형태의 좋음이 합당한 것은 아니다. 좋음으로 표현되는 포괄적 교설들은 서로 양립 불가능하더라도 정치적 자유주의가 제시하는 옳음과 공존할 수 있어야 한다. 그때에만 좋음은 합당성의 자격을 부여받게 된다. 이러한 맥락에서 보았을 때 옳음과 충돌하는 좋음은 더 이상 합당하지 않으며, 따라서 원초적 입장에서 다원주의의 이름으로 대변될 수 없다. 정치적 자유주의의 출발점이 비록 다원주의이기는 하지만, 부당한 다원주의는 처음부터 배제된다.

합당한 다원주의는 다원주의가 합당하다는 것을 의미하는 것이 아니라, 합당한 좋음만이 다원주의의 이름으로 관용될 수 있다는 것을 의미한다. 그렇다면 롤즈의 정치적 자유주의는 다원주의의 사실에서 출발하여 다원주의의 제약 가능성을 제시하는 이론이 아니라, 처음부터 제약된 다원주의로부터 출발하고 있는 것이다. 정치적 자유주의는 기꺼이 타자로 머물고자 하는 좋음에 대해서까지 열려 있는 태도로서의 다원주의로부터 출발하여 다공적 체계를 갖춘 보편주의를 통해 다원주의의 제약 지점을 밝히는 것이 아니라, 이미 제약된 다원주의로부터 출발함으로써 차이에 대한 감수성이 약해지고, 오히려 차이를 안정적으로 관리할 수 있는 보편주의적 관점을 지향하는 것으로 보인다.[29]

---

[29] 롤즈의 정치적 자유주의는 차이에 대한 예민한 감수성을 요구한다. 그는 크게 네 가지 종류의 차이에 관해 언급한다. ① 도덕적, 지적인 능력과 기술의 차이성, ② 천부적 능력을 토대로 질병과 사고의 영향을 포함하는 육체적 능력과 기술의 차이성, ③ 시민들의 가치관의 차이성(합당한 다원주의의 사실), 그리고 ④ 기호와 선호의 차이성이 그것이다.(PL 227/184) ①, ②, ④에서 나타나는 차이는 정의의 두 원칙, 특히 차등의 원칙과 사회복지 체계를 통해서 해소될 수 있을 것으로 전망한다. 반면에 ③에서 나타나는 차이는 다원주의와 관련된 본질적 문제를 제기한다. Kersting, J.

정치적 자유주의는 태도로서의 다원주의에서가 아니라, 자유주의 정치 문화에 동조하는 자유주의적 다원주의에서 출발한다.

포괄적 교설들과 정치적 자유주의는 서로 양립할 수도 있지만 모순되는 경우도 있을 수 있다. 롤즈는 양자가 모순되는 경우에 대해 관심을 기울이지 않는다.(PL 199/160) 특히 그는 포괄적 교설이 완전히 포괄적이지 않고 느슨하다고 가정함으로써, 완전히 포괄적인 교설들과 정치적 자유주의의 충돌 가능성을 논의의 대상에서 배제한다.(PL 209/168) 이처럼 롤즈의 정치적 자유주의의 출발점인 다원주의의 사실은 좋음과 관련된 모든 종류의 관점을 허용하는 것도 아니며, 나아가 그것에 발전할 수 있는 동일한 기회를 부여하는 것도 아니다. 그럼에도 불구하고 롤즈는 자신의 정치적 자유주의가 모든 종류의 좋음에 대해 가장 공정한 옳음의 관점을 제공한다고 말할 것이다.

롤즈는 '손실 없는 사회 세계는 없다'는 벌린I. Berlin의 명제를 빌려 다원주의의 제약 불가피성을 설명한다. 다원주의의 제약 필요성에 대한 그의 설명은 옳다. 그의 말처럼 개인을 억압하고 배제하는 포괄적 교설까지 허용할 수는 없다.(PL 243/197) 이 점에서 필자는 공정으로서의 정의가 포괄적인 교설들에 제약을 가하는 것을 막을 수 없다는 롤즈의 말에 동의한다. 모든 포괄적 교설들이 동일하게 허용된다는 것이 불가능하다고 할 때, 그것들에 대한 제약은 다원주의가 허무주의로 전락하는 것을 막아주는 중요한 역할을 수행한다. 그리고 다원주의에 대한 제약이 다원적인 포괄적 교설들의 타당성을 한정시키지만, 그것이 가지고 있는 좋음의 실체적 내용에 관여하지는 않는다.(PL 260/210 f.) 문제는 롤즈가 제시하는 다원주의의 제약이 정치적 자유주의의 출발점에서부터 강제된다는 점이다. 정치적 자유주의는 처음부터 합당성의

Rawls zur Einführung, p. 225 참조.

조건을 충족시키지 못하는 포괄적 교설들을 다원주의의 이름으로 배제한다. 모든 포괄적 교설들은 중첩적 합의의 주체로서 인정받기 이전에 합당성이라는 조건을 충족시켜야 한다. 그렇지 않은 모든 종교적, 철학적, 윤리적인 포괄적 교설들은 정치적 자유주의가 제시하는 정치적 담론에 참여할 수 없다. 이러한 맥락에서 볼 때 롤즈의 다원주의는 처음부터 제약된 다원주의일 뿐, 사실로서의 다원주의는 아니다.

롤즈 스스로 밝히고 있는 것처럼 정치적 자유주의에서 다원주의는 처음부터 이론이성이나 실천이성을 통해 제한되어 있거나, 또는 공정으로서의 정의의 한 부분으로 고정되어 있다. 그러나 필자는 다원주의의 제약이 하나의 절차적 과정으로서만 제시되어야 한다고 생각한다. 우리는 롤즈의 정의론이 제공하는 가상적 장치인 원초적 입장에서 무지의 장막으로 둘러싸인 합의 당사자들에게 다음과 같은 질문을 던질 수 있을 것이다. 인공적 행위자로서 모델화된 합리적이고 자율적인 시민 대표인 합의 당사자들은 자신의 사회 경제적 위치와 자신의 능력과 심리적 성향에 대해서 모를 뿐만 아니라, 자신이나 자신이 대변하는 사람들이 추구하는 세계관이나 좋음에 대한 관점을 알지 못한다. 그런데 이들이 만약 자유주의자들에 의해서 합당하지 않은 것으로 분류되는 포괄적 교설이 있다는 것을 알고 있으며, 한 사람이 자신의 정체성과 불가분의 관계를 형성하고 있는 포괄적 교설을 수정할 수 있는 능력을 가지고 있지만, 그것이 처음부터 인정받지 못했을 때 그가 겪게 되는 고통의 깊이를 안다면, 이처럼 부당하게 취급되는 포괄적 교설을 대표하는 자들에게 그들을 대변할 수 있는 기회를 원천적으로 봉쇄하는 것에 동의할 수 있을까? 필자는 그럴 수 없다고 본다. 필자는 그것이 자유주의적 다원주의가 아니라 민주주의적 다원주의를 지향하는 사람들의 도덕관이라고 생각한다. 여기에 민주주의는 민주주의를 부정하는 사람들의 목소리를 빼앗지 않고도 유지될 수 있을 만큼 강하다는 신념이 추가된다.

그런데 롤즈는 처음부터 한정적인 좋음의 관점을 전제한다. 그에 따르면 우리는 완전히 포괄적인 종교적, 철학적 또는 윤리적 견해를 가지고 있지 않다. 오히려 대부분의 사람들의 정치관은 부분적으로만 포괄적이라는 것이다.(PL 257/208) 롤즈의 주장은 말 그대로 일반적으로만 옳으며, 더욱이 자유주의국가에서만 일반적으로 옳다. 그의 주장은 처음부터 자유주의 정치 문화가 허용하는 다원주의를 앞세운 배제의 논리를 함축하고 있다. 그는 포괄적 교설들 간의 심오한 차이와 이질성에 둔감한 자유주의적 다원주의로 너무 멀리 간 것이다.[30]

롤즈의 정치적 자유주의가 출발점으로 삼고 있는 합당한 다원주의 또는 자유주의적 다원주의는 분명히 배제의 논리를 함축하고 있는 규범적 요구를 전제한다. 그런데 롤즈는 경험적으로 합당한 다원주의의 사실이 아니라 다원주의의 사실 자체가 민주 사회의 특징이라는 것을 인정한다.[31] 왜냐하면 민주주의 안에는 수없이 많은 부당한 관점들이 있기 때문이다.(PL 79 f./63 f.) 그렇다면 왜 롤즈는 민주주의 사회의 현실에 부합하는 다원주의의 사실 자체에서 출발하지 않고 합당한 다원주의의 사실에서 출발하는가? 그에 따르면 정치적 자유주의에 대한 설명의 첫 번째 단계에서 양자의 차이는 중요하지 않다. 왜냐하면 어떤 관점으로부터 출발하든 관계없이 동일한 정의의 원칙이 선택되기 때문이다.(PL 80 f./64 f.) 롤즈는 잠정적 협정을 거쳐 헌법적 합의에 이

---

30) W. A. Galston, "Pluralism and social unity", p. 712 참조.
31) 롤즈는 입헌 민주주의 사회의 공적인 정치 문화가 **순전히 합당한 포괄적 교설들**로만 이루어졌다고 가정하지 않는다. 오히려 민주주의의 공적 정치 문화는 합당한 포괄적 교설과 **합당하지 않는 포괄적 교설**들이 함께 있다.(PL 49/39) 양자의 차이는 공적 정의관의 수용 여부다. 그런데 롤즈는 합당하지 않은 포괄적 교설이 사회의 본질적 정의를 근본적으로 훼손할 정도로 횡행해서는 질서 정연한 민주적 사회가 정치적 정의관에 의해서 운영될 수 없다고 말한다.

르는 과정에서 단순한 다원주의가 합당한 다원주의로 변화된다고 말한다.(PL 203 f./163 f.) 여기에서 우리가 읽어낼 수 있는 것은 롤즈의 정치적 자유주의가 반드시 합당한 다원주의에서 출발한 것은 아니라는 점이다. 그는 오히려 출발점이 단순한 다원주의든 합당한 다원주의든 상관없다는 태도를 취한다. 그는 다만 중첩적 합의에서는 합당한 다원주의에서 출발해야 한다고 말한다.

그렇다면 첫 번째 단계에서 잠정적으로 선택된 정의의 원칙에 대한 안정성의 문제를 설명하는 두 번째 단계에서 단순한 다원주의와 합당한 다원주의의 사실 간의 차이는 어떤 의미를 갖는가? 먼저 안정성 문제에서 가장 먼저 등장하는 핵심적 개념이 중첩적 합의다. 롤즈는 여기에서 공정으로서의 정의의 원칙이 포괄적 교설들에 의해서 안정적인 지지를 확보하지 못할 경우 언제나 위험에 처할 수 있다고 말한다. 그리고 정의의 원칙이 안정적인 지지를 확보하기 위해서는 합당한 포괄적 교설들만을 합의의 주체로 상정할 필요가 있다고 본다. 그렇지 않을 경우 정의의 원칙은 항구적인 불안 상태를 벗어날 수 없다는 것이다. 이러한 맥락에서 롤즈는 두 번째 단계에서는 다원주의 사실 자체가 아니라, 합당한 다원주의의 사실에서 출발해야 한다고 말한다.(PL 81 f./65 f.) 그러나 이 출발점은 엄밀한 의미에서 이미 배제의 논리를 함축한 제약된 다원주의일 뿐 태도로서의 다원주의는 아니다. 이러한 배제의 논리에도 불구하고 우리는 다원주의와 관련된 롤즈의 논의가 크게 세 가지 점에서 강점을 가지고 있다는 것을 잊어서는 안 된다. ① 다원주의와 이성을 배타적 모순 관계로 파악하지 않는 점, ② 다원주의를 현대 민주 사회의 영속적인 특징으로 규정한 점, 그리고 ③ 다원주의와 보편주의의 양립 가능성을 제시하려고 시도한 점이 여기에 해당된다. 그러나 롤즈의 논의는 ① 이성과 양립할 수 없는 다원주의, ② 자유민주주의에 동의하지 않는 다원주의, ③ 보편주의의 타자로 머물려고 하는 이질적 다원주의를 처음부터 배제한다. 이러한 배제의 논리를 극복하기 위해 필자는 롤즈의 정치적 자유주의가 보다 철저하고 급진적인 '태도로서의 다원주의'로부터 출발해야 한다고 생각한다. 공정으로서의 정의론은 단순한 다원주의나 합당한 다원주의가 아니라 태도로서의 다원주의로부터 출발해야 한다. 태도로서의 다원주의는 단순성과 합당성의 구별에 앞선 철학적 태도다.

3. 중첩적 합의와 공적 이성

롤즈에 따르면 정치적 자유주의는 크게 두 단계로 설명된다. 첫 번째 단계에서 롤즈는 시민들 간의 협력의 공정한 조건을 밝히고자 하며, 두 번째 단계에서 그는 정의의 원칙들의 안정성 문제를 논의한다.[32] 롤즈의 정치적 자유주의는 포괄적 교설들의 영향으로부터 독립

---

32) 롤즈의 정치적 자유주의는 사회적 안정성과 통합의 기초를 마련하려는 의도를 가지고 있다. 이를 위해 롤즈가 택하는 방법은 모든 시민들이 동의할 수 있는 정치적 정의관을 제시하는 것이다. 그런데 필자는 롤즈가 사회적 안정성의 확보를 정의의 문제로 축소하고 있다고 생각한다. 사회적 안정성은 정의와 연대성의 상호 보완을 통해서만 가능하다는 것이 필자의 입장이다. 그러나 롤즈의 정치적 자유주의는 사회적 연대성의 문제에 대해서 지나치게 둔감하다. 물론 차등의 원칙이 정의와 연대성의 상호 제약적 관계를 어느 정도 고려하고 있기는 하다. (차등의 원칙을 통해 롤즈는 연대성 문제를 정의관의 내부 문제로 끌어옴으로써, 정의를 형식주의적으로 이해하는 한계를 극복하고 있지만, 연대성의 문제를 경제적 문제로 축소한 측면이 있다.) 롤즈는 정의로운 사회에서 성장한 시민들이 정의감을 획득하게 되고, 이렇게 획득된 정의감에 의해서 안정성이 확보될 수 있다고 말한다.(PL 177/142) 롤즈는 포괄적 교설과 연관된 사회적 통합과 연대성을 포기한다고 단언한다. 그는 합당한 다원주의라는 사실에 의해 그와 같은 연대성이 배제된다고 말한다. 롤즈의 정치적 자유주의는 입헌정체에 적합한 정치적 정의관에 대한 중첩적 합의로부터 파생될 것으로 기대하는 연대성에 만족하고자 한다. 민주적 제도에 내재된 자유와 관용에 의

된 정의관을 지향하고 있다. 여기에는 다원주의의 기초 위에 성립된 정의관은 탈형이상학적이어야 한다는 롤즈의 신념이 스며들어 있다. 여기에서 롤즈가 취하는 탈형이상학적 태도가 형이상학의 가능성 자체를 부인하는 것은 아니다. 롤즈는 다만 어떤 형이상학도 보편타당성을 요구할 수 없다는 의미에서 탈형이상학적 태도를 취한다. 그렇다면 포괄적 교설로부터 자유로운 탈형이상학적 정의관은 어떻게 안정적인 보편타당성을 요구할 수 있는가? 롤즈는 먼저 단순한 다원주의가 아니라 합당한 다원주의를 특징으로 하는 입헌 민주주의 사회에서는 포괄적 교설을 전제하는 『정의론』과 '질서 정연한 사회' 개념이 비현실적이며 그만큼 안정적인 합의를 이끌어낼 수도 없다고 말한다.(PL xxii/xvii) 이 때문에 롤즈는 『정치적 자유주의』에 중첩적 합의라는 개념을 도입하고 거기서 자신의 정의관에 대한 안정적 합의 가능성을 찾는다. 그런데 롤즈가 말하는 중첩적 합의는 어떻게 가능한가? 즉 합당하지만 양립 불가능한 포괄적 교설에 사로잡힌 담론 참여자들이 어떻게 포괄적 교설이 아닌 정치적 정의관에 합의할 수 있는가?

정치적 정의관과 그것의 안정성 확보는 롤즈가 『정치적 자유주의』에서 다루는 가장 중요한 두 가지 문제다. 상식적으로 모든 정치적 입장과 원칙은 안정성을 추구한다. 안정성 확보에 실패한 정의관은 실천적 타당성뿐만 아니라 이론적 정당성 자체를 의심받을 수 있기 때문이다. 선도, 설득, 그리고 강요는 안정성 확보를 위한 전통적 방법들이다. 그런데 롤즈는 자신의 정치적 자유주의가 설득이나 강요와는 차별화된

한 제약을 받아들이는 사람들은 이러한 연대성에 만족해야 한다는 것이다.(PL 248 f./201) 롤즈의 말처럼 정의는 이상적인 사회의 충분조건이 아니다. 그러나 그가 요구하는 것처럼 정의의 원칙이 자유, 평등, 그리고 공동의 좋음이라는 세 관념의 복합체로 표현되기 위해서 정의를 연대성과 분리시켜 사고해서는 안 된다. 이 문제에 관해서는 존 롤즈, 『공정으로서의 정의』, p. 13 참조.

방식으로 안정성을 추구한다고 말한다.(PL 177/142) 공정으로서의 정의는 합당하지만 상충적이고 공약 불가능한 한 가지 이상의 포괄적 교설을 가지고 있으면서, 합리적이고 합당하며 그리고 자유롭고 평등한 시민들로부터 자신들의 공적 이성을 토대로 한 동의를 이끌어냄으로써 안정성을 확보하고자 한다. 이처럼 정치적 자유주의가 표명하는 공정으로서의 정의는 단순히 합리적이고 합당한 개인들만이 아니라, 합리적이고 합당한 포괄적 교설로부터도 동의를 받고자 한다. 롤즈의 정치적 자유주의는 모든 합리적이고 합당한 개인과 포괄적 교설로부터 합리적이고 합당하다는 인정을 받을 수 있으며 이를 통해 안정성을 확보할 수 있다고 확신한다. 그런데 여기에서 우리는 롤즈가 말하는 동의 자체가 실제적인 동의를 의미하는지에 대해 의문을 제기할 수 있을 것이다.

중첩적 합의는 이성에 의해서 인위적으로 고안된 인간인 원초적 입장의 대표자들이(PL 94/75) 자신들의 합당한 포괄적 교설을 유지하면서도, 그것의 기준에 입각하여 정치적 정의관에 합의한다는 것을 의미한다. 이러한 견해는 분명히 지나치게 낙관적이다. 그러나 롤즈는 다른 한편으로 중첩적 합의의 불가능성을 인정한다. 그에 따르면 "합당한 교설들 간의 중첩적 합의는 수많은 역사적인 조건들 하에서는 가능하지 않을 수 있다. 왜냐하면 합의에 도달하려는 노력들이 합당하지 않고 심지어 비합리적인(그리고 때로는 광적인) 포괄적 교설들에 의해 압도될 수도 있기 때문이다."(PL 157/126) 그러나 롤즈는 이 점에 대해 별 관심이 없다. 그는 오히려 잠정적 타협이 입헌적 합의를 거쳐 점진적으로 장기간에 걸쳐 중첩적 합의로 발전한다는 낙관적 관점을 가지고 있다. 그 근거를 롤즈는 사람들이 통상적으로 부분적으로만 포괄적이라는 사실에서 끌어온다.(PL 257/208) 그의 말처럼 오랜 역사적 과정을 살펴볼 때 사람들의 정치관은 분명히 부분적으로만 포괄적이며, 따라서 학습과 지평 융합 등을 통해 지속적으로 변화한다. 더구나 정치적 협력이 성공적으로 유지되고 시민들 상호 간의 신뢰가 확대될 때, 그들은 자신의 포괄적 교설에 고착되지 않고 끊임없이 지평을 확장한다. 그러나 이러한 모든 설명은 중첩적 합의가 불가능한 것은 아니라는 전망을 제시할 수 있을 뿐, 가능하다는 것을 해명하는 것은 아니다. 포괄적 교설의 포괄성이 부분적이라는 설명은 중첩적 합의의 유토피아적 성격에 대한 비판을 극복하기에는 지나치게 빈약하다. 더구나 이러한 설명은 포괄적 교설에 묶여 정치적 자유주의가 제시하는 정의의 원칙에 동의하지 않는 시민들에게는 어떤 설득력도 제공하지 못한다.

이러한 비판은 자연스럽게 롤즈가 말하는 중첩적 합의가 도대체 합의인가에 대한 의문으로 이어진다. 어쩌면 롤즈의 중첩적 합의는 이질적인 것들과의 의사소통을 통한 합의가 아니라, 이질적인 것들을 제거하고 동일한 것만을 찾아내는 반성을 통한 합의일 수 있다. 실제로 롤즈는 반성적 합의reflective agreement에 만족하는 것처럼 보인다.(PL 191/153) 롤즈는 물론 자신의 정치관이 정의의 기본적 문제들에 정치적으로 합의할 수 있도록 '토론과 반성을 지도해주는 지침의 틀'이라고 말한다.(PL 194/156) 그러나 필자는 롤즈의 자유주의적 정치관이 토론보다는 반성에 무게중심을 두고 있다고 본다. 중첩적 합의의 내용인 정치적 정의관이 근본적으로 구체적 토론을 통한 현실적 합의의 내용이 아니라, 반성을 통한 개념적 규정이기 때문이다. 이러한 맥락에서 중첩적 합의는 이미 합의가 존재할 때 그 합의를 공고히 하는 장치일 수는 있지만, 합의가 아직 존재하지 않은 곳에서 합의를 이끌어낼 수 있는 절차로 설계된 것이 아니라는 비판이 가능할 것이다.[33]

이러한 비판에도 불구하고 필자가 보기에 롤즈가 제시하는 중첩적 합의 개념은 안정성을 합의와 연결시키는 장점이 있다.[34] 물론 정의관

---

33) Habermas, 같은 책, p. 81 참조.

이 합의를 통해서만 안정성을 확보할 수 있다는 입장은 단점이 될 수도 있다. 정의관의 정당화가 당사자들의 합의에 의존할 때, 합의의 내용은 언제나 최소한의 것으로 축소될 수밖에 없기 때문이다. 그런데 만약 중첩적 합의가 많은 비판가들에 의해서 제기된 것처럼 단순한 잠정적 협정에 불과하다면, 앞에서 제시한 장점은 사라지고 단점만 남게 될 것이다. 이 때문에 롤즈는 중첩적 합의와 잠정적 협정을 엄격하게 구별하여 설명한다. 그에 따르면 전자가 도덕적인 반면 후자는 도구적일 뿐이며, 전자가 안정적이라면 후자의 안정성은 우연적이고 상대적인 균형을 의미할 뿐이며,(PL 183 f./147 f.) 전자가 합당성의 기초 위에 세워진 것이라면 후자는 자기 이익을 추구하는 합리성을 통해 주어진 것이다. 롤즈의 해명처럼 합리성과 합당성이 엄격하게 구별되고 합리성으로부터 합당성이 도출되지 않는다면, 중첩적 합의와 잠정적 협정은 엄격하게 구별될 것이다.(PL 179 ff./144 ff.) 그러나 롤즈의 해명은 지속적으로 의심받고 있다. 더구나 롤즈는 앞에서 제시한 구별이 중첩적 합의와 잠정적 협정을 구분해주는 필요조건일 뿐 충분조건은 아니라는 비판을 쉽게 극복할 수 없을 것으로 보인다.[35]

필자는 공적 이성 개념이 양립 불가능하지만 합당한 포괄적 교설들의 중첩적 합의가 잠정적 협정주의로 추락하는 것을 막기 위해 롤즈가 마련한 가장 중요한 장치라고 생각한다.[36] 합당한 다원주의 사회에서

---

34) 이 점과 관련시켜 김석수는 롤즈의 정치적 자유주의를 중첩적 합의론을 통해 안정성을 확보하지 못하는 잠정적 협정에 기초한 자유주의뿐만 아니라, 합의를 확보하지 못하는 포괄적인 도덕적 자유주의의 한계를 극복하려는 시도로 해석한다. 김석수, 「실천철학에서 칸트와 롤즈의 관계에 대한 비교 분석」, p. 116 참조.
35) 이에 관한 논의는 정원규, 「도덕합의론과 공화민주주의」, pp. 52 이하 참조. 다른 맥락에서 커스팅은 롤즈의 정의관이 비록 정치적 관점으로는 잠정적 협정 이론이 아니라고 할지라도, 도덕 관점에서는 잠정적 협정이라고 말한다. Kersting, J. *Rawls zur Einführung*, p. 230 참조.

정의의 원칙에 대한 중첩적 합의가 가능하기 위해서는 합의 당사자들이 중첩적 합의에 앞서 그것에 합의할 수 있는 건전하고 동일한 근거를 확보해야 한다. 이러한 근거는 헌법의 본질적 요건들이나 정의의 기본적 문제들에 관한 공적 담론에서 시민의 이성적 사고를 의미하는 공적 이성으로부터 주어진다.(PL 12/10)

롤즈에 따르면 공적 이성의 이상은 합당한 포괄적 교설들의 다원성으로 특징지워지는 입헌 민주주의의 적절한 보완 요소다. 공적 이성은 특히 헌법의 본질적 요건들과 기본적 정의의 문제들에 관계된 사항들에만 적용될 뿐, 모든 정치적 질문들에 적용되는 것은 아니다.(PL 265/214) 공적 이성은 공적 담론에서 정치적 주장이나 정치적 선거운동에 참여할 때, 그리고 그러한 근본적 문제들에 대해 투표할 때 시민들에게 적용된다. 공적 이성은 특히 사법부가 결정을 내릴 때 적용된다. 의회 최우선주의를 거부하는 롤즈는 대법원을 공적 이성의 제도적 표본으로 간주한다.(PL 286 ff./231 ff.)

롤즈에 따르면 사적 이성은 없다. 따라서 이성은 공적 이성과 비공적nonpublic 이성으로 구별된다.[37] 후자는 포괄적 교설에 근거한 포괄적 이성comprehensive reason을 포함하여 대학, 학회, 전문가 집단과 같은 모든 종류의 협회들의 이성을 포괄한다. 롤즈에 따르면 비공적 이성은 특정한 배경 문화background culture를 전제하고 있는 사회 내부의 구성원의 측면에서 공적으로 보이지만, 정치사회와 평등한 시민들

---

36) 만약 중첩적 합의가 공적 이성에 의해 이루어진다면, 그것은 실제적이고 구체적 합의가 아니며, 그 때문에 중첩적 합의는 잠정적 협정주의와 엄격하게 구별될 수 있기 때문이다.
37) 롤즈의 정치적 자유주의는 공적 담론의 장에서 공적 이성을 사용하고, 비공적 이성에 대한 공적 이성의 우선성을 인정하는 시민들을 주체로 설정함으로써 은연중에 공적 담론에서 비공적 이성을 사용하는 시민들을 배제하고 있다는 의심을 받을 수 있다.

의 측면에서 볼 때 비공적인 것이다. 따라서 비공적 이성은 입헌 민주주의의 공적 정치 문화의 이상적 시민관에서 도출된 것은 아니지만, 분명히 사회적인 것이며 사적인 것은 아니다.(PL 272 ff./220 ff.)

롤즈가 말하는 평등한 시민들의 공적 이성은 근본적인 정의의 문제들을 주제로 사회의 정치적 정의관에 의해 표현된 이상과 원칙에 주어진 내용을 토대로 공적 담론을 이끈다. 이 때문에 비공적 이성은 많은 반면 공적 이성은 하나밖에 없다는 명제가 도출된다.(PL 272/220) 마치 합당한 포괄적 교설과 그것들이 제시하는 좋음의 다원성에 맞서 하나의 옳음만 있다고 주장하는 것처럼, 롤즈는 오직 하나의 공적 이성만 있다고 말하는 것이다. 롤즈는 쟁점이 되는 주제들에 대한 합당한 불일치가 존재하고, 이로부터 합당한 다원주의가 사실로서 인정되어야 하지만, 헌법의 본질적 요건들과 기본적 정의의 문제들을 다루는 담론에서 공적 이성은 모든 사람이 합당하게 지지할 수 있는 정치적 가치를 토대로 하나의 합당한 답변을 제시할 수 있다고 가정해야 한다는 것이다.(PL 298 f./240 f.) 그러나 공적 이성이 제시하는 답변은 합당한 절차를 통한 합의라기보다는 공공성의 이름으로 정치적 가치들을 비교 평가한 결과일 뿐이다. 이 때문에 공적 이성은 상호주관성으로의 패러다임 전환을 철저하게 수행하지 않고 있다는 비판이 가능할 것이다.[38] 롤즈 자신이 거론하는 낙태 문제의 예에서 볼 수 있듯이 정치적 가치의 합당한 비교 평가를 통해 주어진 공적 이성의 답변은 합리적이지만 독단적이다.(PL 302 f./243 f.)

공적 이성은 대부분의 중요한 정치적 질문에 대하여 한 가지 이상의 합당한 답변이 허용될 수 있다는 사실을 정치적 가치의 합당한 비교 평가를 통해 극복할 수 있다고 말한다. 롤즈는 또한 주어진 문제가 제

---

38) Habermas, 같은 책, pp. 119 이하 참조.

기하는 쟁점들에 대한 정치적 가치들 간의 합당한 비교 평가를 통해 공적 이성이 제시하는 균형점을 지지하지 않는 포괄적 교설은 합당하지 않다고 말한다. 롤즈에 따르면 공적 이성은 언제나 합당한 하나의 답변을 가지고 있다. 포괄적 교설들은 공적 이성의 결론을 올바르게 찾을 수도 있지만 그렇지 못할 수도 있다. 문제는 공적 이성이 제공하는 정답을 알아내지 못하거나 인정하지 않는 포괄적 교설들은 부당하며, 따라서 정치적 의미에서 정당하지 못하다는 비난을 감수해야 한다는 것이다.(PL 306/246 f.) 롤즈에 따르면 공적 이성이 가질 수 있는 모순은 이처럼 쉽게 사라진다. ① 공적 이성의 결론을 지지하는 포괄적 교설들만이 합당하고, ② 합당한 포괄적 교설들 간의 중첩적 합의에 의해 공적 이성은 지지되며, ③ 공적 이성과 정의의 원칙들은 본질적으로 동일한 근거를 가지기 때문에, ④ 오직 하나일 뿐인 공적 이성은 언제나 모순 없이 정당하다.

롤즈는 질서 정연한 사회의 합당한 시민들은 공적 담론의 장에서 공적 이성을 사용하여 정치적 정의관에 합의하지만, 합의 결과를 자신에게 정당화할 때에는 비공적 이성을 사용할 수 있다고 말한다. 롤즈는 분명히 합당한 시민들에게 언제나 공적 이성에 따라 사고하고 행동할 것을 요구하는 것은 아니다. 오히려 일상적인 사적 공간에서 시민들은 자신들이 소유하고 있는 포괄적 교설에 따라 살아가는 것이 정당하다. 그러나 공적 담론의 영역에서 시민들은 포괄적 교설을 벗어나 공적 이성을 사용해야 한다. 롤즈는 이처럼 시민들의 양면적 사고를 상이한 영역에서 인정하지만, 공적 영역에서 공적 이성과 비공적 이성이 충돌할 경우 전자의 우선성을 배타적으로 옹호한다.

이처럼 롤즈가 공적 의지와 엄격하게 구별되는 공적 이성에서 정치적 합의의 정당성을 찾으려는 이유 중에 하나는 다원주의 사회에서 불가피하게 등장하는 규범적 불일치를 극복하는 것이 공적 의지를 통해서는 불가능하다는 비관적 전망 때문이다. 이러한 맥락에서 롤즈는 정치적 합의의 절차를 도덕(공적 의지)과 분리시킨 다음, 공적 이성에 기초한 중첩적 합의의 결과에 도덕적 구속력을 부여한다. 그에 따르면 정의롭고 안정적인, 따라서 도덕적인 사회는 합당한 종교적, 철학적, 도덕적 교설들에 대해 중립적인 공적 이성에 기초한 합의를 통해 가능하다. 탈도덕적인 공적 이성을 통해서 사회적 합의가 도덕적 구속력과 정당성을 갖는다는 것이다. 공적 이성은 도덕과 무관하지만 공적 이성으로부터 얻어진 합의는 국민 통합을 이끌어내는 도덕적 힘으로 표현된다.

공적 이성과 공적 의지의 롤즈적 구별은 칸트가 법과 도덕을 구별했을 때 염두에 두었던 동기와 유사하다. 칸트가 도덕적 정당화의 최종 근거를 내면적 의지에서 찾은 반면 법을 외적으로 표출된 행위의 문제로 한정하는 것은 법의 영역에서 도덕적 부담을 덜어내는 것이다. 법 공동체의 시민들은 자신의 의지와 무관하게 외적으로 드러난 행위를 통해서 평가된다. 따라서 정치권력의 정당성 역시 실천이성을 통한 사회계약을 통해 주어진다. 유사한 맥락에서 롤즈는 정치적 자유주의 체계에서 공적 이성에 부합하는 정치적 합의만이 최고의 구속력과 정당성을 가진다고 말한다. 그런데 이때의 공적 이성은 공적 의지와는 전적으로 다르다. 공적 이성은 공적 의지의 형태로 전환될 것을 요구하지 않는다. 따라서 공적 이성은 실제의 시민들에 의해 집단적으로 의지된 이성이 아니라, 이상화된 시민들이 가져야 하는 이성이다. 여기에서 우리는 먼저 롤즈의 공적 이성이 갖는 비현실성과 배타성, 그리고 공적 자율성을 약화시키는 것에 대해 비판할 수 있을 것이다. 나아가 롤즈의 공적 이성은 칸트의 실천이성과 마찬가지로 여전히 독백적 홀로주체성의 패러다임에 사로잡혀 있다고 비판할 수 있을 것이다.[39]

---

39) 이러한 비판은 롤즈의 정치적 자유주의가 칸트의 초월적 관념론과 구별되지 않는다

롤즈의 정의론이 태도로서의 다원주의를 수용한다면 자신 속에 내면화된 포괄적 교설에 따라 행동하는 모든 시민에 대해 공정해야 할 것이다. 그런데 다원주의의 제약 가능성으로 제시된 롤즈의 정치적 자유주의는 공적 이성을 사용하는 합당한 사람들에게 우호적인 편파성을 가지고 있다는 의심을 받을 수 있다. 물론 롤즈의 정의론이 질서 정연한 사회에서 합당하지 못한 사람들과 다른 사람들이 동일한 자유를 향유할 수 없다고 말하는 것은 아니다. 그러나 비자유주의적인 사람들은 공적 담론에 참여할 수 있는 자격을 박탈당한다. 이는 롤즈의 정치적 자유주의가 다원주의와 양립할 수 없는 배제의 논리를 함축하고 있다는 것을 말해준다. 이러한 비판은 과연 정당한가? 롤즈는 아마도 자신의 정의관이 정치적인 의미에서 자유민주주의를 전제하고 있기 때문에 비자유주의적인 문화에 대한 적용뿐만 아니라, 비자유주의적인 포괄적 교설에 사로잡힌 사람들의 태도는 문제가 되지 않는다고 답변할 것이다. 여기에서 롤즈는 자신의 정치적 자유주의가 절대적인 무당파성을 지향하지 않는다는 것을 분명히 한다. 오히려 그는 제한된 의미에서만 중립성을 유지하는 약한 중립성을 지향한다.[40]

공적 이성은 두 가지 문제에서 배제의 논리를 함축하고 있다. 첫째, 롤즈가 질서 정연한 민주주의 사회 속에서 형성되어 있는 것으로 간주하는 공적 이성을 수용하지 않는 시민들은 공적 담론의 장에서 배제된다. 둘째, 헌법 또는 기본적 정의와 관련된 문제들이면서도 처음부터 공적 이성의 이념에 부합하지 않는 관점들은 토론에서 배제된다. 롤즈는 노예제도와 농노제도, 그리고 양심의 자유처럼 최소 인권에 해당되

는 주장으로 확장되어서는 안 될 것이다.
40) 김비환은 이와 연관된 관점에서 정치적 자유주의가 함축한 배제의 논리를 올바르게 지적한다. 김비환, 「롤즈 정치철학의 두 가지 문제점: 완전주의와 정치 없는 정치철학」, pp. 31 이하 참조.

는 문제들을 공적 담론의 주제로 상정하지 않는다. 롤즈는 정의와 헌법의 이념과 관련된 일부 핵심 문제들은 영원히 정치적 담론의 주제에서 벗어날 수 있다고 말한다. 그에 따르면 공적 이성의 관념에 충실할 경우 이러한 배제는 합리적인 것으로 받아들여진다. 그런데 엄밀한 의미에서 제시된 두 가지 배제의 논리는 서로 밀착되어 있다. 왜냐하면 공적 이성을 수용하지 않는 사람은 다름 아닌 공적 이성의 이념에 부합하지 않는 관점을 공적 담론의 장에서 대변하는 사람이기 때문이다.

롤즈가 공적 이성이 함축하고 있는 배제의 논리를 완화한다면 정치적 자유주의에 대해 제기된 다양한 비판을 극복할 수 있을 것이다. 그러나 공적 이성이 함축하고 있는 배제의 논리를 포기 또는 극복하는 것이 간단한 문제는 아니다. 왜냐하면 롤즈의 근본적 문제는 정치 담론에서 도덕 관점을 배제함으로써 생겨나는 부담을 극복하려는 노력에서 비롯된 것이기 때문이다. 그런데 과연 도덕 관점에 대한 합의가 전혀 없는 곳에서 정치적 합의를 토대로 다원주의를 제약한다는 것이 가능한가? 롤즈는 그것의 불가능성을 누구보다 먼저 감지했기 때문에 공적 이성 개념을 통해 다원주의로부터 발생하는 충돌과 모순을 제약하고자 한 것이다. 여기에서 우리는 롤즈가 다원주의에 대해 이중적 태도를 취하고 있다는 것을 알 수 있다. 한편으로 롤즈는 합리적 불일치를 수용하는 합당한 다원주의를 사실로서 인정하면서도, 다른 한편으로 다원주의 사회에서 불가피하게 등장하는 포괄적 교설들 간의 심각한 불일치를 질서 정연한 사회의 안정성을 위협한다는 관점에서만 바라볼 뿐, 그것을 사회 발전의 동력으로 인정하지 않는다. 따라서 그는 다원주의의 제약 지점을 상호주관적인 의사소통적 담론을 통해서가 아니라, 독단적인 홀로주체성의 공적 이성을 통해 확정하고자 한다.

공적 이성이 함축하고 있는 배제의 논리는 몇 가지 어려운 문제를 해결하는 역할을 담당한다. 공적 이성은 헌법의 핵심 내용이 정치적 절충이나 타협, 또는 잠정적 협정에 의해 좌우되지 않도록 안전장치를 마련함으로써, 최소 인권의 불가침성을 함축하고 있는 정의의 원칙을 담론이 아닌 이성에 의해 확정하기 때문에, 다원주의 사회에서도 정의의 원칙이 안정적으로 실현될 수 있는 토대를 제공한다. 이러한 배제의 논리가 중첩적 합의를 용이하게 한다. 공적 이성을 통해 중첩적 합의는 잠정적 협정과 엄격하게 구별된다. 그러나 그 때문에 중첩적 합의는 더 이상 상호주관성으로 전환되지 않은 홀로주체성의 패러다임에 묶인 배제의 논리를 극복하지 못한다. 중첩적 합의는 더 이상 합의가 아니라, 공적 이성에 의한 합리적 반성이다.

다원주의를 사실로서 인정하는 어떤 이론도 더 이상 "너는 나처럼 생각하라, 그렇지 않으면 죽음을 당할 것이다"라고 말하지 않는다. 그러나 토크빌A. de Tocqeville이 올바르게 지적하는 것처럼 오늘날 많은 이론들은 "나처럼 생각하지 않는 것은 너의 자유다. 그렇지만 오늘 이후 너는 우리들 사이에서 이방인이 될 것이다"고 말한다. 그들은 다원주의를 형식적으로만 인정하는 것이다. 과연 롤즈의 정치적 자유주의는 이러한 비판으로부터 자유로운가? 롤즈가 요구하는 중첩적 합의는 시민들의 의지를 문제시하지 않는다. 어떤 의지를 가지고 있는가는 너의 자유다. 그러나 나처럼 생각하는 않는 것은 네가 공적 이성을 가지고 있지 않기 때문이다. 공적 자율성과 공적 의지를 갖지 않는 것은 너의 자유지만, 공적 이성을 가지고 있지 않은 너는 우리들 사이에서 이방인일 수밖에 없다. 롤즈가 이렇게 말하고 있는 것은 아닌가?

4. 최소 인권과 적정한 다원주의

『정치적 자유주의』에서 합당성이 다원주의의 제약의 분기점을 제공한다면, 『만민법』에서는 적정성decency이 동일한 역할을 수행한다. 개념적으로 적정성이 합당성보다 느슨하고 완화된 가르기의 기준선이라고 할 때, 우리는 『정치적 자유주의』가 함축하고 있는 것으로 보이는 배제의 논리가 『만민법』에서 어느 정도 극복되기를 기대할 수 있을 것이다. 이러한 기대는 정치적 자유주의에서 합당한 포괄적 교설만이 다원주의의 이름으로 관용될 수 있었다면, 만민법Law of Peoples에서는 비자유적 사회를 포괄하는 적정한 사회까지도 관용의 범주에 포함된다는 점에서 정당한 것으로 보인다.[41]

롤즈는 만민법 개념을 '국제법 및 국제 관행의 원칙과 규범에 적용되는 옳음과 정의에 기초한 특수한 정치관'을 가리키는 개념으로 사용한다.[42] 롤즈는 먼저 국제사회를 다섯 가지 유형, 즉 ① 자유주의 사회, ② 적정 수준의 사회, ③ 무법 국가, ④ 불리한 여건으로 고통받는 사회, 그리고 ⑤ 자애적 절대주의 체제로 구별한다. 그에 따르면 ①과 ②는 최소 인권이 존중되며, 국민이 정치적 결정에 의미 있는 역할을 수행하는 질서 정연한 사회에 해당되며, ③과 ④에서는 인권이 존중되지 않으며, ⑤에서는 인권은 존중되나 정치적 참정권이 보장되지 못한다.[43] 롤즈의 『만민법』은 정치적 자유주의에서 정당화된 정의관을 ①과 ②로 확장하는 절차를 다룬 이상적 이론ideal theory과 ③을 제약하고 ④를 지원할 규범적 근거를 제시하는 비이상적 이론nonideal theory으로 구성되어 있다.

현실적 유토피아를 지향하는 롤즈의 만민법 사상은 합의의 주체를 국민이나 개인이 아닌 만민으로 설정한 점,[44] 차등의 원칙을 더 이상

---

41) 관용의 문제에 관해서는 존 롤즈, 『만민법』 (이하 『만민법』으로 표기), pp. 98 이하 참조.
42) 『만민법』, p. 13.
43) 『만민법』, pp. 14 이하, 104 이하 참조.

합의 가능한 정의의 원칙으로 설정하지 않은 점,[45] 그리고 적정성이라는 탄력적 개념을 수용한 점을 제외하면 정치적 자유주의 이념과 큰 차이가 없다. 분명한 것은 이론의 출발점이 합당한 다원주의에서 적정한 다원주의로 전환되었다는 점이다. 그러나 그것이 비록 합당성에서 적정성으로 완화되었다고 하더라도 여전히 제약된 다원주의가 출발점이라는 것, 무지의 장막이 처진 원초적 입장, 그리고 중첩적 합의와 공적 이성은 정치적 자유주의에서와 유사한 방식으로 배제의 논리를 함축하고 있다.[46] 기본적으로 앞에서 언급한 ①과 ②의 대표자들만 원초

---

44) 『만민법』, pp. 25 이하, 44 이하 참조.
45) 롤즈는 『정의론』에서 국내 사회의 분배 정의 원칙으로 제시한 차등원칙과는 구별되는 원조의 원칙을 『만민법』에서 제시한다. 차등원칙이 평등주의 원칙이라면 『만민법』에서 원조의 의무는 비평등주의적 원칙이다. 여기에서 우리는 차등의 원칙을 『만민법』에까지 확장해야 하는지에 관하여 논의할 수는 없다. 우리의 주제와 관련시켜 볼 때 문제가 되는 것은 롤즈가 왜 차등의 원칙을 국제사회에서도 적용하지 않는가가 아니라, 왜 국제사회에 적용될 수 없는 원칙이 국내 사회에서는 합의될 수 있다고 생각하는 근거가 제시될 수 있는가이다. 『만민법』에서 설정된 원초적 입장에 진입할 수 있는 국민들은 자유주의국가와 적정 수준의 사회를 대표하는 사람들이다. 이들은 『정의론』이나 『정치적 자유주의』의 원초적 입장에 들어서는 주체들과 동일한 수준의 동질성을 가지고 있다. 따라서 그들 사이의 합의 수준도 비슷하거나, 경우에 따라서는 『만민법』에서보다 『정치적 자유주의』에서 마련된 원초적 입장이 합의 가능성을 더 어렵게 한다는 반론이 가능할 것이다. 롤즈가 『만민법』에서 합의 불가능한 것으로 규정한 내용을 『정치적 자유주의』에서 합의 가능한 것으로 상정한 것은 그의 정치적 자유주의가 얼마나 비정치적인 정치를 전제한 이론인가를 역설적으로 보여준다. 이 문제에 관한 논의는 장동진, 「롤즈의 국제사회 정의관: 『만민법』을 중심으로」, pp. 329 이하 참조.
46) 적정 수준의 사회(국가) 또는 국민에 대한 롤즈의 정의 속에는 이미 만민법의 핵심적 내용이 전제되어 있다. 만민법의 핵심이 최소 인권의 존중이라고 할 수 있는데, 적정 수준의 사회란 다름 아니라 비록 자유주의적이지는 않다고 할지라도 최소 인권을 존중하는 사회이기 때문이다. 이는 이미 최소 인권에 대한 합의가 존재하는 국가들의 대표만이 만민법을 다루는 원초적 입장에 들어설 수 있다는 것을 의미한다. 장동진, 같은 글, p. 327 참조.

적 입장에 참가할 수 있을 뿐 ③, ④, ⑤의 대표자는 배제된다. 더구나 흥미로운 것은 자유주의 사회들만이 참가한 원초적 입장에서 채택된 만민법을 적정한 사회들이 참가한 원초적 입장에서도 동일하게 선택할 것이라는 점이다.[47] 롤즈의 말처럼 적정성이 비록 합당성보다 훨씬 약하지만 합당성과 동일한 종류의 규범임에 틀림없다. 이러한 정황에 비추어 볼 때 필자는 1절과 2절에서 논의된 배제의 논리가 만민법에 대한 논의에서도 유사한 방식으로 논증될 수 있다고 전제하고, 이에 대한 논의를 생략하고자 한다. 필자는 다만 롤즈가 자신의 만민법 사상에서 적정한 다원주의의 제약 기준으로 제시한 두 가지 기준 중에서 핵심적 개념에 해당되는 '팽창주의를 포기한 평화주의'와 '최소 인권' 개념과 관련된 배제의 논리만을 간략하게 언급하고자 한다.[48]

롤즈는 자유민주주의 사회의 만민들이 채택하고 적정한 위계적 사회를 대표하는 만민들이 동의할 정의의 원칙 여덟 가지를 제시한다.[49] 그중에서 네 번째가 불간섭의 의무이고, 다섯 번째가 자기 방어의 권리이며, 여섯 번째가 인권 존중이다. 여기에서 롤즈가 말하는 인권은 최소 인권을 가리킨다. 생명의 권리(집단 학살과 인종 청소로부터 인종 집단의 보호 등), 자유권(노예와 농노 신분으로부터의 자유, 양심의 자유), 소유권, 형식적 평등권이 여기에 해당된다.[50] 롤즈에 따르면

---

47) 『만민법』, p. 105 참조.
48) 롤즈가 제시하는 적정 수준의 위계적 사회들을 위한 첫 번째 기준은 다른 사회의 사회 정치적 질서를 존중하고, 정당한 방식으로 자국의 이익을 추구하며, 결코 다른 사회를 부당하게 공격하지 않는 것이다. 두 번째 기준은 최소 인권의 존중과 도덕적 의무와 책무의 부과, 그리고 합당한 신념을 가진 판사와 관료들이 존재하는 것이다. 이에 관한 상세한 내용은 『만민법』, pp. 106 이하 참조.
49) 『만민법』, p. 65 참조.
50) 『만민법』, pp. 107 이하, 128 참조. 롤즈는 1993년에 발표한 논문 「만민법」에서는 인권의 최소항목을 "① 생존과 안전의 권리, ② 사유재산권, ③ 법의 지배, ④ 양심

만민법의 정당화를 통해 보편타당성을 획득한 인권은 기본적으로 세 가지 역할을 수행한다. 첫째, "인권의 구현은 한 사회의 정치제도와 법질서의 적정함에 대한 필수 조건"이며, 둘째, "인권의 구현은 정당화되고 강제적인 타국민의 간섭, 가령 외교적 및 경제적 제재 또는 중대한 경우에 군사력에 의한 간섭을 배제하는 충분조건"이며, 셋째, "인권은 만민 간의 다원주의에 대한 하나의 한계를 설정한다."[51]

이상의 논의에서 예상할 수 있듯이 롤즈는 적정성이라는 기준, 즉 팽창주의를 포기하고 평화주의를 채택하고 최소 인권을 존중하라는 만민법의 원칙을 지키지 않는 사회(국가)는 경제적으로뿐만 아니라 군사적으로도 간섭받을 수 있다고 주장한다. 롤즈는 이때 수행된 정의전쟁의 목적이 만민 간의 정당하고 지속적인 평화를 유지하는 것이라고 말한다.[52] 그에 따르면 최소 인권을 침해하고 이를 정당화하는 무법 국가는 관용의 한계를 벗어나기 때문에 이들 국가에 대한 정의로운 전쟁을 수행할 수 있으며, 이 전쟁에서 자유주의국가와 적정 수준의 국가가 연대할 수 있다. 그런데 롤즈가 말하는 정의로운 전쟁의 정당성은 무법 국가가 최소 인권을 침해한다는 것에서 곧바로 주어지지 않는다. 오히려 정의로운 전쟁의 직접적 근거는 무법 국가가 최소 인권의 침해를 정당화하는 가운데 팽창주의적 정책을 수행한다는 데 있다. 무법 국가에 대한 불관용의 근거는 무법 국가의 공격성이며, 따라서

의 자유, ⑤ 집회의 자유 , ⑥ 이민의 자유"라는 여섯 가지 항목으로 규정한다. 존 롤즈, 「만민법」, p. 90.
51) 『만민법』, p. 130. 롤즈가 다원주의의 제약의 기준으로 제시한 최소 인권은 세계인권선언의 내용조차도 함축하고 있지 않다는 비판이 있다. 장동진, 같은 글, pp. 324 이하 참조.
52) 『만민법』, p. 152 참조. 롤즈는 인권침해 국가에 대한 군사적 간섭을 "정당한 방어 전쟁"으로 규정하고 그것이 6가지 원칙의 제한을 받아야 한다고 말한다.

무법 국가에 대한 군사적 간섭은 엄밀한 의미에서 『만민법』이 제시한 네 번째 원칙인 '불간섭의 의무'를 위반한 것이 아니다. 오히려 전쟁으로 발전할 수 있는 불관용의 원칙은 다섯 번째 원칙인 '자기 방어 권리'와 '인권 존중'이라는 여섯 번째 원칙을 실현한 것일 뿐이다.[53] 그러나 필자가 보기에는 여기에 롤즈 이론이 갖는 한계가 있다. 첫째, 롤즈는 최소 인권을 훼손하는 무법 국가만이 공격성을 가진 것처럼 상정한다. 따라서 자유주의국가나 적정 수준의 정치사회는 공격성을 가진 팽창주의 국가일 수 있는 가능성 자체가 논의되지 않는다. 이는 롤즈의 『만민법』 사상이 충분히 다원주의적이지 못한 상태에서 성급하게 친-자유주의적 노선을 전제한 것에서 비롯된다고 생각한다. 이라크전쟁을 수행한 미국을 생각해보자. 우리는 롤즈가 미국이 자유주의국가라는 것을 부정할 것으로 생각하지 않는다. 자유주의국가의 상징인 미국은 이라크 전쟁에서 팽창주의적 공격성 이외의 그 어떤 합리적 근거도 제시하지 못하고 있다. 그렇다면 롤즈의 『만민법』은 자유주의적이면서 팽창주의적인 국가에 대한 국제적 수준의 경제적이거나 군사적인 간섭에 대해서 무엇을 말할 수 있는가? 롤즈가 이러한 의문에 대해 정확하게 답변하지 못할 때, 그의 만민법 사상은 배제를 배제하지 못할 뿐만 아니라, '인권=도덕적 제국주의'라는 보편주의에 대한 지속적 비판을 막아낼 수 없을 것이다.[54]

---

53) 장동진, 같은 글, pp. 328 이하 참조. 유사한 맥락에서 문성원은 롤즈의 만민법이 힘 있는 자유주의 사회의 행위를 규율하기보다는 그 사회 중심의 질서를 다른 사회에 대한 관계에 덮어씌우는 데 일조할 가능성이 있다고 비판한다. 문성원, 「자유주의와 정의의 문제」, p. 282 참조.
54) '인권=도덕적 제국주의'라는 비판의 극복 문제와 연관된 구체적 논의는 박구용, 「인권의 보편주의적 정당화와 해명」, pp. 160 이하 참조.

5. 맺는말

롤즈의 정치적 자유주의는 공리주의와 맥락주의뿐만 아니라 자유 지상주의조차도 현대사회의 징표인 다원주의를 올바르게 이해하지 못하고 있다는 것을 정확하게 지적한다. 롤즈는 다원주의에 대한 성숙한 관점을 가지고 있다. 먼저 좋음의 극대화를 옳음으로 규정하는 공리주의를 비판하는 과정에서 롤즈는 다원주의와 다원주의의 제약 가능성에 대한 올바른 문제의식을 가지고 있다. 공리주의는 무엇보다 효용성의 원리에 배타적 우선성을 부여함으로써 개인들 사이의 차이와 그것의 가치를 올바르게 인식하지 못하는 가운데, 다원주의와 양립 가능한 보편주의를 제시하지 못한다. 좋음의 다원주의(윤리적 다원주의)와 옳음의 보편주의(도덕적 보편주의)를 결합시키려는 롤즈의 시도는 노직R. Nozick이 표방하는 자유 지상주의와도 구별되어야 한다.[55] 노직의 자유 지상주의가 기초하고 있는 소유 개인주의는 엄격한 의미에서 다원주의와 양립할 수 없다. 왜냐하면 소유 개인주의는 사회화 이전에 완성된 개인을 상정함으로써 문화와 종교, 그리고 윤리적 다원주의를 이론의 출발점으로 인정하지 않는다. 그렇다고 롤즈의 정의론과 정치적 자유주의가 상호주관성으로 패러다임을 전환하는 데 성공적인 것으로 보이지는 않는다.[56] 롤즈는 여전히 홀로주체성의 틀에서 벗어나지 못하고 있다.[57] 롤즈는 또한 다원주의를 이론의 출발점이 아니라

---

55) 이 문제에 관해서는 윤평중, 「탈현대의 정치철학」, pp. 307 이하 참조.
56) 롤즈는 개인의 정체성이 사회와 불가분의 관계에 있다는 것을 인식하고 있다. 그에 따르면 "우리는 사회에 존재하기 이전에는 자기 정체성을 가지지 않는다."(PL 51/41)
57) 이러한 맥락에서 롤즈의 개인주의적 인간관이 차등의 원칙과 양립할 수 없다는 샌들의 비판은 여전히 유효한 것으로 보인다. M. Sandel, *Liberalism and the Limits of Justice*, pp. 180 이하 참조.

꼭짓점으로 몰고 가는 맥락주의의 한계를 극복하려고 시도한다. 필자는 이 글이 특히 관심을 가지고 있는 다원주의의 문제에 한정시켜볼 때, 롤즈의 정치적 자유주의가 공리주의, 맥락주의, 그리고 자유 지상주의의 한계를 올바르게 인식하고 있으며, 일정 부분 그들의 한계를 극복하고 있다고 평가한다. 그럼에도 불구하고 롤즈가 다원주의의 제약 문제에만 관심을 집중하고, 다원주의 자체가 갖는 힘을 과소평가한 이유는 무엇인가?

『정의론』에서 『정치적 자유주의』를 거쳐 『만민법』이르는 과정에서 롤즈는 다원주의에 대한 감수성을 점차적으로 발전시키는 가운데 정의의 개념과 원칙을 약화시켰다고 평가받는다.[58] 이러한 평가는 『정의론』에서 합리성 개념이 차지한 중추적 역할을 『정치적 자유주의』에서는 합당성이, 그리고 『만민법』에서는 적정성이 수행한다는 해석과 연관된다. 이러한 해석은 전체적으로 타당한 것처럼 보이지만, 어디까지나 일면적으로만 타당하다. 필자는 롤즈가 비록 정의의 개념과 원칙을 약화시킨 것이 사실이라고 할지라도 차이와 타자성에 대한 감수성을 발전시켜왔다고 보지는 않는다. 롤즈는 다원주의에 대한 제약의 원칙을 합리성, 합당성, 그리고 적정성으로 약화시키는 가운데 다원주의 자체를 폭넓게 이해하는 것처럼 보인다. 그러나 롤즈는 『정의론』에서와 마찬가지로 『정치적 자유주의』와 『만민법』에서도 역시 다원주의를 합당성과 적정성의 기준에 앞선 이론의 출발점으로 인정하지 않는다. 롤즈의 다원주의는 자유주의적 다원주의일 수는 있어도 태도로서의 다원주의는 아니다.[59] 이러한 이유는 근본적으로 어디에서 발생하는

---

[58] Th. McCarthy, "On the Idea of a Reasonable Law of Peoples", pp. 206 이하 참조.
[59] 염수균은 롤즈의 정치적 자유주의를 신자유주의나 자유 지상주의와 구별하기 위하여 민주적 자유주의라고 부른다. 염수균, 『롤즈의 민주적 자유주의』 참조.

가? 그것은 롤즈의 정의론이 '실체주의적 정의관'을 형성했다는 것에 그 원인이 있는 것으로 보인다. 필자는 ① '실체주의적 정의관'이 롤즈의 순수 절차주의와 양립 불가능하며, ② '실체주의적 정의관'은 정당화되기도 어렵지만, 꼭 필요한 것도 아니며, ③ 롤즈는 『정치적 자유주의』나 『만민법』에서 '실체주의적 정의관'을 지켜내지도 못하면서 보편주의를 지나치게 약화시킬 뿐만 아니라, ④ 점점 약화된 그의 보편주의는 다원주의와의 친화력을 확장하기보다는 약화시키는 경향이 있다고 본다. 이렇게 볼 때 롤즈의 정의관은 다원주의를 정치적 자유주의 이론의 출발점으로 인정하는 것처럼 보이지만, 롤즈가 인정하는 합당한 다원주의는 자유주의적 다원주의일 뿐이다. 롤즈는 다원주의로부터 출발하는 것이 아니라 자유주의에서 출발하며, 이때의 자유주의는 현재 미국의 입헌 민주주의가 구현하고 있는 자유주다. 따라서 롤즈의 정치적 자유주의는 다원주의에서 출발하는 이론이 아니라, 자유주의에서 다원주의의 제약 가능성을 찾는 이론이다.

본 논문은 롤즈의 정치적 자유주의에 대한 내재적 비판을 통해 다원주의와 보편주의의 올바른 관계를 설정하려고 시도했다. 따라서 필자는 자유주의와 공동체주의, 보편주의와 맥락주의의 경쟁적 관계에 대한 그동안의 논의를 반복적으로 서술하는 것에 관심을 기울이지 않았다. 이 글은 오히려 정치적 자유주의와 약한 보편주의를 대표하는 철학자 롤즈에 대한 내재적 비판을 통해, 그의 정의관이 폐쇄성과 배제의 논리를 함축하고 있다는 것을 밝히는 데 집중했다. 필자는 특히 롤즈의 정의관에 내재된 폐쇄성이 이미 제약된 다원주의에서 출발한 점과 그의 실체주의적 정의관에서 비롯된 것이라는 주장을 전개했다. 이러한 맥락 속에서 필자는 그의 정의관이 다공적이고 열린 체계를 갖기 위해서는 무엇보다 목적의 중립성 neutrality of aim과 대비되는 절차의 중립성 neutrality of procedure을 중심으로 재구성되어야 하며(PL 238/192)[60],

태도로서의 다원주의로부터 출발해야 한다는 것을 제안한다. 특히 롤즈 정의관이 지향하던 순수한 절차적 정의를 보다 일관성 있게 추진하는 것이 필요할 것이다. 결과에 집착하는 비순수 절차는 도덕적으로는 순수하지만 정치적으로는 지나치게 야심 차다.

참고 문헌

김비환, 「롤즈 정치철학의 두 가지 문제점: 완전주의와 정치 없는 정치철학」, 한국정치학회, 『한국정치학회보』 30집 2호, 1996.
김석수, 「실천철학에서 칸트와 롤즈의 관계에 대한 비교 분석」, 한국칸트학회, 『칸트와 현대 영미철학』, 철학과현실사, 2001.
존 롤즈, 「만민법」, 민주법학회 편역, 『현대사상과 인권』, 사람생각, 2000.
존 롤즈, 『공정으로서의 정의』, 황경식 외 옮김, 서광사, 1988.
존 롤즈, 『만민법』, 장동진 외 옮김, 이끌리오, 2000.
존 롤즈, 『정의론』, 황경식 옮김, 이학사, 2003.
존 롤즈, 『정치적 자유주의』, 장동진 옮김, 동명사, 1998.
장-자크, 루소, 『인간 불평등 기원론』, 주경복·고봉만 옮김, 책세상, 2003.
문성원, 「자유주의와 정의의 문제」, 『시대와 철학』 12, 2001.
박구용, 「다원주의와 담론윤리학」, 『철학』 76, 2003 가을.
박구용, 「도덕의 원천으로서 '좋음'과 '옳음'」, 『철학』 74, 2003 봄.
박구용, 「인권의 보편주의적 정당화와 해명」, 사회와 철학 연구회, 『과학기술 시대의 철학』, 이학사, 2004.
염수균, 『롤즈의 민주적 자유주의』, 천지, 2001.

---

60) 롤즈는 목적의 중립성을 절차의 중립성뿐만 아니라, 효과나 영향의 중립성neutrality of effect or influence과도 구별한다.(PL 239 f./193 f.)

윤평중, 「탈현대의 정치철학」, 『철학』 56, 1998 가을.
장동진, 「롤즈의 국제사회 정의관: 『만민법』을 중심으로」, 한국국제정치학회, 『국제정치논총』 제41집 4호, 2001.
정원규, 「도덕합의론과 공화민주주의」, 서울대학교 박사 학위논문, 2001.
위르겐 하버마스, 『이질성의 포용』, 황태연 옮김, 나남출판, 2000.
황경식, 『개방사회의 사회윤리』, 철학과현실사, 1996.
Bohman, J., *Public Deliberation*, Cambridge MA: MIT Press, 1977.
Galston, W. A., "Pluralism and social unity", in *Ethics* 99(4), 1989.
Habermas, J., *Die Einbeziehung des Anderen: Studien zur politischen Theorie*, Ffm.: Suhrkamp, 1996.
Kersting, W., *Die politische Philosophie des Gesellschaftsvertrags*, Primus Verlag, 1996.
Kersting, W., *J. Rawls zur Einführung*, Hamburg: Junius, 1993.
McCarthy, Th., "Kantianischer Konstruktivismus und Rekonstruktivismus: Rawls und Habermas im Dialog", in *Deutsche Zeitschrift für Philosophie* 44, 1996.
McCarthy, Th., "On the Idea of a Reasonable Law of Peoples", in J. Bohman, M. L. Bachmann (Hg.), *Perpetual Peace: Essays on Kant's Kosmopolitan Ideal*, Cambridge: The MIT Press, 1997.
Rawls, J., "Reply to Habermas", in *The Journal of Philosophy*, XCII, 1995.
Rawls, J., *Die Idee des politischen Liberalismus*, Ffm.: Suhrkamp, 1994.
Rawls, J., *Lectures on the History of Moral Philosophy*, Harvard University Press, 2000.
Rawls, J., *Political Liberalism*, New York: Columbia University Press, 1993.
Sandel, M., *Liberalism and the Limits of Justice*, Cambridge: Cambridge University Press, 1982.
Wingert, L., *Gemeinsinn und Moral*, Ffm.: Suhrkamp, 1993.

요약문

주제 분류 : 사회 · 정치철학
주요어 : 다원주의, 정치적 자유주의, 합당성, 공적 이성, 중첩적 합의, 최소 인권
내용 요약 : 본 논문의 주된 목적은 롤즈의『정치적 자유주의』와『만민법』을 다원주의와 다원주의의 제약이라는 문제의식 속에서 비판적으로 재해석하는 과정을 통해 다원주의와 보편주의의 양립 가능성을 제시하는 것이다. 이를 위해 필자는 먼저 롤즈의 정치적 자유주의가 함축하고 있는 실체적 정의관을 절차주의 문제와 연관시켜 논의한다(1). 그런 다음 필자는 정치적 자유주의의 이론적 출발점인 다원주의의 사실을 합리성rationality과 합당성reasonableness의 개념을 통해 설명하고, 그 과정에서 롤즈의 다원주의를 '자유주의적 다원주의'로 규정한다. 그런데 롤즈의 자유주의적 다원주의는 필자가 옹호하는 '태도로서의 다원주의'와 일치하지 않는다(2). 나아가 필자는 롤즈가 제시하는 공적 이성public reason과 그것의 형식인 중첩적 합의overlapping consensus 개념이 '태도로서의 다원주의'와 양립할 수 없는 배제의 논리를 함축하고 있다는 비판적 관점을 제기한다(3). 필자는 또한『정치적 자유주의』가 함축하고 있는 배제의 논리가『만민법』에서 극복되기보다는 오히려 구체화되고 있다는 논거를 제시한다(4).

과학적 언어와 일상적 언어의 정치적 의미[1]
아렌트와 가다머를 중심으로

김선욱

1. 들어가는 말

아렌트와 가다머 사이에는 둘 다 독일에서 철학을 시작하였다는 것 외에는 공통점이 없어 보인다. 실상 아렌트는 제2차 세계대전 기간에 망명을 해서 미국을 중심으로 활동을 했고, 대부분의 활동을 영어로 하였으며, 스스로의 사상에 대해 정치철학이라는 표현을 거부하였으며, 정치 평론가로서 자임하면서 사상적 활동을 한 사람이다. 가다머는 제2차 세계대전의 나치와 전후의 동독, 그리고 서독으로의 망명의 과정을 거치면서도 그의 행적이 한번도 정치적으로 문제가 되지 않을 정도로 유연한 처신을 해왔으며, 해석학의 대가로 명성을 누렸다. 그러나 양자는 모두 하이데거에 정신적 원류가 닿아 있으며, 아리스토텔레스 사상과 깊은 관련을 가지고 있다는 점에서는 동일하다. 물론 이러한 동일성도, 이들 각각이 하이데거의 어떤 점을 발전시켰으며 하이

---

[1] 본 연구는 숭실대학교 교내 연구비 지원으로 이루어졌음.

데거와 어떠한 길항 관계를 맺고 있는지를 본다면, 이 두 사람의 사상적 유사성이나 근친성을 확언하기는 여전히 어렵다. 아리스토텔레스를 중심으로 본다면 실천지phronesis에 대한 강조를 양자가 공유하고 있다는 점에서 적극적인 유사성을 발견할 수 있을 정도이다. 그러나 이 양자의 글의 부분들을 맞추어보면 어떤 점에서는 놀랄 만큼의 유사한 주장을 발견하게 된다. 가장 놀랍게 생각되는 부분은 양자가 모두 과학자들의 정치적, 실천적 판단을 불신할 것을 주장한다는 점이며, 그 원인의 분석과 처방을 위해 일상적 언어의 정치적 중요성에 주목하고 있다는 점이다. 이 논문은 바로 이 점에 주목하여 이 부분의 유사성을 체계적으로 지적하면서, 특히 해석학적으로 나이브하다고 평을 받고 있는 아렌트의 정치사상이 가다머의 언어관에 힘입어 이론적 세련화를 기할 수 있는 가능성을 검토해보려고 한다.

영향력 있는 저명한 두 사상가를 비교한다는 것은 여러 면에서 위험성을 안고 있다. 더욱이 단순한 비교에만 머물지 않고, 한 사상가의 철학의 일부를 다른 사상가의 사상적 내용의 일부에 접목하여 해명하려 하는 것도 무가치한 작위적 시도로 그칠 위험이 있다. 필자는 이러한 위험성에도 불구하고, 그동안 아렌트와 하버마스, 헨리히 등의 사상을 연관지어 비교하는 가운데 각각의 특성을 부각시키는 방식으로 연구를 진행시켜오던 중 아렌트와 가다머는 서로 대비를 통해 상호 간의 사상의 특성을 부각하는 것보다는 양자의 유사성을 부각하고 접목시키는 것이 보다 발전적 관점을 형성하는 데 도움을 얻을 수 있을 것이라고 생각하게 되었다. 그래서 이 논문에서는 아렌트에게서 나타나는 과학자들의 정치적 판단의 위험성의 분석과 일상의 언어, 즉 말speech의 정치적 중요성에 대한 강조가 어떻게 이루어지는지 그 구조를 중심으로 살펴보고, 이어 가다머에게서도 나타나는 현대의 과학 기술 사회의 문제점에 대한 해석학적 분석을 그의 언어관에 대한 이해를 바탕으로 살펴본 뒤, 아렌트의 정치사상의 취약점을 보완할 수 있는 언어관으로서 가다머의 언어관을 접목시키는 방식으로 논의를 전개해보려고 한다.

물론 이런 작업이 아렌트의 사상을 풍요롭게 하는 시도이며 또 이것이 아렌트적 정신에도 부합한다고 믿는다 하더라도, 이런 방식으로 아렌트의 사상이 가진 모든 문제점들이 해결될 수 있다고 확신하는 것은 아니다. 아렌트에게는 그의 학문적 목적이 있었고, 가다머의 그것이 아렌트와 동일할 수는 없다. 각각의 사상의 특성은 나름대로의 중요성을 갖는 것이다. 따라서 이 글의 말미에서는 가다머를 접목하여 이해된 아렌트의 사상이 갖는 특징이 초래할 한계 또한 분명히 언급될 것이다.

2. 아렌트에서의 말의 정치적 의미

한나 아렌트가 과학적 기호나 수학적 기호symbols를 사용하는 과학자들의 언어를 말speech과 구별하고, 이들이 가진 정치적 의미를 본격적으로 구별하여 설명한 것은 『인간의 조건』에서이다. 이 책의 서론에서부터 이 구분이 중요하게 다루어진다. 이는 일상의 언어 즉 말과, 과학자들의 언어the language of scientists의 차이가 갖는 정치적 의미를 분석하는 방식으로 수행된다.

아렌트가 『인간의 조건』을 출간한 1958년은 제2차 세계대전을 원폭투하로 끝내면서 원폭의 가공할 힘을 이미 경험한 때이며, 또한 러시아가 인공위성을 쏘아 올렸던 때이다. 이 두 사건의 의미는, 과학이 인간세계를 완전히 파괴할 수 있는 힘을 가지고 있음과, 인간이 지구의 한계를 넘어서 우주를 향해 나아갈 수 있는 능력을 가지고 있음을 보여주었다는 데 있다. 그리고 이 시기는 아직도 오늘날 우리가 경험하는 유전자 조작과 인간 복제의 가능성을 현실화하는 데까지는 이르지 못하였으나, 그래도 냉동 배아 세포의 원형질 분해와 조작을 통해 초인적 존재의 탄생을 상상할 수 있을 때였다.[2] 이러한 과학적 업적은 자연이 주는 생명의 한계를 인간이 과학을 통해 극복하여 인위적인 방식으로 인간의 자연적 한계를 넘어서려는 시도로 이해될 수 있다. 오늘날 인간 배아 복제와 관련된 문제들을 염두에 둔 것처럼 들리는 이러한 아렌트의 논의는 과학이 만들어놓은 상황이 과연 어떤 방식으로 해결되고 결정되어야 하는가에 대한 문제로 이행한다. 그런데 이 문제는 "과학적 수단으로 결정될 수 없으며" "이 문제는 제1순위의 정치적 문제"[3]라고 아렌트는 규정한다.

아렌트가 과학의 언어의 정치적 문제점을 분석하는 것은 바로 이 맥락에서이다. 과학이 오늘까지 이룩한 업적을 우리의 삶과 문화에 적용시키는 문제, 예컨대 인간 배아 복제를 가능하게 하는 수준으로까지 발전한 현대의 과학을 실제로 우리의 삶 가운데 이용할 것인가라는 문제가 과학의 문제가 아니라 정치적 문제임을 규명하는 데는 과학적 언어의 본질이 설명됨으로써만 가능하기 때문이다. 과학과 기술의 발전을 위해 많은 과학적, 수학적 기호들이 채용되고 사용되었다. 그리고 이러한 기호들을 사용하지 않고서는 과학 기술의 타당성이 논증될 수도, 또 현실적인 결과물로서 우리에게 나타날 수도 없다. 그런데 이러한 과학적 기호나 수학적 기호들을 통해 설명되는 내용들은 다시 우리가 일상에서 사용하는 말을 통해 설명될 수 없다. 그래서 아렌트는 "현대 과학적 세계관이 담고 있는 '진리들'이 수학 공식을 통해 증명되고 기술적으로 입증될 수는 있지만 더 이상 말과 사고 속에서 정상적 표현normal expression in speech and thought으로 나타내질 수는 없다"[4]고 지적한

---

2) Hannah Arendt, *The Human Condition*, p. 2 참조.
3) 같은 책, p. 3.

다. 과학적 기호나 수학적 기호들은 인간의 정신의 산물이며 과학자들 사이에서 통용되고 소통될 수 있는 언어이기는 하지만 그 내용이 다시 우리의 사유의 대상으로 완전히 환원되지 않으며 일상적인 말로 설명되고 표현될 수 없는 특성을 지닌다는 말이다.

이렇게 도입된 말과 과학적 언어의 차이는 여러 차원에서 설명될 수 있다. 앞서 언급한 것처럼, 우선 말은 사유 가운데 그 내용이 전개되지만, 과학적 언어는 그렇지 못하다는 데서 차이가 난다. 말은 사유와 연관되며 "말로 언급될 수 있는 만큼 이해될 수 있다"[5]고 아렌트는 말한다. 그렇다면 수학적 기호는 사유가 아닌 다른 무엇과 연관되는 것일까? 아렌트는 수학적 기호는 사유가 아니라 인지cognition와 관련된 것으로 이해하는 듯하다. 인지는 논리적 사고를 통하여 사고를 진행시켜가는 기능이며, 수학은 논리적 사고를 통하여 전개되는 가운데 다양한 기호들을 만들어내기 때문이다. 과학은 논리적 사고를 바탕으로 대상적 세계the objective world와 관계를 맺으면서 과학적 진리들을 탄생시킨다. 그러므로 과학적 기호나 수학적 기호로서의 언어는 인지 기능과 관계된 것으로 이해할 수 있다. 칸트식으로 말하면 사유는 이성의 작업이며 이성을 추구하지만, 인지는 오성의 작업이며 지식을 추구하는 것이다.[6] 과학과 수학의 언어는 지식을 낳고, 말은 사유에서 작용하여 의미의 세계를 형성한다.

말이 사유에서 작용하여 정치적 의미 연관성을 갖게 되는 것은 다음과 같은 두 가지 방식을 통해서이다. 첫째, 사유는 말을 통하여 인간의 개성을 드러낸다. 인간은 서로 다른 존재이며 나름대로의 독특성을 갖

---

4) 위와 같음.
5) 같은 책, p. 4.
6) Hannah Arendt, *The Life of the Mind/ Thinking*, p. 14.

는다는 인간 복수성human plurality의 사실은 아렌트 정치사상에서 아주 중요한 기초가 된다. 사람들 사이의 다름의 요소는 말을 통해 표출된다. 말은 개성 표출의 기능을 갖고 있다. 각 개인은 무엇됨whatness의 요소와 누구됨whoness의 결합체이며 개성은 누구됨이 갖는 특수성을 통해 설명될 수 있다. 사람에게는 재능이나 특정한 기술과 같이 다른 사람과 공통적으로 설명될 수 있는 요소가 있지만 또한 남과는 견줄 수 없는 그만의 고유한 개성의 차원을 가지고 있는 것이다.[7] 이러한 다름 때문에 사람들이 살아가는 공동의 생활에서 다른 삶의 방식이 가능하게 되고, 또한 이러한 까닭에 발생하는 충돌과 갈등이 공동생활 내에서 말을 통해 조정하는 기능을 요구하게 된다.

말의 분쟁 조정 기능은 어떤 특정 사태가 공동의 세계the world에 대해 갖는 의미를 중심으로 이루어지게 되는데, 이것이 말과 사유가 갖는 정치적 의미 연관성의 두 번째 방식에 해당한다. 복수적으로 존재하는 인간은 자신이 거주하는 세계를 작업[8]을 통해 만들어낸다. 세계 속에서 생명을 영위하는 인간은 자기 자신과 타인에 대해서, 그리고 어떤 사태가 자신과 다른 사람에 대해 갖는 의미를 묻는 가운데 자신들이 속한 세계와 연관을 맺게 된다. 복수적 인간의 소통은 세계와 관계된 의미를 추구하는 가운데 이루어지며 그 안에서 설득을 통한 합

---

[7] Arendt, *The Human Condition*, p. 178과 김선욱, 『정치와 진리』, pp. 21~26 참조.
[8] 노동labor과 작업work 및 행위action의 구분은 정치의 중요성을 드러내는 데 있어서뿐만 아니라 아렌트 사상 전체에 걸쳐 중요한 기능을 한다. 인간이 거주하는 세계라는 개념은 아렌트의 스승인 하이데거의 『존재와 시간』에서 인간을 이해하는 한 방식으로 제시되는 "세계내 존재das in-der-Welt-Sein" 개념과 거의 동일한 것이다. 우리가 거주하는 세계는 작업을 통해 산출된 보다 항구적인 성격을 가진 산물들, 예컨대 건물이나 탁자, 의자 등과 같은 물건들을 통해 그의 물질적, 객관적 형태를 형성하게 된다. 보다 추상적인 개념으로서의 세계는 이러한 물질적 공간에서 인간이 함께함 togetherness을 통하여 이룩되는 것이다.

의를 추구하게 된다. 이때의 합의란 진리 추구를 통한 것이 아니라, 복수성을 전제한 가운데 세계에 대한 의미의 다양성과 복수성을 인정하면서 설득을 통해 자신이 추구하는 의미를 포기하기도 하고 타인의 의미 주장을 수용하기도 하면서 이루어지는 합의를 말한다. 이러한 말 행위를 아렌트는 희랍적 의미에서의 설득하기logon didonai라고 부른다.[9]

그런데 과학의 언어로는 이러한 의미의 규명이 불가능하다. 수학적 기호나 과학적 기호들은 말이 갖는 두 특성인 개성 현출의 기능이나 공동 세계와 관련된 의미를 드러내는 기능이 모두 배제된 채 추상적으로 존재하는 것이기 때문이다. 그러므로 공동의 세계와 관련된 정치 문제에 대해 과학의 언어를 중심으로서만 생각을 하는 과학자들이 내린 정치 판단은 공동 세계에 대한 무관심을 근원적으로 노정하게 된다. 이런 이유에서 아렌트는 "과학자로서의 과학자scientist qua scientist의 정치적 판단을 믿지 않는 것이 지혜로운 일이다"[10]라고 말하고 있다.

과학적 언어와 일상의 언어의 존재에는 서로 다른 인간 개념이 전제되어 있다. 과학적 기호나 수학적 기호로서의 언어는 인간의 복수성의 차원이나 세계의 의미 연관성을 추상화 작용을 통해 사상捨象시키면서 형성되었으므로 여기서는 추상적인 존재로서의 인간, 즉 아렌트의 표현으로 단수의 인간Man이 전제되어 있다. 한편 말에는 개성의 현출과 공동 세계와의 의미 연관성이 살아 있으며 다양한 인간의 모습이 반영되어 있기 때문에, 여기에는 아렌트의 표현으로 복수의 인간men이 전제되어 있다. 단수의 인간은 모든 인간에게 보편적이고 공통적인 요소를 중심으로 생각되는 존재로 논리성이 그 중심이 되는데, 아렌트는 이러한 인간상에 대해 지구를 초월하여 전 우주적 관점에서 이해된

---

9) 한나 아렌트, 『칸트정치철학강의』, p. 91.
10) Arendt, *The Human Condition*, p. 3

인간으로 생각한다. 칸트의 제1비판과 제2비판에 나오는 인간관이 바로 이러한 성격의 인간관이라고도 보고 있다. 그러나 복수의 인간은 지구에 거주하며 지구의 제약을 받는 존재earth-bound creature이며 자연의 물질적 조건에 제약을 받고, 두뇌의 물질적 조건에 생각이 제약을 받는 존재로서, 칸트의 제3비판에 나오는 인간관이라고 보고 있다.[11]

이상과 같은 방식으로 언어와 구별된 말의 가장 큰 특징은 말은 세계 구성적 특성을 지니고 있다는 데서 찾을 수 있다. 이때의 세계란 지구라는 공간에서 복수의 사람들이 함께 모여 살아가면서 형성하는 물리적으로 제한된, 그리고 또한 문화적, 언어적 공동체의 개념과 같이 관념적으로 이해될 수 있는 세계를 말한다. 정치란 이 세계와 관계된 것이다. 언어는 사람들의 사유 속에서 작용하면서 각각의 개성을 표출하고 공동 세계와 관련된 의미를 다양하게 묻고 설득하고 합의를 하는 가운데 거기에 참여한 사람들 사이에 세계를 형성하고 유지하는 기능을 담당하게 된다. 따라서 아렌트는 "말과의 관련성이 위험에 처해 있는 곳이라면 그 어디에서나 문제들은 정의定義상 정치적으로 된다"[12]고 말한다. 말로서 소통이 이루어지는 곳에서는 복수의 인간들이 세계를 형성해낼 수 있으며, 이러한 과정에서 말은 정치적 기능을 담당하게 된다. 그러나 과학적 언어는 사유를 가능하게 하지 않고 단지 논리적이고 기능적으로만 가동하는 인지적 작용을 통해 독자적인 영역을 구축하는 가운데 공동의 세계와 관련된 의미를 묻지 않게 되어 결국 공동의 세계를 위험에 빠트리는 결과를 초래하게 된다는 것이다. 이것이 아렌트가 현대의 문제로 지적하는 무사유thoughtlessness의 특성이다.[13] 이는 모

---

11) 아렌트, 『칸트정치철학강의』, p. 67.
12) Arendt, *The Human Condition*, p. 3.
13) 같은 책, p. 5.

두 말이 갖고 있는 세계 구성적 특성 때문이라고 할 수 있다.

　이상의 설명은, 인간은 말을 사용하는 동물zōon logon eckon이므로 인간은 정치적인 동물zōon politikon이라는 아리스토텔레스의 말에 대한 아렌트적 해명 방식으로 이해될 수 있다.[14] 아렌트가 말을 중심으로 정치를 설명하면서 말 없는 행위speechless action와 말하는 행위action as speech의 차이와 의존관계를 설명하는 부분[15]도 말의 세계 구성적 특성을 중심으로 다시 설명할 수 있다. 말 없는 행위는 말을 통해 그 의미가 해명되어야 한다. 여기서 의미란 공동 세계에 대해 갖는 의미를 말한다. 행위가 말로 표현되고 설명될 때 비로소 행위는 세계와 관련된 의미를 드러내게 되므로, 말로 표현되지 않을 때 행위는 공동 세계와 무관하게 남게 된다. 그러므로 말 없는 행위는 말이라는 행위를 통해서만 그 유의미성을 가지므로 전자는 후자에 정치적으로 볼 때 의존적이라고 말할 수 있다. 물론 추측과 억측을 통해 말 없는 행위도 세계와 연관될 수 있지만, 이러한 추측과 억측 자체가 말로 표현되는 것이므로 이 의존성은 여전히 존재하게 된다.

　지금까지 우리는 아렌트 정치사상에서 나타나는 언어와 말의 구분과 그의 정치적 의미를 일별해보았다. 그러나 여기서 수행한 작업은 아렌트의 언어철학에 대한 해명이 아니고, 과학적 기호나 수학적 기호 등의 과학적 언어와 일상적인 언어 사용으로서의 말이 갖는 정치적 의미를 구별해본 것일 뿐이다. 즉 여기서 강조된 것은 과학자들의 정치적 행위가 그들이 과학적으로 규정된 언어를 사용하여 생각을 수행하여 내린 한에서는 심각한 문제를 가질 수 있다는 것이다. 예컨대 핵 원리의 발견과 핵무기를 개발하는 것이 기술적으로 가능한지는 과학자

---

14) 같은 책, p. 27 참조.
15) 같은 책, p. 178.

들이 연구를 통해 밝혀낼 문제였겠지만, 실제로 핵무기를 만들 것인가의 문제는 인간의 공동의 세계와 연관하여 정치적으로 숙고하고 판단할 문제이다. 이를 다른 식으로 표현하면 전자는 사회적 문제이며, 후자는 정치적 문제이다.[16] 과학의 진보는 과학자들의 업무이지만, 과학자들의 업적을 사회적으로 어떻게 사용하는지에 대한 결정은 정치적 문제인 것이다. 한편 아렌트는 이러한 일이 "전문적 정치가professional politicians"[17]의 업무도 아니라고 말한다. 전문적 정치가란 관료화된 조직에서 기능을 담당하는 자들을 뜻한다. 정치적인 역할을 담당하는 것과 관료적이고 전문적인 정치가의 업무를 아렌트는 구별한 것이다.

지금까지 우리는 아렌트가 과학적 언어와 일상적 언어를 구별하여, 후자가 세계 구성적 특성을 가지고 있기 때문에 정치적으로 중요하다는 것을 살펴보았다. 그러나 아직도 여전히 남아 있는 문제는, 도대체 말이 어떻게 세계 구성적 특성을 담당하는가, 그리고 정치적 판단이 말을 통해서 어떻게 형성되는가라는 문제이다. 아렌트는 어디에서도 가다머와 하버마스에서 보이는 것과 같은 언어에 대한 이론을 충분히 전개하지는 않았다. 다만 여러 곳에서 산발적으로 언어의 정치적 역할을 설명하고 강조하였을 뿐이다. 하버마스의 용어로 말하면, 아렌트는 의식 철학적 용어를 사용하여 정치사상을 전개하였고, 그 가운데 말이 갖는 중요성을 잘 인지하였다고 평가할 수 있다. 그런 점에서 아렌트의 사상은 해석학적으로 나이브하다고 말하는 당트레베의 지적은 전적으로 옳은 것이다.[18] 그렇지만 이러한 지적에도 불구하고 아렌트의 사상은 해석학을 통해 드러나는 말의 정치적 의미를 의식 철학적 용어

---

16) 사회적인 것과 정치적인 것의 구분, 그리고 양자의 관계에 대한 해명은 김선욱, 『정치와 진리』 제2장 참조.
17) Arendt, *The Human Condition*, p. 3.
18) Maurizio Passerin D'Entréves, *The Political Philosophy of Hannah Arendt*, p. 33.

를 사용하는 가운데서도 이미 선취하고 있다고 말할 수 있다.

3. 가다머의 언어 개념과 기술적 언어 비판

 아렌트는 포괄적인 언어 이론을 제시하지 않았고, 다만 과학적 기호와 수학적 기호들을 사용하는 과학자들의 언어를 문제 삼았다. 이와 더불어 아렌트는 말의 정치적 의미를 구명하는 데 초점을 맞추었다. 한편 가다머는 포괄적인 언어 이론을 제시하면서 기술적 언어에 대한 비판으로 나아간다. 이에 따라 우리는 먼저 가다머의 언어 개념이 어떠한 특성을 가지고 있는지를 검토하고, 이를 바탕으로 기술적 언어 비판의 내용을 검토해보겠다.
 우선 우리는 사용된 용어를 분명히 할 필요가 있다. 앞 절에서 아렌트의 경우를 검토하면서 우리는 'speech'를 '말'로 옮겼고, 과학자들이 사용하는 기호들과 그 기호를 중심으로 소통이 되는 것을 '언어'라고 옮겼으며, 이 말의 영어는 'language'가 된다. 가다머의 『진리와 방법』에서는 Sprach가 다루어지는데, 이는 영어 번역본에서는 language로, 그리고 우리 말에서도 많은 경우에 '언어'로 옮겨진다. 'Sprachlichkeit' 도 마찬가지로 영어로는 'linguisticality', 우리말로는 '언어성'이라고 옮겨진다. 따라서 이러한 일반적인 용례를 따라 가다머에 대한 논의에서는 Sprach가 speech를 의미하는 것이며 우리말로도 '말'이라고 하는 것이 이 논문에서는 일관성을 확보하는 방법이겠지만, 가다머의 Sprach 개념이 아렌트가 염두에 둔 speech와 완전히 동일하다고 말할 수는 없기 때문에 각자의 개념과 그 번역어는 일상적 용례를 따르는 것이 좋다고 생각이 된다.
 가다머의 언어관은 언어와 인간 주체, 그리고 세계라는 삼자의 상호 연관성 속에서 설명된다. 가다머의 언어관은 도구적 언어관에 대한 비판을 통해서 그 특징이 가장 잘 드러나며, 또한 현대 기술 사회의 문제점에 대한 비판도 도구적 언어 개념 비판과 직결된다. 도구적 언어 이해에 따르면 단어나 개념들은 의사를 전달하기 위한 유용한 도구나 단순한 수단에 불과하다. 어떤 주체가 단어를 사용하여 어떤 것을 의도할 때, 단어의 기능은 그것을 지칭하는 도구의 역할을 수행한다. 이때 그 단어가 지칭하는 도구로서의 기능 외에는 다른 어떤 의미도 지니지 않는다고 이해되기 때문에 지칭 작업이 끝나면 언어는 소멸해버리는 것으로 생각된다.[19] 언어는 주체가 마음대로 사용할 수도 또 처분할 수도 있는 것이며, 우리의 생각의 대상과는 전적으로 무관한 것으로, 그것과 완전히 구별되는 것으로 생각된다. 가다머는 이러한 도구적 언어관은 언어와 세계의 관계, 그리고 언어와 사유의 관계를 적절하게 반영하고 있지 않으므로 언어의 본질을 포착하지 못한다고 비판한다.

언어는 인간이 만든 것이기는 하지만, 그렇다고 해서 인간이 자의적으로 처분하거나 생산할 수 있는 것이 아니다. 우리가 자의적으로 기호의 체계를 만들어 사용할 수는 있겠지만 이것은 진정한 의미에서의 언어가 아니다. 언어란 역사를 통해서 형성되어온 것이며, 역사를 통해 우리에게 전달된 것이다. 언어가 인간의 산물이라는 말은 언어가 개인의 주관적 처분의 대상물이라는 말이 아니라, 그 언어를 사용하는 공동체의 합의의 산물이라는 점을 의미한다. 합의도 또한 한 공동체가 일시에 이룩한 것이 아니라, 오히려 "공동체가 이 합의의 기초 위에 수립되었다"고 말할 수 있다.[20] 한 공동체는 그 공동체에 무엇이 좋으며 또 적절한 것인지를 공동체 생활을 통해 그 일반적 의사를 형성하게

---

[19] 같은 책, p. 413.
[20] 같은 책, pp. 431 이하.

되는데, 이러한 합의 위에서 공동체가 존립해온 것이다. 이 같은 이미 존재하는 근본적인 합의에 따라 어떤 언어가 사용되기로 결정되는 것이 아니라, 그러한 합의 자체가 언어인 것이다. 합의와 언어는 상호 결속되어 있는 것이지, 언어가 합의의 산물로 이해될 수는 없다는 것이 가다머의 입장이다. 이처럼 도구적 언어관에서 생각하는 것보다 언어와 세계의 관계는 훨씬 더 근본적으로 형성되어 있는 것이다.

이 점은 우리의 개인적 경험 속에서도 분명히 나타난다. 경험 가운데 우리는 그 경험의 대상을 반성의 대상으로 삼게 된다. 이때 우리는 이 경험과 반성의 대상에 적절한 단어를 찾게 된다. 이런 방식으로 언어는 우리의 경험을 매개하고 있다. 가다머는 이러한 사태를 일컬어 "사물이 언어로 된다"고 표현한다. 반성 작용 속에서 우리는 우리의 경험에 적합한 언어를 찾고, 우리의 반성을 위해 그 언어를 이용한다. 우리는 언어를 통해서 세계를 경험하게 된다. 따라서 언어는 우리의 경험을 가능하게 하는 것이다. 그리고 이러한 경험은 공동의 세계와 더불어 이루어지는 것이다. 언어는 공동체에 속한 것이고 공동체의 기본적 합의와 상호 결속되어 있는 것이기 때문이다. 그래서 가다머는 "그 속에서 언어로 되는 세계를 떠나서 언어가 독립적 삶을 가지고 있는 것은 아니다"라고 말한다. "세계가 세계로 되는 것은 그것이 언어로 되는 한에서일 뿐 아니라, 세계가 언어 속에서 표현되어진다는 사실을 통해서만 언어가 진정한 존재로 된다. 따라서 언어가 원래적으로 인간적이라는 말은 인간이라는 세계 내의 존재가 원래적으로 언어적이라는 것과 같은 것을 의미한다."[21] 이러한 가다머의 말은 그의 스승인 하이데거를 생각나게 한다. 하이데거는 인간 현존재의 이해 Verstehen의 보편적 구조를 보여주려고 했는데, 가다머는 이러한 이해가 보편적으

---

21) 같은 책, p. 443.

로 언어적인 성격을 가지고 있음을 우리에게 보여주려고 한 것이다.

경험은 또한 언어의 또 다른 측면을 보여준다. 우리는 경험을 통해 기존의 지식이나 우리의 기대를 확인할 수도 있고, 반대로 기존 지식을 깨거나 기대에 어긋나는 새로운 경험을 할 수도 있다. 새로운 경험은 우리의 기존의 지식이 잘못되었음을 알려주는 교정의 역할을 하거나 지식의 내용을 확대하게 한다. 이처럼 부정적 성격의 경험을 통해 우리는 언어에 새로운 지평을 열어놓는다.[22] 이런 경험의 가능성은 언어의 의미가 고정되지 않았음을 의미한다. 즉 언어는 끊임없이 형성되어가는 과정에 있는 것이지 고정되어 있지 않다는 것이다. 그래서 가다머는 "어떠한 언어도 무한하다"[23]고 말한다.

이러한 언어에 대한 이해를 바탕으로 가다머는 기술적 언어를 비판한다. '기술 용어'를 가다머는 "그 의미가 일의적으로 정의되어 하나의 규정된 개념만을 지칭하도록 한 단어"[24]라고 정의 내린다. 어떤 단어나 사태가 가진 기존의 다양한 의미들 가운데 오직 하나의 특정한 개념적 의미만을 한 용어에 부여함으로써 우리는 인위적, 기술적으로 한 단어를 규정할 수 있다. 이 경우 기술 용어는 인위적 특성을 갖게 된다. 특히 기존의 단어를 이런 방식으로 사용할 경우 그 단어가 일상 언어에서 갖는 다양한 의미 가운데 다른 것은 모두 배제하고 오직 하나의 의미만을 갖도록 규정하게 되는데, 이는 "언어에 대한 폭력"[25]이라고 가다머는 말한다. 이는 단어가 가질 수 있는 의미의 무한성을 침해하며, 이를 통해 우리의 "세계 경험"[26]을 침해하기 때문이다.

---

22) 같은 책, p. 353.
23) Hans-Georg Gadamer, "The Universality of the Hermeneutical Problem", p. 16.
24) Hans-Georg Gadamer, *Truth and Method*, p. 414.
25) 같은 책, p. 415.
26) Hans-Georg Gadamer, "The Universality of the Hermeneutical Problem", p. 15.

가다머의 현대의 과학과 기술 비판은 이상과 같은 언어관에 기초를 두고 있다. 과학은 현대사회에 너무나 깊이 침투하고 있는데, 이는 과학이 자연에 대한 통제와 예측 가능성을 통하여 사회에 기여하기 때문이다. 이러한 과학과 기술의 장점이 발생하게 되는 것은 그것이 "일차적인 포기primary renunciation" 또는 추상화 작용abstraction을 가장 중요한 특징으로 삼고 이를 바탕으로 하기 때문이라고 가다머는 지적한다.[27] 이 점을 설명하기 위해 가다머는 갈릴레이의 예를 든다. 고전 역학의 창시자인 갈릴레오 갈릴레이가 자유낙하의 법칙을 발견했을 때 그 자신을 포함한 어느 누구도 자유낙하 현상을 경험적으로 관찰하지는 못했다. 당시의 기술 수준으로는 실험에 필요한 진공 상태를 만들 수 없었기 때문이다. 그러나 그는 상상력과 과학적 예단을 통해 그 법칙을 발견하기에 이르렀다. 이는 순수한 수학적 규칙성을 거리와 시간의 상관관계에 적용한 것을 바탕으로 하였다. 이러한 과학적 방법이 가능하기 위해서는 일차적으로 경험 가능한, 우리와 친숙한 세계 경험의 총체로부터 "멀어지는 것prescinding"이 필요하다. 과학이 자연을 통제하고 조정할 수 있는 힘은 바로 이러한 멀어짐과 추상화를 통해서 확보된다. 이것이 현대 과학의 실험과 방법론의 특징이 된다.

현대의 기술은 이러한 과학적 방법론과 기술적 생산력을 결합함으로써 가능하게 되었다. 앞서 언급한 과학의 "포기"와 "멀어짐"과 추상화 작용이 갖는 언어적 함축에 주의를 기울여보면, 자연적 언어는 그것이 가진 애매성과 다의성으로 인해 과학의 영역에서는 배제되고 있고, 대신 기호의 체계가 의미의 명료한 전달을 위해서 사용되고 있음을 알게 된다. 즉 과학의 언어는 진정한 언어가 아닌 것이다. 기술이 우리의 삶을 지배하게 되면 기술 속에 포함된 과학의 언어가 우리의 일상

---

27) Hans-Georg Gadamer, "What is Practice? The Conditions of Social Reason", p. 70.

적 언어의 사용을 지배하고 되고 위협을 하게 된다. 물론 가다머가 과학과 기술 자체를 위험하게 생각한 것은 아니다. 그 장점에 대해서 그가 무시하려는 것이 아니라, 과학이 사회적 탐구 영역에 적용될 때 발생하는 문제에 대해 인식할 것을 요구하는 것이다.[28] 그 문제란, 과학과 기술로 무장한 전문가가 사회에 대한 의도적 계획을 수행하는 가운데 주도적인 역할을 점하기 때문에 발생하는 문제를 말한다. 가다머는 "이상적인 기술 관료적 사회에서는 사람들이 전문가에 의존하여, 자신들이 내릴 필요가 있는 실천적, 정치적, 경제적 결정들을 면하여 전문가에게 맡기려고 한다"면서 그 문제를 지적한다. "이제 전문가는 사회적 발전 과정을 기술적으로 마스터한 필수 불가결한 존재가 된다"는 것이다.[29]

전문가들은 결정을 내리는 과정에서 전문적인 기술 용어를 사용하며, 여기에 익숙하지 않은 보통 사람들은 이러한 과정에서 소외될 수밖에 없다. 이러한 소외는 사람들에게 책임감의 상실을 낳게 한다. 여론과 관련해서도 이 점은 문제를 낳는다. 여론 형성 과정에서 전문적 용어와 개념은 여론의 적절한 형성을 방해할 수 있으며, 의도적인 여론 왜곡을 초래하기도 한다.

또한 기술적 생산물들의 선전 광고 문구들과 이와 연관된 기술적 언어의 사회적 범람은 산업적, 기술적 세계관의 팽창을 초래한다. 일상 생활에서 성공적인 삶을 위해서는 사람들은 기술적으로 완벽한 삶을 추구하는 가운데 스스로를 산업적, 기술적 세계 질서 속으로 편입시키게 된다. 이는 결국 생활 형식의 저급한 평준화를 낳게 되고, 언어의 빈곤을 유발하며, 일상적 언어가 기술적 기호의 체계와 흡사하게 되는 결과를 낳게 된다. "이러한 종류의 저급화 경향은 불가피한 것이 되었

---

28) 같은 글, p. 71.
29) 같은 글, p. 72.

다"30)고 가다머는 지적한다. 이러한 주장에는 가다머의 엘리트주의적 취향이 내재해 있다는 점을 염두에 둘 필요가 있다. 그러나 현대의 과학 기술 사회에 대한 비판의 논리 구조가 언어의 빈곤화와 일상 언어의 기술 언어 모방의 경향 등에서 찾으며, 결국 인간의 정신을 구성하고 있는 언어의 이 같은 변화가 궁극적으로 사회적 빈곤화와 저급화를 초래하는 데서 찾는 시도는 주목할 만한 것으로 생각된다.

이러한 문제에 대한 가다머의 해결책은 철학, 또는 보다 분명히 말하면 해석학이다. 즉 해석학적 사유를 통해 과학이 경험의 총체성을 망각하고 있으며 세계를 추상화 작용을 통해 단지 부분적으로만 파악하게 되는 문제점을 가지고 있음을 인식하여야 한다는 것이다. 현대인이 과학 기술 사회에서 겪는 소외의 극복은 이성과 해석학적 이해의 추구를 통해 가능하게 된다.31)

4. 정치 판단과 언어의 작용

이상의 논의에서 설명한 것처럼 아렌트와 가다머는 사용하는 개념들이나 사상의 체계는 다르지만, 양자가 주장하는 논점과 논의를 전개하는 방식은 놀랄 만큼 흡사하다. 아렌트의 경우는 말, 즉 일상적 언어의 세계 구성적 특성에 주목하였고, 과학적 기호의 언어는 공동 세계와의 의미 연관을 상실한 것임을 드러낸다. 그래서 과학자들의 정치 판단의 위험성을 지적한다. 가다머의 경우도 이와 마찬가지로 일상의 언어가 가진 의미의 무한성을 규명하면서, 과학적으로 규정된 언어는

---

30) Hans-Georg Gadamer, "The Universality of the Hermeneutical Problem", p. 16.
31) Hans-Gerg Gadamer, "On the Natural Inclinationof Human Beings toward Philosophy", p. 149, 그리고 "The Universality of the Hermeneutical Problem", p. 8.

의미의 추상화를 거치기 때문에 결국 현대의 과학 기술 사회에서는 언어가 빈곤해지고 결국 삶의 형식이 저급하게 된다며 위험을 경고한다. 양자는 모두 과학적 사고방식이 현실의 실제적이고 정치적인 판단을 지배하게 되는 것을 위험하게 생각하며, 그 위험성을 일상의 언어가 가진 의미 연관성을 중심으로 해명하고 있다.

그러나 양자의 논의 가운데 각각의 약점도 노출된다. 아렌트의 경우는 언어가 어떻게 해서 공동 세계를 구성하게 되는지를 상세하게 해명해주지 못한다. 이 부분은 해석학적 해명이 있어야만 가능한 부분이다. 가다머의 경우는 반대로 언어가 사유의 수단이 아니라 그 구성적 요소임을 설명해주며, 의미가 제한된 과학적 언어가 공동의 세계에서 어떤 부정적 기능을 담당하는지는 잘 설명하지만 반대로 언어의 정치적 의미를 충분히 설명해주는 데까지는 나아가지 못한다. 물론 이것까지 해석학자인 가다머에게 요구하는 것은 무리가 되겠지만, 아렌트에게서 해석학적 사유의 부족을 탓하는 것도 그와 마찬가지의 무리가 된다. 결국 우리는 이 두 사람의 사상을 비교해보는 가운데, 아무리 비슷해도 양과 염소는 같을 수는 없다는 결론에 도달할 수밖에 없는 듯하다. 그러나 우리의 상상력은 이 차원을 넘어, 여전히 양자의 사상의 유사성에 인도되어 서로를 연결해보려는 시도를 해보도록 이끈다. 그리고 이 시도는 특히 아렌트의 정치사상의 부족한 부분으로 지적되었던 해석학적 소박성을 가다머의 도움을 빌어 다소나마 극복하려는 노력을 기울여보게 한다.

아렌트와 가다머를 연결시키는 가장 좋은 지점은 아렌트 정치사상의 핵심에 해당하는 판단이론이다. 아렌트에 따르면 정치는 인간의 복수성과 개인 간의 차이에 대한 존중을 바탕으로, 서로 다른 개인들이 함께 모여 정치적 공간을 형성하고, 말을 사용하여 서로 다른 의견들을 합의에 이르도록 노력하면서, 이를 바탕으로 공동의 행위를 이끌고

유지해가는 것으로 설명될 수 있다. 정치의 영역에서 발생하는 인간사는 항상 새로운 일들이므로, 기존의 경험에 바탕을 둔 보편적 원리에다 새로이 발생하는 일들을 종속시키면서 규정적으로 판단을 내림으로써 가능하게 되는 것이 아니다. 새로운 일들을 반성적으로 판단을 내리는 데 있어서 이러한 판단의 근거로 아렌트는 공통감sensus communis이라고 부르는 감각의 존재를 언급한다. 공통감은 "우리로 하여금 공동체에 어울리게 해주는 별개의 감각"[32]이다. 이 공통감은 우리가 정치적 판단을 내리게 되는 인식적 근거이며, 동시에 우리의 판단이 공동체 구성원들 사이에서 소통이 가능하도록 해주는 근거가 된다. 정치적 판단은 공동체를 초월하여 우주적인 차원에까지 그 보편적 타당성이 담보될 수 있다고 주장하지는 않는다. 이는 일차적으로 한 공동체의 구성원들 사이에서 소통 가능성을 확보하는 가운데 그 정당성이 확보되며, 나아가 한 공동체를 넘어서 지구상에 거주하는 인간들에게까지도 그 정당성을 인정받을 수 있는, "인간됨humanness"을 확인하는 근거가 된다.[33]

그런데 문제는 이 공통감이 어떻게 형성되는지, 공통감이 정치적 판단을 어떻게 형성하는지, 그리고 이러한 판단이 어떻게 일반적인 소통 가능성을 확보하면서 공동체 구성원들 가운데 설득이 되는지는 적극적으로 해명이 되질 않는다는 것이다. 이 부분은 해석학적 방법이 아니면 결코 분명하게 해명되기가 어렵다고 생각이 되는 부분이다. 이 점에서 우리는 가다머의 해석학에 주목하게 된다. 특히 가다머를 이러한 맥락에서 추구하게 되는 것은 앞에서 살펴본 양자의 사상의 유사성 때문이다. 이러한 논의에 깔려 있는 관심은 다름 아닌 진정한 정치 개념의 발견과 이를 바탕으로 한 정치적 의미의 발견에 있기 때문이다.

---

32) 아렌트, 『칸트정치철학강의』, p. 136.
33) 김선욱, 『한나 아렌트 정치판단이론』, pp. 120~121 참조.

가다머에 따르면 언어는 개인의 창작물이다. 다수의 사람이 합의를 통해 임의로 형성한 산물이 아니라, 역사를 통해 한 공동체의 근원적 합의와 더불어 형성된 것이다. 그러므로 언어에 이미 공동체성이 내재되어 있다. 사유가 언어를 도구로 사용하는 것이 아니라 언어가 사유를 구성하고 있는 것이라는 가다머의 주장과, 공동체적 전승물로서의 언어를 잇대어 생각해보면, 아렌트가 말하는 공통감각이 가다머가 설명하는 바와 같은 언어로 구성된 것이라고 말하는 데 별 무리가 없어 보인다. 아렌트는 공통감을 "현실과 사실성을 지각하고 이해하고 처리하는 우리의 정신 기관"[34]이라고도 하는데, 앞 절에서 설명했듯이 반성 작용 속에서 사물을 대신하여 정신 속에서 기능하는 것이 바로 언어라고 하는 가다머의 입장과 아렌트의 공통감 개념은 서로 모순적으로 들리지 않고 오히려 같은 점을 서로 다른 표현으로 설명하는 것 같아 보인다. 더욱이 판단이 소통 가능성을 갖게 되는 것은 말을 통한 설명에 의한 것이므로 이처럼 공통감이 바로 가다머가 말하는 언어, 또는 언어성이라고 주장하는 데 무리가 없어 보인다.

이 점은 아렌트가 불편부당한 판단의 형성의 가능성을 설명하면서 사용하는 확장된 심성enlarged mentality 개념이나 확장된 사고enlarged thought 개념에 대해서도 마찬가지로 적용될 수 있다. 사고의 확장은 선험적으로 선취되는 것이 아니라 실제의 대화와 의견의 교환을 통해서 이루어진다.[35] 다시 말해 언어를 교환하는 가운데 사고의 확장이 경험된다는 아렌트의 입장은 가다머의 "지평 융해Horizontverschmelzung" 개념의 다른 표현으로 생각될 수 있다.

공통감을 통해 판단이 형성되는 과정 또한 언어의 작용으로 설명해

---

34) Hannah Arendt, "On Violence", p. 110.
35) 아렌트, 『칸트정치철학강의』, p.138, 그리고 김선욱, 『한나 아렌트 정치판단이론』, p. 95 참조.

낼 수 있다. 가다머에 따르면 "관념들이란 토론 가운데 서로 만나게 되는 것처럼 서로 결합되고, 혼합되며, 상호 결속된 채로만 존재한다. 인간의 사고는 원초적이고, 무한하고, 관찰하는 정신처럼 구성되어 있지 않다. 오히려 인간의 사고는 생각 내용의 담론적 발전 과정 가운데에서만 존재를 포착할 수 있다."[36] 이는 관념의 연쇄 작용concatenation of ideas을 설명하는 말로, 헤겔이 『대논리학』을 통해 보여주려 했던 존재의 각 계기들의 상호 연관성이 사실은 개념들의 상호 연쇄 작용을 의미하는 것이라는 가다머의 주장을 담은 것이다.[37] 헤겔은 개념들의 상호 연관성을 과학적 방법을 통해 체계화하려 했다. 그래서 그는 개념 또는 관념의 거대한 학적 체계를 구성하였고, 정신 개념을 통해 이러한 개념 또는 관념들이 상호 유기적으로 연관됨을 설명했다. 헤겔의 정신 개념은 인간의 인식적 정신을 의미하는 것이 아니라 인류 역사를 통해 자기를 실현해가는 포괄적인 우주적 주체이다. 따라서 헤겔이 의미하는 개념들의 상호 연관성은 단지 언어적 차원에서만이 아니라 실체적 차원에서 이루어지는 것이다. 개념들의 상호 연관의 전체 체계를 학적으로 구성함으로써 헤겔은 세계의 변화에 대한 절대지에 이르는 가능성을 보여준다고 생각했다. 그러나 가다머는 하이데거가 주장한 근본적인 인간 실존의 유한성의 인식에 바탕을 두고 헤겔과 같은 전체적 체계를 통한 인식의 가능성에 대해 회의한다.[38] 그 대신 우리의 무지가 나타날 때 이를 해결하기 위한 질문과 대답의 방식, 즉 대화의 방식이 가동되는 점에 가다머는 주목한다. 대화 가운데 개념과 관념들은 문제가 된 주제와 연관하여 상호 연관을 맺으며 사유 가운데 움직이게 된다. 그리고 구체적인 소통의 행위 가운데 개념들이 상호 연관을 맺

---

36) Hans-Georg Gadamer, "The Idea of Hegel's Logic", p. 80.
37) 같은 글, p. 79.
38) 같은 글, p. 94.

으면서 하나의 인식의 지평이 다른 지평과 만나 융해를 이루게 되고, 이를 통해 새로운 인식이 등장하고 판단은 가능하게 된다.

대화를 수행하는 개인들은 스스로 자발적으로 대화를 수행한다고 믿지만, 실상은 언어가 대화를 이끌어간다. "대화를 수행한다는 말은 대화 참여자가 지향하는 주제에 의해 자신이 운영될 수 있도록 내맡기는 것을 의미한다"[39]고 가다머는 말한다. 대화 가운데 하나의 지식이 갑자기 돌출한다. 대화의 결과로 어떤 것이 나타날지는 사전에 아무도 모른다. 대화 참가자는 대화의 산물을 경이롭게 바라보게 된다. 이러한 대화를 이끄는 것은 언어이며, 이 대화에서 인간 주체는 수동적으로 기능할 뿐이다.

그런데 이렇게 대화를 통해 산출되는 것을 가다머는 "진리truth(즉 episteme)"라고 부르는데 반해, 아렌트가 말하는 판단 행위는 의견 opinion(즉 doxa)에 속한다고 말한다. 그러나 이러한 용어상의 차이는 그 내용을 들여다보면 피상적 차이에 불과하다는 것을 알게 된다. 여기서 가다머가 말하는 진리란 해석학적 대화의 산물로서 주체와 텍스트 간의 대화, 또는 보다 적극적으로는 서로 다른 주체들 사이의 대화에서 나오는 합의와 이해의 산물을 말한다. 이것은 수학 문제의 해답과 같은 의미의 진리가 아니다. 아렌트가 진리와 의견을 대립시키고, 정치적 판단이 의견에 속한다고 했을 때, 이때의 진리는 수학적 진리나 과학적 진리처럼 어떤 객관적 준거가 존재하여 일단 답이 나오면 더 이상의 대화적 언어가 불필요한 영역에 해당하는 것이었다. 따라서 아렌트가 말하는 정치적 판단과 가다머에게 있어서 해석학적 진리가, 전통적으로 이해되고 또 아렌트에게서도 발견되는 식의 진리와 의견의 관계처럼 상호 모순적으로 인식될 필요가 전혀 없는 것이다.

---

[39] Hans-Georg Gadamer, *Truth and Method*, p. 383. 또한 p. 367 참조.

이상과 같이 우리는 아렌트의 정치사상의 기본 구조 가운데 공통감에 해당하는 부분을 가다머적인 언어관을 중심으로 이해하면서 아렌트의 정치적 판단의 발생과 설득의 가능성을 해석학적으로 설명해보았다. 아렌트가 말하는 인간의 복수성이 서로 경쟁적으로 분투하는 정치의 현장은 해석학적 상황이다. 아렌트가 정신, 사유 등의 의식 철학적 술어를 가지고 설명하면서도 말의 정치적 중요성을 적확하게 짚어내는 것에 대하여는, 비록 아렌트가 언어적으로 해석학적 소박성을 드러냄에도 불구하고, 실제로는 해석학적 민감성을 체현해내고 있다고 말할 수 있다. 이런 실질적인 해석학적 민감성이 가다머를 불러내어 아렌트의 사상의 한 부분을 대신 해명하게 하는 근본적 동력이 된 것이다.

5. 맺는말

아렌트의 공통감 개념을 가다머의 해석학으로 해명하고 아렌트 사상에 해석학적 옷을 입힘으로써 우리는 아렌트의 정치사상이 보다 설득력 있게 우리에게 다가오게 할 수 있다고 생각한다. 벨머가 아렌트의 판단이론이 신비한 요소를 갖는다고 지적한 비판[40]도 해석학적 옷을 판단이론에 입히면 보다 명료한 구조로 다가올 수 있을 것이다. 그러나 가다머를 아렌트에 접목하면서 발생하는 문제는 주체의 능동적 차원이 오히려 줄어드는 점에 있다. 가다머의 이론에 따르면 대화 상황에서 대화 참가자의 능동적 활동이 실상은 언어의 능동적 활동이며, 주체는 수동성에 머문다. 반면 아렌트의 경우 정치적 행위는 대단히 능동적 활동이다. 그래서 비록 대화를 통해 공통감이 형성되며, 판단 작용

---

40) Albrecht Wellmer, "Hannah Arendt on Judgment", p. 76.

이 언어의 적극적 작용에 의한 것이며 판단자는 언어의 작용을 실상은 수동적으로 운반하는 것에 불과하다고 하더라도 여전히 판단자는 적극적인 행동가이며, 나아가 공동의 행위를 능동적으로 수행하는 자이다. 뿐만 아니라 아렌트는 이러한 판단을 적극적으로 표현하고 다른 사람들과 이를 소통하는 것이 절대적으로 중요하다는 점을 끊임없이 강조한다. 그렇게 함으로써만 공동체가 지속적으로 유지될 수 있기 때문이다.

또한 가다머의 대화 개념을 보다 적극적인 하버마스의 대화 개념에 견주어 보면 수동성이 더욱 두드러지게 된다. 가다머와 하버마스가 공히 대화를 강조하기는 했지만 이들이 모델로 삼고 있는 대화의 상황은 판이하게 다르다. 가다머의 경우에 모델로 되는 상황은 독서자가 텍스트를 읽는 것이며, 독서자의 활동적 의식 속의 언어와 전승된 텍스트의 정적인 언어의 세계가 만나 대화를 갖는 것이다. 그러므로 이때 언어는 적극적인 교환 행위를 통해서 수행되기보다는 단어와 관념의 상호 연관성에 의거하여 변증법적 관계를 수행하고 있다고 볼 수 있다. 하버마스의 경우 구체적인 상황에서 능동적으로 의사를 교환하는 두 주체의 대화가 모델이 된다. 그래서 가다머의 경우는 이해Verstehen가 대화의 산물로 추구되는 반면에 하버마스의 경우는 상호 이해Verständigung가 대화의 결과물로 추구된다. 이러한 수동성을 가진 가다머의 언어관을 아렌트에게 연결시킬 때 우리는 아렌트를 하버마스로부터 더욱 먼 곳에 위치 짓게 되지 않을까 염려해보아야 한다. 물론 이 경우에도 하버마스가 전적으로 비판하였던 주체 중심의 의식 철학적 패러다임에 따라 정치사상을 전개한 아렌트보다는 해석학적 방식으로 언어적 전회를 수행한 가다머가 하버마스에 더욱 가까운 것으로 이해할 수도 있지만, 가다머와 하버마스가 1970년대 중반에 서로 논쟁을 일으키면서 세워온 대립각을 염두에 두면 언어적 전회라는 태도만으로 양자의 친화성을 무조건적으로 주장할 수는 없다.

지금까지 우리는 아렌트와 가다머를 비교하면서 이들의 유사성을 바탕으로 접목을 시도하였다. 독립적인 두 사상가의 독특한 사상 체계를 총체적인 반성과 개념적 통일성을 철저히 기함이 없이 일부 결합시키는 방식으로 논의를 수행함으로써 득보다는 실이 많은 논의일 수도 있다. 하지만 아렌트 사상의 설득력에 다소의 아쉬움을 해소하려는 의도에서 수행한 사유의 실험 정도의 의미로도 여전히 유의미하다고 생각한다.

참고 문헌

김선욱, 『정치와 진리』, 책세상, 2001.

김선욱, 『한나 아렌트의 정치판단이론』, 푸른숲, 2002.

김선욱, 「담화윤리의 언어적 특성 연구―하버마스의 연대성 개념을 중심으로」, 『대동철학』 제24집, 2004년 2월.

김선욱, 「의사소통과 의식적 주체의 문제―하버마스와 디터 헨리히의 논쟁을 중심으로」, 『대동철학』 제26집, 2004년 6월.

한나 아렌트, 『칸트정치철학강의』, 김선욱 옮김, 푸른숲, 2002.〔Arendt, Hannah, *Lectures on Kant's Political Philosophy*, ed. by R. Beiner, Chicago: University of Chicago Press, 1982〕

김선욱, "What is Dialogue for Gadamer", 『사색』 제15집, 숭실대학교 철학과, 1999년 12월.

Arendt, Hannah, *The Human Condition*, Chicago: The University of Chicago Press, 1958.

Arendt, Hannah, *Crises of the Republic*, San Diago: A Harvest/HBJ Book, 1972.

Arendt, Hannah, "On Violence", in *Crises of the Republic*, San Diago: A Harvest/HBJ Book, 1972.

Arendt, Hannah, "Arendt on Arendt", transcribed by Melvyn A. Hill, in *Hannah Arendt: The Recovery of the Public World*, ed. by Melvyn A. Hill, New York, St. Martin's Press, 1979.

Arendt, Hannah, *The Life of the Mind/ Thinking*, New York: Harcourt Brace Jovanovich Publisher, 1978.

Arendt, Hannah, "Philosophy and Politics", in *Social Research*, vol. 57, no. 1, 1990.

D'Entrèves, Maurizio Passerin, *The Political Philosophy of Hannah Arendt*, New York: Routledge. 1994.

Gadamer, Hans-Georg, "The Universality of the Hermeneutical Problem", in *Philosophical Hermeneutics*, trans. by David E. Linge, Berkeley: University of California Press, 1976.

Gadamer, Hans-Georg, *Hegel's Dialectic: Five Hermeneutical Studies*, trans. by P. Christopher Smith, New Haven: Yale University Press, 1976.

Gadamer, Hans-Georg, "The Idea of Hegel's Logic", in *Hegel's Dialectic: Five Hermeneutical Studies*, trans. by P. Christopher Smith, New Haven: Yale University Press, 1976.

Gadamer, Hans-Georg, *Reason in the Age of Science*, trans. by Frederick G. Lawrence, Cambridge: The MIT Press, 1983.

Gadamer, Hans-Georg, "What is Practice? The Conditions of Social Reason", in *Reason in the Age of Science*, trans. by Frederick G. Lawrence, Cambridge: The MIT Press, 1983.

Gadamer, Hans-Georg, "On the Natural Inclinationof Human Beings toward Philosophy", in *Reason in the Age of Science*, trans. by Frederick G. Lawrence, Cambridge: The MIT Press, 1983.

Gadame Hans-Georg, *Truth and Method*, trans. by Joel Weinsheimer and Donald G Marshall, New York: Continuum, 1994.

Habermas, Jürgen, *Theory of Communicative Action*,vol. I & II, trans. by Thomas McCarthy, Boston: Beacon Press, 1984 & 1987.

Wellmer, Albrecht, "Hannah Arendt on Judgment", in *Hannah Arendt:*

Twenty Year Later, ed. by Larry May and Jerome Kohn, Cambridge, Mass: The MIT Press, 1996.

요약문

주제 분류 : 정치철학, 해석학

주요어 : 과학적 기호, 일상 언어, 공통감, 아렌트, 가다머

내용 요약 : 이 논문은 한나 아렌트와 한스 게오르크 가다머에게서 공히 나타나는 과학적 언어에 대한 비판과 일상 언어의 정치적 중요성에 대한 인정을 통해 나타나는 사상적 유사성을 기초로 하여 양자 간의 사상의 부분적 접목을 시도하여 아렌트의 정치사상의 설득력을 제고하려는 일종의 사유의 훈련이다. 아렌트는 과학자들의 언어가 세계 구성적 특징을 갖지 않은 까닭에 정치적 판단에 적합하지 않다는 점을 지적한다. 가다머 또한 기술 용어가 추상적 작용을 통해 세계 연관성을 사상시켜버림으로써 현대의 기술 사회는 언어의 빈곤화와 삶의 방식의 저급화를 초래할 위험에 대해 경고한다. 양자는 동일한 문제를 지적하는 가운데 서로 일상 언어의 중요성에 주목한다. 동시에 아렌트는 정치적 판단의 기관인 공통감 개념을 직극적으로 해명하지 못하며, 가다머는 언어의 정치적 함의를 충분히 설명해내지 못한다. 이 논문에서는 아렌트의 공통감의 개념을 가다머의 해석학을 통해 설명 가능함을 밝힌다. 공통감은 가다머적인 언어의 작용으로 설명되며, 정치적 판단의 형성과 소통 가능성의 확보 또한 언어의 작용으로 설명된다.

필자 소개 〔논문 게재순〕

나종석

울산대학교 인문과학연구소 연구교수. 독일 에센대학교에서 박사 학위를 받았으며, 논문으로 「정의와 법의 연관성에 대한 고찰」, 「정언명법과 칸트 윤리학의 기본 특성에 관한 고찰」, 「칸트 윤리학에 대한 헤겔의 이의 제기에 대한 연구」, 역서로 『철학의 이해』가 있다.

김원식

국제문제조사연구소 선임연구원. 연세대학교에서 박사 학위를 받았으며, 저서로 『주체사상과 인간중심철학』(공저), 논문으로 「이성비판의 가능성과 한계」, 「하버마스의 행위 이론」, 역서로 『이성의 힘』이 있다.

한승완

국제문제조사연구소 선임연구원. 독일 브레멘대학교에서 박사 학위를 받았으며, 저서로 *Marx in epistemischen Kontexten*, 『공동체란 무엇인가』(공저), 『다원주의, 축복인가 재앙인가』(공저), 논문으로 「정보화 시대와 공론장」, 「민주주의의 심화와 동아시아 공동체」, 역서로 『공론장의 구조 변동』이 있다.

선우현

청주교육대학교 윤리교육과 교수, 서울대학교에서 박사 학위를 받았으며, 저서로 『위기시대의 사회철학』, 『사회비판과 정치적 실천』, 『우리 시대의 북한철학』, 논문으로 「'숙고된 자유주의'의 한 입장으로서 맑스 사회철학」, 「해체의 철학과 건설의 철학」, 역서로는 『하버마스: 철학과 사회이론』 등이 있다.

권용혁

울산대학교 철학과 교수. 독일 베를린자유대학교에서 박사 학위를 받았으며, 저서로 『홉스의 개인주의 비판』, 『이성과 사회』, 『철학과 현실―실천철학 II』, 논문으로 「사회철학과 현실」, 「세계화와 보편윤리」, 역서로 『칼-오토 아펠과 현대철학』 등이 있다.

김석수

경북대학교 철학과 교수. 서강대학교에서 박사 학위를 받았으며, 저서로 『현실 속의 철학, 철학 속의 현실』, 『인간이라는 심연』, 논문으로는 「칸트에 있어서 법과 도덕」, 역서로 『순수이성비판서문』, 『정치윤리학의 합리적 모색』(공역) 등이 있다.

박구용

전남대학교 철학과 교수. 독일 뷔르츠부르크대학교에서 박사 학위를 받았으며, 저서로 Freiheit, Anerkennung und Diskurs, 『우리 안의 타자』, 논문으로 「하버마스 담론윤리학의 형식적 보편주의와 발화이행적 자기모순」, 「자기보존과 자연보존」, 「도덕의 원천으로서 '좋음'과 '옳음'」, 「다원주의와 담론윤리학」, 「인권의 보편주의적 정당화와 해명」, 역서로 『정신철학』 등이 있다.

김선욱

숭실대학교 철학과 교수. 미국 뉴욕주립대학교 버팔로대학에서 박사 학위를 받았으며, 저서로 『정치와 진리』, 『한나 아렌트의 정치판단이론』, 역서로 한나 아렌트의 『칸트 정치철학 강의』가 있다.

Social philosophy 7
Democracy and Philosophy

Na, Jong-Seok: The Ideal of Ancient Athenian Democracy and its Reality

Kim, Woen-Sick: The Theory of Democracy of The Human-Centered Philosophy, Its Meaning and Limit

Han, Seungwan: From a 'closed network' to a 'open network'—A comparison of types of connections in Korea, China and Japan

Sunwoo, Hyun: The opposition and unity between private interests and public responsibilities of enterprise

Kwon, Yong-Hyek: Knowledge and Information in the Information Age

Kim, Suk-Soo: The Particular Universal, Local Society and Humane Studies as Creative Science

Park, Goo-Yong: Der moralische Universalismus und der ethische Pluralismus

Kim, Seon-Wook: Political Significance of Scientific Language and Ordinary Language in Arendt and Gadamer

Na, Jong-Seok

Title: **The Ideal of Ancient Athenian Democracy and its Reality**

Disciplinary Classification: ancient philosophy, political philosophy, theory of democracy

Key words: ancient Athenian democracy, athenian imperialism, deliberation, demos, a faction, mixed constitution and vita activa.

Abstract: In this article I argue that the ideal of ancient Athenian democracy and its practical implication are very important in modern times, although its reality shows some great limits. I depict the ideal of ancient Athenian democracy by analyzing Pericles's eulogy of Athens and Aristotle's definition of democracy in his *Politics*. I criticise the reality of ancient Athenian democracy in four points: (1) bias of civil rights against women, slaves and foreigners; (2) lack of institutional mechanism, resolving factionalism; (3) arrogant supremacy and exclusiveness of Athenian democracy against non-Athenian polis; (4) positive relationship of Athenian democracy and imperialism.

Kim, Woen-Sick

Title: **The Theory of Democracy of The Human-Centered Philosophy, Its Meaning and Limit**

Disciplinary Classification: Political Philosophy, Social Philosophy

Key words: Human-Centered Philosophy, Individual, Collective, Democracy, Globalization

Abstract: The aim of this thesis is to review the main points of the theory of democracy of the human-centered philosophy and to examine its theory of democracy critically.

The human-centered philosophy has a strong practical intention, which we can see in its defining the mission of philosophy as illumination of the road for improving human's lot. The practical and political intention of the human-centered philosophy is expressed mainly in its theory of democracy. So it is a essential work for testing the meaning and the limit of the human-centered philosophy as a practical philosophy to examine its theory of democracy.

The theory of democracy of the human-centered philosophy, I think, suggests convincingly the course and the task for the development of contemporary theory of democracy. But the theory of democracy of the human-centered philosophy must satisfy following qualifications for its being suitable for modern conditions. Firstly, the relation between individual and collective has to be interpreted according to democratic principles. Secondly, it has to explain more concretely the procedure and the way for realizing the doctrine that sovereignty resides in the people. Thirdly, it has to show the reasons why it is still necessary today to give the philosophical foundations for the theory of democracy.

Han, Seungwan

Title: **From a 'closed network' to a 'open network'**
—A comparison of types of connections in Korea, China and Japan
Disciplinary Classification: social philosophy, cultural studies
Key words: network, social capital, universalism, particularism, corporate culture, solidarity

Abstract: It is wellknown that East Asian societies are organised by the culture and ethics of 'relation'. One can assert that the sprout of the so called 'network society' in the age of information is to find in East Asia. But one should be careful in the pursuit of an ideal East Asian 'network society'. After surveying the discussions of the network as a social capital, this paper concentrates upon a social philosophical reflection on the classification of networks. The 'open' networks such as spontaneous associations are ready to be extended to the universal others, while it is difficult or impossible for the 'closed' networks to go over the limited relations, where a high density of trust rules. I argue, these two types of networks are discernable also within the East Asian corporate culture: kinship, regionalism and school relations fall under the 'closed' network, but business relations imply the openness to the others. When we have given up a radical social experiment as the modern project, there is no other way than a gradual progress, which traces out the promising social structure in the given condition. The business relations can be the starting point for the network as a open, universal human relation.

Sunwoo, Hyun

Title: **The opposition and unity between private interests and public responsibilities of enterprise**

Disciplinary Classification: social philosophy, ethics

Key words: business ethics, private interests, public responsibilities, communicative procedure, democratic management, economic democratization

Abstract: Today, the private enterprises in Korea are being called upon to carry higher moral consciousness and social responsibilities for Korean society and its members, keeping pace with the trend of times which is apt to demand higher morality from social groups, social structure and each individuals. But the deliberative administration between labor and management through the formal institutionalization of communicative procedure and the free open discussion based on equal possession of information, has not reached to the level of responsibility-ethics of enterprise.

Meanwhile, Korean society of today has been being democratized rapidly in all the spheres of society, yet the transformation into 'the democratic way of administration' in the enterprise seems to be progressing very slowly. Accordingly the institutionalization of the democratic management based on the free open communicative procedure is not recognized as essential ethical requirements which all the enterprises should purse after.

Taking these conditions into consideration, in this paper I set the goal at illuminating the three subjects. Firstly, I will try to confirm that it is a new public responsibility-ethics for enterprise to establish the way of management based democratic communicative procedure as a new way of ethical administration in the times of higher morality and social responsibility. Secondly, I will show persuasively the fact that in case of running a enterprise according to the stronger business ethics, namely the ethical management founded on the democratic communicative procedure, the aim of the maximization of profit will be accomplished more successfully than in the case of pursuing private interests only. To that extent, I will try to confirm that the private interests of enterprise coincide eventually with the public interests in which the new management-ethics results in. Finally, I will estimate the introduction of the new business ethics and its possibility of realization, by examining experientially the actual conditions of management of the enterprises in Korean society.

Kwon, Yong-Hyek

Title: **Knowledge and Information in the Information Age**

Disciplinary Classification: Practical Philosophy, Technic-Philosophy

Key words: Knowledge, Information, Hyperreality, Privacy

Abstract: This thesis is focused on the analysis of the mutual relationship between data-based informations and philosophical thought. In this Information-Age, it is easy to misunderstand the raw-informations as the knowledge in general. It is therefore important to distinguish these two concepts clearly.

The flood of diverse informations in the cyberspace, which we meet on the computer-screen and accumulate in the database for our knowledge, used to prevent us from thinking autonomously. It is because they have their own unique logic (the logic of hyperreality), which is totally different from our ordinary logic of thought.

If we concentrate on the surface-logic of informations given in the cyberspace, it is possible to lose our identity, and to be submitted to the logic of cyberspace and especially of hypertext.

In order to rehabilitate the power of self-based-thinking we have to conserve and enlarge our private sphere, and promote the individual motives of thinking and acting in this area. This position will be the right alternative to live ourselves as our own master in this Information-Age.

Kim, Suk-Soo

Title: **The Particular Universal, Local Society and Humane Studies as Creative Science**

Disciplinary Classification: humane studies, social philosophy

Key words: the particular universal, humane studies, locality, creativity, pluralism

Abstract: We are suffering 'the crisis of humane studies' and 'the crisis of local society' now. These crises are caused by the central power which discriminate against its outskirts. Today only the powerful science which makes money survives. In this conditions the humane studies and the local science cannot maintain their existence. But the original humane studies must be the science which reflect on the dignity of person and the fundamental value of life. Therefore the humane studies must take care of the around-world. In this sense the humane studies must go with the local science. In order to do this the humane studies must make development the particular universal which helps each other between the abstract universal and the particular individual. We must local things into worldly things. Therefore now the uniformal centralism is no more sustained. The humane studies must also free itself from the science which imports the powerful science and quarrels about it. Now the humane studies must find out and create newly the things which have existed in our local history and tradition. It is not possible without developing the local humane studies to remake our tradition and prepare the worldly science. Futhermore if the humane studies playes the role of creative science, it must take care of the alienated local tradition.

Park, Goo-Yong
Titel: **Der moralische Universalismus und der ethische Pluralismus**
Themenbereich: Sozialphilosophie, Politische Philosophie
Schlagwörter: Pluralismus, Politischer Liberalismus, Vernünftigkeit, Öffentliche Vernunft, Übergreifender Konsens, Menschenrechte
Zusammenfassung: Diese Arbeit verfügt sachlich wie von ihrem Titel her über zwei thematische Hauptstränge: das Verhältnis zwischen Pluralismus und Universalismus und die durch die kritische Auslegung gestellte Frage nach deren Koexistenzmöglichkeit. Dabei orientieren sich die vorliegenden Ausführungen an dem grundlegenden Problemfeld über den Pluralismus und dessen Restriktion, besonders in *Political Liberalism* und *The Law of Peoples* von Rawls.
In dieser Hinsicht bemüht sich der Autor zunächst, den subatnativen Standpunkt der Gerechtigkeit, der sich in *Political Liberalism* von Rawls befindet, im Zusammenhang mit dem Prozedualismus zu erörtern(1). Das zweite Kapital befasst sich mit dem Versuch, das Fatum des Pluralismus, womit der politische Liberalismus theoretisch beginnt, vermittelt des Begriffes der Rationalität und Vernünftigkeit zu erklären.

Dabei zeigt sich der Rawlssche Pluralismus als ein liberaler Pluralismus bestimmt zu werden. Dieser Rawlssche Pluralismus scheint aber mit den 'Pluralismus als ein Verhalten', dessen Ansicht der Autor teilt, nicht zu übereinstimmen(2). Danach soll das Augenmerk auf die Rawlsschen Begriffe, nämlich die Öffentliche Vernunft(public reason) und den Übergreifenden Konsens(overlapping consensus), gerichtet werden, um den Einwand zu erheben, dass diese Begriffe selbst die Logik des Abschliesens andeuten. Der Pluralismus als ein Verhalten kann m. E. mit den solchen Begriffen nicht koexistieren(3). Aus der Annahme, dass die Logik des Abschliesens, welche *Political Liberalism* in sich enthält, in *The Law of Peoples* nicht überwunden, sondern noch konkretisiert ist, soll der Beweisgrund erkennbar werden(4).

Kim, Seon-Wook

Title: **Political Significance of Scientific Language and Ordinary Language in Arendt and Gadamer**

Disciplinary Classification: Political Philosophy, Hermeneutics

Key words: Scientifics symbols, Ordinary language, sensus communis, Arendt, Gadamer

Abstract: In this article I try to enhance the accountability of Hannah Arendt's political theory by accommodating Hans-Georg Gadamer's hermeneutic thought into it. The focus of the study is given to the similarity of their thoughts in criticizing scientific language while emphasizing the political significance of ordinary language. Arendt points out that the language of scientists qua scientists is not proper to political judgment because of its lack of world-constituting ability. Gadamer also warns that modern technological society will cause a degradation of life-forms and impoverishment of language because the characteristic feature of scientific method as primary renunciation will give abstraction effect to the outcome of the scientific treatment of information and makes it lack some important aspects in it. focusing on the same point both of them heeds to the political significance of ordinary language. However, Arendt cannot give a more radical explication to her concept of *sensus communis*, the organ of political judgment, while Gadamer cannot explain the political implication of ordinary language. Here it is suggested that *sensus communis* should be understood in Gadamerian way, and by doing so the formation of political judgment and its communicability can be explicated in a better way.

『사회와 철학』 논문 투고 규정

1. 매호 주제를 정하며 이 주제에 상응하는 논문 투고를 원칙으로 하되 자유 논문도 일정 부분 게재한다. 또한 철학적 담론의 활성화를 위해 일반 논문의 형식을 띤 단독 서평 또는 다수의 책이나 논문들에 대한 (주제)서평(서평 논문, 주제평 논문)을 권장한다. 그 내용은 발간된 책이나 논문들에 대한 비교 평가 및 독자적인 주장을 담고 있어야 하며 이것 역시 투고 논문과 동일한 심사 과정을 거친다.
2. 논문 투고자는 회비를 납부한 회원이어야 한다.
3. 일반 논문은 전임 10만원 비전임 5만원을, 연구비 지원에 의한 논문은 20만원을 게재료로 받는다. 논문이 원고지 120매를 넘을 경우 1매당 2,000원의 인쇄비를 추가로 받는다. (입금 구좌 번호: 조흥은행 329-04-634401, 구좌명: 김석수 사회철학)
4. 투고 논문 작성 시 준수해야 할 사항.
   1) 워드프로세서(아래한글 프로그램 * .hwp 신명조체, 10 Point)로 작성한다.
   - 투고 논문의 표기는 한글 사용을 원칙으로 하며, 꼭 필요한 경우 한자나 외국어를 병기한다. 한자와 외국어를 병기할 경우에는 한자, 외국어 순으로 한다.(예: 선천적先天的a priori 인식)
   2) 논문의 마지막 부분에 참고 문헌을 작성하여 첨가한다.
   (1) 참고 문헌은 본문에서 인용, 참조된 문헌만을 수록한다.
   (2) 참고 문헌의 수록 순서는 국한문 문헌(가나다순) 다음에 외국 문헌(알파벳순)을 싣는다.
   (3) 참고 문헌 표기는 다음과 같은 일반적인 약정에 따른다.
   - 저서(역서)일 경우: 저자명, (역자명), 도서명, 출판사명, 발행연도
   - 논문일 경우: 필자명, 논문명, 편자명, 도서명(정기간행물명), (정기간행물일 경우 호수), 출판사명, 발행연도
   - 저서 제목의 표시: 동양어권은 『 』부호로 표시, 서양어권은 이탤릭체로 표시
   - 논문 제목의 표시: 동양어권은 「 」부호로 표시, 서양어권은 " " 부호로 표시.

(4) 각주는 참고 문헌을 축약하여 표기하되, 위의 참고 문헌 표기 약정 중에서 출판사명과 발행연도는 제외하고, 저자명(필자명), 도서명(논문명), 인용 페이지로 표시한다.
3) 편집의 일관성을 위하여 절, 항, 목, 호를 1, 1), (1), ①로 표시한다.
4) 디스켓과 함께 출력 원고 3부를 제출한다.
 - 투고된 원고와 디스켓은 반환하지 않는다.
5) 제목 및 필자 성명을 영문으로 병기한다.
6) 투고자의 소속, 주소, 전화번호 및 E-Mail 주소를 별지에 작성한다. 공동 연구의 경우는 주 연구자와 공동 연구자를 반드시 명기해야 한다.
7) 논문 요약문은 논문의 제일 뒷장에 별지로 작성한다. 요약문은 (1) 주제 분류 (2) 주요어 (3) 내용 요약으로 작성한다.
 (1) 주제 분류: 사회철학, 윤리학, 정치철학, 미학 등으로 자신의 논문을 주제 분류함.
 (2) 주요어: 다섯 단어 정도의 주요어를 선택함.
 (3) 내용 요약: 500자 정도의 논문 요약문을 작성함.
 (4) 요약문은 영문으로도 작성하여 제출함.
5. 접수처: 울산광역시 남구 무거동 울산대학교 인문대학 철학과 교수 권용혁
 (E-Mail: yhkwon@uou.ulsan.ac.kr 전화: 016-718-1459)

투고 논문 심사 기준

1. 매호 정해지는 주제에 상응하는 논제를 우선적으로 심사한다. 우선 심사 대상 투고 논문뿐만 아니라, 자유 논문 및 서평 논문과 주제평 논문의 경우에도 논제의 명확성과 논리성 그리고 논거의 타당성이 우선적으로 검토된다.
2. 기존의 논점에 대해 비판적이며 독창적인 논점이 제시되고 있는지가 검토된다.
3. 기존의 1, 2차 문헌들에 대한 단순 해석, 정리, 요약에 그친 논문들은 권장되지 않는다.
4. 국내의 선행 연구 논저들에 대한 논의를 적극 권장한다. 또한 '시대적 현실'에 대한 철학적 성찰을 담은 논문을 적극 권장한다.

투고 논문 심사 절차

1. 1년 전 공고, 6개월 전 재공고의 형식을 취한다.
2. 투고 논문 심사는 한 편당 2인으로 한다. 예외적인 경우에 제3의 심사위원을 위촉한다. 심사위원은 투고 논문의 내용에 의거해서 편집위원회에서 결정한다.
3. 원칙적으로 심사위원 2인 모두의 '게재 가능' 판정을 받은 투고 논문만을 게재 대상으로 한다. 세부적인 심사 기준은 다음과 같다.

* 경우 1 중 '수정 후 게재가' 판정을 받은 게재 논문은 수정 조건을 모두 충족시킨 후 게재한다.

심사결과	제1심사자	제2심사자	처리 기준		
경우 1	(수정 후) 게재 가	(수정 후) 게재 가	(수정 후) 게재		
경우 2	게재 가	게재 불가	제3심사자 에게 의뢰	게재 가일 경우	게재
				수정 후 게재 가 혹은 게재 불가일 경우	탈락
경우 3	(수정 후) 게재 가	게재 불가	탈락		
경우 4	게재 불가	게재 불가	탈락		

『사회와 철학』 제9호 및 제10호 논문 모집

1. 주제
   - 제9호: 국민주권과 인권(민족과·국가의 관계, 한 국가 안에서 다양한 소수자 문제 등에 관한 철학적 성찰을 다룬 글들을 우선적으로 심사함)
   - 제10호: 네트워크 사회와 시민적 연대(현대사회에 있어서 공론장 활성화를 위한 다양한 철학적 논점들을 담은 글들을 우선적으로 심사함)
2. 논문 분량: 120매 내외(200자 원고지 기준)
3. 논문 투고 마감 및 발간
   - 제9호: 투고 마감 2005년 1월 말, 발간 2005년 4월 30일
   - 제10호: 투고 마감 2005년 7월 말, 발간 2005년 10월 10월
4. 접수처
   - 주소: 울산광역시 남구 무거동 울산대학교 인문대학 철학과 권용혁 교수
   - 연락처 : E-Mail: yhkwon@uou.ulsan.ac.kr / 전화 : 016-718-1459
5. 기타 사항: 논문 투고 규정 참조

사회와 철학 연구회 안내

1. 학회 행사
   - 매월 월례 발표회를 두 번째 주 토요일 개최하고 있습니다.
   - 6개월에 한 번씩(5월, 11월) 심포지엄을 개최하고 있습니다.
   - 자세한 내용은 사회와 철학 홈페이지(www.freechal.com/socphil)에 매달 게재하고 있습니다. 많은 관심 부탁드립니다.

2. 사회와 철학 연구회 연락처
   - 주소: 서울특별시 마포구 신수동 1번지 서강대학교 생명문화 연구소
   - 전화 번호: 02-706-6907

사회와 철학 연구회 회칙

제1장 총칙

제1조 (명칭)

이 학회는 "사회와 철학 연구회"〔Korean Society for Social Philosophy (KSSP), 이하 '학회')라고 칭한다.

제2조 (목적)

이 학회는 ① 사회에 대한 철학적 이론을 연구·개발하고, ② 한국의 현실에 대한 철학적 비판을 통해 사회 발전에 기여하며, ③ 사회 연구와 관련된 학문 분야와의 학제 간 연구를 추진하고 국내외 관련 학계와의 학문 교류에 힘씀으로써 학문 발전에 기여함을 목적으로 한다.

제3조 (사업)

이 학회는 제2조의 목적을 달성하기 위해 다음의 사업을 수행한다.
1. 학술 활동 (월례발표회, 심포지엄 및 독회 개최)
2. 학회지 (『사회와 철학』) 발간
3. 학제 간 공동 연구
4. 기타 이 학회의 목적에 부합하는 사업

제2장 회원

제4조 (회원)

이 학회의 회원은 정회원, 준회원, 명예회원으로 구성된다.

제5조 (회원의 자격)

① 정회원은 이 학회의 취지에 찬동하는 자로서 철학 및 인접 학문 분야에서 연구·교수활동을 하는 자로 한다.
② 신입회원은 정회원 1인의 추천을 받아 가입할 수 있다.
③ 준회원은 정회원의 자격 조건에 해당되지 않으나 이 학회에 관심 있는 자로서 정회원 1인의 추천을 받아 가입한다.
④ 명예회원은 학회의 발전에 기여한 개인 또는 단체로 "연구·기획위원

회"가 추천하여 회장의 승인을 받은 자로 한다.

⑤ 회원이 의무를 충실히 이행하지 않을 경우 총회의 의결을 거쳐 회원 자격을 박탈할 수 있다.

제6조 (회원의 권리와 의무)

① 정회원은 학회의 학술 활동에 참여할 수 있고, 의결권, 선거권 및 피선거권을 가진다.

② 준회원은 학회의 학술 활동에 참여할 수 있다.

③ 모든 회원은 회칙 준수, 회비 납부, 학술활동 참여의 의무를 갖는다.

제3장 조직과 임원

제7조 (조직의 구성)

① 이 학회의 최고 의결 기구는 "총회"이며, "회장"은 이 학회를 대표한다.

② 이 학회는 "운영위원회", "연구·기획위원회", "편집위원회" 등 3개의 위원회를 둔다.

제8조 (총회)

① 총회는 회장의 소집으로 연 1회 개최하는 것을 원칙으로 한다.

② 총회의 의사결정은 출석 회원의 과반수로 하고, 가부 동수일 때는 의장의 결정에 따른다. 단, 회칙의 개정은 출석 회원의 $\frac{2}{3}$ 이상의 찬성으로 한다.

③ 총회는 다음의 사항을 의결한다.

  1. 회칙의 개정

  2. 회장과 감사의 선임

  3. 결산 심의 및 예산 승인

  4. 회장이 의제로 올린 기타 주요 사안

제9조 (임원과 그 임기)

이 학회는 다음과 같은 임원을 두고, 그 임기는 각각 2년을 원칙으로 한다.

① 회장은 1인으로 하고, 연임할 수 있다.

② 10인 내외의 운영위원

③ 연구·기획위원장 1인 및 10인 내외의 연구·기획위원

④ 편집위원장 1인 및 10인 내외의 편집위원
⑤ 총무 1인
⑥ 감사 2인

제10조 (회장)
① 회장은 총회의 의장이 되며, 학회의 모든 업무를 관장한다.
② 회장의 유고 시 연구·기획위원회가 총회를 소집, 신임 회장을 선임하며, 이 경우 신임 회장의 임기는 원칙적으로 전임 회장의 잔여 임기로 한다.

제11조 (운영위원회)
① 운영위원회 위원장은 회장이 겸한다.
② 연구·기획위원장과 편집위원장 및 총무는 당연직 운영위원이 된다.
③ 운영위원회는 회장의 자문기구로서 회원의 관리와 학회의 재정에 관한 사항을 의결한다.

제12조 (연구·기획위원회)
① 연구·기획위원장은 전기前期 연구·기획위원회의 추천을 받아 신임 회장이 임명한다.
② 연구·기획위원은 회장이 연구·기획위원장 및 총무와 협의하여 선임한다.
③ 편집위원장과 총무는 당연직 연구·기획위원이 된다.
④ 연구·기획위원장은 연구·기획위원과 협의하여 학회의 학술연구활동을 총괄적으로 기획·수행하고 회장이 위임한 학회의 제반 업무를 총괄한다.

제13조 (연석회의)
① 회장은 학회의 중대 사안을 협의, 의결하기 위하여 운영위원회와 연구·기획위원회의 연석회의를 소집할 수 있다.
② 이 연석회의의 의사결정은 출석 위원의 과반수로 하고, 가부 동수일 경우 회장의 결정에 따른다.

제14조 (편집위원회)
① 편집위원장은 전기前期 연구·기획위원회의 추천을 받아 신임 회장이 임명한다.
② 편집위원은 학문적 역량과 연구 업적, 지역적 분산 등을 고려하여 회장

이 편집위원장과 연구·기획위원장 및 총무와 협의하여 선임한다.
③ 연구·기획위원장과 총무는 당연직 편집위원이 된다.
④ 편집위원장과 편집위원의 임기는 2년으로 하되 연임할 수 있으며, 편집위원장은 편집위원과 공동으로 학회지 『사회와 철학』의 발간을 책임진다.
⑤ 편집위원장은 편집위원과 협의하여 심사위원단을 구성, 회장에게 추천하고 회장이 심사위원을 위촉한다.

제15조 (총무)
① 총무는 회장이 선임한다.
② 총무는 회장을 보좌하여 회원과 학회의 재정을 관리하고 제반 실무를 관장하며 총회의 진행을 담당한다.
③ 학회의 각종 업무를 보조할 간사는 총무가 추천하여 회장이 선임한다.

제16조 (감사)
감사는 총회에서 선출하고 학회의 제반 업무 및 재정을 감사하며, 총회에 보고한다.

제4장 재정

제17조 (재정 및 회비)
① 이 학회의 재정은 회비, 찬조금, 인세, 기타 수입금으로 한다.
② 회비는 제13조에 정한 연석회의에서 결정한다.
③ 이 학회의 회계연도는 당해 연도 정기총회일로부터 다음 정기총회일 전일까지로 한다.

― 부칙 ―

1. 이 회칙은 2001년 6월 9일 정기 총회에서 승인되는 즉시 발효된다.
2. 본 회칙에 규정되지 아니한 사항은 일반 관례에 준하여 제13조에 정한 연석회의에서 결정한다.

사회와 철학 연구회 조직 및 임원 명단

(임기: 2003년 7월 1일~2005년 6월 30일)

회장단
회장: 박종대(서강대)
총무: 김석수(경북대)

운영위원회
회장: 박종대(서강대)
총무: 김석수(경북대)
운영위원: 권기철(중앙대), 권용혁(울산대), 김남두(서울대), 김수중(경희대), 김양현(전남대), 김영기(경북대), 김의수(전북대), 김희준(전북대), 남경희(이화여대), 박순영(연세대), 박찬구(한국외국어대), 설헌영(조선대), 송영배(서울대), 안상헌(충북대), 양재혁(성균관대), 윤병태(연세대), 윤평중(한신대), 위상복(전남대), 이병창(부산 동아대), 이삼열(숭실대), 이상화(이화여대), 이윤재(증산도연구소), 이진우(계명대), 이한구(성균관대), 이현복(한양대), 이효범(공주대), 임홍빈(고려대), 임홍순(서경대), 장춘익(한림대), 조관홍(부산 동아대), 최재목(영남대), 최재식(강릉대), 최진덕(정신문화연구원), 최신한(한남대), 최영진(성균관대), 홍윤기(동국대)

연구·기획위원회
위원장: 한승완(국제문제조사연구소)
위원: 권용혁(울산대), 김석수(경북대), 김선욱(숭실대), 김양현(전남대), 김준수(부산대), 나종석(울산대), 박구용(전남대), 선우현(청주교대), 윤선구(서울대), 이유선(고려대), 장은주(영산대), 정호근(서울대), 최현덕(Missionwissenschaftliches Institut Missio 독일), 한승완(국제문제조사연구소), 허라금(이화여대), 홍윤기(동국대)
기획업무 실무협조 위원: 한승완(국제문제조사연구소), 선우현(청주교대), 이유선(고려대)

편집위원회

위원장: 권용혁(울산대)

위원: 구승회(동국대), 김석수(경북대), 김양현(전남대), 선우현(청주교대), 윤선구(서울대), 이기용(연세대), 정호근(서울대), 최진석(서강대), 한승완(국제문제조사연구소), 허라금(이화여대), 홍윤기(동국대).

편집업무 실무협조 위원: 권용혁(울산대), 윤선구(서울대), 구승회(동국대), 홍윤기(동국대).

감사

문성학(경북대), 이승환(고려대).

간사

연구·기획 간사: 최승연(서강대)

편집 간사: 김원식(국제문제조사연구소)

총무 간사: 이원봉(서강대)